上海佛道教资料丛书 1

上海佛教碑刻资料集（上）

潘明权 柴志光 编

复旦大学出版社

目　　录

丛书总序 ………………………………………………… 1
《上海佛教碑刻资料集》序 ……………………………… 4
题词 ……………………………………………………… 7

南朝
开元寺浮海像铭(梁简文帝撰　梁大宝年间·550—551) ……… 1

唐代
唐青龙镇报德寺塔砖(唐长庆元年·821年) ………………… 3
金山法忍寺集右军书碑(唐会昌元年·841年) ……………… 4
盘龙大寺石塔铭(唐大中年间·847—859) …………………… 5
松江唐陀罗尼经幢记(唐大中十三年·859年) ……………… 6
大唐苏州华亭县顾亭林市新创法云禅寺记碑(唐大中十四年·
　860年) …………………………………………………… 9
亭林镇宝云寺石经幢(唐咸通二年·861年) ………………… 10
吴郡朱氏造幢记(裴南口撰　唐咸通六年·865年) ………… 11
尊胜陀罗尼经幢题刻二则(唐咸通八年至元元统二年·
　867—1334年) …………………………………………… 12

五代
龙华寺藏五代铜钟铭(后晋开运二年·945年) ……………… 14
顾亭林市法云寺感梦伽监神记碑(后晋开运二年·945) …… 15

宋代
保宁寺井栏题记(宋大中祥符七年·1014年) ………………… 16
福善寺铸钟记碑(吕锷撰　宋天圣三年·1025年) …………… 17
南翔寺建山并桥记碑(康复古撰　宋景祐四年·1037年) …… 19

1

重迁聪道人塔志铭碑(灵鉴撰　宋庆历七年·1047年)……………… 20
布金禅寺经藏记碑(陈舜俞撰　宋嘉祐七年·1062年)……………… 22
隆平寺宝塔铭碑(灵鉴撰　宋嘉祐七年·1062年)…………………… 23
僧畅法华行业记碑(浩宏撰　宋嘉祐七年·1062年)………………… 24
赐华亭县宝云寺额敕牒碑(宋治平二年·1064年)…………………… 26
菩提禅寺大雄宝殿柱础题记三则(宋治平四年·1067年，
　建炎二年·1128年)………………………………………………… 28
海慧院藏经记碑(陈舜俞撰　宋治平年间·1064—1067年)………… 29
超果天台教院记碑(陈舜俞撰　宋熙宁五年·1072年)……………… 31
圆智教寺中阳塔记碑(宋元丰二年·1079年)………………………… 33
隆平寺藏经记碑(陈林撰　宋元丰五年·1082年)…………………… 34
明心寺结界记碑(释元照撰　宋元祐二年·1087年)………………… 36
胜果寺妙悟大师最公碑铭(吕益柔撰　宋元祐五年·
　1090年)……………………………………………………………… 37
龙华寺北宋经幢(宋绍圣五年·1098年)……………………………… 39
永怀禅寺诸天阁记碑(范浩撰　宋靖康元年·1126年)……………… 40
方广寺界相记碑(祖岑撰　宋绍兴二年·1132年)…………………… 41
龙华寺绍兴钟铭(宋绍兴二年·1132年)……………………………… 42
淀山禅寺建塔记碑(莫俦撰　宋绍兴十八年·1148年)……………… 43
圆智教寺护珠塔建塔记碑(周文达撰　宋绍兴二十七年·
　1157年)……………………………………………………………… 45
淀山普光王寺舍田碑(宋绍兴二十八年·1158年)…………………… 46
唐兴殿记碑(宋乾道年间·1165—1173年)…………………………… 48
广化漏泽院记碑(许尚撰　宋淳熙六年·1179年)…………………… 51
静安寺云汉昭回之阁石碑(宋淳熙十年·1183年)…………………… 53
崇显教院石经幢(残)(宋淳熙十四年·1187年)……………………… 54
延恩寺律师行业记碑(宋庆元三年·1197年)………………………… 55
龚大雅义井记(宋庆元六年·1201年)………………………………… 57
普光教院记碑(黄由撰　宋开禧二年·1206年)……………………… 59
普光王寺降圣夫人记碑(何松年撰　宋嘉定元年·1208年)………… 60

贻庆庵四大夫手书创庵疏碑跋语(卫泾撰　宋嘉定五年·
　　1212年) ………………………………………………… 62
淀山普光寺会灵庙记碑(居简撰　宋嘉定九年·1216年) …… 63
南翔寺长忏观堂记碑(居简撰　宋嘉定九年·1216年) …… 65
南翔寺僧堂记碑(居简撰　宋嘉定九年·1216年) ………… 66
嘉定留光寺碑记(宋嘉定十年·1218年) …………………… 67
龙潭寺记碑(范开撰　宋嘉定十二年·1219年) …………… 68
普照讲寺重建西方殿记碑(居简撰　宋嘉定十二年·
　　1219年) ………………………………………………… 70
平江南翔寺忏院记碑(居简撰　宋嘉定年间·1208—1224年) …… 71
兴圣教寺大悲阁记碑(居简撰　宋绍定三年·1230年) …… 73
庆宁寺僧堂记碑(居简撰　宋绍定四年·1231年) ………… 75
南广福寺古井栏圈刻石题记(宋绍定五年·1232年) ……… 77
顾泾市张□义井题记(宋端平二年·1235年) ……………… 78
嘉兴府华亭县明行院记碑(居简撰　宋嘉熙元年·1237年) …… 79
法忍寺西亭兰若记碑(居简撰　南宋嘉熙年间·1237—
　　1240年) ………………………………………………… 81
明行院结界记碑(居简撰　宋嘉熙三年·1238年) ………… 82
南翔寺大殿碑阴记(居简撰　宋嘉熙年间·1237—1240年) …… 83
普照寺千僧堂记碑(居简撰　宋嘉定年间·1208—1224年) …… 84
兴塔禅寺复莲社记略碑(黄英撰　宋淳祐十二年·1252年) …… 85
积善教寺记碑(高子凤撰　宋淳祐十年·1250年) ………… 86
明心教寺石函观音殿记碑(高子凤撰　宋淳祐十年·
　　1250年) ………………………………………………… 88
菩提寺山门桥题记刻石(宋淳祐十年·1250年) …………… 89
嘉定安亭菩提寺宋礼部告示(宋宝祐年间·1253—1258年 …… 90
法忍寺西亭兰若记碑(林希逸撰　宋景定三年·1262年) …… 92
法忍院结界记碑(智圆撰　宋景定三年·1262年) ………… 93
空相寺界石刻石(宋景定三年·1262年) …………………… 94
重兴延庆讲寺记碑(董楷撰　宋咸淳六年·1270年) ……… 95

3

明行教寺白莲花诗碑(南宋·1127—1278年) ………… 96
静安教寺记碑(周弼撰 南宋·1127—1279年) ……… 97

元代
龙门寺记碑(大昕撰 元至元二十年·1283年) ……… 99
普照讲寺藏殿记碑(张之翰撰 元至元三十一年·
　1294年) …………………………………………… 101
南禅寺南山胜地记碑(阎夏撰 元大德元年·1297年) 103
法忍寺推篷室记碑(明本撰 元大德六年·1302年) … 105
修兴圣教寺塔记碑(任叔实撰 于元大德年间·1297—
　1307年) …………………………………………… 106
崇福寺记碑(周驰撰 元至大元年·1308年) ………… 107
普照讲寺重建千僧堂记碑(牟巘撰 元至大元年·
　1308年) …………………………………………… 108
普照寺释迦殿记碑(牟巘撰 元至大元年·1308年) … 110
创建永寿禅寺记碑(吕师说撰 元延祐五年·1318年) 111
普照寺千佛水陆院记碑(牟巘撰 元至大二年·1309年) 112
曹氏捨超果寺田碑记(任文林撰 元至大三年·1310年) 114
颐浩禅寺记碑(牟巘撰 元至大三年·1310年) ……… 115
华藏忏院记碑(邓文原撰 元延祐二年·1315年) …… 117
众福院记碑(正印撰 元延祐四年·1317年) ………… 118
释氏舍田上海县学记碑(黄恒憎撰 元延祐五年·
　1318年) …………………………………………… 119
大报国圆通寺记碑(赵孟頫撰 元延祐六年·1319年) 120
妙明禅师建桥题记石(元延祐六年·1319年) ……… 122
大德万寿讲寺记碑(贯云石撰 元延祐年间·1314—
　1320年) …………………………………………… 123
管家桥题石(僧明了题 元至治元年·1321年) ……… 125
通济善福桥题记刻石(元至治元年·1321年) ……… 126
修崇福寺记碑(于文傅撰 元至治元年·1321年) …… 127
嘉定外冈镇三元桥建桥题记(元泰定元年·1324年) 128

圆通寺建桥题记(元泰定元年·1324年) …………………… 129
报恩忏院记碑(方回撰 元泰定二年·1325年) ………… 130
万安寺记碑(虞集撰 元泰定中·1324—1327年) ……… 132
钱门塘石桥题记(元天历二年·1329年) ………………… 134
重建拱星桥题记(天历三年·1330年) …………………… 135
建造青龙桥题记(悦可撰 元统二年·1334年) ………… 136
重建广寿宫吉祥桥题记(元至元二年·1336年) ………… 137
南翔寺重兴记碑(弘济撰 元至元三年·1337年) ……… 138
青浦盘龙镇坍石桥题刻(元至元三年·1337年) ………… 140
清河桥题记(至元三年·1337年) ………………………… 141
圆通讲寺三教堂记碑揭(奚斯撰 元至正元年·1341年) … 142
永宁桥题记刻(元至正二年·1342年) …………………… 143
隆福寺重修宝塔并复田记碑(杨维桢撰 元至正九年·
  1349年) ………………………………………………… 144
实际川禅师影堂逸事记(正印撰 元至正九年·1349年) … 146
本一禅院碑记(杨维桢撰 元至正十一年·1351年) …… 148
松隐庵记碑(元至正十四年·1354年) …………………… 149
永定讲寺藏经记碑(行中撰 元至正十五年·1355年) … 150
修崇寿讲寺记碑(元至正十七年·1357年) ……………… 151
重兴超果讲寺记碑(杨维桢撰 元至正二十四年·
  1364年) ………………………………………………… 153
兴圣教寺修塔院碑记(任叔实撰 元大德六年以后·
  1302—1368年) ………………………………………… 155
厂头白塔记(冯焘山撰 年代无考) ……………………… 156
法忍寺万峰秋轩记碑(年代无考) ………………………… 157
寿安讲寺栖云楼记碑(杨维桢撰 元代后期·1271—
  1368年) ………………………………………………… 158
南翔寺长忏观堂庄田记碑(元代·1279—1368年) …… 159

明代

静安寺洪武铜钟铭(王逢撰 明洪武二年·1369年) …… 160

龙华寺洪武钟铭(明洪武三年·1370年)……………… 161
松隐禅院建华严塔记碑(明洪武二十二年·1389年)……… 162
圆应塔宝塔志(淳厚撰　明洪武二十二年·1389年)……… 164
西林禅院圆应塔记碑(弘道撰　明洪武二十五年·
　1392年)………………………………………………… 165
安国寺绍宗舍利塔御祭文碑(明洪武三十年·1397年)…… 167
观音禅寺碑(尹如恢撰　明永乐二年·1404年)…………… 168
法华禅寺记碑(心泰撰　明永乐四年·1406年)…………… 169
七宝教寺铜钟铭(明永乐七年·1409年)…………………… 171
重修兴圣教寺宝塔记碑(心泰撰　明永乐十三年·
　1415年)………………………………………………… 172
龙华寺藏永乐钟铭(明永乐十四年·1416年)……………… 174
故僧录司右善世一原宗法师塔铭碑(王达撰　明永乐十五年·
　1417年)………………………………………………… 175
重建普照寺记碑(黄翰撰　明正统七年·1442年)………… 177
西禅寺白龙谭记碑(黄平撰　明正统九年·1444年)……… 178
松江华亭西林禅院碑(宋琛撰　明正统十年·1445年)…… 180
西林大明禅寺重建圆应宝塔志(僧法瑀撰　明正统十三年·
　1448年)………………………………………………… 181
重建西林大明禅寺圆应塔记碑(黄翰撰　明正统十三年·
　1448年)………………………………………………… 182
南净土讲寺记碑(钱溥撰　明正统年间·1436—1449年)… 184
昭庆禅寺钟楼记碑(钱溥撰　明景泰四年·1453年)……… 186
西林大明禅寺毗卢阁记碑(钱溥撰　明天顺七年·
　1462年)………………………………………………… 188
重建宝云寺记碑(钱溥撰　明成化四年·1468年)………… 190
重建宣妙寺碑记(钱溥撰　明成化七年·1471年)………… 192
龙华寺重建钟楼记碑(黄瑾撰　明成化十三年·1477年)… 193
重修龙华寺大佛殿题名记碑(黄瑾撰　明成化十七年·
　1481年)………………………………………………… 195

重修南积善寺记碑(郁文博撰　明成化十八年·1482年)……… 197
重修普照寺记碑(张鎏撰　明弘治六年·1493年)………… 199
重修蒋庄庵记略碑(张悦撰　明弘治十三年·1500年)…… 202
龙华寺龙华塔塔尖宝瓶铭文三则(明弘治十五年·
　1502年)………………………………………………… 203
重建龙华教寺大殿记碑(潘恩撰　明嘉靖四十三年·
　1504年)………………………………………………… 205
掩骼菴记碑(马元调撰　明弘治以后·1488年以后)…… 207
明心寺月台记碑(明正德元年·1506年)………………… 209
重建天光寺诗碑(沈嘉撰　明正德十一年·1516年)…… 210
龙华寺塔院装佛记碑(善继撰　明嘉靖二十年·1541年) 211
明心寺观音殿记碑(明嘉靖三十九年·1560年)………… 212
蒋庄庵记略(陆树声撰　明嘉靖四十二年·1563年)…… 213
重修七宝教寺记碑(王会撰　明嘉隆之间)……………… 214
法忍寺施地记碑(陆树声撰　明嘉靖四十二年至四十四年·
　1563—1565年)………………………………………… 215
福泉寺铜钟铭(明隆庆五年·1571年)…………………… 216
龙华寺新建弥陀殿记碑(戴大宜撰　明隆庆六年·
　1572年)………………………………………………… 218
普宁寺重修记碑(何良俊撰　明嘉隆间)………………… 220
曹湖庙碑(张道用撰　明万历元年·1573年)…………… 222
重建闻思庵记碑(侯峒曾撰　明万历元年·1573年)…… 223
慧日寺记碑(董其昌撰　明万历三年以后·1575年)…… 225
明心寺勒功碑记(杨祚撰　明万历四年·1576年)……… 226
颐浩讲寺有衮楼记碑(陆树声撰　万历七年·1579年)… 227
重修白鹤南翔寺大雄殿记碑(冯梦祯撰　明万历八年·
　1580年)………………………………………………… 228
重修南翔讲寺记碑(王世贞撰　明万历八年·1580年)… 230
增建长寿寺记碑(蔡懋昭撰　明万历八年·1580年)…… 232
福田寺长水塔院记碑(屠隆撰　明万历九年·1581年)… 233

广福讲寺记碑(徐汝翼撰　明万历十三年・1585年)………… 234
龙华寺万历钟铭(明万历十四年・1586年)………… 235
吴道子观音画像石刻(明万历十六年・1588年)………… 236
护国寺重修殿宇募建桥梁记碑(徐学谨撰　明万历十八年・
　1590年)………… 237
西隐教寺竺林院记碑(徐学谟撰　明万历十八年・
　1590年)………… 239
重修七宝寺大雄宝殿记碑(王会撰　明万历十八年・
　1590年)………… 241
重修昆山泗洲塔院记碑(陆树声撰　明历万二十一年・
　1593年)………… 243
灯油记碑(徐泮撰　明万历二十五年・1597年)………… 244
董其昌书《金刚经》字塔碑(明万历二十七年・1599年)………… 245
重建天台教寿安寺碑记三则(冯梦祯等撰　万历二十三年
　以前・1599年以前)………… 246
重修万安亭桥碑记(明万历二十七年・1599年)………… 249
菩提禅寺重建大雄宝殿记(唐时升撰　明万历二十八年以后・
　1600年以后)………… 250
龙华寺明神宗护经敕谕碑(明万历二十九年・1601年)………… 251
重修三王庙记碑(张元玽撰　明万历三十一年・1603年)………… 252
云台殿碑记(吴桐撰　明万历三十一年・1603年)………… 254
何氏重修报亲庵记碑(唐时升撰　明万历三十一年・
　1603年)………… 255
重修小普陀记碑(王翘撰　明万历三十二年・1604年)………… 257
资善寺记碑(须之彦撰　明万历三十三年・1605年)………… 259
董其昌临唐怀素自叙帖及题跋碑(明万历三十五年・
　1607年)………… 261
修复真际庵记碑(娄坚撰　明万历三十九年・1611年)………… 263
九龙庵记碑(胡开文撰　明万历四十年・1612年)………… 265
西林寺重修塔疏二碑记(陆应阳撰　明万历四十一年・

1613年)…… 267

金泽颐浩寺复饭僧田记碑(潘来撰 明万历四十一年·
1613年)…… 269

百步桥记碑(张所望撰 明万历四十五年·1617年)…… 271

重修圆应塔记碑(董孝初撰 明万历四十七年·1619年)…… 273

白鹤南翔寺新建禅堂记碑(唐时升撰 明万历四十七·
1619年)…… 275

东济庵记碑(俞汝为撰 明万历年间·1573—1620年)…… 277

松江水次仓新建关帝庙记碑(陆应阳撰 明天启二年·
1622年)…… 278

重建天光寺记碑(陈仁锡撰 明天启四年·1624年)…… 279

重修普慧寺记(唐时升撰 明天启四年·1624年)…… 281

重修泖桥澄鉴寺记(陈继儒撰 明崇祯元年·1628年)…… 283

松江九莲庵如来石幢(明崇祯四年·1631年)…… 285

长洲寿福寺帖文碑(明崇祯四年·1631年)…… 286

重建张翁庙记碑(张世雍撰 明崇祯五年·1632年)…… 287

仁寿庵义田碑记(明崇祯七年·1634年)…… 289

南翔寺免役记碑(赵洪范撰 明崇祯八年·1635年)…… 291

西林寺重修塔记碑(陈继儒撰 明崇祯十年·1637年)…… 293

松江西仓桥关帝庙卖田重修廊房记碑(王元瑞撰 明崇祯
十七年·1644年)…… 294

重建闻思禅院记碑(侯峒曾撰 明崇祯三年至十七年间·
1630-1644年)…… 296

南翔寺七佛阁记碑(徐时勉撰 明崇祯间·1628—
1644年)…… 298

本一禅院三画像石刻(明末·1644前)…… 300

地藏殿记碑(顾伯麒撰 年代失考)…… 302

松江佛名幢(年代失考)…… 303

清代

白鹤南翔寺蠲赋记碑(王懩撰 清顺治六年·1649年)…… 304

重修松林庵记碑(金行模撰　清顺治十四年·1657年)……… 306
重修报亲庵祠堂记碑(何平撰　清治十八年·1661年)…… 307
茶亭记碑(宋尔瑜撰　清顺治后期·1657—1661年)…… 308
芦花庵记碑(吴骐撰　清康熙元年·1662年)………… 309
茚塔种福庵重建记碑(行裕撰　清康熙元年·1662年)… 312
龙华寺韬明禅师塔铭(清康熙六年·1667年)………… 314
重兴青龙隆福寺碑记(诸嗣郢撰　清康熙六年·1667年)… 315
寿安寺地基图碑(清康熙十年·1671年)……………… 317
颐浩禅寺饭僧田碑记(徐乾学撰　清康熙十一年·
　1672年)………………………………………………… 318
重修永昌禅院记碑(陆陇其撰　清康熙十五年·1676年)… 320
重修南翔讲寺记碑(陆陇其撰　清康熙十五年·1676年)… 321
重修万安桥亭子记碑(释行如撰　清康熙十六年·
　1677年)………………………………………………… 322
积福庵记碑(沈昊初撰　清康熙三十年·1691年)…… 324
安亭菩提禅寺舍利塔铭(清康熙三十五年·1696年)… 325
罗汉寺记碑(刘起撰　清康熙三十五年·1696年)…… 326
重修本一禅院记略碑(沈宗敬撰　清康熙三十五年·
　1696年)………………………………………………… 327
重建黄渡森森庵记碑(王元臣撰　清康熙三十七年·
　1698年)………………………………………………… 328
逝多林碑记略(超凡撰　清康熙三十九年·1700年)… 329
重修法华塔捐助督工碑(马翼撰　清康熙三十九年·
　1700年)………………………………………………… 330
东隐禅院置田碑(张有曜撰　清康熙四十一年·1702年)… 332
奉宪严禁恃强为害碑(清康熙四十一年·1702年)…… 334
重修善应庵记碑(孔毓书撰　清康熙四十二年·1730年)… 335
松隐禅寺禅堂膳僧田记碑(焦文口撰　清康熙四十六年·
　1707年)………………………………………………… 336
(寿福寺)二南禅院助田记(徐文炯撰　清康熙五十五年·

1716年) ………………………………………………… 339
永定寺重建佛阁记碑(朱锦撰　清康熙间·1662—
　1721年) ………………………………………………… 341
慈济寺铜钟铭(施何牧撰　清康熙间·1662—1722年)…… 342
于塔庵记碑(李登瀛撰　清康熙间·1662—1722年)…… 343
重修普照寺记碑(王顼龄撰　清雍正三年·1725年)…… 345
重建云翔寺弥陀碑记(杨志达撰　清雍正六年·1728年)…… 346
义井、仁园合记碑(杨元诏撰　清雍正七年·1729年)…… 347
重修白塔记碑(卢耀先撰　清雍正八年·1730年)…… 348
素农庵记碑(黄之隽撰　清雍乾间) ………………… 349
净土庵记碑(黄建中撰　清乾隆三年·1738年)……… 350
集庆讲寺记碑(陈典撰　清乾隆六年·1741年)……… 352
万寿塔院记碑(汪德馨撰　清乾隆八年·1743年)…… 353
万寿塔院记碑(周隆谦撰　清乾隆八年·1743年)…… 354
重修超果寺大殿记碑(黄之隽撰　清乾隆八年·1743年)…… 355
重修崇明兴教寺记碑(王衡撰　清乾隆十二年·1747年)…… 356
重修颐浩寺天王殿选佛场合记碑(蔡英撰　清乾隆十四年·
　1749年) ………………………………………………… 357
重修圣果寺碑记(曹钦撰　清乾隆五十年·1785年)…… 358
圆津禅院振华长老塔铭碑(王昶撰　清乾隆五十二年·
　1787年) ………………………………………………… 360
草庵纪游诗碑(明沈周文徵明撰　清乾隆十七年·1752
　年刻) …………………………………………………… 361
绿雯庵民义学记碑(薛清来撰　清乾隆二十二年·
　1757年) ………………………………………………… 363
云间三文敏公书《心经》石碑(清乾隆二十四年·1759年)…… 365
重建百婴桥新葺惜字庵乐捐饭僧田合记碑(胡鸣玉撰　清
　乾隆二十六年·1761年) ……………………………… 367
惜字会公田记碑(夏传诗撰　清乾隆二十九年·1764年)…… 371
重修莲台禅院记碑(陆承祖撰　清乾隆三十年·1675年)…… 373

菩提寺投钥泉记碑(孙岱撰　乾隆前期·1736—1740年)……374
修建万安禅寺殿阁记碑(叶昱撰　清乾隆三十二年·
　1767年)………………………………………………376
重修宝庆庵记碑(富文龙记　清乾隆三十四年·1769年)……378
龙树庵记碑(金惟翁撰　清乾隆三十六年·1771年)……379
重修川沙长人乡庙记碑(张浤撰　清乾隆三十四年·
　1774年)………………………………………………380
纪王庙碑(钱大昕撰　清乾隆三十九年·1774年)………381
重修寿安寺记碑(范国泰撰　清乾隆四十年·1775年)…383
修建万佛阁记碑(李大源撰　清乾隆四十一年·1776年)…385
重建文正公祠碑(江苏布政司颁　清乾隆四十二年·
　1777年)………………………………………………387
重修菩提寺记碑(钱大昕撰　清乾隆四十三年·1778年)…389
净信寺置田记碑(陈钧撰　乾隆四十六年·1781年)……391
永怀寺记碑(徐葵撰　清乾隆四十六年·1781年)………393
毓德庵记碑(张传丰撰　清乾隆四十六年·1781年)……394
(崇明天后宫)募铸宝鼎碑记(吴元祥撰　清乾隆四十七年·
　1782年)………………………………………………395
重建百步桥记碑(范廷杰撰　清乾隆四十八年·1783年)…396
槎溪泰定万安寺碑记(沈元禄撰　清乾隆十三年·
　1784年)………………………………………………397
松风禅院记碑(朱椿撰　清乾隆四十九年·1784年)……399
厂头惜字社记碑(严骏云撰　清乾隆五十五年以后·1790年
　以后)……………………………………………………400
重修圆津禅院清华阁记碑(王昶撰　清乾隆五十六年·
　1791年)………………………………………………401
慈门寺新修钟楼记碑(王昶撰　清乾隆五十九年·
　1794年)………………………………………………403
修慈门寺记碑(王昶撰　清乾隆五十九年·1794年)……404
重修敕赐云翔寺大雄殿记碑(钱大昕撰　清嘉庆三年·

1798年) ································· 406
南翔万寿寺心月楼铭碑(张承先撰　清乾隆年间·1736—
　　1795年) ································· 408
积善桥碑记(陆鼎撰　清乾隆年间·1736—1795) ······ 409
旃檀禅院禅师塔(年代失考) ······················· 410
修建万安禅寺殿阁记碑(叶昱撰　清乾隆后期·1767—
　　1795年) ································· 411
修大圣寺后楼记碑(周金然撰　清乾隆间·1736—
　　1796年) ································· 413
重建小九华记碑(刘璜撰　清嘉庆三年·1798年) ······ 415
重修一六庵志碑(徐杨天撰　清嘉庆四年·1799年) ···· 418
西昌庵石堤记碑(赵球撰　清嘉庆五年·1800年) ······ 419
重修龙华寺百步桥碑记(何琪撰　清嘉庆九年·1804年) ··· 421
水月庵记碑(钱大昕撰　清嘉庆十二年·1807年) ······ 423
青浦县为禁止棍徒滋扰圆津禅院告示碑(嘉庆十三年·
　　1808年) ································· 424
青浦放生桥永禁碑(清嘉庆十七年·1812年) ·········· 425
重建西林禅寺山门记碑(陈廷庆撰　清嘉庆十七年·
　　1812年) ································· 426
漕河庙重并庙界记碑(陆纶撰　清嘉庆十八年·1813年) ··· 427
旃檀庵记碑(萧鱼会撰　清嘉庆十九年·1814年) ······ 429
明心寺观音阁记碑(冯以昌撰　清嘉庆二十年·1815年) ··· 430
重修集福庵碑记(李士荣撰　清嘉庆二十年·1815年) ··· 432
重建万善庵记碑(王作谋撰　清嘉庆二十年·1815年) ··· 433
重修祝圣禅院真武殿记碑(袁文炤撰　清嘉庆二十三年·
　　1818年) ································· 434
重建资福寺大悲殿记碑(吴文鼎撰　清嘉庆二十四年·
　　1819年) ································· 436
清胜庵捐田记碑(金以塾撰　清嘉庆年间·1796—
　　1813年) ································· 437

漕河庙事略碑(潘宜鉴撰　清道光二年·1822年)…………439
重修芦隐庵记碑(许衢撰　道光十四年·1824年)………440
重建青龙禅院记碑(张惇训撰　清道光七年·1827年)　441
奉宪刊立真一禅院碑记(清道光八年·1828年)…………443
重修白沙庙记碑(阮逢道撰　清道光十一年·1831年)　445
敕赐吉云禅寺重建大殿碑铭(祖定撰　清道光十二年·
　1832年)……………………………………………………446
澄照禅院图记碑(清道光十四年·1834年)………………448
重修水月禅院碑(张庆瑗撰　清道光十四年·1834年)…450
重建东林禅寺观音殿碑记(葛其仁撰　清道光十六年·
　1836年)……………………………………………………451
西林禅寺圆应塔塔刹宝瓶中藏木板铭文(吴光缙撰　清道光
　十九年·1839年)…………………………………………453
西林禅寺圆应塔塔刹宝瓶藏银板铭(先传撰　清道光十九年·
　1839年)……………………………………………………454
拈花林碑记(顾瑜撰　清道光二十二年·1842年)………455
重修李塔延寿寺记碑(仇炳台撰　清咸丰年间·1851—
　1861年)……………………………………………………457
上海知县为太平教寺寺产告示碑(清光绪四年·1878年)　459
规复太平教寺基记碑(王焕京撰　清光绪四年·1878年)　460
重建静安寺记碑(李朝觐撰　清光绪九年·1883年)……462
龙华寺千僧锅铭(清光绪十二年·1886年)………………466
重建圆津禅院大殿记碑(沈光莹撰　清光绪十八年·
　1892年)……………………………………………………467
重修上海百步桥记碑(王承基撰　清光绪十八年·
　1892年)……………………………………………………468
折芦庵赡田碑记记略(顾雍撰　清光绪十八年·1892年)……470
崇明金鳌山镇海塔石刻题字(清光绪十九年·1893年)…471
重修普照讲寺碑(袁昶撰　光绪二十年·1894年)………473
重建真如寺碑记(洪復章撰　清光绪二十一年·1895年)　475

龙华寺舍利记碑(清光绪二十二年·1896年)…………… 477
巽龙禅院敬塑大佛记碑(姚有林撰　清光绪二十二年·
　1896年)………………………………………………… 478
憩渡庵碑记(夏祖庚撰　清光绪二十四年·1898年)…… 480
重修玉皇宫碑记(清光绪二十五年·1899年)…………… 481
上海县为(静安寺)南翔塔院事告示碑(清光绪三十二年·
　1906年)………………………………………………… 482
钦旌马孝女祠记碑(唐锡瑞撰　清光绪三十三年·
　1907年)………………………………………………… 483
叙梵寿庵缘由记寔碑(唐锡瑞撰　清光绪三十三年·
　1907年)………………………………………………… 485
新建潮梵禅院集贤堂记碑(许绶修撰　清宣统元年·
　1908年)………………………………………………… 487
奉宪严禁恃强为害碑(年代不详)………………………… 488
金山重建妙常寺观音大士佛宇碑记(年代不详)………… 489
积善堂三僧合塔幢刻石(年代不详)……………………… 490

中华民国

上海县知事为翠竹庵保存庵产事告示碑(中华民国二年·
　1913年)………………………………………………… 491
重修寿安寺后殿记碑(曹炳麟撰　中华民国六年·
　1917年)………………………………………………… 493
重建万佛阁记碑(王渭撰　中华民国八年·1919年)…… 495
署理金山县知事为大觉寺置田事告示碑(中华民国九年·
　1920年)………………………………………………… 497
重建吴兴禅寺记碑(桑镛撰　中华民国十六年·1927年)…… 499
玉佛寺记碑(叶尔恺撰　中华民国十七年·1928年)…… 501
崇明寒山寺皈仁庄记碑(王清穆撰　中华民国十八年·
　1929年)………………………………………………… 503
重建高蒋泾桥记碑(高燮撰　中华民国十八年·1929年)…… 505
法藏讲寺偈子及石刻楹联、题词碑……………………… 506

巽龙禅院重建大雄宝殿记碑(朱惟公撰　中华民国二十四年·
　1935年) ……………………………………………………… 511
重修潮音庵记碑(万翰撰　中华民国二十四年·1935年)…… 512
普济寺十方碑记(圆瑛撰　中华民国三十年·1941年) ……… 513
上海普济寺为五台山碧山寺下院碑记(中华民国三十年·
　1941年) ……………………………………………………… 515
龙华寺重修碑(中华民国三十三年·1944年) ……………… 517
重修上海龙华古寺大雄宝殿记碑(徐礼辅撰　中华民国
　三十三年·1944年) ………………………………………… 518
重建龙华寺舍利塔记碑(中华民国三十五年·1946年) ……… 520

中华人民共和国

兴慈法师墓塔铭(1950年) …………………………………… 521
圆瑛老法师像赞碑(倓虚撰　1953年) ……………………… 524
圆瑛悟法师墓塔(1957年) …………………………………… 525
圆瑛大师纪念塔铭(明旸撰　1957年) ……………………… 526
月霞法师墓碑铭(应慈撰　1957年) ………………………… 529
重修张堰板桥记碑(1984年) ………………………………… 532
松江方塔碑(赵朴初撰　1984年) …………………………… 533
重修龙华寺碑记(赵朴初撰　1984年) ……………………… 534
龙华寺重塑三圣宝像功德碑记(明旸撰　1986年) ………… 536
震华法师墓塔铭(1987年) …………………………………… 537
圆瑛塔院圆瑛法师塔铭碑(赵朴初撰　1988年) …………… 539
惠宗和尚墓塔铭(明旸撰　1988年) ………………………… 540
可成法师墓塔铭(真禅撰　1988年) ………………………… 541
玉佛寺摹刻南通狼山旧刻观音像碑记(真禅撰　1988年)…… 544
龙华寺诸殿阁赞诗碑(明旸撰　1989年) …………………… 546
苇舫法师墓塔铭(真禅撰　1989年) ………………………… 548
远尘法师墓塔铭(真禅撰　1989年) ………………………… 550
崇明寿安寺重建天王殿碑记(真禅撰　1990年) …………… 552
重建静安古寺碑记(真禅撰　1990年) ……………………… 554

玉佛寺石刻画廊碑序碑(真禅撰 1991年) ……………… 556
玉佛寺复刻贯休画十六罗汉应真像石刻序碑(真禅撰
　1991年) ……………………………………………… 557
白圣法师墓塔铭及碑铭(真禅撰 1992年) ……………… 559
龙华古寺敬塑千手观音宝像功德碑记(明旸撰 1992年) … 561
崇明广福寺兴建大雄宝殿碑记(王永元、宋智人撰
　1994年) ……………………………………………… 562
重修沉香阁碑记(赵朴初撰 1994年) …………………… 564
真禅法师墓塔铭(1996年) ……………………………… 566
净心庵碑记(1998年) …………………………………… 568
东林禅寺大殿修缮记碑(1999年) ………………………… 571
东林禅寺修缮记碑(1999年) …………………………… 572
法藏讲寺初建与圆成大殿碑记(王新撰 1999年) ……… 573
华严塔重修记碑(1999年) ……………………………… 576
秀道者塔碑(2000年) …………………………………… 577
松江方塔院方塔碑(2000年) …………………………… 578
松江方塔院古寺遗础(2000年) ………………………… 579
松江唐陀罗尼经幢说明碑(2000年) …………………… 580
南翔寺熏炉铭(慧禅撰 2001年) ………………………… 581
真如寺经幢石刻文字(2001年) ………………………… 582
潮音庵宝昂师太行业碑(觉醒撰 2002年) ……………… 583
重修万佛宝阁碑记(紫波撰 2002年) …………………… 585
重建无为寺碑记(杨雨生撰 2002年) …………………… 587
明公上人传略碑(照诚撰 2003年) ……………………… 589
重修龙音寺碑记(照诚撰 2003年) ……………………… 592
玉佛禅寺觉群楼记碑(觉醒撰 2004年) ………………… 594
洪福寺重修功德记碑(圣怀撰 2005年) ………………… 596
法藏讲寺六和钟铭(2006年) …………………………… 598
性修法师墓塔铭(悟端撰 2006年) ……………………… 599
庄严寺恭塑千手千眼观世音菩萨圣像功德碑(2007年) …… 601

17

达缘法师墓碑铭（2007年）……602
静安寺福慧宝鼎铭（2007年）……606
无为寺复刻梁漱溟先生发愿文碑（2007年）……607
无为寺觉林建园缘起碑（玄洪撰　2007年）……608
上海金山朱泾镇东林寺复建碑记（王志远撰　2007年）……609
重建沪渎南汇会龙讲寺碑序（汪欣撰　2007年）……611
重修庄严寺记碑（觉凡撰　2007年）……613
庄严寺觉凡法师墓塔铭（2008年）……615
寿安寺功德柱缘起碑（惟觉撰　2009年）……617
松江西林禅寺崇恩功德碑记（2009年）……618
西林禅寺西林修学信念碑（2009）……620
再修三圣殿缘起碑（惟觉撰　2009年）……621
寿安寺功德柱缘起碑（2009年）……622
嘉定万佛讲寺山门外刻石碑（2009年）……623
寿安寺问心亭碑铭（2010年）……625
玉佛寺觉群楼功德碑（周慧珺撰　2011年）……626
德悟法师墓塔铭（慧明撰　2012年）……628
观性法师墓塔铭（2012年）……631

部分未录存碑 ……632
志书所存佛教碑目 ……634
索引 ……649
后记 ……668

丛书总序

张继禹

石刻是历史上仅次于结绳、刻木的一种纪事方式,有说它甚至曾先于刻木。最早记录的是石刻符号,是图画,还是文字,已不重要。无论摩崖、石阙,还是以后的造像题记、墓铭,真正的碑记,但纪事之材料为石。1935年,河南安阳殷墟出土过殷商时期石刻上两行文字和石制乐器石编磬上的文字,以及春秋时期的"石鼓文",是现存最早的石刻纪事文字。作为以后意义上的碑记,现存实物最早的是东汉永建三年(128)的《王孝渊墓铭》。

三国两晋之后,寺观建筑兴起,在寺观中所立纪念性、记事性的石碑,也开始受到较普遍的重视,其内容除了记载本寺观的创立、重修、迁建外,特别重视朝廷赐额和朝廷或官府有关于本寺观的重要敕令、文告、谕禁,以及修建、缮田的信众功德碑。而作为庙祀碑,相传我国最早的名碑是刻立于东汉桓帝延熹八年(165)的《西岳华山庙碑》,较早的有晋太康十年(289)《齐太公吕望表碑》和东魏武定八年(550)《太公庙碑》。

而现存佛教寺院石碑,早期的有北魏太和十二年(488)的《晖福寺碑》和东魏天平二年(535)《嵩阳寺碑》。道观石碑中唐代武则天时长安四年(704)《大周长安周玄度等斋醮记碑》、景云二年(711)《吕皓仙等斋醮记碑》和天宝三年(744)的《嵩阳观碑》等都是现存著名的道教早期碑刻,而宋政和七年(1117)徽宗御书瘦金体《神霄玉清万寿宫碑》也更以其书法艺术流传于世。佛教四大名山和各大丛林、道教各处洞天福地无不以其历史悠久和宗教地位崇尊,并且集历朝历代文章大家、书法圣手碑刻之大成。

  古代碑刻不仅有其极为重要的历史价值、艺术价值,而且古时必有大事方勒之以石。因此,其文献价值、档案价值更是特别重要和珍贵,因之保存下来的文献数量之广、内容之丰富、史实之相对可靠(至少在其所记录历史事件之时间、地点、人物方面,姑且不论其观点和立场),历来为后人所重视。因此各朝各代各地方志书都将本地重要的碑刻收录在内,其中相当部分就是宗教的碑刻。

  研究宗教历史和了解宗教传统,从碑刻中着手,是极受古代史家和宗教内部重视的。寺观碑记中,反映了大量历代宗教管理制度、宗教传承、佛道教发展的过程和规律,宗教教派的形成和绵延的脉络,寺观与信徒的相互关系,宗教同政治、经济、文化及社会的相互依存等。

  现代专家学者也常从佛道教的碑刻中研究宗教的历史和宗教的演变发展轨迹。遗憾的是,佛道教界内部,尚乏人真正重视并动手做这方面的工作。据我所知,在全国范围,也还没有人做过这样的尝试:把整个地区的宗教碑刻收集整理出来。且不说其收集碑刻的难度和艰苦,不能缺字,不能错字,不能增一字,不能减一字。这也是至今少人愿意去从事这项工作的主要原因。

  现在上海潘明权、柴志光先生,一位是资深的宗教部门干部,一位是专业的档案和地方志专家,花了多年的心血,把上海的佛教和道教庞大数量的碑刻,汇集整理出版,其艰难可想而知,幸好有若干寺观的法师和道长尊重他们的成果,有关区县的博物馆知道此事的艰辛,支持他们的工作,使这两本书得以陆续完成,为各地专门整理宗教资料的基础工作开了一个好头,为我们佛道教界积累资料和深入研究做了一件大好事。他们要我为这本书作序,我以为,对于佛道教事业而言,这是我责无旁贷的义务。我与潘明权先生相识多年,有幸看过他的不少佛道教方面的著作,也为他的书写过序。我愿为他们,也为各地今后愿意继续从事研究和介绍宗教事业作出贡献的朋友们加一加油、鼓一鼓掌。

是为序。

2013 年 5 月 20 日
(作者系中国道教协会驻会副会长、秘书长)

《上海佛教碑刻资料集》序

学 诚

上海佛教有着悠久的历史。据传,上海最早的寺院是龙华寺和静安寺,都始建于三国时代。自南北朝起,很多寺院都陆续修建起来,现在重新恢复的上海吴兴禅寺、南翔寺、菩提禅寺,就是创立于梁天监年间的古刹。斗转星移,时过境迁,佛教寺院的历史更替也与一般事物的发展规律一样,都要经历成、住、坏、空的阶段。佛教好多曾经兴盛过的寺院,都已经湮灭殆尽,要想了解这些寺院的历史,大多只能依据流传至今的石碑或志书上保存的碑记,不过从中我们仍能够多少描摹出丰富多彩的佛教文化,了解绵延流传的佛教传统,读懂历代称颂、精戒造诣的大德高僧,体验历经沧桑的佛教历史。

本书收录的碑刻,除个别是南北朝、唐和五代的外,基本都始于宋代。有些碑记已难以严格区分是完全属于佛教还是道教,抑或民间祭祀。从历史的过程来说,一个地方属于寺院、道观还是民间祭祀的祀庙,只能根据其在某一时期是由佛教僧人还是道教道士管理来判断。然而,这一类的变动太多、太频繁了,至少在上海和江浙地区是如此。也正因为这样,才让我们了解到历史的多样、丰富,感受到宗教在演变、交汇与绵延中的精彩纷呈。

本书收集的碑记约600篇,几乎有碑必录。编者用了不少工夫，花了不少时间，费了不少口舌，翻阅了不少资料书籍。在寺院中，在石碑前，面对那些由于人为或是自然的原因而湮漫不清的碑文，编者克服了各种困难，坐不下、看不清、抄不了……在天气、时间、光线都难全的条件下，一笔一笔辨认字迹，其中的辛苦难以尽述。

这些碑记是记录上海佛教发展轨迹的珍贵资料，给我们留下了许多历史信息。翻阅此书，龙华寺、静安寺、南翔寺、西林禅寺等古寺院，其创始和发展的来龙去脉、其兴盛与衰亡的历史演变、其历代历朝的管理制度、其来自十方用之十方的经济运作、其依靠助缘募集的创业、修建、重修等过程皆历历在目。在这些碑记文献中，有许多篇涉及古代宗教寺额制度、僧道官制度和关于寺庙经济、管理等方面的内容。

所有记载寺庙沿革的碑记，几乎都会称颂佛祖的恩德和信徒的贡献，即是平常所说的"功德"。寺庙的一切经济来源，包括重建、重修寺庙，捐缮田、义田的经费，都是来自十方信众。信众之所以愿意解囊捐赠，主要并不在寺庙本身有多大的地位和名气，而是在于对佛菩萨加持感应的真诚信心和对前代佛、道大德的虔诚敬仰。

这些碑刻资料不仅保存了大量的上海佛教发展、寺庙建设、人事关系和人文景观的宝贵信息，其中还不乏一些名家作品，如大家熟知的元代大书法家赵孟頫、明代著名书画家董其昌等名家书写或撰写的碑文。显而易见，这些史料不仅对上海寺庙的发展和沿革的研究十分珍贵和重要，而且也是研究上海地区的政治、社会、经济、文化、人文、建筑、艺术，以及历代政府管理等方面的第一手资料。

现在许多寺院开始重视佛教文化，希望以此提高自己的文化品位，改善佛教的形象，扩大佛教文化的外延，加深佛教文化的内涵。本书的出版，相信对于佛教寺院的文化建设一定有所帮助。一些寺院若能以此书结缘赠送给有一定文化的佛教信众、有关研究单位和宗教文化爱好者,以飨众好,岂不是一件大好事大功德!

寺院的这些石碑和碑文不仅有历史价值,有些还有很重要的艺术和文物价值,应当妥善保护好,避免继续破坏受损。有可能的话,可以把与自己寺院有关的佚碑根据原碑文聘请名家书写,请能工巧匠镌刻成碑,这不仅是一种缅怀前人先贤的功德碑,同时也为寺院留下一点文化景观,提高寺观的佛教文化层次。

在深层佛教文化建设上,我们需要想得更远一些,看得更深一些,做得更踏实一些,上海的佛教事业是大有作为的。除了在弘扬寺院本身的文化内涵之外,像北京和上海这样的大城市的佛教资料收集整理,也是十分重要和有意义的。

本书编者之一潘明权先生在1991年和明旸真禅法师到福建省莆田市广化寺时,我与他初次见面,相识20多年。作为一个在宗教部门工作的干部,能虔心学习佛道教文化,热心收集整理最基础和原始的宗教资料而不求报酬,令人钦佩。我看过他《上海佛教寺院纵横谈》(赵朴老题书名)《世界佛教邮票欣赏》(一诚长老题书名)《上海佛教寺道观楹联对联》和新出版的《走近佛教大德高僧》,感受到他与佛教界法师们之间的因缘和情谊。他为佛教所做的事,是值得赞叹的。

       2013年4月于北京市龙泉寺

(作者为中国佛教协会驻会副会长、福建省佛教协会会长、福建莆田市广化寺、北京市龙泉寺住持)

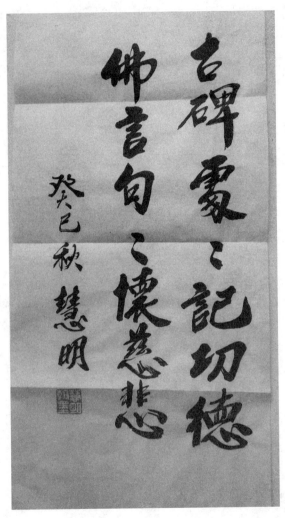

题词(上海静安寺住持慧明法师)

南 朝

开元寺浮海像铭

(梁简文帝撰 梁大宝年间·550—551)

盖闻轩后之图,载浮河洛,秦王之璧,更涌沧溟。昭潭之洲,清源而西泛;蓬莱之岫,逐安流而南徙。况夫道由慈善,应起灵觉。是以无方之迹,随机示现;无缘之力,因物成感。晋建兴元年酉之岁,吴郡娄县界松江之下,号曰沪渎。此处有居人,以渔为业。挂此橝纶,无甑小□;布斯九□,常待六鳌。遥望海中,若二人像。朝视沉浮,疑诸蜃气;夕复显晦,乍若潜火。于是谓为海神,即与巫祝同往祈候。七盘圆鼓,先奏盛唐之歌;百味椒浆,屡上东皂之曲。遂乃风波骇吐,光景晦冥。咸起渡河之悲,窃有覆舟之惧。相顾失色,于斯而返。又有受持黄老,好尚神仙,职在三洞,身带八景,更竭丹款,复共奉迎。尊像沉躯,没而不见。经历旬同,遐迩俱闻。吴县华里朱膺,清信士也。独谓大觉大慈,将宏化迹。乃沐浴清斋,要请同志,与东灵寺帛尼及胡伎数十人,乘船至沪渎□。顶礼归依,歌呗赞德。于时微风送棹,淑景浮波,云舒盖而未移,浪开花而不喷。虽舟子招招,弗能远骛;而灵相峨峨,渐来就浦。仰睹神像,嶷然只□。非因首,讵假龙桥。岂籍银连,宁须玉轴。背各有题:一名维卫,一名迦叶。于是时众踊跃,得未曾有。复惧金倦之姿,非凡所徙。试就提棒,豁尔胜舟。指燕宫而西归,望莉门而一息。道俗侧塞,人只协庆。膺家住近通元寺,乃孙权为郭母陈氏之所立也,亦一邦之胜也,胥山之神塔,乃迁像于此寺。武夫数百,成不能胜。共怪曰朱膺、帛

1

尼二人之力,而能捧持,不觉为异。今人工甚盛,确乎不移,此必精诚弗能致也。乃复竭心,则时稽颡。然后乃动,至自舟中。故知据井夜飞,实无以异;石不能重,有觉凭焉。后有外国沙门释法开来,称彼国众圣所记云:东方有二像,,及阿育王塔,若能恭礼觐,灭无量罪,免离三涂。礼已而去。中大通四年岁在壬子,临沙汝灵侯,奉敕更造铜光二枚:其一高九尺,其一高八尺五寸。铜迈丹阳,耻论刘向之术;区选攻金,无俟嵇康之锻。既镌既镂,是磨是铣。煜如光定,湛似日轮。亦当远照三千,普瞻色像;遥睹十方,俱闻说法。岂止惜命小鸟,欣入影中;重罪众生,□逢爱日而已哉。吴郡僧正慧法师,深修五定,净持七支,于三宝中,尽力宏护。立摩尼之胜殿,制飞行之宝塔。至于壮严妙色,实有厥劳。昔鲁圣云亡,尚追仪于有若;楚臣殒世,亦托似于优旃。放勋之后,更图长乐之画;文命之君,不绝稽命之□。或传诸往牒,或布在前言。或赞述盈耳,或寿宫虚置。况远追应身,近现灵迹。不铭不勒,何以称扬。乃为铭曰:巍巍天像,堂堂最胜。慧日独,无生永证。愍此鱼钩,伤兹螺孕。乍动慈舟,时延宝乘。留住待缘,独有传应。传应伊何?宝兹灵像。履水晨游,凌涛夜上。七众有凭,九垓知仰。照此真容,开期俗网。千轮足起,万字胸书。身横五分,衣刻三铢。嗟尔末俗,心王所驱。颡浮水沫,命役驰驹。宜宏希乡,必尽勤劭。睹相尘灭,闻声惑祛。湛然神迹,长处全吴。

按:开元寺在吴县西南。寺有晋时浮海来二石像及佛钵。相传该记中的二尊石佛浮海而来,与上海静安寺的创建年代相关,故录之。二石佛渡江事,甘肃敦煌323窟绘有此故事。铭文由南朝梁代简文帝(公元550—551年在位),铭文录自宋范成大《吴郡志》卷三十一。

唐 代

唐青龙镇报德寺塔砖
（唐长庆元年·821年）

唐青龙镇报德寺塔砖

(砖面)夏清妻宋五娘共舍砖一万保扶身□。

(砖侧)长庆元年□月。

按：报德寺塔在青浦区旧青浦青龙镇，塔建于唐长庆元年(821)，今塔残躯尚存。上海耆旧顾景炎藏有此砖。砖文录自《淞故漫读》(吴贵芳著，上海人民出版社1991年12月版)。

金山法忍寺集右军书碑

（唐会昌元年·841 年）

　　大唐三藏圣教序。盖闻二仪有象显覆。唐船子和尚游泊钓船处。和尚东来泊钓船，一溪水月明天。此中定有高人出，为忆前身几百年。愚公谷人记。大唐三人二仪有象师兼太。会昌元年八月　日。

　　按：华亭封氏旧藏《云间金石录》抄本谓："原碑在金山县法忍寺。嘉庆六年(1801)，寺毁于火，碑始出。凡士行共七十七字。"此碑刻于唐会昌元年(841)。此碑文录自《淞故漫谈》(吴贵芳著，1991年12月，上海人民出版社出版)。

盤龙大寺石塔铭

（唐大中年间·847—859）

塔铭曰："天王石塔。"断塔久卧寺檐下，密刻楷字，有"大中年号"。

按：盤龙大寺石塔又名石大王塔，旧址在原松江县盤龙镇（现属青浦区）。塔中藏有藏经。刻文录自清光绪青浦《盤龙镇志》。相传从大水中漂至该处，里人异立在盤龙寺前。康熙三十五年（1696），为大风塌倒五层，每层作一节，下垫元（代）钱三五文，年月岁久，钱印沁入石中，文画深朗。从断塔残文有"大中年号"（847—859）字，"知系唐时物，元时仍重竖耳"。

松江唐陀罗尼经幢记

（唐大中十三年·859年）

佛顶尊胜陀罗尼经序(经文略)

　　夫石幢者,镌写陀罗尼真言,即西国惠人心传秘密也。不译唐音,乃作梵□,□半□之力□□□魔,或一向注心灌顶,千劫俗□□□及照□地,除五浊之罪,□□之虔,灭七反之殃。乐安蒋处士复,吴兴沈处士直,其有征发心□□□减衣食之给以络敬心,制造石幢一所,上为国王、郡主,邑宰、官寮立于通衢,以戴玄鉴□□。蒋公乃为亡姒吴郡朱夫人追酬鞠育之恩,愿申阴报之□。又亡□二弟,芳年早谢,痛手足之先零,望冥力□□,同升上果。又缘少男□□,有疾缠心,恐萦宿疾,避其绊系,□此□□,解前生之冤缆,散宿运之孽瞿,令旧大唐宁五神□□,其余一家各受无疆之庆。□□□尊父之□。沈公亦为亡姒施夫人、亡考府君虔追□之诚,□□□化之终,□□冥中,早登觉岸。巍哉胜□,志于不朽之□,圣德隆明乾坤而已矣。大中十三年(859)八月廿四日建树。功德□蒋复沈直车尔当僧师□同勾当潘贤徐行□书都尉□刘□江记　录事参军李嵩知县事□□□郎李瑛　文林郎守主簿□□□□务郎□□布文林郎□□□　(第一面)僧温初姚君锡□国清马浦沈直□钞卅千内十五千奉为(下缺)余十五千文为自身□(下缺)(第二面)□□□□徐成乐(下缺)　陆赞任□□□蒋□赵□　□□□□□□上各□□又　□□□初赵赞陈彻沈政顾言　□□□舍绢一匹　□□黄□潘□吴和陆应樊知俭　□□共舍□　□上各沈和茅□陆文徐美　徐章(第三面)(空白)(第四面)□□徐□刘公行□□朱□□□ □□徐文庆陆达张□□□□□ □□夏言夏仲暹□□□□□ □度陈元□史益□□徐□□□ □□吴长□□贾□□□□□ □□张□(第五面)(全糊) (第六面)□□娘裙一□□□一、□□十一王六娘□被一顾九娘□□裙一□□娘绫裙一□□娘□□□一绣帔子一朱四娘□青□一沈一娘舍衣□□何一娘绫裙一、帐一一尹五娘黄衫子一邓二娘□子一□□娘裙二□□陈廿三娘幛子一、殷八娘裤一、裙一、背子一□□娘背子一□十八娘扣金背子一顾廿四娘背子一□□□娘裙一陆廿三娘背子一郎十娘裙一□□一娘衫十一□□四娘□裙一、衫子一、背子一、绫一匹顾四娘裙一□□□□□娘裙一、背子一、绢一匹、□二娘□□□□(以下糊) (第七面)□□八娘绢一匹(下缺)□□□□娘裙一蒋廿九娘衫十一□□衫子一□□二娘手巾一衫子□□一陈二娘□□□曹□绢两匹录事何规绢四区徐令道绢一匹朱行王棱绢一匹王仕昭绢一匹施□□绸一匹张拱绢一匹唐积绿一章□廿程甘绍朱晟绢一匹 给事郎前行越州余姚县尉沈贾宣节校尉前苏州宁海镇将沈瑶登仕郎前行丹州义川县主簿沈茂璋金堂长公主邑司回易押衙沈泰昭武校尉前苏州宁海镇将上柱国沈程共舍钱一十千文兼设一千人斋 (第八面)品丹袍一茶一□友皋袍一沈宣袍一朱从□袄子一裤一中衣一□官长半臂一生苎衫一蒋真绮被一绮□□袄一安政袜肚面一帔子一闻人弘许逢卫□一□朱庆陆虞张先各绫一匹刘全庆水精珠一绢一蒋度舍亡□陈氏新妇贺遗被一唐素绫一匹蒋 采舍亡□陈氏新妇贺遗被肚面一何刘背子一张云裙缎一彩一甘川绢一匹王车并半臂一袄子一卢□裙一顾行齐半臂一陆举绫一匹罗一匹 李皋造大明前幢剩钞八千六百文入此幢 沈 舍金贴幢上世尊佛菩萨字取足 录事顾有灾舍实袍一(下缺)

按：据民国《华娄续志残稿》石刻卷，"大中十三年八月二十八日建，徐行人书，都料□□□江忠正书，八面刻，每面十行，行五十三字。今存城南地方法院南石幢子"。该经幢现坐落在松江镇中山东路中山小学内，唐大中十三年(859年建)。幢高903厘米，现存21

级,主体是八角形的幢身像粗大的石柱,分上下两段:上段高177厘米,刻有《佛顶尊胜陀罗尼经》全文;下段高36厘米,刻有捐助人的姓氏。经幢上刻有佛像、菩萨和供养人的礼佛图,与唐代石窟中浮雕人物的风格相似。经幢记文录自1980年6月《上海史资料研究丛刊》。

大唐苏州华亭县顾亭林市
新创法云禅寺记碑

(唐大中十四年·860年)

  院在市西北隅,其地阜势极秀。有二大长者朝议郎前试左金吾卫、长史、上国柱吾仁约及兄瑛弟绪并子女处士杨仲钦及男敬琮、仁敬、敬睿,发心相谓曰:此市信人极众,僧徒颇多,可以买此地为瞻礼之所。寻请坚修上士二僧,诣于京洛,请其院名,不旬月而返。果遂其志,广募信心,便筑基址,贸他山之栋材,召彼郡之良工,不逾二载,大中十三年春建,至十四年冬成。月殿巍峨,屹如涌出,门廊盖匝,可谓化城。工费之间不足者,悉二家之自备。岂止于一二,乃各数百缗焉。非我二家之志虔,造次而不可及也。续奉祠部牒,改院名为寺讫,奉命记其年月,以俟未来。

  按:法云寺又名宝云寺,在金山亭林镇,建于唐大中十三年(859)。碑文由吴兴沈王咸撰并书,大中十四年(860)十月二十五日立石。碑文录自《全唐文·卷七百九十二》。宋庆历七年(1047),在该碑的碑阴刻《法云寺重修伽蓝神堂、梁贤顾君祠堂、僧灵监撰侑神诗并序》的碑文。后碑亡佚,宋刻碑文未见。

亭林镇宝云寺石经幢

（唐咸通二年·861年）

宝云寺石经幢

一切如来白伞盖大佛顶陀罗尼真言(经文从略)

特进试鸿胪卿开府仪同三司肃国公食邑二千户赠司空谥□□□

广智大兴善寺三藏沙门不空奉诏译

同勾□□□□朝议郎前　处士杨仲文

大唐咸通二年(861)岁次辛巳九月壬申朔十五日丙戌建。

勾当人清河张光陟同勾当人渤海吴宗

助缘人吴筠为母□并为叔舍一十五千文，吴筠并弟宗舍二十千，李质并弟为母亲舍卅千文，陆举舍十五千文，唐素舍五千文，顾皋、陈学、胡郢、周荣各舍二千文，沈文、王约、尹仲甫、陆儒各舍二千，顾庆一千六百，管华、张弘桢、张□、平向、俞升、曹瓒、孙登各舍一千文，李岫、李雨言、李□、倪弼、陆文德、唐□育、葛□、顾□、刘昌、陆千载、郁□、任□、汤峰、徐子凝、樊汀各舍五百，小二注疏有四千七百。

住持僧□真仲□自厚可□良□都科彭城刘慕

京陵萧宏书，吴郡陆从简镌。

按：该经幢在亭林镇，为宝云寺之物，建于唐咸通二年(861)。杜镇球《华娄二县金石志稿》云："幢身八面，经文每面九行，行五十七字。"《云间金石录》作者尝摩抄通体，依式录之。此石幢文录自《淞故漫谈》(吴贵芳著，上海人民出版社1991年12月版)。

吴郡朱氏造幢记

（裴南□撰　唐咸通六年·865年）

　　陀罗尼石幢者,盖大圣之心诀也。西白天竺东流巨唐其威神福力,具载经教。今有吴郡朱氏昆仲,芳号直成、真诩等,皆信心虔诚,厚拾金帛。而选择良工建兹定调瞳,而安于胜地。一心奉为先府君夫人生天,而竞生天,次足以棣萼增福。其子孙即靡不应焉。且金乌照耀,玉兔圆明。佛影既移福自无量。况石□□□□中善相。自□因果,而坚固者也。咸通六年(865)岁在作□四月辛亥五日乙卯建立。□□□朱俊直、□□。主僧□顺、天王院僧令规、都勾当僧行佛、直院僧从諰、典座僧令璋、都维那令光。

　　按：记文录自清《八琼室金石补正》。原注：幢"八面高八寸,广七寸三分,面各六行,行五、六字,字径寸许。在青浦青龙镇。""右记文首尾四十一行,行五字。间有多一字者。行书,字径寸许。上下有花边。书法亦有名家风格。"

尊胜陀罗尼经幢题刻二则

（唐咸通八年至元元统二年·867—1334年）

（一）咸通经幢

唐咸通八年岁次丁亥十二月丙申朔五日庚子建，幢主弟子莫少卿、置院老僧行齐、院主僧文儵。

时泰平兴国庚辰(980)三月甲戌十一日甲申，僧子湘并小师庆恩、庆明重修此幢两所，永充供养。院主僧子昌舍财刻字，比丘妙聪、思职。

大元元统元年(1333)重建大殿，移幢基址向前，添新易旧，次年甲戌(1334)四月。

（二）乾符经幢

唐乾符二年(875)岁次乙未秋八月十八日建，弟子莫少卿造此幢，永充供养，□老宿僧行齐、院主僧文儵。

当院徒弟僧子湘并小师庆恩、庆明舍衣钵重修造尊胜幢两所。上下各二十四层，造行道菩萨各八身，并□□□□，永充供养。时太平兴国五年(980)庚辰三月甲戌十一日甲申立，殿主僧文广、上座僧过宗、院主僧子昌。

大元元统元年(1333)岁次癸酉七月吉日鼎新大殿，因移二幢基址向前，添新易旧，次年用□□□□□□□□□□，住持慧灯，广□佛心妙行大师昙证重建。

按：两经幢拓文录自清程祖庆《吴郡金石目》，并参考民国《江苏通志稿·金石》所载唐乾符经幢题刻拓片。乾符经幢中"元统"一行文字略有差异。乾符经幢中作"太平兴国"，不作"泰平兴国",故此幢当为元人修凿,而非宋人原刻。咸通经幢中"庆恩",《吴郡金石目》作"庆思"。幢上另有经文,不录。碑文转摘自2009年《云翔寺志》。

五代

龙华寺藏五代铜钟铭

（后晋开运二年·945年）

　　开化乡弟子少昙,男,妻室茅舍净财铸铜钟壹口。舍入溪山院,庆赞圆就,永充供养。院主僧又龙舍铜廿斤助缘,勾当钟;讲律僧皓明,匠人张迟宝。维开运二年(945)岁在乙巳三月三日记。

　　按:钟高75厘米,直径52厘米,沿厚2厘米。铸于五代后晋开运二年(945)。1986年8月6日,由上海博物馆调拨龙华寺,现悬于该寺三圣殿内。铭文录自《龙华镇志》。

龙华寺藏后晋开运二年铜钟

顾亭林市法云寺感梦伽监神记碑

(后晋开运二年·945)

开运元年(944)仲春月十有一日,造寺成,匠者毕乎。其夜,三更梦二人青衣来,云:"梁朝侍郎至也!"后忽见一人紫衣金鱼,仪容清秀,谓曰:"此地,吾之故宅,荒已久矣师今为吾于上造立货款,吾甚忻喜。请立吾形象,吾当护此寺也。"明日,道珍、智晖各言其梦,其事不异,皆未信之。明夜复梦,云师何不信,但寻旧寺基,水际古碑文为据。二人明旦乃彼求之。果见损折,皆文字破灭分散,独一片分明,云:"寺南高基,顾野王曾于此修《舆地志》。"二人叹曰:"此寺当与冥感如此。"遂于东偏别选良材,构屋一间,立像当面,并二青衣侍卫,集僧众唱呗具香火用以口赞。当是年季冬月望日也。其夜众成梦,神来谢曰:"吾获其利皆师之故也。"凡有吉凶,无不预报具在别录。今聊以直笔纪其实事其游□□□□中。此知其所以然也。时开运二年(945)岁次乙巳孟春月二十一日记。寺主僧道珍,同僧众立石,维那僧智恩勾当。檀越弟子禅牙记。

按:碑文录自明国《江苏通志考》(卷七)《江苏金石志》。原注"碑在华亭,排版高二尺八寸,广一尺六寸,正书十四行,行二十九字。""此记前人未著录,按:至元《嘉禾志》,法云寺在顾亭林市西北隅。唐大中十三年(859)建,晋天福五年(940)湖水坏寺基,始迁寺南高基,即陈顾黄门故宅。按:《顾亭林市法云寺感梦伽监神记》开运元年(944)造寺成,宋治平(1064—1067)间,改曰宝云。"

宋 代

保宁寺井栏题记

（宋大中祥符七年·1014年）

保宁寺井栏题记

大中祥符七年八月，僧赞□□，

字子邵文，绍□。

按：保宁寺旧址在原宝山县江湾镇，碑文录自光绪三年八喜斋刊嘉定程穆衡著《吴郡金石目》，原注"正书三行"。

福善寺铸钟记碑

(吕锷撰 宋天圣三年·1025年)

昔黄帝命伶伦氏铸十二器,盖钟之始也。召从律之气,扬治世之音,上同和于天地,下协赞于神人。暨西域圣人,化寝中国,海贮真教,星罗梵宫,方袍之士,佛肆之间,亦建钟焉。大者数万斤,小者数千斤。或谓振丰隆之响,鼓铿□之声,警六和之众,息三涂之苦,天下之人信服斯语,悉务捐施,曾无间然矣。福善院属秀州华亭县之西北隅内熏浦之阳,伪梁贞明六年(920)之所建,旧曰尊胜。皇宋大中祥符元年(1008),肇锡新额。斯院也,台殿轮奂,廊庑完备,象设孔严,缁徒节比,惟钟阙如。院主沙门遇来大师,幼脱尘网,素演竺书,内行醇明,外貌芳润。忽一月喟然叹曰:凡燕居兰若,式远郛郭,苟无钟梵之音,曷为我晨昏之号令耶?遂命门弟子绍諲与耆宿僧德成历冒风霜,遍诱檀信,陇西董仁厚欣然乐善,首施净财三十万,繇是近者远者靡不悦随。天禧四年(1020)冬十月,乃抵郡荐状,乞闻天庭。寻诏下,许输钱易铜以铸斯器。明年值洪水方割,下民昏垫,亟就慈缘,时不我与。洎天圣二年(1024)岁之丰和,俗稍苏息,复率众聚财,载闻郡政,乃命青龙镇巡检侍禁太原王公继斌莅而铸之;公芳猷兰秘,峻节霜明,干局有闻,从事无旷,十二月己巳,凫氏设良冶而锻炼焉。境邑士女,观者如堵。铜既山积,火亦烟炽。洪炉启而祝融奋怒,巨囊扇而飞廉借力,凝煎沸渭,翕赫霄壤,俄尔烟飞焰歇,豁然中度,华钟告成。厥功斯就,揭珍台而弥奂,发鲸杵而大鸣,激越人天,声闻遐迩。不祚不郁,不木瓠不窕,匪独导我之真侣,抑亦聪彼之群聋。纵使汉宫千石,感崩山而发秀;丰岫万钧,应严霜而振响,岂得同日而语乎?谔丁制滁阳,退居江左,承命叙事,牵让弗遑,谨直书其实云耳。时皇宋天圣三年(1025)二月十五日记。

  按:福善寺在青浦赵屯,始建于梁贞明六年(920)。宋天圣三年(1025),寺铸铜钟,吕谔为之撰记碑。记文录自《嘉庆松江府志·卷七十六·寺观》。该府志《艺文志·金石类》有此碑记的著录。

南翔寺建山并桥记碑

(康复古撰 宋景祐四年·1037年)

　　大雄氏教流冒东土,始汉盛唐,摄持群情,响若有所睹,檀犹有所安,岂悉羡逸而恶苦之然耶?而具慈仁圣神权化之然欤。未然者何?四海一信,不咸自勤者,勤信拳至。吴越之俗,他无能逾,伯牧之郡,子男之邑,搭庙差置庄罗民坊,至于泽阜垦辟之间,党伍保聚之胜,必象刹崛起,钟呗相闻,崇侈丰尚,靡焉弗支。姑苏属邑,粤惟昆山,境土衍沃,俗淳家富。距县百里,乡名曰临江,乡富之聚地曰南翔,聚有佛祠,祠山地名本厥,经始广遗,实初纪,乃传闻,见之他说,迄今祖绪之录,先是僧曰遇贤,励精愿力,追补前废,洁介有后,代嗣得人,得嗣之杰曰皓暹,规化卓茂,祠徒用兴迄兹,主僧曰赞能慧日,愿从即贤、暹之徒裔也。行果中植,常善导人,华瑽洁污,广旧图新。爰发亲囊之积,度材用之赀,鼎立外闬,翼引旁庑,前为桥梁,甃丹跨虚,出无揭涉之患,居有关防之谨。二缘始谋议,漏率至众,乐所举舍,不让先成,构奂丽蜿,虹飞翠晓,劝募不劳而忻,竟其输也。如是噫葺建之利,在教有之,将属福而渐善。尔其滋为乎。然啬蓄之忧,生趣所重,施报之觊,人欲之偕以如是者,服是举也。于益之获得,不为深乎。断饰戒体,托文载实,蔓所愧,直见辞,川纪成绩。

　　按:南翔寺在嘉定南翔镇。宋康复古撰此碑记。碑文录自《南翔镇志·卷十》。《南翔镇志·卷九》有此碑的著录。

重迁聪道人塔志铭碑

(灵鉴撰　宋庆历七年·1047年)

　　康定二年(1041)正月十九日,择汀上人创建塔庙于佘山西峰聪公道人坟后。至庆历七年(1047)十二月二十一日,塔庙成,遂迁葬于南岭之下。以行状请铭懿德以识其葬。师讳德聪,姓仰氏,姑苏张潭人也。七岁舍家入杭州慈光院,十三受具戒于梵天寺,既而志乐禅寂,参求知识,密契心印。太平兴国二年(977)岁次戊寅,来抵云间,寻船子祖师遗踪。邑人范仁宠与弟侄偶获礼足,乃选胜地,命师居之,因住是山东峰焉。茅茨不翦,室劣容身,未尝沐浴,唯好晏坐,人未知识也。一日有禅者造之,因睹经卷悬之舍下,尘积且厚,遂问之曰:"此佛经也,人皆看之,师独如此,何也?"乃笑而答曰:"若人之读书,信既知之矣,可再读邪?"尝曰:"古人贵行,吾何言哉?"其他问者皆默如也。因是人始奇之。咸平中,天旱人饥,盗且作矣。室屋四面竹木实繁,潜有取者,而二虎卫之,不可得也。师或经行,常前后似如驯养,人益奇之。或遇冬月雪深,则闭户四五十日,清风凛然,无敢叩其室者。有刘氏子,北亭乡人,素向其高节,舍财欲广所居,师坚不从乃止。至天禧元年(1017)二月旦日,自言今岁将去,不住此矣,耆老留住,默然不答,以是岁七月初日坐灭。至十三日,容貌如生。俗年七十四,僧腊六十二。县尉刘泳施俸钱率户人于山之西峰构方坟全身以安之。今近塔庙而迁,遵毗尼制也。秦虎吞诸国,火天下书,会昌灭浮屠法,庐比邱居,及其兴也勃然,若日月之照世,故可陵夷者迹也,不可灭者道也。聪师道人其行道之人邪。铭曰：言简弥深，行清而孤。方高无级，师之坟与。庆历戊子闰正月，钱唐西湖石函宝胜兰若传天台教沙门灵鉴撰，住持沙门居礼徒弟居乐、居庆，登仕郎县尉张世英、朝奉郎守殿中丞知县兼管勾煎变盐货公事武骑尉宋宜立。

  按：本墓志铭录自《嘉庆松江府志·卷七十九·冢墓》。铭文由沙门灵鉴撰于宋庆历七年（1047）。《嘉庆松江府志·艺文志·金石类》有此碑铭的著录。

布金禅寺经藏记碑

(陈舜俞撰 宋嘉祐七年·1062年)

布金院去邑七十里,有上人曰清己者,其行淳白,善护其法,所谓慈惠精进者。岁既久,闾里莫不向焉。邑人颜氏子乃首施钱二百万,书其凡所藏经文,又相与营大屋,为轮而环积之,其后工未就。于是人无远近,争投以财,越二年而告成。函以文木,袭以绨锦,载以华轮,瞰以藻阁,缭以朱贝,负以口龙,覆以隆厦。周以广庑,方琢圆磨,明怪幽巧,涂金间碧,严饰杂绘。总用钱千万,前后施者略数百人,焕乎盛哉。夫西方之书,生灭之极谈也。生灭者周流而无穷,周流之谓迹,无穷之谓性。迹有去住,性无前后。万物见义,莫妙乎轮。轮之名有二,一曰法轮,佛之所乘也。智慧解脱以动之,戒定悲忍以行之,小而入乎微尘而有余,大而御乎虚空而不能容,拟诸形容而莫之能名,法轮也。其二曰苦轮,众生之所乘也,动之以烦恼贪著,行之以嗔乱罪害,上驱乎天,中驰乎人,下转乎地,散而入乎鬼神之都、禽兽之乡,而莫知其归。拟诸形容,亦莫之能名,苦轮也。噫,在佛为法,在众生为苦,有众生乃有佛,非佛不能度众生,然佛之度众生也未尝脱吾轮而载之。盖即其所乘而指其所向,故能方轨同辙而出乎无穷之域焉耳,然则凡所谓轮者,可以摧止诸苦,令法流转,亦几于佛矣。轮之成也,上人以予善解其义,其文足以申赞叹,见属者不远千里云。某年某月记。

按:布金禅寺在青浦大盈,始建于唐代。该记文由陈舜俞撰于宋嘉祐七年(1062)正月。记文录自《嘉庆松江府志·卷七十六·寺观》。该碑著录见于《嘉庆松江府志·艺文志·金石类》。

隆平寺宝塔铭碑

(灵鉴撰 宋嘉祐七年·1062年)

宋明天子即位,举贤才修文教,不禁浮屠,造塔庙兴佛事。天圣初,道者若松、檀越诸葛果、颜霸与众谋曰:"今天子与天下民植福,而此镇西临大江,与海相接,莽然无辨。近无标准,远何繇知,故大舟迅风直过海口,百无一二而能入者,因此失势飘入深波石礁没舟陷人屡有之矣。若建是塔,中安舍利,远近知路,贾客如归。观者若知心至宝塔彼岸,高出贪爱大海,见慢鱼龙,乘慈悲舟,生死苦海,一念超越,速如反掌,可不慕乎。"与人然之,遂于隆平精舍建塔七层,高矗云霄。自杭苏湖常等为月日而至,福建漳泉明越温台等州岁二三至,广南日本新罗岁或一至。人乐斯土,地无空闲,衣冠名儒,礼乐揖让,人皆习尚,以为风流文物之地。朝廷闻之,曰:酒税之利,狱讼之清,宜在得人,不可以不慎。自景□至今,皆京寺清秩,兼以治人,今岁大稔,远商并来。塔成无记,岁月磨灭,将为后人之讥。灵鉴始受县符来慈传道,众乃丐辞,以纪其实。自惟空示是习,辞愧不文,乃抉鄙思谨为铭曰:圣帝无为,慈不以威。民乐太平,起塔巍巍。上入碧空,下状铁围。烟云雾霭,出入户扉。中藏舍利,四众焉依。庄严国界,佛日增辉。厥初未建,市井人稀。潮涨海通,商囚来归。异货盈衢,人无馁饥。刻石为铭,以赞幽微。亿万斯年,永镇江圻。嘉祐七年(1062)十二月。

按:隆平寺宝塔在青浦县青龙镇。该铭文录自《嘉庆松江府志·卷七十六·寺观》。铭文由沙门灵鉴撰于宋嘉祐七年(1062),清祖篆额。《嘉庆松江府志·艺文志·金石类》中有此石铭的著录。

僧畅法华行业记碑

(浩宏撰　宋嘉祐七年·1062年)

　　僧畅法华,询寺僧耆旧,本闽中姓陈氏,因游江浙寓秀州隆福寺驻锡,大中祥符间早世。禀性质直,而通经为业,日诵《妙法莲华经》,或一部,或两部,夜礼兜率天宫弥勒菩萨,或三百拜,或二百拜,以日系月,自强不息。凡寓此约三十余载,始终一贯。其或体羸气劣,遇酒肴处,不麓问亲疏,我所嗜者则餐之。以水荡口,诵经复初。及康宁则过中,人或与物,乃云:"佛制,枝叶花果,不许入口。"至六十五岁,梦登一阁,有异人谓师曰:"此是兜率天宫,师寿止七十五岁,当来此居。"畅稽首:"我愿八十岁,所诵经方满二万部。"翼日无语,翌日索笔,大写梦中事于壁。由是愈加持诵,经数既满,师寿八十矣。冬夜澡浴更衣,待旦贺正,至半夜坐灭于所卧之床。居人颜霸帅众奉香为薪,彼焚之地,有坟冢环邀,其家咸梦宗族归曰:"藉僧来焚,我当归去。"口舌根自火而出,体柔色红,舍利麓大五色莹然,烟焰中飞迸,纍于草树。自闍维之后,从祥符年至天圣末,得二十余载,灵骨在焉。僧泽随收得片骨于窍中,舍利资生,遂以火试,铿然坚固。由是作石函,瘗寺门之左,上建石塔以识之。今法孙子来上人自天圣末止今嘉祐,又经三十载。知先祖法华德善,俱其湮没,请予直书,以备僧史,俾希风慕化者思齐焉。

　　嘉祐七年(1062)壬寅岁正月日。

　　杭州梵天寺上方传天台教、赐紫了空大师浩宏撰。

　　寺主讲经沙门智能、得栖施石门、钱塘讲僧用几书,陶揆镌。

朝请郎、尚书屯田员外郎、签署宁海节度判官厅公事、骑都尉、赐紫鱼袋徐绍立石。

按：宋大中祥符年间，僧畅法华驻锡青龙镇隆福寺，年八十而化，灵骨埋于寺中，并建石塔识之，为此，天台了空大师浩宏于宋嘉祐七年(1062)撰行业记文，沙门用几书。记文录自明正德《松江府志》，清嘉庆《松江府志》等有"僧畅法华行业记略"。

赐华亭县宝云寺寺额敕牒碑

(宋治平二年·1064年)

中书门下牒

秀州奏准,明堂教保明到来,有敕额寺院、宫观敕额,伏候敕旨。华亭县法云寺宜赐宝云寺。

牒奉敕如前,宜令本州翻录敕等,降付逐寺院宫,依今来敕命所定名额。牒至准敕。故牒。

治平元年(1064)十月二十七日牒。

吏部侍郎参知政事赵,

吏部侍郎参知政事欧阳,

中书侍郎兼户部尚书平章事曾,

右仆射兼门下侍郎。

帖华亭县宝云寺奉敕:右具如前须翻头连帖华亭县宝云寺。

敕命指挥,旋到居或主掌替换,递相交割常住口不时损失,治平元年(1064)十一月诏。

守司户参军王(画押),

守录事参军朱(画押),

权军事推官李(画押),

军事判官杜(画押)。

是立乎三观破□三惑□□智成□三佛堂

观者破息思惑证一□□□然□□假观者

破虚少□□□□□□□颟□□者破尘

明惑成一切种智成□别□兹三说三读三
观三智非各别也非异时也天□之理具读法
□□此三缔性之自尔造□□谛转□三惑
籍乎三观□成□□□□□□三读证因
果非渐修也□次第□□□大□
日可得矣。　　　云间宝云寺比丘　立石。

按：碑文录自民国《江苏金石志》（即《江苏省通志稿·金石志》）。"拓本高三尺四寸，广二尺四寸，三截刻。正书大字径一寸三分，小字径五、六、七分不等。""宝云寺即今法云寺，在顾亭林寺西山隅，治平元年（1064）赐额，此碑上载，淳熙九年（1182）交常住田亩文，嘉熙改元（1237）释行谨刻。"

菩提禅寺大雄宝殿柱础题记三则

(宋治平四年·1067年,建炎二年·1128)

其一:

丁未(宋)治平四年(1067)四月□□钱大娘、亡妻□□功德报答四恩

其二:

平江府昆山县安亭乡桑浦邨居住清信弟子沈彦渝、弟彦深,母亲方氏四娘,捨钱三十八贯五百文,制造石础一十八个,入殿内,保忏罪愆,仍答四恩三有。建炎二年(1128)四月二十一日谨题。仍荐亡翁沈五郎、婆徐氏一娘子、仲氏三娘子,亡考六郎,众魂生界。

其三:

沈彦渝、弟彦清、彦深捨础十八个,乞忏罪愆,四恩三有,仍荐沈五郎家徐氏一娘子、仲氏三娘子,亡夫六郎□□,往生□界。　　洞庭元山石匠朱式。

按:以上石柱础,保存在现嘉定区安亭镇菩提禅寺内,虽漫漶不可读,存之备考。柱础石记文录自光绪《嘉定县志》,题刻于北宋治平四年(1067)和南宋建炎二年(1128)。

海慧院藏经记碑

(陈舜俞撰 宋治平年间·1064—1067年)

秀州木隽李之奥壤华亭县,唳鹤之名邑。白牛村在其西,有人烟之富,海惠院于其间,为兰若之胜。先是赐紫僧奉英智力肤敏杰为主者,乃募人书所传之经,其函八百,其卷五千四十有八。而居人吴氏子行义施号为长者,为之募财,屠工作转轮而藏之,其屋若干楹,载龙石载琢,饰以金碧,以某年某日落其成也。白牛居士陈舜俞叙其义而赞之曰,天下之险,东有泰华,南有衡岷,西有昆□龙门,北有太行羊肠,此天所以限方域也,然而宝货出焉,而负重者至。草木禽兽生焉,而樵苏弋猎者往。凭者蹶而伤,下者踣而死,又生生之大患也。圣人为之观转冯,而作车以载之。嵯峨决而蹊通,碎而尘飞。视千仞以为夷,化颠踣以为安。其车之为利盖远矣。无明之山,悭贪之阻,嗔恚之冈,痴暗之崔嵬,诈妄之丛棘深林,淫乱之坑谷溪涧。而众生莫之能免也。于是教之以法为车,以布施为车,以禅定为轸,以忍辱为毂,以持戒为辖,以勇猛精进为辐,以般若为轮。度脱诸险,不堕生死,始于自载,终于载人。故此经之轮,不为无意也。况夫我为法轮致远,由己有相,虽外发心,必内心转轮,驶心止轮,□举真如之性海,一指而遍尽尘沙之法门,有念斯足,须弥纳于芥子,沧海入于毛端。真体道之枢机,利物之关键,作之可谓妙用,施之者不为无穷之利乎。若夫山涧同平,夷险一致,驰骋乎无傲之驾,遨游乎无方之机,非作非止,孰溺孰载,吾非斯人之徒,其谁与游,然殊途同归,何远之有。

按：海慧教寺在今金山区枫泾白牛市。宋建隆初年,里人姚廷睿舍宅而建。初名兴国福寿院。宋治平元年(1064)改为海慧院。该碑记由陈舜俞撰于宋代。碑文录自宋《云间志》。嘉庆《松江府志·艺文志·金石》中有此碑的著录。

超果天台教院记碑

(陈舜俞撰 宋熙宁五年·1072年)

天台氏之建化也，以观心为法，以念佛为宗。观心者，有心以至于无心。念佛者，念彼佛以证乎我佛。或升阶纳陛，同践堂奥，或顺风乘航，横绝苦海，真可谓大乘之渊源，导师之方便者矣。原夫清净本然，无有空假，因缘忽生，万法以起，河沙妙门，一念而足。所以体同寂照，神冥乐域，丘陵坑坎，悉见严净。众鸟行树，皆出法音。用之则然，何远乎尔。佛垄肇基，神化周浃，诸方回风，缘应如响。则夫来四众之珍聚，肄六时之白业，栋宇具而神人安，钟梵作而斋戒修，又可阙乎。秀州华亭县天台教院者，盖鹤唳之奥区，实龙象之精舍。先是界相东南，地隙草懋，时和年丰，民有馀施，师徒日演，广厦斯作，讲诵未闻，人莫知向。法师惟湛台岭之宗，实为苗裔，言厌游方，聿来胥宇。既以知见，提撕其新学；亦用方便，诱掖于里俗。于是檀供旁午，规模备具。复即净室，作西方弥陀之象，其高十有六尺，岿然垂臂，若将援溺以应经量。邦人吴延宥，善施乐义，乃为捐金以极涂饰，然后居者有以系瞻诵之志，游者以之起师仰之愿。揭像应之雄规，毕空门之能事矣。嗟乎，谁为布施，为住于相，众生不爱，项踵悭贪无厌，暗覆真觉，集为苦本，流转生灭，莫知故止。故夫信舍作则执著亡，执著亡则空寂见，空寂见则佛性具矣。谁谓声色不足以见如来？今夫金山之聚，不辍乎吾目；和雅之音，不息乎吾耳。尘法虽外，其心则我。苟无闻见，则无我佛，故夫乐苦空而断因果，厌诸相而求解脱，未足与语道者也。院既大成，严像且毕，以仆夙体,斯道见属随喜云。熙宁五年正月辛巳记。

  按：超果寺天台教院在华亭县,建于宋代。该记文为陈舜俞撰于宋熙宁五年(1072)。碑文录自嘉庆《松江府志(卷七十五)寺观》。嘉庆《松江府志·艺文志·金石》中有此碑的著录。

圆智教寺中阳塔记碑

(宋元丰二年·1079年)

　　粤有大宋国两浙路秀州华亭县，户属修竹里，居横山之阳晨者，高阳许氏字文全，娶琅琊王氏，及家眷等，悉依上国，溢处皇民，虽祖代以归耕，乃奚酬于皇极。是以特捐净贿，就当邑干山圆智寺大殿佛前，东南之隅，命工匠建立阿育王塔像一所，安置释迦如来真身舍利，及金书金像。禀童子聚沙之志，效猕猴垒石之功。愿福利于群迷，签勔劳于考妣。四恩三有，一切含灵，普济悲酸，同沾乐利。然后家居长幼，富乐百年，凡所运为，庆无不利。皇帝元丰二年(1079)岁次己未，八月丙塑初六日辛丑谨记。南阳许龄书，同劝缘勾当比慧日，同勾当许载文。

　　按：该塔在松江天马山东南原圆智教寺二门内，砖塔四级，宋元丰时横云山人许龄(字文全)建，并撰记刻碑。清乾隆六年(1741)，塔毁被拆除。该记文由许文全撰并书。碑文录自《天马山志》(袁湛艮主编，上海社会科学院出版社2001年1月版)。

隆平寺藏经记碑

(陈林撰 宋元丰五年·1082年)

青龙镇瞰松江上,据沪渎之口,岛陴蛮域交广之途所自,出风樯浪舶,朝夕上下。富商巨贾豪宗右族之所会。其事佛尤谨,故其重楹复殿,观雉相望,鼓钟梵呗声不绝。顷寺之隶镇者三,独隆平藏经未备。治平四年,邑人陈守通乃始出泉购书,而栖经无所,沙门道常即法堂旧构,合众力植巨轴,贯两轮,纳瓯五百,仿双林善慧之制,藏所谓五千四十八卷者。始熙宁五年(1072)之季秋,成六年之孟春。而髹漆绘事所以为庄严者,垂十年功不克就。元丰四年(1081),曹侯求逸、王侯景宗之来也,悯其垂成仅废,因籍藏之所入发其端,更其徒行清主之。未几,城邑区聚由卢远而下,凡十人不谋而赴,随力厚薄,皆能相其事。规模法象,即其书皆相合,高下度数,按其体皆可考。表二丈有丈,其崇加三,上为诸天宫者八,下为铁围山者二。承以藻阁,覆以重,八觚竿耸,方瓯鳞比,云盖雨华,缤纷蒙蔽,法从导卫,循绕环匝,翼以天神,挟以力士。栏栱栾楯,楶槦扶柱,皆雕镂刻琢,涂金错采。材致其良,工尽其巧,靡丽侈富,言不能概而见者知焉。始如来以一大因缘出见于世,曲徇根器,巧说譬喻,最后乃云四十九年未尝以一字与人,而秘密法藏独付于灵山。拈花之时,则知无说无示者是真说法,无闻无得者是真听法。所立文字,假名权实,是以尊者迦叶之集四箧,大智文殊之结八藏。近传五竺,远被八荒。持一经而生天七返,经典所在,则为有佛,书之虚空,天盖上卫。况严持奉事如此之至哉。呜呼,竭大海水尽妙高山,虽笔墨有穷,而不能及佛一句少分之义。以予之浅陋,何足以语此。而行清数来请文,所愿赞其成也,于是乎记。元丰五年(1082)春正月。襄阳米治事青龙,宾老相过,出此文,爱而书之。其感应灵异,则有若土衡投火而不焦,贼徒盗叶而不举,其功德博大则有若闻一偈,而入佛初地。

按:隆平寺位于今青浦区青龙镇,寺建于唐长庆元年(821)。该碑记为陈林撰于宋元丰五年(1082),米芾书写。碑记录自《青浦县志·卷二十九·寺观》。

明心寺结界记碑

（释元照撰　宋元祐二年·1087年）

秀州华亭东北三十里余北板桥，即古所谓"鸣鹤桥"。桥之左有僧伽蓝号"明心"者，昔尚文武肃王遣都水使者钱绰经始之。有僧大通，先住武林大慈山之草庵，素有积行，诵《华严》为业，时所宗重。遂请居之，因号"华严院"焉。圣宋治平年中，天下例锡名额，乃更今号。先代住持，莫知名氏。后辈弗嗣，日就寥落。有庐岳道人文秀游方至此，而邑令嘉其高雅，□命挂锡。秀以建立是务，克勤营构，无暇寝食，不数年间，葺故增新，屹然宏壮，未几而卒。其徒宗谅实为善继，尝慨曰："僧舍不结界，则其地无法。以地无法，则律不举。律不举，则动与妄合。非制而制，是刹便断。覆灭正法，立可待矣。如是，则界之利不亦远乎？舍之其可得乎？"于是，率众致疏，命业昆尼者作法结之。编方隅以立标，约步量以集众。检僧和别简德乘唱能事靠毕，即以界相刻石，垂诸无穷，并记事迹以告诸圣。宋元祐二年(1087)岁次丁卯，四月廿二日，明心院僧宗谅立石。明成化十八年(1482)重勒。

按：该碑记由释元照撰于宋元祐二年(1087)，明代成化十八年(1482)重新刻碑。记文录自清《龙华志》。

胜果寺妙悟大师最公碑铭

（吕益柔撰　宋元祐五年·1090年）

师讳希最，族姓施，世为湖州人。其母感异梦而生，乳中遇相者曰："是子骨法殿堂，勿染于俗。"因舍之出家，依郡之广化寺僧宝新为师。四岁遇天禧霈恩，祝发受具戒。十五之天台教于钱塘名师慧才，悉通奥义。慧才善之，曰："天文得人，宗风益不墜矣。"擢居上首，缁流竟名者畏而爱之，号为"义虎"。治平中，遂挈经笥来讲秀州青龙镇隆平之塔院。师平日不特讲说而已，举动默语，心与其法应。名实既符，道俗咸向。居累年，一日不得意于镇宰，即指衣去之雪川。师既去，学徒什伍散矣。昔日妙香宝华之所，一变而为积尘茂草之场。信士过之，莫不徜徉，重惜师之去也。镇者替，师复来，则不复主持矣。遂买居于胜果寺，讲说如初。寺僧子云之室，夙有祟，师乃咒块土掷于怪室中，须臾得片纸曰："今被法来遣，难舍，法力没，余当复来。"于是宁息者累日，其后击物飓火，变怪大作。子云惶怖，复请师禳之。师至怪处，诃之曰："汝果何物邪？得非未离幽垠之苦，将丐慧力以求生邪？何为扰人不已耶？汝不闻恼法师者头破七分乎？"为之讲说轮迴因缘，仍令众僧声呪，以破其罪障。俄而空中轰然有声得朱书数十字，自称有汉烈士沈光，大略止悔过谢罪，自蒙忏解，夜已生他化矣。师谓："他化，天也。"呜呼！怪哉！余尝读《高僧传》，至法兰精勤经典，山中神祇皆来受法，人谓德被精灵，窃疑其诞，及睹此，则知佛慧神通，足以斥阴妖之灵向，拔重泉之沉魂，明暗两途，各获安利。夫怪者，圣人所不语，将为后世好诞者戒也。然孔子尝谓"敬鬼神而远之"，又曰"幽则有鬼神"，是岂以鬼神为无哉？今沈光变现，显显若此，则凡包祸心以欺诸幽者，得不闻是而懼乎？此余所以虽怪而必书也。师临终尚说法作偈颂，优游坐亡，时元祐庚午（1090）季秋六日，其年孟冬十八日，闍维得舍利数十，莹采陆离。腊七十三，寿七十六。其徒宝觉、思圆、惠轸用浮屠法散骨于水，因求文以贻不朽。铭曰：禅律虽殊，归则同揆。冰泮雪消，俱成一水。师之持律，古佛是儗。闻思惟修，小不逾呎。讲明妙教，名流服膺。解破幽障，沈魂获升。利物既足，坐跻上乘。慧积若此，宜以铭称。左宣德郎、签书镇东军节度判官厅公事吕益柔撰并书，左朝奉大夫、新羌通判、南安军事骁骑尉、赐绯鱼袋吕全立石。

按：胜果寺在青浦青龙镇，始建于宋乾德年间。宋元祐五年（1090）九月，吕益柔撰此碑铭记文。碑文录自明正德《松江府志》，嘉庆《松江府志》艺文志·金石类有此碑铭的著录，内容较正德《松江府志》节略，现据正德府志所载。

2012年8月28日，访青浦区青浦镇万寿塔院，竟发现保存这方石碑，被砌嵌在塔院的院墙中，高159厘米、宽82厘米，碑已碎裂，碑文除碑名篆书竖4行，行2字，"讲主妙悟大师碑铭"，碑文正文字漫漶，几乎无一字可辨认。不知是否就是收录本碑文的碑刻。

龙华寺北宋经幢

（宋绍圣五年·1098年）

　　□□于绍圣五年(1098)，盖造寺堂一所，创□释迦牟尼佛躯。施主段琛……施主陈安年二十八岁。刘安年二十六岁，刘职年二十二岁，合家大小供养，□□镌字人张辛……　大唐法师玄契……

　　按：该经幢为残石，高54厘米，八角形，对角26×26厘米，上刻有《摩诃般若波罗蜜多心经》。该经幢残石原出土于静安公园，1985年7月，由上海市文物管委会调拨龙华寺。经幢残文录自《龙华镇志》。

永怀禅寺诸天阁记碑

(范浩撰　宋靖康元年·1126年)

　　浮屠氏传西竺一乘,流入中国,倡天堂地狱祸福报应之说,风动世俗。波从信向者,往往悔恶徙业而归之善,其亦有补于教化矣。昌黎尝言:"自其西來,四海驰慕,结楼架阁,上切星汉,处处严奉。高栋重檐,斗丽夸雄。"自唐已然,虽妙言如退之,亦叹其不可遏止也。

　　昆山普贤教院,有阁翚飛,下俯鳞宇,碧栱丹拱,隐雾延晖。森列诸天,势欲浮动,使人发立,凛凛生肃心。每陈供瓣香,雾霭葱郁,神若天堕,驭风而翔云,谛视恍然,复疑身之排金阙而造琼楼也。予尝访禅者昙益,因见住持僧渊,问谁为此?具言政和癸巳(1113),芯刍义明演经丐钱,创兴普贤殿。邑人沈饶募缘,增堂庑以侑道场。今年夏五月,沈又感梦,率众建阁。豪姓辛珍独又划刻诸天十六尊像。远迩信向,磨肩投礼,祷福祈年,应不旋踵。念此殊胜缘,要须书以信诸世,因请予记之。

　　靖康丙午(1126)季冬既望。

　　按:诸天阁记碑,范浩撰于宋靖康元年(1126),碑已佚,碑文录自清陈树德编纂《安亭志·寺观》"永怀禅寺"条下。永怀禅寺,旧名普贤教院,北宋政和间由僧义明主持创建。原属昆山县。南宋嘉定十年,置嘉定縣。此后,寺位於安亭镇昆、嘉二县交界处。靖康间,僧道川募建诸天阁。清时,寺在昆山县安亭(现属上海市嘉定区)李区十四图。

方广寺寺界相记碑

(祖岑撰 宋绍兴二年·1132年)

方广院者,旧曰延寿,治平中(1064—1067)改赐今额。相传蔡侍郎舍宅为伽蓝,然无考,惟石幢题云唐咸通六年(865)蔡赞助缘耳。迨询耆旧,皆云自昔未闻结界,然其堂宇既周,僧徒繁盛,独其尚混自然。故吾祖云:"对外道无法,自居显佛法,人尊道高,故制斯戒。"其徒法勤宗益欢曰:"既禀戒毁形,出处语默,皆须应法而动,岂所栖之地犹居自然,在于吾曹宁无愧耶?"由是诸邑中超果寺,命比邱祖岑拉二三友为其结界,准僧祇七树之量,集僧约五分,通结净地,取则于《坛经》,重解重结,秉唱不落非法,行事不失其序,域地分量,可委无作之法,彻于金轮,灾劫不能焚荡,岂虚言哉!仍以界相刊之于石,永为不朽。绍兴二年(1132)十月二十日。

按:方广教寺旧址在奉贤县柘林镇,原为唐咸通年间所建的蔡侍郎功德院,宋建隆年间赐额延寿,改方广为院,后又改为寺。该记文为宋绍兴二年(1132)僧祖岑撰。碑文录自嘉庆《松江府志(卷七十五)·寺观》。

龙华寺绍兴钟铭

（宋绍兴二年·1132年）

奉为今上皇帝铸□鸿钟壹口，□□良因，祝延圣寿。时皇宋绍兴二年(1132)岁次癸丑。左朝散大夫充□□待制，提举临安府□□，官锡紫金鱼袋江(下缺)常谨题。

按：钟高131厘米，直径74厘米，沿厚6厘米，重5 775公斤。铸于宋绍兴二年(1132)。1958年，上海文管会从回收之废铜中收藏，1980年，调拨龙华寺，现悬于该寺三圣殿内。铭文录自《龙华镇志》。

淀山禅寺建塔记碑

(莫俦撰 宋绍兴十八年·1148年)

华亭之西北,有巨浸曰淀山湖,湖中有小山。予尝与客泛舟其下顾,谓客曰:此非落星浮玉之类也,试登而览焉。徜徉四望,烟水弥漫,天日清明,伏波不兴,飞帆钓艇,宛在一镜。风号涛涌,舟莫敢凌。恍若神山,限以弱水,兹洎胜特之地。与山如龟,背上建浮图,升其绝顶,临瞰云雨,数郡遥岑环列,木盾外纡青绕白,极目千里。兹非表揭之象与。有僧慧悟禅师义灯,朱姓,徐州彭城人,顷主云间施水禅院,邂逅京师僧宝觉大师法道,出释迦佛牙示之。于是设供累夕,恳祈舍利,获二十许枚。道谓灯曰:子其选地建塔藏之。灯邀道抵淀山,周目氏形势。道曰:噫!他山无与此侔者。灯曰:此方人未之信,盖再祈焉。乃复置佛牙于所卜址上,而作佛事不终,朝先见金光数尺,次获舍利三枚,僧俗欢喜赞叹,得未曾有。灯遂辞施水,住是山。里人倪荣、朱强誓为会首,能勉导累积,至绍兴四年(1134)十有二月告成。八日壬午,奉舍利瘗焉。是日旦天无云,昼忽阴祥,雨英骤降,林木尽缟,已事而霁,众咸异之。七年十月,营塔才三级,一夕梦菩萨诸天瑞像满室,云中有榜题曰:普光王寺。既寤,不懈益虔,闻者喜舍林集。明年春,灯如行在,得普光王寺额以归,符其梦焉。塔讫工于十有四年三月,荣等又相与立三门引两序,演法有位,栖僧有所,香积有庖,大乘有藏。请予文记之,故乐书而不辞。宋绍兴十八年(1148)七月。莫俦撰。

按：淀山禅寺即普光王寺在今青浦区淀山（湖中淀山，今湮）。宋绍兴四年(1134)开始建宝塔，至十四年(1144)完工。绍兴十八年(1148)莫俦撰建塔记碑。碑文录自嘉庆《松江府志(卷七十六)·寺观》，该志艺文志金石类中有此碑的著录。

圆智教寺护珠塔建塔记碑

(周文达撰　宋绍兴二十七年·1157年)

粤潍皇帝建炎元年(1127),自汴扈跸南,得承银甲之赐,奉命招抚两浙秀州路,遂留华亭地。绍兴七年(1137),帝命中使颁西域所献五色佛舍利各一,谓此殊异之珍,劫烧之火不能焦,金刚之杵不能坏,期臣宣力王家,一心坚固,常同此舍利也。拜受君赐。奔走戎索,定栖于华亭干将山下。既作家庙于山,恭藏皇帝所赐银甲一领,昭示我后嗣子孙。复建塔七层,安奉皇帝所颁五色佛舍利,庆绵国祚于无穷,签报群恩于垂暮。我后之人,灵根不泯,能忠君为国高步乎?人天觉路,向塔作礼,自见佛舍利放大光明,历恒河沙千百亿劫,永永如是。爱勒贞珉,以表我建塔之旨。皇帝绍兴二十七年(1157)岁次丁丑四月朔日,御前银甲将军招抚两浙秀州路招抚使周文达谨记。

按:护珠塔,又名宝光塔,亦称护珠宝光塔,现名斜塔,位于松江区余山镇天马山中峰。在古代,天马山多琳宫梵宇,有上峰寺、中峰寺、圆智教寺、半珠庵等,护珠塔作为佛塔即在圆智教寺后。护珠塔建于北宋元丰二年(1079),七层八角,为砖木结构楼阁式宝塔。清乾隆五十三(1788),圆智教寺演戏娱神,燃放爆竹,火星飞落塔内而引起大火,佛塔仅存砖身。现塔身残高18.81米,塔身轴心线向东南偏2.27米,为中华第一斜塔。该碑文录自清乾隆《乾山志·》,为御前银甲将军招抚两浙秀州路招抚使周文达撰于南宋绍兴二十七年(1157)。

淀山普光王寺舍田碑

（宋绍兴二十八年·1158年）

吴兴沈君舍田疏。系三十五号田，一十七亩三角五步。草荡。系三十四号田，计八十亩三角五步。系三十三号田，一百五亩三角二十步。

西至竟浦，东至□□。水溇史伯成田，北至水溇。舍田入淀山普光王寺常住，情旨承节郎沈从言谨封。南赡部洲，大宋国平江府昆山县甲川乡大石浦西居住，清信奉三宝弟子承节郎沈从言同男将仕郎履息妇高氏四六娘、陈氏五十四娘、陈氏廿一娘、吉氏四八娘，孙男右修职郎、起宗将仕郎、佐才将仕郎、作德承信郎、作义将仕郎、林宗、作霖、希旦、嗣宗、朝宗、儒宗、希召作侔，钱氏廿二娘、方氏十四娘与家眷属等，右从言所伸情旨。二月十六日，恭值先妣太君朱氏远讳之辰，特发诚心，谨将本家产田式佰肆亩一角三十步，其田系在秀州华亭县修竹乡四十三都，坐落所有丘片字号渭段并在契约该说，其田今将舍入淀山普光王寺常住，永充供赡俾僧行、斋粥、香火、焚修。所得功德，先用报答四恩三有，庄严无上佛果菩提；次冀报荐亡太翁十二承事、太婆钟氏夫人、亡翁廿五承事、婆吕氏夫人、亡考三承事、妣朱氏太君、刘氏、颜氏太君、亡男廿三司户、廿五县尉、廿八承信、三十承信、亡女二十娘子、廿五娘子、息妇吉氏三九娘子、郑氏九九娘子、亡沈氏六娘子、曹氏十一娘子、龚氏六娘子，尽门中前亡后化一嗣宗亲，各愿同乘巨善，俱遂超升，不入轮回，径归极乐。然后保□门阑益秀，物业荣昌，子孙传积庆之风，眷爱纳自天之祐，以至法界有情同沾斯利。从言恭对金仙,敷宣谨疏。绍兴二十八年(1158)二月日,承节郎沈从言押疏。头首智肱、定行,知事惠生、有平、道诠,住持传法道智立石。

  按:普光王寺在青浦淀山。寺建于宋建炎初。该碑高三尺许,宽二尺四寸。碑分上下两截,上截刻号田亩数,下截刻舍田情旨。文二十五行,行廿三四字不等。额题"吴兴沈君舍田疏"七字,系正书。碑石由寺僧智肱等立于宋绍兴二十八年(1158)。碑文录自王昶《金石萃编(卷一百四十九)》。嘉庆《松江府志·艺文志·金石》有此碑的著录。

唐兴殿记碑

（宋乾道年间·1165—1173年）

佛者，西文之圣人，谭性空
汉明帝时始流及中国，而天下
而为道场，作众僧福地，广居火
物有新故，时有废兴，虽曰有数
梁天监(502—519)末，如给寺额，因孙军毁
期至道(995—997)初，朱仁余复募缘造殿
拘，殆将废矣。而彼佛相庄严者，复
通，所谓众僧福地者，从何而至哉！
无缘之慈，行不捨之惠，振颓纲维，
舟刻翚飞，轮奂离立，金姿宝相，重
智者因之而心悟，愚者睹之而行
夷。方斯时也，有如是人，兴如而师
师栖真而息心，成彼功德，如空谷
生仞利天，其在此欤？然则，令
摄如是之速哉。其经营之
□于落成，恐年月之迈
县丞兼河塘沟
也。盖众商乃昔日群□□□□□
以建阁材木，所公之□□□□□
公归勿言。至期，狄出□□□□□

巨木也，阁由是而成。□□□□□
中为井阑，诸天环绕，□□□□□
主座为住持者升堂□□□□□
于空中拱听也。阁成，狄□□□□□
斋谦为改名曰道川，且□□□□□
三，今名道川，川即三也。此去能竖起
脊梁，了办个事，其道如川之增，若放
倒，依旧狄三矣。川铭于心。建炎初，圆
顶游方，至天封，参蹒庵成禅师，机锋
投合，庵印可之。复回东斋，道俗钦敬。
有以《金刚般若经》请问者，川为颂之，
今盛行于世。隆兴(1163—1164)间，殿撰郑公乔年
漕淮西，适无为军冶父虚席，命川开
法一香为蹒庵供。冬至上堂，云："群荫
剥尽一阳生，草木园林尽发萌。惟有
纳僧无底钵，依前盛饭又盛羹。"川号
实际，《嘉泰普灯录》载师为僧出世因缘，
不载永怀建阁之事，而建阁一段
佳话，余闻之觉斋王真人，非妄传
也。余参合普灯与王真人所言

按：此碑不全，缺下半截，此为上半截石碑的文字。录自《安亭志》。据民国《江苏金石志》载，"唐兴殿记并阴'额缺，高存一尺七寸，广存一尺八寸三分，十九行，行存字不一，字径六分余。正书，篆额，额横列，唐兴殿记，题字在嘉定镇南翔菩提寺'"。

据光绪三年(1877)，八喜斋刊嘉定程穆蘅著《吴郡金石目》："唐兴殿记碑额，篆书四字，横列碑首，径五寸许。记文十六行，字径四五分，行书。在菩提寺内，下半断，失年月及撰书人姓名，已不可考。据碑言，至道初，朱仁复募缘造□殿而寺中见有治平四年(1067)、建炎二年(1128)捨钱制造石礩题记。知此碑必立于至道、治平以后。非北宋英宗时即系南渡初年重修。今姑附治平之末。记中所言，因

孙军毁者,当是吴越钱镠时,与杨行密将李友攻陷中吴之孙儒也。此碑旧搨本末尚有'县丞兼河沟'五字。今已残蚀不可辨矣。"两书叙述碑略有差异。

按碑文中提到的年份,最晚是"隆兴间(1163—1164)",撰碑时间暂定为隆兴之后的乾道年间(1165—1173),待考。

广化漏泽院记碑

（许尚撰　宋淳熙六年·1179年）

宋有天下,垂二百年,庞恩厚泽,渗漉乎宇宙,崇宁、大观间,治至极矣,方之成康文景之世,不是过也。九重之心,可以释然矣。然犹未始一日忘乎民也,宽大之书、钦恤之诏未尝虚月焉。天下之人无横征暴敛之虞,狱犴不平之叹。而九重之心犹未已也。虑天下之穷民或耄且病,则俾与之医学以全完之,馇粥以生毓之,当是时,无一夫有无聊不满之意。而九重之心犹未已也,痛民之或死而无主,将不免于暴露也,则敕天下郡县即间隙之地俾得占瘗,而锡名曰漏泽。天下之人无委壑之惨矣。九重之心抑犹未已也,又听其佛徒庐其旁,夙夜赞呗,以导夫魂之所升,而慰夫魂之所由归也。皇乎仁哉。华亭超果寺之北有地焉,可以掩骼而埋胔。道者永珍,姓叶氏,来自赤城万年院,一膴比邱也。适奉是诏,乃请于其地主林珍,珍从之。又请地于童昉,昉也与之。故道者得以居其上,旦旦而治之,繇是漏泽之园成矣。其徒顾善明,亦以道者瘗敛如旨,而得度牒。绍兴初,住持僧昙秀始请于朝,得广化之名,承以甲乙。方是时,屋才数楹耳。其前不足以容佛,后不足以处众。门庑卑陋,庖湢不具,不足以称名院之意。太师郇国章公之后曰钦若,嘉秀有兴拓之志,而力不逮,乃割薪米所自出者以助之,且以申追远之意也。而秀又能加之以勤俭,持□之以戒洁,乐与其属景仁、法钦、景伦、景佺、子元、宗远合谋戮力,昔之不足容佛者增而崇之,不足以处众者辟而广之。翚飞轮奂,犹一望刹然。若秀者,其亦可尚也已。我尝论之,天下之事固不易成也。当珍之始为是图,实崇宁之二年(1103)也。越三十年,始赐额于朝,又三十年,而院始成。疑若甚难矣,殊不知易为者,其废必速;成难者,则将久而不替也。后之继者,知珍之所以经其始,秀之所以成其终,又知国家厚乎民者,使生有所养而死有所殡,则是院也,可不日加意乎?景仁固尝主于院矣,犹不忘前人之勤,求余文以记于远,余亦爱仁之诚也,故乐为之书。时淳熙己亥(1179)正月望日,和光老人许尚撰并书篆。

按:该记碑由许尚撰并书篆于宋淳熙六年(1179)。记文录自明正德《松江府志》,该志艺文志金石类中有此碑的著录。

静安寺云汉昭回之阁石碑

（宋淳熙十年·1183年）

皇太子书　云汉昭回之阁。

按：宋淳熙十年（1183），端明殿学士钱良臣在静安寺芦子渡建造一所藏经书阁，用来珍藏当时皇帝御书的"通儒"两个字。阁额为当时还在作皇太子的宋光宗赵惇所题。后阁废，此碑却保存在静安寺至今。全碑高212厘米，宽106厘米，碑额上篆刻"皇太子书"四字，碑身刻"云汉昭回之阁"六字，分两行，每行三字，每字约七英寸大小。碑原在静安寺大雄宝殿面南东墙上。

崇显教院石经幢(残)

(宋淳熙十四年·1187年)

  祝延清宁,保国安民。大功德天咒。时皇宋丁未十四年(1187)九月,平江府昆山县崇显教院。

  按:清光绪时,该幢残石置于嘉定县监狱内。为八角形。1937年,张鸿年曾拓得石幢之上半截并陈列于上海市文献展览会。1942年,周承忠于"叶池"中觅得石幢上半截移至秋霞圃,1945年置于即山亭之左。1951年,建嘉定县亿大会堂时,陈少芸又觅得石幢下半截,移至秋霞圃。据石幢上干支纪年推算,当为宋淳熙十四年(1187),1957年,曾被列为江苏省文物保护单位。今未见。石幢残文录自上海三联书店1990年12月出版的《秋霞圃志》。

延恩寺律师行业记碑

(宋庆元三年·1197年)

律师讳元伟,俗姓陈,建谿宦族也。世业儒,大父朝请,考教授,皆以明经擢高第。母张氏娴于妇道,处家有法成。二弟元仲、元杰俱有佳声,皆尝两预荐书。师以场屋困踬,心形瘵剿。伤世缔之益靡,悟岁时之易流,谓不得于此,必得于彼,乃割爱离亲,捐妻弃子,遂为浮图氏之归。投华亭超果法师慧道为师,即姑苏北禅梵法上人之高弟也。受具足戒,既务进律,修行甚苦,日不再食,体不衣丝,弗澡身者凡三十年。蓄虮虱而不杀,施水火以净戒,昼夜顶礼,曾不少休,至于起居食息之顷,细戒密行,未易悉数,见者甚难,师持之如一日也。自圆顶以来,凡净发堕爪,悉聚而归之先陇,以见不毁伤之意。道公谓曰:"汝持律甚严,殊不易得。恐□难为尔师,胡不舍是而之他?"律师曰:"诺,敬受命。"乃如杭,习律于灵芝元照律师。未期,所学甚充。别同志曰:"吾侪小人,不蚕而衣,不耕而食,何为其然?是盖仗吾教以取给于□□。诚能推广其心,劳苦其力,作不赀之利事,上不愧于佛祖,次无忝于饱食煖衣之施。"迺于绍兴甲寅(1134),即嘉禾之华亭县西访得接待旧址,建屋数楹。憧憧往来之旅,以将以近。复经营膏腴地,以为粮粮之需,俾负者得息,苦者得憩,宵无所依、粮有不给者皆得仰焉。雪川思溪王氏以好施名,师尝谒之,王亦喜闻其戒行,且识其营建塔庙,悉有条理,遂设清静供,留连数日,就所居旁以缘事属之。师云:"此吾志也。"欣然领略。于是楼阁翬飞,丹垩焕烂,阅岁而就。过者叹仰,咸谓龙化天成,曾不是过，即今圆觉寺及经坊浮图是也。向使业履有亏，不足服人，何所至辄就若是亟耶！师行化阐教利物，素志既酬，一日集众弟子，告曰："吾祝发，越乡井，以大事因缘，风饕雪虐，几遍江湖，筋力已倦。至于死生去来，予照破既久，聊为诸君异日佳话。"遂命舍高座、陞之，敷扬宗旨，彰明性根，句句超诣。且谓其弟子法安曰："予生固无谦，死亦何憾。惟冀汝辈协力同心，不坠吾志。若死，当就归予身于此，以阅道场之兴盛。"言讫而逝，实绍兴乙亥(1155)二月癸未也。及其阇维烟所到处，殆有异薰袭人。道俗无远近，悉皆合十指爪，以谓平时戒定善果之报。俗寿五十六，僧腊三十一，度弟子十有一人。信俗企敬，愿执弟子礼者又数人。迄今殿宇佛像，法器供具，无一不备。优婆夷、塞得度者，亦不下三五辈。愿力深重，神识洞明，密有以尸之耶！予之生也后，不与师接，其孙道材衷师戒行，远以记请。愿予何堪？然斯刹之建，实大父徽制守禾兴日，以师行业，为请于朝，畀延恩报德为额，则於予又安能无情？勉为诠次，用纪其实，非以文为也。呜呼！人生世间，如露如电，沉迷没溺，惑于应酬，内磷性真，外役物欲，其能洞烛此理者十亡二三。至于舍易趋难，百不一二。师方勤事菽水，日有妻孥兄弟之娱、田园温饱之乐，蘷然摆脱世纲，于淡泊寂寥地，乃尔甘心。是皆夙植善根，不忘佛授记，故能宏大像教，所向利益如此。今亡矣，为其徒者盍勉之哉。庆元丁巳(1197)人日，從事郎、前宁国府旌德县尉刘百福记。

按：延恩寺旧址在原华亭县(现松江区)，刘百福记于宋庆元三年(1197)，述释元伟的一生行业，碑文录自元至元《嘉禾志》。

龚大雅义井记

(宋庆元六年·1201年)

(第1—4面,各一字,正书,各占一面,字径六、七寸)
义井溥施
(第五面,居中刻10字,字径寸余。)
南无五千四十八卷大藏
(第九、十面,字径五、六分)
大雅伏念丘墓□□,长途□邈观往来之甚众,□渴乏以何堪,不拘士庶工商,谁辨贤愚贵贱,或逢炎暑,或遇晨昏,非穿凿于高原,曷□□于困,未效韦□之□状,□□□□报义。聊□诚心,甃为义井,报祖宗之艰业,得后裔之荣昌,饮此泉人俱沾利泽。
太岁庚申季冬丙申龚□□书,平江府吴县元山石匠朱守宁开。
南无大方广佛华严经
……(以上漫漶,下同)就先祖坟所……。北至大塘……具列于左:……及母□氏夫人、承事太叔婆曹氏、叔婆马氏、承事婆陆氏十四娘子、承事叔婆陈氏、亡叔翁四六郎、四七郎、五十郎、叔婆徐氏、滕氏。

庆元六年十二月　日弟子龚大雅

按:记文录自清程祖庆《吴郡金石目》和民国《江苏金石志》,2009年《云翔寺志》有载。据《江苏金石志》,"八面,拓本高一尺二寸,广六尺九寸半,刻正书'义井溥施'四大字,字径六七寸",井栏的第七、第八面,一面9行,一面10行,行十八九字不等,字径五六分。

据清钱大昕《潜研堂金石文跋尾》记载,该井栏及题刻是钱大昕发现于云翔寺寺内九品观后的废圃中,井栏八面,据文义,义井应"在龚氏祖坟之旁,具列高、曾祖叔婆……及亡人诸姓名,以同冥福"。纪年宋庆元六年十二月,庆元六年是1200年,但十二月应至1201年。

普光教院记碑

(黄由撰　宋开禧二年·1206年)

　　去华亭县之北隅,比二舍许,人烟衰密,有村曰章庙,地居大聚落。土厚水深,就一邑论之,盖境内之爽胜处也。其南则机山旁列,岩峦娟秀;其北则青龙连亘,窣堵对峙。吴淞之灏渺,而西汇泽于二江;盈浦潴其南,而水源弥弥朝揖。故富家大姓多居焉。居人杜君尝曰:是地自吴泰伯后浸,见图谍。越唐天宝后,又因为县版图,生齿眼旧日繁,距今千有馀年。若在极乐国土,沿浙江左右,沙门精舍,宿张棋布,人知瞻仰。今吾地也,独无善知识以聚清众,无旃檀林以来信施,斯则可惜。于是规地一顷,出力而经始之。修为崇门,广为宝殿,堂以说法,室以舍徒。峻为之楼,以植鐏也;奥为之藏,以函经也。廊庑翼翼,庖湢肃肃,兰橼藻井,金碧交辉。凡十五年之间,遂成一小丘刹。既而有请丐移普光寺以冠其额,是为普光教院。计土木之费逾十万缗,而又捐上腴之田为转食轮以安众。四方缁侣寻声窥光,户外之履浩然朋集。斋鱼一响,钵囊相先。彼知惭识愧者,率曰杜君德也。君讳国珍,字君宝,自号为敬庵云。

　　按:普光教院在青浦县青龙镇西南。宋绍兴甲寅(1134)里人杜国珍建。该碑记由黄由撰于宋开禧二年(1206)仲冬,张惠卿书,刘履忠篆额。石碑录自崇祯《松江府志(卷之五十二)·寺观》。嘉庆《松江府志·艺文志·金石》中有此碑的著录。

普光王寺降圣夫人记碑

(何松年撰　宋嘉定元年·1208年)

嘉兴郡之艮隅,湖以淀名,中流有山屹立,昔人概以淀称之。淀之山,其势峨然,淀之湖,其光渺然。凭高望远,使人心开目明。然非有神力镇扈之,何以取重于世。故倚山而寺,曰普光。护普光之伽蓝以主是湖山者,曰降圣夫人。予尝求诸传记,则自嬴秦来,夫人始降世。实始皇时人,邢姓,家淀湖东,地曰柘溪。世代绵邈,莫竟端绪。其父三府君,为时大善知识,生三女,俱有神异。夫人尤恪守戒行,顿悟精微,远俗修真,超凡入圣。与二女兄咸受夙命,处一时名山胜境而分主之。长,云鹤夫人,主沈湖;次,月华夫人,主柘湖;今降圣夫人,其季也,幼奉普光王之戒,遂莅淀湖。今寺额盖奉敕取夫人之所受戒者名之。自夫人之命世也,四境之内,年谷屡登,家给人足,疾疠不作,寇盗屏息。戴白之老不见兵革,民物熙熙,号为乐土。自主伽蓝,神迹显著,不可胜计。惜乎阅汉晋隋唐五闰数百年来,无有纪其实者。曩雄峰禅师尝住是山,彩绘圣像,欲用大国诸侯之礼,而纪载犹阙。先正莱公裔孙从义郎寇君问,留纪屋壁,字画漫灭,有识惋叹。自夫人建祠于此,莫知几春秋矣。昔之济是湖者,惧夫人巨浪滔天,惊涛沃日,无不股栗,祈祷许赛,仅可汔济。今则苹藻滋蔓,波澄水莹,往来安住而适。里衽之民春秋祭祀,祈求水旱响应尤捷。皇宋开国,真主应运,河伯效灵。夫人祠山之后,倏然一峰,拥出于波光浩渺之中。始则隐隐犹与水平,不数载间,日渐突兀,其形如龟,山因以名。寺僧相与创亭于山巅,以便游览。山西北有龙洞，其深莫测，时有神物出没其间。枢密临川罗公，以王事驱驰祠下，形诸吟咏，有"龙洞渊渊灵铄剑，龟山隐隐瑞成图"之句。自是骚人墨客接踵而至，名章俊语，珠辉璧映。今日渐湮，塞草亦蒙蔽。相传向有渔妇孕秽神物，遂不复见。然人步履其上，铿然犹闻空冬之声。淳熙甲辰一旦，风涛汹涌，二龙交战于湖中，殿宇飞扬，浮图震动，遥见一龙蟠获其上。至今波涛将作前一日，湖光必预涨溢，乡人以此为验。嘉定甲子夏，旱，邑长委寮采诣祠宇，致祷于灵，湫奉勺水以归，将礼祭于琴堂之上。甫及县，雨随车至，甘沛遍足千寓。云间习闻灵异，适瞻礼晬容，会鉴堂禅师正主法席，历道其神迹之显，且言庄租岁入甚薄，而中外待哺者逾三千指，游衲往来不辍，量入为出，仅支一季。顷祷于神，冀垂济祐。未几，滨湖巨室及是境善信，凡遭丧戚而骨未有所归者，继入吾刹礼佛，饭僧捐施无虚日。开禧丁印夏六月望，予挟冢子越湖省亲以归，是夕望，舒流光飞，廉借便帆，举而舟驶。夜气将半，抵一村，曰南徐。不意雨霁流溢，风吼涛怒，舟遂颠覆，予与弱子洎使令辈皆坠中流。予赖神庇，免葬鱼腹，子不幸而毙。予支吾风浪中屏气不息，或浮或沉，自谓去泉壤无几。已而若有凭藉努力一跃，竟得篙师依附，有顷更生。身历神验如是，又乌敢泯其实。已而鉴堂属予记，姑述其概，俾勒之坚珉云。何松年撰。宋嘉定元年（1208）九月。

按：普光王寺在青浦淀山。该碑记由何松年撰于宋嘉定元年（1208）。碑文录自崇祯《松江府志（卷之五十一）·寺观》。该碑著录见于嘉庆《松江府志（卷七十三）·艺文志·金石类》。

贻庆庵四大夫手书创庵疏碑跋语

(卫泾撰 宋嘉定五年·1212年)

某自幼闻先亲偕伯父言,先祖学究葬华亭凤凰山之原,几二百年矣。今族系繁衍皆所自出,时节春秋必亲祭拜。守庵僧徒,岁有常廪,又助之买田为久长计,某祗奉先训惟谨。比岁二月庚辰,展埽墓下,风木森然,屋宇颓圮。庵僧如珏袖出朝散四大夫创庵手笔一纸,翰墨如新,字间或刓缺,且不著岁年,卷末有"亥六月"三字。以谱牒考之,当是宣和大夫,有"积善在躬,克昌厥绪,燕及云来,簪绂鼎盛"等语。躬率弟侄,鸠工度材,列名其次,一为尚书父朝散七大夫,一为十一府君,逮今又百年。大夫曾孙藻为二千石,其他取世科登仕籍修儒学者不乏人。某亦以非材,尝备数政府,庸非远泽所及邪?方念为之更葺数楹,视旧稍加爽垲,使僧徒安居寅奉香火。忽得大夫亲迹,捧诵再三,仰见前人奉先追远不忘本始之意,笃厚如此,即循故事,捐钱十万,俾如珏董其役,仍书梗概,贻诸贤族,冀勉承先志,相与成之。是以将大夫遗墨镌石庵中,传不朽云。嘉定五年仲春日识。

按:贻庆庵在松江凤凰山,宋代卫氏所建。该碑跋语由宋代卫泾撰于宋嘉定五年(1212)。跋语录自嘉庆《松江府(卷七十六)·寺观》。

淀山普光寺会灵庙记碑

(居简撰　宋嘉定九年·1216年)

　　祀,天下之大典也。德不被物,功不及民者,不在是典。蜡,所以报岁功也。凡水旱疫疠螟螣,则黜其方之神,然则在是典者,庸尸素哉。嬴秦时,邢氏三女子死而有灵,能役鬼工,各开湖泖潴乱流,以洱水患。淀湖之灵,其季也。网罟之利,舟楫之益,民歌屡丰,灾害不生。一方之氓,均饫其惠。嘉定七年(1214)孟夏,大旱,奔走群望,有祷辄爽。知县事李伯寿命主簿陆垢躬至岩扃,檀木始然,水立昼昏,溅沫飞涛,沮洳冠裳,傍睨辟易,陆固自若,不衡不倚,若有相者,得鱼得蛙,速雨之徵,必冀所求,不获不已。白鱼既跃,蛙亦随至,沛雨滂注,三日足用,岁大有秋。申闻朝廷,锡号会灵。揭榜之辰,陆乃肃斋,龛奉其行,以侈君赐,以答神贶,观者如堵,震动山谷。水天一碧,幽显咸若,黄耇鲐背,叹未曾有。相视而作曰:神来止兹,福我兹土,千有馀岁,不知几县吏之祷于斯也。一朝潜德撤覆于吾贤父母之手久矣。吾神恒其德而敷其惠也,褒封之后,凡所以惠我者,亦岂有加于畴囊而贰其心哉。独嘉吾贤父母能讲明政之所先,务使朝廷恩渥不及尸素之鬼,足以风厉素食怠事之人,俾敏厥修。予闻而嘉之,遂隐括其言而文之,俾修岁时之祀者歌之,歌曰:

　　湖山兮苍苍,湖底兮天泱泱,楼凌空虚突兀兮金银铛。舳舻兮转输,秔稌兮绕湖,不知其几千万兮,寄丰凶于惨舒。烟冥冥兮云澹,风萧萧兮葭茭。贝阙兮袭元官,物不疵疠兮民不顑颔,焕兮榜题,雨露兮新滋,神之灵兮听之。

嘉定九年(1216)孟秋既望,前台州报恩光孝禅寺住持嗣祖居简记。寄理敕赐进士出身,嘉兴华亭支盐官建安徐荣叟书并篆额。淀山普光王禅寺住持传法僧立石。高举刊。

按：淀山普光王寺会灵庙在青浦淀山。宋建炎初建寺。该碑高三尺许,宽二尺四寸。文二十四行,行二十七字,正书。额题会灵庙记四字,篆书。碑记由居简撰于宋嘉定九年(1216)。碑文录自王昶《金石萃编·卷一百五十一》。嘉庆《松江府志·艺文志·金石》有此碑的著录。

南翔寺长忏观堂记碑

（居简撰　宋嘉定九年·1216年）

　　莲社作于东林般舟之道，至是鼓行于晋宋。由晋逮今，衣冠缁褐善菩萨行人荣熏净业，载诸纸止语者不胜数。嘉定四年(1211)仲春之季，昭文钱公象祖易箦之际，吾犹及见之。佛声未断，怡然重缺，天香天乐，隐隐户牖，其声臭皆非常闻。是时诸孤躃踊号恸，荒迷惝恍，不暇知闻。予时承丹丘报恩之乏，与三峰大长老蒙宜独在焉。蒙憎凡子以吾浮图为诞咙，使余勿言，前所为纸上语信不诬。按经中说，有佛取土，日清泰国。无地问津，心能知津。不皇不王，太古自若。不令不申，至神自化。七情不击，九品成列。尘刹幢盖，树林水鸟。法音宣流，佛愿力故。极恶重障，报相现时。滨于九死，一念知反，力不暇给，遇人教令忆佛念佛，十念成就，宿负俱泯，即生于此。虽下下品皆不退转，上善种性，观法精密，想念纯至，一念相应，断前后际，不动本际。正遍知海，皆从想生，如指标月，月因指见，见境想灭。得月指忘，月与境冥，忘性所冥，冥灭灭无可灭，所灭亦空，见彼导师，与三尺二大士及彼四众交臂如故，悟惟心土，非中非边，此观与堂，亦非中外，文赍劝发，罄竭而助修印振始不徒其为从节，承终亦既其力，嘉定三禩，爰举是役。丙子(1216)之秋，遂落其成。刊诸琬琰，昭示来学，俾敏厥修，毋怠乃训。

　　按：此碑记由僧居简撰于宋嘉定九年(1216)腊月十六日。碑原立在南翔寺九品观山门上。碑文录自居简《北硐集》（上海图书馆藏清代抄本）。光绪《嘉定县志·金石志》中有此碑的著录。

南翔寺僧堂记碑

（居简撰　宋嘉定九年·1216年）

　　连长楊勇广座容数千，指开单钵，必搜梁栋选柱石，然后可以鈵幪震风陵雨。虽然，非古也，古之人一生打彻于冢间树下。古已往矣，若今食息于冢树，鲜不頊洞观听，曰怪、曰怔、曰奸偷鬼物，啸族呼类，水洒挺逐，使不在吾竟乃已，而奸偷之徒往往托以沮吾法。元祐间，端师子所勘辩才所拒之妖回堂头。庆元间(1195—1200)，赵京兆所黥之风道隆，咸其类也。此堂建于以见前辈虑后世者若是，作五观法俾食于堂者作如是观。吾尝谓五观具四端，犹四体也。请论其目：一曰计功多少，量彼来处，无恻隐之心，则勤不知耕，劳不知炊，享非正命，漫不加省。二曰忖以德行全缺应供，无羞恶之心，则酣嘻终日，无所用心，槃乐怠傲，荡而不反。三曰防心离过、贪等无宗，无辞让之心，则饕丰洁，饕珍美，却疎粝，纵口体，而极其所嗜。四曰正事良药，为疗形枯，无是非之心，则舍灵龟，观朵颐，道不胦日，以羸气馁而不支。五曰为成道业，故应受此食。无是四端者，何以深造而自得之。虽层冰峨峨，精琼而靡，列鼎万钟不素餐兮。是故，缙绅五观，黄太史作而象其因。南翔寺僧某求纪其师某，年月日云堂之落成也。为具载其设施，使知某振箧垂橐，不徒其为。

　　按：该碑记为僧人居简撰于宋嘉定九年(1216)。该碑由赵孟頫书写和篆额。记文录自居简《北磵集》(上海图书馆藏清代抄本)。光绪《嘉定县志金石志》中有此碑的著录。

嘉定留光寺碑记

（宋嘉定十年·1218年）

府……礼部符：据平江府申，备居嘉定县申，照会四月……履斋学生王应龙，浙漕待省进士、承信郎王应桂，太学有僧能禅师云遊此來，导行孤高，邑人吴珍於是乎捨地创殿……书。黎明，掘地得灵木，遂发心像大士，厥疾用瘳。迨今像成，灵验显……藏殿则师一讲师干，宝藏则如晓山主，书、经则邑士王八解元，他如……祖元之干造钟楼，惟一讲师之建造僧堂，净圆之干造香花亭，德……使台蒙张都运送临安府，遂承知府、太府韩大卿移请仁嘉定十一年（1218），因析昆山县五乡爲嘉定县，于是县官就崇奉观音大士香火，此等遂为驻延……如发运、龙图郑太监，祭酒、修史、中书林……为称首。大抵修行好，修冥心，佛……观音寺平江府广福……行在……

按：残碑存嘉定区档案馆，为嘉定最早的寺庙碑刻，撰碑人不详。青石质，高33厘米，宽32厘米，厚20厘米。碑有残缺，现存14行，220馀字，楷体。留光寺始建于北宋仁宗天圣年间（1023—1032），嘉定地区人吴珍舍地创建留光庵，为留光寺前身，位于南城金沙路南，今已废。此碑所立年代待考，但可确定在宋嘉定十一年时，应是嘉定建县以后。

龙潭寺记碑

(范开撰 宋嘉定十二年·1219年)

华亭在三辅为壮县,环邑皆水,其流浊而不深,有一水焉独深洁,可沦可酿者曰龙潭也。潭以龙名旧矣。按图经,在县西北三里,盖有龙蛰其下,岁旱祈淀山,不雨必乞灵此潭,随祷辄应。自昔迄今,龙之功茂乎。而古祠不存,于祀事为阙。绍兴(1127—1162)初,有华严道场于潭际,诸方禅宿莫不造焉。历时变迁,荡为民业,邑有黄道者,自童□出家,梵行精洁,久游方外,广参知识。逾四十年,顿释蒙滞,尽得其要领而后归。每慨江湖禅衲鲜放包之所,且嘉其川流旁舍,云岫满目,以为神龙潜跃,是必福地,遂诛茅结庐其上。邑人尊其德行,相与捐金助成,不阅数年,而精舍益葺。嘉定丁丑(1217),乡闾之乐善者为其落发,被伽梨,受具足戒,法因其名也。后因天台僧隆磊云来游,闻龙神感通之异,归语舶官呈越钱沆乃故相国成公季子也。钱具大信根,闻而叹曰:凡龙神所居,多建佛殿塔庙而镇安之,如北五台南经山是也。一日至潭上,奉先世所藏佛牙五色舍利分施之,凡二百余颗,卑作龙供,忽青蛇出现,众所共睹。呜呼异哉!尝闻诸释典,龙性刚猛有怒有喜,怒则为物灾害,非但岁功农事而已。然其性亦喜佛乘,故如来世尊、菩萨罗汉因天龙之所敬向,调伏其性,从而化之,归证道果。昔北邙上人洞窟有瞿波,龙王居焉。佛知龙怒,乃运神足往彼,龙王见佛欢喜,怒心遂息。佛为说法,授以不杀戒,自是国王城邑永无忧患。繇是观之,舍利佛牙之所自出,持以奉龙,云何不喜。抑又闻佛灭度后,有舍利八斛四斗,天龙八部皆兴夺心，乃分如来舍利为三，而龙神分受其一，然则舍利供龙，岂独于今为然邪？盖一切众生皆有佛性，同一法性皆能成佛，况于龙乎，况尝得佛之舍利乎？夫舍利之为佛，如金刚坚，梵云设刹罗不坏之义也。自佛入灭，三昧火光之馀，今流布人间世者亦不多见，非相门未易致如此。又焉知不自龙宫海藏而来，其来也如是，其归也亦如是，虽欲不置，诸龙潭不可得也。洛人范开久客钱门，远陪东阁目击胜事，因公以记文见属，又乌得而辞焉。嘉定己卯(1219)夏五既望。竹洞翁记。

按：龙潭寺在松江府城西白龙潭上，僧法因建于宋嘉定年间(1208—1224)。该碑记由洛阳人范开撰于宋嘉定十二年(1219)。记文录自嘉庆《松江府志(卷七十五)·寺观》。该碑著录见嘉庆《松江府志·艺文志·金石》。

普照讲寺重建西方殿记碑

(居简撰 宋嘉定十二年·1219年)

华亭具体兰若莫如普照,其间庄严壮丽莫如无量寿殿。殿之殊特,浙江以西邈焉寡俦。孟春之月,会千万人,前荣轩豁,八窗玲珑,佛与四众咸得相见,如明月镜中,见其面像,又若帝网,交光相罗,如击其蒙,如发其菩,费倍万计,谈笑而集。真懿大师忠信、崇敬大师祖祥,善倡徒属,各致其力,作于嘉定九年正月,落成于十二年(1219)四月。鄉也室隘而不见佛,不见之见,初不加损;今无室隘而得见佛,所见之见,初不加益。见见之时,虽佛亦物,见不能及,非物非佛,或曰佛固自若也,吾见固自若也。有见不见也,何故?则曰罔克在念,狂圣由是,即见离见。书以授真懿,使喻入社之净信者,俾知室隘宏敞未始二焉。

按:普照讲寺在松江府华亭县城内。寺建于唐乾元年间。该记由宋僧居简撰于嘉定十二年间(1219)。碑文录自嘉庆《松江府志(卷七十五)·寺观》。嘉庆《松江府志·艺文志·金石》中有此碑的著录。

平江南翔寺忏院记碑

(居简撰　宋嘉定年间·1208—1224年)

南翔忏院成,会其费纸钱以数万。稽某谋于檀越顾君某捐金振廪,权与于某年月日,和而私者,响如谷声,落成于某年月日。高广宏敞,极一时壮丽,正修之地,幻普贤忏悔主如杂花《法华》所说。燕寂之所,则以辟禅关摄散乱如留香枯木之制。设施于阁,则以备盘礴。解衣注汤于室,则以戒宣明。状触课日用于薰沐,则以振其怠。裕岁修于阡陌,则以致其久。整整翌翌,伦次攸叙,制江以西,轮奂鲜俪。于戏,虚空无边,故世界无边。世界无边,故众生无边。普贤则悟夫无边众生所同者,始一善至无量善,卒践等觉妙觉,以觉后觉。众生反是,始一恶至无量恶,卒践鬼畜苦轮,轮转不息。苟悟夫与普矣,同者归六用,根息诸妄,初如陷、如阱、如贼、如冤,克此一念,如弹指顷,则银色界,应念昭彻,六用诸妄,皆助道法。昔所作业,云点太清,云散梦埽,即一切空。今所忏摩,如汤消冰,无别有冰,即一切假。断空假边,一前后际,不动本际,即一切中,一心镜空。三观鼎峙,法万其绪,即三而知,离三而知,即名邪说,不即邪说。是谓正因精明,是真忏悔,空界诸生,可知其际,此忏无边,不可究尽。昧者昧此,指三毒车,策四倒乘,蹈八邪辙,掉百非鞅,疾驱于六尘之墟。聚族而谋曰:"是可罔下愚,智者不道也。"则诘之曰:"过而不改,是谓过矣。不知也,知者改过乎?"曰:"改过。然则改过与忏摩有以异乎?"曰:"无以异也。胡为乎知者不道也。仲虺之美成汤曰:'改过不吝。'傅说戒高宗曰:'无耻过作非。'孔子曰:'丘也幸,

71

苟有过,人必知之。'讵知此忏未出竺西,二三圣贤已行之于此土矣?"故表而出之,俾从事于斯者知夫所谓罔下愚者,下愚也。

按:该碑记由宋僧居简撰于嘉定年间(1208—1224)。碑文录自居简《北硐集》(上海图书馆藏清代抄本)。光绪《嘉定县志·金石志》中有此碑记的著录。

兴圣教寺大悲阁记碑

（居简撰　宋绍定三年·1230年）

具千手眼,若两目两臂而不自多,登地以前未易议运;两目两臂,若千手千眼而不自少,等觉妙觉则多多益办。过此以往,即佛地无量圣身历尘沙劫,作所难作,办所难办,从闻思修,入三摩地,获二殊胜。始一目二目而千万目,乃至八万四千碟迦罗目。一臂二臂而千万臂,乃至八万四千母陀罗臂。目自鉴觉,而不知鉴觉;手自执捉,而与执捉忘,各安所安,不相违碍,手眼可尽,其应无穷。如风行空,吹万不同,或不鸣条,涛山撞春。及其止也,土囊孰封。如月初上,清涵万水,影分无数,月岂有二。及其入也,银阙罔闭。如春在花,如意在弦,意兮不传,春兮不言。空硐小知,斟酌圣量。如囊流萤,拟炽me原。又如敲空,欲谐金石。不知人人圆具此妙,借灯王座初非高广大,庄严藏本无关钥。绍兴九年(1139)十月,华亭兴圣寺火,千手眼大士岿然瓦砾中,命妇卫氏载之归,居无何,梦女子谓之曰:盖送我还。觉而异之,烧香拜像前,忆梦中女惟肖,蠲吉护其入置诸僧堂。乾道(1165—1173)初,议整残缺,大参钱公良臣实为之倡,寺僧悟相其事,像复完好,光烛霄汉。行恭慧辉者,迹光所自得之于莲跌右趾。聚族而谋曰:洪觉者,灵阴翊孝治,宜崇阁以尊。事若云净,藏如莹跃。然相和未几,恭与云皆先逝。莹曰:逝者如斯,未尝往也,愿借一臂力,以毕予志。自淳熙(1174—1189)初讫嘉定癸酉(1213)嘉平,策熏勤苦三十年,乃克。承奉大士于中,复道上安三世佛,藻税餐霞,丹楹焕日,翼然横陈出云雨,上诸庄严事莫不伟特。宜考绩而嘉成功。故系之以辞曰,冷冷兮载熏,炎炎兮禀而,山移兮数莫移,玉石兮俱焚,玉兮温其,钱之信由卫,而敬信既孚,所敬者尽载,饰兮载完,光奋夜兮斗寒碧瓦,层荤复道兮云齐,纳月兮璇题,焕金碧兮陆离,同盟兮安之,如莹兮一变。绍定三年(1230)岁次庚寅九月甲申朔。

　　按：兴圣教寺在松江城内东南谷市桥西。碑记录自嘉庆《松江府志(卷七十五)·寺观》。记文为僧北石间居简撰于宋绍定三年(1230)。嘉庆《松江府志·艺文志·金石》中有此碑的著录。

庆宁寺僧堂记碑

(居简撰 宋绍定四年·1231年)

　　庆宁自某年月日智圆创建若干年,殿宇厨库,容众之具,凡所当有,次第而集者,其徒师训之力居多。又若干年,而僧堂之役未举,缁白之有力者,未尝过而闻焉。今成于圆公之孙,训公之子,古镜文呆祖作之父,述之子成之。君子曰,善继志也。僧堂之作,非古人意,古无拓提,况堂耶? 自枯苗香后,天下较奇策胜羽军飞炫耀,床榻窗几,惟恐不壮丽。耄耋疲疲无雾霾风雨暴露惨。既旁既宁,精励胜进当倍徒。异时间树下,不三宿者,何反无闻焉。方其滑棐疏櫩,一单三椽,正国者,莫不凛然反观,惕然内求,绝意死生荣辱外,形骸于死灰槁木,志节独若于树间不相下。充其所学,饫其心,初不惩先圣决定明训,然后以其所觉而觉他人答。此施昧甘者反是,苟安宅形,冥冥鸟鸢,念念臭腐。坐驰于庸鄙洿杂。今夕何夕,飒然白首,入死生轮,出没异类,靡所底麂,展转酬酢,无有穷已。于戏! 释忏岩向燕坐石,今赤城华顶八千丈。我念昔者峻跻嵬陟日死,魅区草腥,蛇落百世之下。道震吴越,举此活头,夜款古镜,惟此古镜是则是效,苦心松筠,制行承檗,不独居此堂无愧焉。抑又率人臻无愧之地,欲镵余文,则有愧。绍定四年(1231)良月旦。潼川北石间记。

　　按:庆宁寺在浦东新区高庙,即旧二十二保南跄村。寺建于宋建炎年间(1127—1130)。后毁于兵火,元大德年间(1297—1307)重建。清康熙年间(1662—1722)毁。清雍正年间(1723—

1735)僧香海重建。清乾隆四十五(1780)修。同治元年(1862)又毁于兵火。后修,二十世纪二三十年代尚存,后废。该记碑由僧居简撰于宋绍定四年(1231)。碑文录自《北磵集》(上海图书馆藏清代抄本)。

南广福寺古井栏圈刻石题记

(宋绍定五年·1232年)

住持弟子须妙用谨发诚心舍财,命工就新庄前开凿义井一口以济,留示功德,专用报荐亡妻陆氏□□娘子超升佛界。绍定五年(1232)三月十三日题。

按:古井栏高38厘米,上宽53厘米,下宽60厘米。刻字题于南宋绍定五年三月十三日(1232)。古井栏现在闵行塘湾北平村姚顺林家。刻文录自《塘湾志》。

顾泾市张□义井题记

(宋端平二年·1235年)

顾泾市龙王庙西居住奉

佛弟子张□谨发诚心,施买砖灰,命工彻造义井一口,所将功德专用追荐亡妻陶氏三四娘子,洗涤秽尘,早超净土,成就往生者,端平二年(1235)三月 日,孝夫张□谨题。

按:"井旧在嘉定南门外,瞿先生中溶题识。于后移置学宫。进凡八面,一面刻'义井'二字,字径四寸许。一面刻记七行,字径七、八分。"题记文录自民国《江苏通点稿·金石十六》。

嘉兴府华亭县明行院记碑

(居简撰 宋嘉熙元年·1237年)

安吉州道场山护圣万岁禅寺住持嗣祖北磵居简记
从事郎特差知嘉兴府华亭县主管劝农公事兼兵马监押扬谨书
太中大夫试礼部尚书兼给事中兼侍读鄞县开国子食邑五百户余天锡题盖

华亭图牒载,春秋时,夫差三女子墓田,曰:三女冈。声诗则播诸唐,令尹询并荆公王介甫、都官梅圣俞。迩冈之刹,曰安和。后晋天福五年,蒋汉珹环堵中芬利花陁擢于陆聚族而谋曰:"是八吉祥,六殊胜处,盍施诸释梵家?"遂基此刹桢榦。于是者曰:"本立,病潮啮岸址。"白汉珹议徙于此,改曰明行,用淮海王钱中令归朝所请之额。堂宇楼殿,金碧焕灿,云栖鸳瓴,月行璇题,具如经说。凡所当行罔不具,藏乘二千余卷,枣柏大士《华严合论》在焉。钟梵压万籁,为一方宅心纯想之地。迁善远罪者,咸知向方。一灯长明,四檀委输,规矩准绳,有条而不紊。五季方中,水立昼昏。真人应期,民登衽席。圣人授受,凡三百年未闻识载,固自若也。云胡慧日求纪述为日曰:"故国乔木,其大蔽牛,其高垂云,可无封植,日冀懋长,风雷之鼓荡,雨露之膏沐,而至此也。一刹百堵,容数千指。功倍封植,惠戒剪伐。人天之所瞻,龙象之所怀。不啻故国乔木,罔知创业之艰难。则将怠乃训,盍讲明以诏后世,不亦可乎?"因其说,系之以辞,辞曰:五季中,民迍邅沸如糜,号无天。中令君,吴越钱。奋一旅,图万全玉节劲,金城坚。王海国,遮中原。振义声,开福田。空寂崇,经象传。幢刹建。泉货捐。为骈欂,持危颠。誓子孙,铭肺肝。摛锦绣,包山川。归有德,同永年。带如河,砺如山。与竺乾,无党偏。

嘉熙元年(1237)太岁丁酉七月既望

头首：志远、法雨、师谊。

知事：有开、妙清、妙观、处廉、允升。

左街僧录主管教门公事特差住持临安府上天竺灵感观音教寺传天台宗教柏庭善月

住持传天台宗教寄庵慧日立石。

按：明行院旧址在奉贤区南桥镇,始建于晋天福五年(940),南宋嘉熙(1237)迁建,僧居简撰文,杨瑾书,余天锡篆额。碑高220厘米,宽105厘米,厚21厘米。原砌在明行寺大雄宝殿墙壁中,今存奉贤县文化馆内。碑文录自奉贤区1987年《南桥镇志》。

法忍寺西亭兰若记碑

(居简撰　南宋嘉熙年间·1237—1240年)

诚禅师,号船子,蜀东武信人,在乐山三十年,尽药山之道,逮其散席,浮一叶,往来华亭朱泾,上下百馀里,林塘佳处,意所适,则维舟烟渚,蒲间咏歌,道妙其言,与志公玄觉诸老,脱略笔墨畦畛处,若合符节,识者味其满船载月,未尝不叹,其汲汲于得人,以为不负祖宗。计夹山去后,覆舟而归,及知佛祖在人间世,断无他事,西亭三咏,照耀天地,虽乳儿电妇能歌之,即其言,观其行,廪廪所不死者,不与凡辈共尽。自是松泽山水益明秀,至今称水国名胜。一经品题,千古改观。妙点企遗烈,结茆于咏歌处,曰西亭兰若,樊圃树艺,一竹一石皆有次序,菱茨浮实,萍蓼交映,落帆半夜,荷笠亭午,开扉相延,抵掌啸咏,异遇如船子者,求一言之益,而拔俗于千仞之上,使其徒若圭问余所以相遇之道,则谓之曰:船子之昭昭,如日丽天,尔之拳拳,如水在地。彼以不息照临,尔以不息流注,均其不息之道,故曰天行健,君子以自强不息,又何俟一语之益,然后为得哉?书以授圭,使归以告贤。

　　按:法忍寺在金山朱泾,建于唐咸通十年(869)。该记由宋代僧居简撰。记文录自居简《北硐集》(上海图书馆藏清代抄本)。光绪《金山县志·艺文志·金石》中有此碑的著录。

明行院结界记碑

（居简撰　宋嘉熙三年·1238年）

　　余作《三女冈明行院记》于嘉熙初元(1237)，越二年，结大界相成，荐请纪其事。其说曰：天可陟，我疆不可入，地可陷，我疆不可犯。不吉祥及诸恶律仪，自退舍于广莫之野而无何有之乡。且夫天地之大，八荒之广，从而无际，衡而无朕。虽我庐千柱万础，磅礴川谷，包络平野，眇而视之一饵耳。我身小，天地渊乎？方寸者心也，至微也，至幽也。出入无时，莫知其向。三灾弥纶，心为根本，不锄其根，滋蔓罔既，乃于是中，自燔自溺。然则界相在此而不在彼。曩记钱塘大雄院创建之颠末，尝究其说矣。今此举行坠绪，补有寺以来阙典，故申言之，且嘉其事法精至，而秉法摄僧、摄衣、摄食、唱相、羯磨，与波罗提木人丝毫不忒，皆寺之传教，比丘慧日讲明而奏厥功，乃策其勋而系之以辞。辞曰：善乎！明行大界相之结也，弥满清静于其内，他莫我干也。噫！结固易，与尔守难乎哉！传曰：重门击柝，以待暴客，备御侮也。匪击柝或戒严于其外，则猾窥狡觊，强侵暴陵，重门果何恃？譬夫倚界相之固，不希胜进，般乐怠傲，习燕安之鸩，自以为安室利处，忘自永多福，则非我所敢知。

　　按：明行院在奉贤县南桥镇。后晋天福五年(940)建。此碑记为宋嘉熙三年(1239)僧北磵居简撰。碑文录自嘉庆《松江府志·卷七十五》。

南翔寺大殿碑阴记

(居简撰　宋嘉熙年间·1237—1240年)

　　南翔大殿成于某年月日,而后造像亦既久矣。古野与殿不胥称,颓圮不可治。后某年月日寺僧文杲改作,如七金山炫耀赫奕,佛像慈而威、恭而安,给侍菩萨则威而慈,天神则威以恭,其不敢安则一也,巧丽尊特,所谓皆有圣人之一体,佛则集大成也。即佛之大成而得吾心之广大悉备,即我心而指众人之心,心佛众生,三无羌别。文杲办心,李某办力,工之荛巧亦以佛众生之所同者。殿有记,兹不重出。

　　按:此碑记由宋僧居简撰。碑文录自居简《北磵集》。《光绪嘉定县志·金石志》中有此碑的著录。

普照寺千僧堂记碑

(居简撰 宋嘉定年间·1208—1224年)

　　堂容万指,烬于某年之寇,亦既久矣远。人伟其名,至是务先睹为快,今也漠然,人以其名在而实亡也,乃与柳柳州铁炉步指同按,崇教大师祖祥寺之桢干,愧此缺典,聚族而谋曰:有志者勇有为,乐施者不吝啬。吾僧于此逾回纪乃所兴建,根橡片瓦,冈勿与舍,我事冈集,且吾生平不妄受,受则必辨礼义而不及私,信稍孚将有以相吾志,誓鼎新以终吾老,市材僦工,正信响答输货,惟恐后。权兴于嘉定庚寅(1220)春仲,轮奂于辛卯季秋。越明年,而崇教寂,又明年雪脊界天,璇题闳詹,翌翌前荣,设尘备物,靡不具。嗣孙智渊,能继其志而复其旧;成不愆期,羡不逾志。惟壮惟固,佛事侈靡,窗牖洞启,床榻衡直,匪雕匪琢,随宜加饰,华鲸吼月,钜镛横撞,鲐背在前,羼颜苴霜,旍檀无杂,檐葡有序。本无位次,如法而住,十利五观,敢忘讲明,以福君亲,以康兆民,谓吾烬食冈吾食,冈素于昌明,时密赞潜辅。

　　按:普照讲寺在松江府华亭县城内,寺建于唐乾元年(758)间。该记由宋代僧居简撰于嘉定年间(1208—1224)。碑记文录自居简《北礀集》(上海图书馆藏清代抄本)。嘉庆《松江府志·文艺志·金石》中有此碑的著录。

兴塔禅寺复莲社记略碑

（黄英撰　宋淳祐十二年·1252年）

兴塔院乃治平(1064—1067)初，海慧月禅师重修，祈祷道场，屡有感应。绍兴(1131—1162)间，奉敕立额，僧师展主之。澹轩居士盛熙创建忏堂等屋，效芦阜作莲社。会宝庆丁亥(1127)忽遭震凌，扫荡几尽。进士盛熙、朝士褚友璇究心经划，改建法华经会。同邑李塔汇进士钱相印施莲经六十部供检，杨萃装采普贤菩萨圣像及宝塔一所。淳熙九年(1182)，乡进士朱浃又约同志，各助钱置租，命寺僧清了道芳主之，镌石以垂不朽，求予纪实。继是入社者，盍相与勉之？淳祐十二年(1252)岁次壬子三月三日。

按：兴塔禅寺在金山区兴塔乡泖桥西即宋代兴塔院。始建无考，宋治平年间(1064—1067)僧慧月重修，宋绍兴四年(1134)赐额。宋淳祐十二年(1252)三月三日黄英撰《复莲社记略》。碑文录自《嘉庆松江府志·卷七十六·寺观》。

积善教寺记碑

(高子凤撰　宋淳祐十年·1250年)

　　云间为浙右壮邑，乃野畛所逮，虽下乡僻里，海土需江浦之聚，亦土壤衍沃，民俗蕃庶；积帑之家，所向而有，皆乐善好施，以浮屠氏为依倚，故幢刹之严，参错相望。西林去邑不十里，东越黄浦，又东而汇北；其南抵周浦，皆不及半舍。寺之在周浦者曰永定，在黄浦者曰宁国，而西林居其中，盖所谓江浦之聚也。里故无寺。绍兴戊寅(1158)，有比邱师净，行化爰止，亟思启导里人，培植胜业，请于迪功刘均及长者孙氏，得地百亩，创庵以憩游[ ]。未几，正信响应，乃益自奋励，广求潜度，日以增斥为务。逮淳熙(1174—1189)间，而法堂、方丈、斋庐、库藏，轮奂一新。嘉定(1208—1224)初，又得永定七古佛，就供堂上，即之以求福者尤众。先是净梦白莲七枚擢秀于堂之所，谂为瑞相，拟作大殿于其处，未遂而寂；其徒梦晖嗣之，因徐昌纯劝发运属叶君纯佑为大檀越，鸠材庀工，毕力兴建，卒成其师之志。以奉所得七佛者，前梦至是符焉。晖之法兄道全，又致叶君亨珉，营缔轮藏，饰以众宝，载三乘法。镛焉范金，华鲸肖桐，诸庄严具，靡不称是，而寺之全体既先定。淳祐壬寅(1242)，始白之礼部，甲辰(1244)乃得钱唐积善寺废额。甲乙焚修，式延云水，而净之派孙文暕，复募作重门缭垣，以谨中外之限，绪役悉周，遂与永定、宁国鼎峙而立，大不竞雄，小不慊卑，翼翼靓深，丹碧相辉，林烟野霭之中，化城倏现攸现眉目之境，噫！说盛矣。相厥由兴，固以土俗沃庶，大家好施之力，有以致之。然非师净启导有初，志愿坚果，安能成就殊胜如此，予尝识晖之子文伟于竺峰，一日□扁舟问予泽居，请记述之文以图不朽。夫三世协勤，四檀委输，载祀九十，厥有成绩，乃似乃续，龛灯炉禾遂，誓以丰年美俗，回向盛明，其事有可尚者，故受简而不辞。盖尝论之，甲乙序承，所以杜外壤毁圮之患也，彼其传持之外，滥窃成风，掩袭而来，卷蓄而去，视所在之废兴，若越人视秦人肥瘠，此诚末世丛席之弊，至于为甲乙者，独无弊哉！继已完之业，享不世之功，有房榻之以自安，无规级以相持，贪营利养，则赀益厚而业益增，择取便私，则身愈佚而名愈玷，举前人劳若之所办，适足以为容非蕴慝之地，曾市区贾肆之不若者，则其弊又在此不在彼，而致覆者，辙相蹈也，可不切鉴而痛革之乎！予雅有叹于是，故因伟之请，得诵言以遗之，於以贻戒来者，其必思经创之艰难，念信施之勤厚，日夜求其师之所以为教者，勉策胜进，茂养斯人之善心，俾能顺保其沃庶富乐之盛，以相与绵及于无穷之众，各获其所愿云。淳祐庚戌(1250)十月既望、蒙城高子凤撰。

按：积善教寺旧址在浦东新区三林镇，南宋绍兴二十八年(1158)僧师净创建。该碑记由高子凤撰于宋淳祐十年(1250)。碑文录自《西林杂记》。

明心教寺石函观音殿记碑

(高子凤撰　宋淳祐十年·1250年)

剑埋丰邑,气腾斗牛,宝发陈仓,光集祠宇,是皆寓于有形。而几于无形者,其灵变翕忽,犹若此。况佛菩萨应身阐化,神超像外,而不同于一物者乎。淳熙间,青龙镇有畦地为圃者,中广丈许,艺之不生,溉之散流,夜有祥光上烛。遂发之,得大石函,贮观音像,夹纻为质,冠衣俨如,杨枝、净瓶在左右手,云披月满,姿相殊特。寺邻沈氏倾囊,赎之奉安明心寺之西坛。宝庆丁亥(1227),震风发屋,像失其蔽而金彩彰施。僧了胜有意创殿,未果。淳祐壬寅(1242)秋一夕,厨钥自开,像立于地。甲辰春,胜疾作,忽梦丽服而璎珠者,慈视以拊之,既觉失疾所在。于是磬赀缔倡,肇自丙午(1246)三月,洎九月毕工。凡有祷求,靡不向答。故为序次其事。淳祐十年(1250)二月。

按:明心教寺旧址在现闵行区北桥镇,相传建于唐龙纪元年(889)初名华严院。宋治平二年(1065)赐额明心院。此碑记由高子凤撰于宋淳祐十年(1250)。碑文录自崇祯《松江府志·寺观》。嘉庆《松江府志·艺文志·金石》中有此碑的著录。

菩提寺山门桥题记刻石

(宋淳祐十年·1250年)

当寺比丘□□,谨将本月赴请□到会壹千贯文,添助劝缘,重新建造山门石桥,所□福利,上答四恩,下资三有法界,众生跻觉路。

淳祐十年(1250)岁次庚戌十一月十一日谨题。

按:桥在嘉定菩提寺前。记文刻于南宋淳祐十年(1250)。记文录自光绪三年(1877)八喜斋刊嘉定程穆衡著《吴郡金石目》和《清光绪嘉定县志》。

嘉定安亭菩提寺宋礼部告示

(宋宝祐年间·1253—1258年)

　　行在尚书礼部据平江府嘉定县菩提寺知事僧怀楚状：右怀楚等，本寺自梁朝天监□□立，本朝赐额"菩提"，实系圆通大士道场，一方雨旸祈祷去处，专为上延□□□□黎元僧徒，分守列屋□□食指颇繁，素轻恒产，以乞自活，支吾不前，岂谓近年以□□被巡尉及□□□□□，动辄数百□□时生事，久占僧房需索百出，甚而拆毁堂殿木植，便于烹庖。见者莫不寒心，少或阻拦，遽行吊缚，狼狈万状，殆不胜言。昨于宝祐年内，被尉吏、巡卒夏胜等诈赃，越经使府陈诉，得蒙赵观文钧判："巡尉出乡，执缚僧人，诈取钱财，帖问巡尉具析，追解三名究证，夏胜等决刺。"案牍未干，岂料配吏徐霖仍前作弊，欲行报复，以催苗为由，辄将佛殿观音、堂宇等□勒勘讯决，略无忌惮。且怀楚切照□朝廷立法，官舍、僧舍各有攸属。奈积弊□深，究究渐渍，山门受害，非止一端。然造化无私，春风育物，若不衔恳，立见香火寂寥，僧行星散，委关利害。谨列状披告，伏乞□台判符两浙转运使严牓，永免指占安泊等事，候台旨。本部除已符运司给牓禁戢外，今告示僧怀楚仰知悉，须至指挥。

　　右告示僧怀楚仰知悉。（原注："怀楚"二字之上，钤有"尚书礼部之印"。）

　　按：碑文刻《唐兴殿记》碑荫，上半漫患二十馀字。碑文录自光绪三年（1877）八喜斋刊嘉定程穉蘅《吴郡金石目》："记凡十二行，字径七八分，行书，在寺内。""'行在尚书礼部及末石告示僧怀楚仰知'

皆大字,字径寸馀,中列状据十三行,皆低一格,字径三分许,草书。无年月,刻唐兴殿碑之阴。据文证之,当属宝祐(1253—1258)中所刻。"

又据《江苏金石志》:"碑阴'十三行,行约三十字,字径四分许,前后大字各一行,俱行书。'"

法忍寺西亭兰若记碑

(林希逸撰　宋景定三年·1262年)

　　西亭者,槜李僧若圭所建也。其地则船子诚师游歌旧处也。圭宗天台之学而慕船子高风,即其故地作为此亭,聚群衲讲诵其间,冀一遇如船子者焉。四方闻而高之,为歌咏者甚众,而圭犹将有记焉,俾泳属予,予曰:圭之所以慕于师者何以哉? 予尝求师之本末矣。师,蜀人也。事药山三十年,尽得药山之道。晚节游吴,寄以叶舟,往来华亭朱泾,自为歌诗以唱咏,渔者传而和之。既又思其学之未传也,以其意嘱之道吾,道吾诣夹山,即江次谒之,一语而契,乃蹴其舟,自没以化。师之自立孤高如此,圭之所慕者何以哉! 嗟夫,学伯夷之清者,不必皆饿于西山;学屈原之忠者,不必皆沉于汨罗。堂序虽安,居之以虚心,则犹虚舟也;躯壳虽存,视之以无我,则浮沤也。迎其始而知所以得,则药山犹在也;溯其终而知所以传,则夹山未死也。船子何人者,余素爱船子之歌,而又嘉圭之志,故为之记且书,俾泳篆其额。泳,予子也,与圭为方外交。景定三年(1262)九月。

　　按:西亭兰若在现金山区朱泾法忍教寺,始建于唐咸通十年(869),宋代僧若圭重建。根据《嘉庆松江府志·卷七十三·艺文志·金石类》记载:"西亭兰若记,宋景定三年(1262),林希逸撰,沙门若圭立石。"居简《北磵集》和清光绪《金山县志·艺文志·金石》均有著录。

法忍院结界记碑

(智圆撰 宋景定三年·1262年)

　　船子和尚名德诚,不知何许人。尝泛小舟放浪江湖间,垂纶舞棹,歌咏自适。泊道传夹山,遂覆舟而逝,而朱泾多所游止,故立像于此院。元丰三年(1080),暮秋月望,予以众命结界负锡至此。考其创置之始,而古无传记,惟石幢所载,乃唐咸通十年立也,又寻井栏题记,仍有会昌之号,疑古刹被废至咸通复兴耳。旧名建兴,今朝治平中易为法忍。前住持不得其人,零落已甚。今惟秀力勤营治,渐复完密,又谓僧居不结界,则法律不可行,法律不行,则与灵祠邮舍何以别乎?乃和悦院众,面阐斯法利。至于立标分相,集僧唱结,皆遵律范,来者幸无疑焉。僧智圆撰。

　　按:法忍院旧址在金山区朱泾镇,建于唐代。碑文录自嘉庆《松江府志·寺观》,据府志艺文志金石类记载,该碑由僧智圆撰于宋景定三年(1262)。

空相寺界石刻石

(宋景定三年·1262年)

空相寺西南角石。 标外棱为大界相。 本邑弟子许序舍界石。

龙华寺宋"空相寺西南角石"

按：空相寺即龙华寺。界石立于宋景定三年(1262)，原有四石，今存两石，其中西南角石基本完整，石高160厘米，宽、厚均为46厘米，呈正方形柱状，青石质。东南角石已残，仅长71厘米。现界石存于龙华寺牡丹园内。2000年10月29日据界石抄录铭文。

重兴延庆讲寺记碑

(董楷撰　宋咸淳六年·1270年)

延庆寺比丘如月令其徒若虚请曰：寺址本施家漾，隆兴间，有大修行僧守详自姑苏来结茅芦苇中。多向从者，以众力成十六观堂。乾道始赐寺额，开禧悉荡为灰烬。主席迭更，或营一殿、一阁、一堂、一门，工未究久辄坏。开庆己未，今住持思恭奉敕来，适大歉乏食，恭且贷且劝，施者四面而致。后连歉不乏，且积羡馀，议修建。始庚申，迄丁卯。于未究者毕其工，于沦坏者除而新之。又为堂、为寮、为庑、为厨、为库，五百馀楹。蔽之文瓦，藉之绣砖，丹翠炳焕，墉岸严巩。外则作飞梁，作长生库，作两别业。塍田三千余丈，垦治废田，岁增租五百馀石。又有忠训陈君因感梦诞男，舍所住宅，移建于寺西荒址，为楹百馀，设诸像其中；且鬻宅买田百亩。于是规模之整备，事力之丰裕，远过昔时。月又述恭之言曰，余师佛光者，主是席首，谓寺之未振，形势使然，东惟河，盍梁诸。亡何师移席凤山，犹语及，予之建梁，实师意也。他役，师启也。又曰，旧此寺羡租贮方丈备役费，今既卒业，毋而有役，日廪关给，可也，遂集宿艾定议？诗官镂板，以规将来。夫不专美而推大，其师能洁身以倡率其徒，皆可纪也已。咸淳六年(1270)二月望日。

按：延庆讲寺旧址在松江府华亭县城内。建于宋乾通六年(1170年)。此记由董楷撰并书于宋咸淳六年(1270)，洪起畏篆额。碑文录自嘉庆《松江府志·寺观》。

明行教寺白莲花诗碑

(南宋·1127—1278年)

僧惠日《白莲花诗》：

神物何由测？芬陀陆地兴。素芳呈玉雪，梵刹肇丘陵。换额从偏霸，悬碑自老僧。殷勤劝来者，期使续千灯。

赵崇林《白莲花诗》：旧址来从晋，中更几废兴。一莲开陆地，三女卧冈陵。题永夸先辈，流传得主僧。林深钟梵寂，长夜一明灯。

高子风《白莲花诗》：地产枝莲异，莲宫自此兴。殊祥天不靳，奇艳雪堪陵。魄化疑吴女，碑传有蜀僧。何当寻胜概，吟断佛前灯。

僧惠日《白莲花诗》：白羽芬葩陆地莲，可曾摇曳水中天？肯于素艳分新洁，不与红酣间碧鲜。玉井无因期摘实，金园有兆必开花。应知瑞与优昙并，一朵腾芳万古传。

僧善月《白莲花诗》：天开地辟讵云赊，异草灵苗特一家。不有冈头三女粲，争敷处子六郎花。英雄有种凛生气，白玉微根不受瑕。他时若补芬陀传，端与优昙定等差。

僧居简《白莲花诗》：三女冈边寺，楼台竞郁峨。近郊间梵放，陆地出芬陀。天福虽营刹，中原尚枕戈。烟尘绝淮海，熨贴看鲸波。

按：明行教寺位于奉贤南桥南。晋天福五年，里人蒋汉陆石咸建。始名安和院。宋太平兴国八年赐明行院。明万历初重修。清顺治元年(1644)又重修。清同治九年(1870)里人重修。据《清光绪重修奉贤县志》记载，寺内有两碑，一为僧居简的明行院记碑，一为白莲花诗碑。诗文由僧惠日等撰于南宋。此碑诗文录自南宋绍熙《云间志·卷中》。

静安教寺记碑

(周弼撰 南宋·1127—1279年)

华亭县东北百里,淞江绕焉。有寺在沪渎,曰重玄。大中祥符元年,因避圣祖讳,改今额为静安。嘉定九年,僧仲依以旧墓迫近江岸,涛水冲汇,迁基于芦浦之涌泉,即佛井浜也。中流数尺,特深如井,昼夜腾沸,或指为海眼,因寺迁而异其名焉。寺之灵验最显著者。西晋建兴元年(313),有两石像浮于江浦,吴县人朱膺迎置于寺,视其背则铭,盖七佛中之二,曰维卫,曰迦叶。后六年,渔者又获两石钵子沙际,大如臼,膻辛稍触之,则变怪辄见,因以为石像,供具佛阁。则因异僧智俨而立,俨有异行骇俗,取虾子为僧号,常敛蒲草为万馀绳,桂诸廊庑,且曰吾将作大缘事,继即示寂。人竞乐施以财,绳皆满足,阁果成就。是皆传于闾里,著于杂书彰彰者也。自佛法渡江而南,浙西信乡特甚,精蓝净舍所在布满。究其从始,其最远者,极天监、大同(503—547)而止。孙吴赤乌十年(247),康僧会始至建业建寺以居,谓之建初。此寺实相踵而成,当是时,诸寺盖悉未有也。岂无通都大邑、廛井衢陌阐扬道化,乃独远取海滨广斥、江皋闲寂之野,岂非居处为修持之要。市边三里,头陀抖擞,终不若深山远谷途路险绝,上衣上食,易穷真谛。异像异僧,亦有所凭而至也。后世栋宇穹窿,金碧晃耀,往来憧憧于阛阓之地,规模则盛矣。然究竟祖师立教本心,倒囊求领,日接缘务,与深禅静观者,所得孰为多邪?败庐弊刹,或焚或毁,何可胜数。此则经教相传,基业寝广,历千载馀,犹能迁改阁殿,舍危就安,植久远计,非择地得所愿力深重之所致欤。石像既于吴门开元寺,而钱氏瑜珈道场、庐舍那宝像与雍熙室和两碣屹然尚存,双桧偃蹇如虬如凤,则鲁望袭美之所题永也。风恬月澹,钟声梵音,悠扬于沧波浩渺之外,与天无际。安知无石像再浮而致,发光彩于芦苇之间哉?华亭吾外氏所宅,吾少所尝闻而异焉,故述而为记。

按:此碑记由南宋周弼撰。碑文录崇祯《松江府志二·寺观》。嘉庆《松江府志·艺文志·金石》中有此碑的著录。静安教寺相传始建于三国时吴赤乌十年(247),为重玄寺,唐代改永泰禅院,宋大中祥符元年(1008),因避讳改额为静安寺,现在静安区南京西路。

元 代

龙门寺记碑

(大昕撰 元至元二十年·1283年)

浙西松江巨刹相望,龙门寺在府治东南隅。初如喜、了性二师俱习智者教,行道于嘉泰辛酉间,喜师主钱塘水月净教院,归华亭,距邑东五十里筑庵,暨性同居,施汤茗,严设像,崇奉之。凡里人祷祈诚应无爽,境赖以安。性即为丛林所推主天竺弥陀兴福院,淳熙戊申(1188),请今额,易庵为寺,定次甲乙,流传创建。方新二师继化,嗣者勿克遂废。有思贤者,性师嫡孙也,驰誉禅林,尝主嘉禾普贤院,归视榛莽,励志兴复,择地于黄土塘北而改作焉。其徒行潜可宗,克堪付托,潜繇灵隐第一座出住宁国广教院,而宗适退延庆讲席,居杭之南竺山,至元丙戌(1286),命归,以寺畀之,宗曰:寺濒海,年不熟,屡有寇至,欲图久而遗后人以安,莫若再迁。辛卯春,贤师西归,宗乃恪遵遗训,相今所卜地,南瞰川流,北通市□,厥位向阳,平原如席,众咸乐之,于是徙居焉。作殿堂楼阁门庑庖湢,众宇悉备。宗授正,正授文明,文明授智传,传录其实,请曰:重念前人创业之不易,来者其可忘之,幸记其颠末。今夫世人积铢累寸,植家业以诒子孙,其能仅守高曾之故业者,十百无一二,况有嗣其光烈令闻者乎?而我徒之居所在,常千百年不与时为代谢者,其故何哉?议者谓物生之汩其真而沦于恶者众矣。吾圣人者出,纳诸至善之域,凡有崇其宫室,图像以存其教者,必以戒为牖,以定为室,而以道相授受,其胄无穷也,而曰吾迁吾居,吾食吾土,而久者特未之思耳。

传于是作,而曰吾知所以训矣,请述以为记。至元二十年(1283)乙丑正月日。

按:龙门寺旧址在松江府城集仙门内,创建于宋代。元至元二十年(1283),沙门大昕撰碑记,杜社书并篆额。记文录自明崇祯《松江府志·寺观》。嘉庆《松江府志·艺文志·金石》有此记碑的著录。

普照讲寺藏殿记碑

(张之翰撰 元至元三十一年·1294年)

经自西方教入中国,有曰十二部,有曰六百五十七卷,又有曰五千四十八卷者,盖如来四十九年之所说;诸菩萨大弟子之所记;西天二十八祖,此土六祖之所传,与古今高僧贤达之所著,举而集之,愈久愈多,非俱舍何以置。梵云俱舍,此言藏之,传大士作天宫地轮,以盛经典,令诸有情推转,乃谓之轮藏,藏之不可废也。以此松江普照寺,据通阛,俯涟漪,为群刹冠。淳祐间(1241—1252),燔于火。若厨、若廊、若大殿,由宋及国朝,皆次第崇修,稍还旧观,惟藏殿一瓦砾场耳。梵修主僧希白居刹之四年,会郡富室王国英及诸大檀那来助,始至元十九年(1282)三月,迄三十一年十一月,越十有三载而藏殿成,共费钱一十五万。殿二十一楹,藏崇五丈,广半之,金碧照耀,髹漆光明。上有飞仙桥,中有栖经函,旁有铁围山,下有香水海。每巨植砰訇,人运机而神运力,如车之旋,如风之行,如雷霆之惊。壮丽杰特,虽百岁老人以为希有。明年白藏始末,求予文。予曰:初经之未广也,或以金,或以银,或以血写者常多。及经之既广也,印于福,印于杭,印于苏,读者益少。今五千四十八卷,贮以五百四十八函,而总为一藏。以一藏而藏之一轮,岂徒张皇诡异以夸一方耶,抑将见学者朝讲夕诵,内有所自得耶?昔德山周禅师精究律藏,尝赞金刚般若,时谓之周金刚。温州安禅师得法于天台,首阅楞严了义,时谓之安楞严。二师才了一经,已是超诣,况博三藏者乎?如白之裒集经律论诸书,包涵万有,觉悟群迷,使人随取随足,其用心固勤矣。虽然,凡开是藏,阅是经,会知经自佛口中来,藏从人心上转。天宫有此法轮,人心亦有此法轮。龙宫有此海藏,人心亦有此海藏。白合掌作礼曰:闻公之说,是人心藏心同一悟转,乃藏之无尽者也,愿勒石垂不朽。故书以授。 元至元三十一年(1294)十一月,张之翰撰,赵孟頫书并篆额。

按:普照寺旧址在松江府华亭县城内,建于唐乾元年间。该记由张之翰撰于元至元三十一年(1294)十一月,赵孟頫书并篆额。碑文录自崇祯《松江府志·寺观》。嘉庆《松江府志·艺文志·金石》中有此碑的著录。

南禅寺南山胜地记碑

(阎夏撰 元大德元年·1297年)

松江府南禅寺为在城诸禅冠。唐元和间(860—820),船子和尚过而合爪曰:"此地形势最胜,愿来兴福。"时未省其语。至宋崇宁(1102—1106),有头陀张氏即其地而庐焉,掘井得罗汉像士有六,颇异之,后以掩骼赏,不受,换牒为僧,实名普愿。而船子愿来兴福之言始验。愿虽草创数椽,久废。岁在绍兴,得后公而复兴,请于朝为寺。南渡百馀年,寺门终未光显。入元逾三十年,住山如寄驿宝公来住此山,搏浮苴漏,仅仅完备。每出入是门徘徊四顾,西则儒老二宫,颉顽争先,寺敛然退后,若有物压其首;东则墙垣塞路,斗绝筑底若有物障其目;南则断流如线,过桥民居节比,隙不通轨若有物横其臆思。欲挈山门而东之,规模定在胸中,凡三四年始克就绪。旧有大石龟蹒跚水□,辇致其左,背负崇墉若鳌戴山而前掂□也。入门不数步,东南筑小土山,植松其上,若虎伏林而旁卫也。兑水来其西,巽风避其南,缭以矮墙,夹以佳植,委蛇曲折,渐入禅境。见者生欢喜心,咸谓布置之巧,独未有颜其门者。大德中,宝公辄以南山福地四字乞书于中书右丞马公,而船子此地最胜之言又验。夫地不自胜因人而胜,向也行即面墙,入即窥室,门外曾不容数骑,一转移间。繇南而东举目即见山门,繇门而入,林影阴翳,若行诘曲山径间才见有寺。地虽胜因人而益胜,固无怪也独怪,船子和尚距今四百馀年,前后如此其验,安知昔之愿今之宝非船子身后身耶?大德改元夷则月望日。

按：南禅寺在松江府城。元大德元年(1297)九月马□□书立"南山胜地"四大字碑，碑阴由阎夏撰南山胜地记文，该碑记由傅大有书并篆碑额。碑记录自嘉庆《松江府志·寺观》。该府志艺文志金石类中有此碑记的著录。

法忍寺推篷室记碑

(明本撰 元大德六年·1302年)

　　窃观佛祖,洞悟一心之至理,具大解脱,哀群生以虚妄情识,滞于此岸,以不动智,设万有之善巧,遣其识,破其情,咸俾其直造彼岸而后已。原夫一心之道,如巨舟万行之善巧,如舟之有篷也,舟乃篷之体,篷乃舟之用,一心万行,相融相摄,体用均资,涉入无间,曾何处之择哉!昔船子和尚,神心廓悟,尝泛舟于烟波芦苇间,日与渔歌牧笛,互相酬酢,似无意于传唱之门者。逮遇夹山,则其迅机峻令,电走风飞,破执荡情,一发无贷,末后一句命若悬丝,蹈破虚空,有谁敢拟。为人痛快,未有如是之作者。今朱泾法忍寺,乃其覆舟委篷之地,寺之沙门舜滨,始习贤首教,观于大家之家,颖悟玄要,一旦思欲解文字之缚,大德壬寅,尝构别室于寺之侧,时有胜侣来集,礼忏摩以袪业习,克服观以证自心。匾其室曰推篷,盖有意于推船子既委之篷也。寻而继伏腊之土,日聚月滋,颇有成规,将有待于同志之士也。余丐食吴江,会师于偃梅之正,受悟及建立之繇,虑来者罔其初志,嘱文以记之。予曰:船子既殁,其所不与舟同覆、篷俱委者,是道也,道之即文字而谓教,离文字而谓禅,今五百年矣。驾其既覆之舟于蒲团禅板之间,推其已委之篷于方等忏摩之上,融古今于一瞬,空迷悟于寸心,馀烈遗风,尚可想可。经世传远,相继不断。推篷之义,岂虚设也哉!故直笔以记之。

　　按:法忍寺在金山区朱泾镇,建于唐咸通十年(869)。元大德六年(1302),寺僧舜滨建推篷室,僧明本撰碑记,赵雍书。碑文录自崇祯《松江府志·寺观》。

修兴圣教寺塔记碑

（任叔实撰　于元大德年间·1297—1307年）

兴圣寺在府治之东南，汉乾祐二年(949)，镇东将军张司空子仁舍宅建也。寺山门之外甃石为梁，其南步石梁而西，有塔屹立如空中柱。其高若干丈，九栏四面，崇峙而方，纵广正等。宋熙宁元间，赐紫沙门希玠与如纳、如礼协力建置。岁且久，砖瓦颓蚀，丹垩剥落，四方瞻仰，或怠或慊，至元二十有一年(1284)，僧行高竭囊钵之入，葺而新之。大德五年，行高逝而清裕主之。明年七月，飓风大作，塔不得完，上而相轮，下而栏循，掣入空中，堕掷如叶。裕乃叹曰："当吾世而塔废之，不可也。"乃出赀剩为倡，众缘骈来，砖瓦泥土，车进舟输，甃补加密，橡桷栏槛，云拥星附，庄较益精。双珠七轮插在危，金绳宝铎悬在甑。九叠崔巍，千灯周匝。丹梯上通，白壁外饰。中增如来座，层立菩萨神。天殊特妙，好视创始，为有光既成。铃铎扬声，山河倒影，神光千尺，晓夜发露。戍守之士，瞻拜失容，可谓伟矣。予惟佛氏之宫，设宝塔于阃域之外，饰诸佛像，崇示万目，使乐善者趋焉。然而佛住世时，从地涌出，远分多宝之座。佛灭度后，而为供舍利甃阿育之藏。是固神通愿力之所致也。夫以塔身山立，巍巍然万物之表，崇善避恶，揭迷途而有归，使表正欲从之心，一以破邪见稠林之惑。清裕禅师有精进心，为殊胜事，一塔之成，岂以为力哉。见闻欢喜，伐石记之。

按：兴圣教寺在松江府城内，建于五代汉乾祐二年(949)。该碑记由任叔实撰于元大德年间(1297—1307)。碑文录自崇祯《松江府志·寺观》。

崇福寺记碑

(周驼撰　元至大元年·1308年)

自佛化一千年,教被四表,超世离伦之士,灯联焰续,为王臣所信敬。僧坊塔庙殊胜广博,相望于城。邑聚落□□□盛,距吴郡治城东南百里馀,曰章练塘。滨其塘为寺,曰崇福。连郊接陌,襟江带湖,挹峰泖之胜。宋景定(1260—1264)间,居士倪智修、顾道成得陆氏馀业,相与结茅,清苦严淡,其效劳执事,无间寒暑。既而僧如轮、志超、志藏共广其志,以更张其丛林,礼奉被帝师,法旨隆以寺名。至大年(1308—1311)□□僧志源明理率诸耆宿,共倾其资,落成大殿,复营高阁为安奉大藏。教之所法堂□□□楼库院,阅世既深,规模大备。僧明本、明崇□、崇琳同任开辟之责,欲相承者之勿替,来乞文以记之。余曰尔白云和尚以三乘十洲之旨,导群迷而资正化,俾其徒躬亲稼穑,不营谋,不聚敛,惟以利济为先务。□门广施,诸多出入,于度万化之源,鲜有□□朝者。自归圣朝以来,宗纲振耀,楼殿金碧,参□永峙。今崇福寺乃列刹之表□□□□□□□。其愿普,其智周,以故兴建之缘乃□□心念而备矣,或异是,则何以称佛刹之庄严,崇法之幸福哉。至大戊申(1308)三月望日,周驼记,赵孟頫书。

按:崇福寺位于青浦章练,宋嘉定年间(1260—1264)建。该碑记由周驼撰于元至大元年(1308)。碑记录自《章练小志·寺观》。

普照讲寺重建千僧堂记碑

（牟巘撰　元至大元年·1308年）

尝记唐会昌五年(845)，不啻二十七万馀僧，宋天禧以后，不啻三十九万馀僧，何其盛也。昔伊川程子尝游僧堂，群僧方食，叹曰三代威仪尽在是矣。彼其拜则膜拜，衣则条衣，于于而来，脱覆而升，临席而坐，不语而食，蔬食菜羹必祭，祭如斋，如雍容可观。故程子有慨于衷，不觉舍然而叹欤。松江普照寺有千僧堂，自唐乾符(888)、宋淳祐两戊申(1248)回禄之厄，无复旧观。崇教大师祖祥之所建，潼川北石间居简之所记者，悉为瓦砾之场。岁在丙子，万户沙侯来镇是邑，与慧悟兴教大师昙秀相与倡率，首创钟楼、库堂、西庑而千僧堂，未遑暇也。又四年，乙卯，里人赵架阁施所居堂为之，因陋就简，意未称，临化之际，专以是事付之后人。于是其徒智受铢积寸累，且承檀施。癸卯，于旧址重建。是堂宽明周密，风日不到，设坐备物，使僧众得以如法而住。翻诵经帙，出则听说法、申祝赞，功德无量。因来求文以记。重说偈言曰：盛哉海会千僧之堂，是为普照选佛之场。万中选千，千中选百，于百中又选其一，愈选愈少，其义伊何，人以为少。我犹曰，多有如此堂，愿力所造。窗几靓深，床座完好，夏有疏簟，冬有重席，摄衣而起，振覆而出。千僧齐唱，一日百声，千日万声，清徹朗明。有大导师默默晏坐，忽狮子吼，唤醒惛堕，闻者震起，得大警悟，须臾之顷，万化咸具，凡诸佛子皆得度已，稽首普照，朝夕弹指。至大元年(1308)十二月十六日。

按：普照讲寺在松江府华亭县城内。寺建于唐乾元年间。该记由牟巘撰于元至大年(1308)，张野书，贾汝舟篆额。碑文录自崇祯《松江府志·寺观》。

普照寺释迦殿记碑

(牟巘撰 元至大元年·1308年)

　　松江普照寺,晋陆士衡别业也。北坐九峰,攒青拥翠,相为蔽亏。阴阳者流谓风气藏聚,可容千众。盖于佛僧为宜也。唐乾元(758—760)时,本号大明寺僧良慧,尝创释迦如来殿。逮宋祥符(1008—1021)间,改赐今额,凡三度重建。淳祐戊申(1248),厄于祝融,里人钱武翼首议兴造。其事未竟,子大信竭力继之。咸淳甲戌(1274),僧慧思与武翼念不可废前人功,请行超典,殿毕涂既、营像设。于是慧辨、贤惠、悟秀以白镇守,沙侯欣然厚施,久之而就。万瓦鸳浮,重檐翚跂,加以藻绘,金碧交辉。中设释迦像,若左若右,分列八位,备极庄严。而三世如来、圆通大士、应真罗汉、诸天人之相亦次第而成。至于琉璃无尽灯、瓜花诸供具,莫不完好。每岁州侯率其僚属此建道场申祝赞,而祷水旱、禳风灾者亦皆至焉。夫成之难,则其传之也必久。是役也,再见丁未(1307),甲子复周,盖非一手足之力,而超成其终,超既寂,其孙子闻重修。来雯求文以记,乃为之赞曰:维昔普照王,本自法身出;光明摄方寸,虚空常独耀;尽三千大千,无量河沙界;皆佛慧照中,夫是之谓普;众生宿业重,展转堕迷误;愿佛垂慈悯,与除诸障碍;譬如摩尼珠,炯炯照浊水;一作是念已,业去障自空;而我初不觉,心目划开朗;稽首释迦尊,为我证明之。

　　至大戊申(1308)三月既望。牟巘撰。赵孟頫书。

　　按:普照寺在松江府华亭县城内,建于唐乾元年间。该记由牟巘撰于元至大元年(1308)三月,赵孟頫书,廉密知儿海牙篆额。碑文录自嘉庆《松江府志·寺观类》。

创建永寿禅寺记碑

(吕师说撰 元延祐五年·1318年)

延祐三年(1316),师说谨施平江路嘉定州管下田庄,创建永寿禅寺。上报国恩,祝延圣寿。次为先考大师宁武保康军节度使、武忠和义郡王建立祠宇,安塑神像,用酬罔极。四年十二月,祠成,为屋三间七架,高广称之。栋桁椽桷所用杉木乃先考存日所植于金陵福兴山者,今七十余年,材木虽弱,不忍弃遗,盖山深水远,不能多致,故梁楣以下悉用松木成之。噫,后之主法席者,饮泉敬脉,鉴我孝思,嗣而葺之。庶得与永寿常住,相为无穷云。延祐五年(1318)岁次戊午正月望日,男奉训大夫、前江淮等处财赋都总管府副总管吕师说志。

按:永寿禅寺位于嘉定娄塘,元延祐三年(1316)建,明洪武初移建,清康熙年间大殿毁于火。该碑记由吕师说撰于元延祐五年(1308)。据《吴郡金石录》,此碑"孙元规书,无篆额",也无标题。碑记录自《娄塘志·杂类志》。

创建永寿禅寺记碑 嘉定博物馆提供拓片

普照寺千佛水陆院记碑

(牟巘撰 元至大二年·1309年)

普照寺自唐乾元元年(758)至于宋,数百年矣,屡兴屡废。淳祐戊申(1248),迄今又六十年,寺之山门、两庑、佛殿次第兴建。千佛水陆院地广费钜,众请属之,惠慈大师志新既领主席,慨然捐衣盂,营檀施。寺僧无德为之分干,徒净恩净心为之协赞,大作新之。至于戊戌(1298),继奉护持之旨,具事尤严。越丁未乃永记,予复之曰:善必由积累而后成,佛经云:"不于一佛二佛三四五佛而种善根,已于百千万佛而种善根。"昔梁武帝尝制水陆仪文,三年而成,几三千卷,其后羞设者,以十六位分八位而为上下。召请即通三时,法虽简,施则博。其上八位,慈容端相,为人敬慕,下八位,殊形诡状,为人恐怖。有善有恶,有劝有戒。今惠慈于此二役,位置由当山门两廊,壁涌天台圣域五百仙流。阁上设西方三圣铜铸千佛,阁下设千尊卢舍那佛,普贤、文殊二大士左右。壁涌水陆冥阳三界,像饰以金采,眩耀众目,辉映方池。而其池面水菡萏敷披,飞槛相属,生香不断。疑从净土移来此地,诸佛子于焉修行,莫不超然得大自在。皆惠慈十年之间,苦心劳形所成就,亦其胸中自来积善,如木有根,故一念所发,有此殊胜,非徒极庄严事观美也。铭曰:我观人心内,有善原无恶;颠迷彼弗知,往往路头错;尔时诸天人,一切诸菩萨;忽现慈善相,与众共说法;法皆由心造,罪亦由心起,心空罪亦空,各已得度已;众生地狱众,六道阿修罗;随佛登天堂,只在一刹那。至大二年(1309)十月既望。牟巘撰。赵孟𫖯书并篆。

按：普照寺在松江府华亭县城内，建于唐乾元年间。该记由牟巘撰于元至大二年(1309)十月，赵孟𫖯书并篆额。碑文录自嘉庆《松江府志·寺观》。

曹氏捨超果寺田碑记

（任文林撰　元至大三年·1310年）

　　超果寺在今□松江储治之梧桐，实白衣大士瑞光示现之地。众敬趋凑，慈感如靓。有吉凶祸福，其颂百三十，置签以卜之。谛信之归者抑多矣。昔帅干曹公某，以子孙畬构之重，卜乃后绍，签□言其度，吉有远猷。今宣慰副使勉斋公，梦炎日精祈，几有先见。至元三十一年(1294)，以事祷，丕孚袭吉，告无易辞。至大元年，以疾祷，签复示之，父子欢荣。且期七月，事有宠遂，及期习卜，条不易也，事下果然。先是沃洲光烨师住山日，尝迎大士小像行化。公畴昔之夜，梦白衣人求见，缨络珊珊，云自超果寺来，明日临门，公亦竦然。夫大士之于曹氏，何影响相示若是耶！于是，公严事日笃，凡道场幢盖之地，法食双转之轮，屡施不倦。自大德五年迄九年，施财若干贯，米若干石，田若干，荡若干亩。今住持北山文胜师以所施田岁入，五百亩补斋粥，二百亩备修建，百亩举期忏，且岁以正月集千僧诵经典，固将彰大士之道，侈曹氏之施而久之也，求文以纪其事。

　　按：碑文录自明崇祯《松江府志》。

颐浩禅寺记碑

(牟巘撰 元至大三年·1310年)

(篆额)

松江府颐浩寺记

朝奉大夫大理少卿牟巘撰

杭州路大明庆寺住持宗主佛鉴智融慧照悟明净戒大师嗣良书

杭州路大般若寺住持宗主妙明广智大师如金篆

寺据淀湖之金泽,距松江七十里。宋景定初,巨族费辅之因里人吴进之之施,有感于中,遂相与唇商齿确,买其族庐,始创经堂,以庋大藏,命道崇主之。躬汛扫,延方来,晨光夕照,不辍缅阅。又以如信践履真实,俾贰厥事。崇既没,信继之。冰蘖口体,竭蹶经营。爽垲其地之隘陋者,澄驶其水之卑洼者,审曲面势,鸠工饬材,弃其旧而新是图。至元戊子建大雄殿,构山门,翼两庑。楼阁堂室,丹垩璀璨。像设宏丽,香灯炜煜。凡寒燠宴息之处,出内储偫之器,靡所不备,过者忻然。元贞(1295)改元,被旨升院为寺。越五年而信殁。今住持清林宝月大师志圆,趣向不群,克踵其后。又明年得旨,甲乙流传。而明满总寺事,耆旧明寿、明净、明亮、永如、崇辉、明显等,合志率力,复大阐山门,建圆通殿,冶洪钟,登簨簴。又六年,造毗卢阁,奉千佛,显贤劫应世之次第。至大初年,广庖湢。明年拓方丈,即其后篝土为阜,垒石为峰,以壮形势。增羡膏腴,汰除硗瘠,以永具瞻。阅历岁月,绩底于成。圆状其事求予记,予语之曰:"佛氏清净之教,雄冠九流,揭云汉而昭日星,莫不知其高远也。因果之衡,平吞三世,禀雪霜而莹冰玉,莫不知其暴白也。云仍守之,恒务清白,故能风动遐迩,泽及幽明。大厦干霄,大田无税,盖有以也。苟或专口体之安,放戒检之峻,不希冀于正觉者,得无愧乎?而今而后,夕惕朝竞,颐神养浩,潜修密证,大用繁兴,使重元之化,永永常住,殆其庶乎!若曰以志养气,以气养勇,塞乎天地之间,而为颐浩者,此予子舆氏之言,不复为上人道也。"

至大三年(1310)正月望日记,

至元七年(1341)正月望日,

耆旧:明显、崇辉、永如、明亮、明净、明寿,

寺主海月净明大师明滿,

当山住持清明宝月大师志圆立石。

郡人缪文斌刻。

按:颐浩禅寺在青浦金泽镇迎祥街。碑文由牟𪩘撰于元至大三年(1310),元至元七年(1341)立石。现碑在颐浩寺遗址,碑青石质,高270厘米,宽131厘米,厚32厘米,篆额"颐浩寺记"四字。碑文共20行,满行37字不等。有一部分字迹已漫漶,难以分辨。碑青石质、碑额及碑文四周刻有连草花纹。碑文录自民国《江苏金石志》、《青浦县志》、《金泽小志》。1986年,经批准重新修复开放。

华藏忏院记碑

(邓文原撰 元延祐二年·1315年)

松江,故华亭邑,今为府。直府署之西,曰华藏忏院,慧光融照大师从得之所创也。师世家越之南明,早受业华藏寺,既乃游方宏礼,传天台教。观于台之掖峰,杭之天竺,最后从渊叟法师湛公居华亭延庆寺,且四十祀。尝曰自吾绝浙河而西,意未尝不在华藏也。觊十数弓之地锄荒荆奥,规为兰若,庶以永华藏之思乎。龚氏有故宅,旷迥□深,至元己丑(1289),输赀以售稍经度,越四年,名闻帝京。即俾正席,余山之普照,嘉畀师号,而师不著贪欲,惟念初志未竟,益坚弘愿,砻断陶具,庸役具兴,为殿周阿,中严像设,崇门飞阁,翼以两庑,栋宇既备,凡诸道具,巨细完美,十年而讫工。又庋经四大部,买田若干亩。教养之道皆可淑诸来者。每岁元日,修金光明忏,期七昼夜,名曰华藏忏院。介佛海法师澄公属予记成事。余闻天台挈止观之义,为世津筏,寂静可以证解脱,慧照可以通般若。乃若忏悔则又息妄之初机,归真之要路也。易曰,不远复无祗悔,曰艮其背不获其身,行其庭不见其人,其义渊矣,博矣。师能从吾游,吾为师发药焉。师性愿质广植善行,既老弥勤,度弟子曰简宗、椠宗,权皆克赞师之,志其传以甲乙云。延祐二年(1315)岁次丙辰佛成道日。

儒林郎、前国子司业 邓文原撰并书。

资善大夫、江南浙西道肃政廉访使 别里怯都篆额。

按:此碑记由邓文原撰于元延祐二年(1315),丙辰年为延祐三年(1316)。碑文录自崇祯《松江府志·寺观》。

众福院记碑

（正印撰　元延祐四年·1317年）

　　距云间西北五十里，潮汐往来之港曰咸鱼，东连吴淞西接淀泖，其地沃壤，林木郁茂。有大长者，故宣慰曹公居焉。九峰列于前，众水汇于后，公无恙时若市井，庵园皆环其第，依公以居。第之西不百步，有古兰若曰众福院，昔偃溪禅师为题其扁。余于大德癸卯承乏淀山，尝至其处，颓檐败壁，仅庇风雨，时遇公尚著居士服，未几雉发著僧伽。梨有兴葺之志，索予偈求宣慰公施，公乐从之。乃新其佛屋，屋成，设传大经会，广募众缘。由是富者施财，工者献巧，像圆通大士于其中，又作阿罗汉像十八、诸天像十六左右之。几案供具，种种庄严，金碧绚烂，见者起敬。继而山门两庑、僧堂庖□咸新之，实宣慰公一门贤父子相之。而公之子提举公日熙之力尤多，迄工后过余述始末，欲余记诸石。余谓遇之遇宣慰公非苟然也，庸讵知非昔日舍卫城中祇树给孤独园会中之人乎？遇号无隐，海隅人，俗姓吴氏，今年六十有八，以师事雪庭禅师，传公故兰若亦为净慈之别业，而甲乙流传云。延祐三年(1316)岁在丙辰四月望，淀山普光王禅寺住持沙门正印记。明年六月三日，翰林学士承旨荣禄大夫知制诰兼修国史赵孟頫书并篆额。

　　按：众福院旧址在青浦咸鱼港。碑记由沙门正印撰于元延祐四年(1317)。碑记录于《青浦县志·寺观》。

释氏舍田上海县学记碑

(黄恒惜撰　元延祐五年·1318年)

　　上海繇镇为县之三年,县始有学;又十年,学始有田;又九年,邑丞王君珪乃改作学于县东若步。延祐元年(1314)冬,历山张侯如砥来伊是邦,厥既延见诸生,视其居则斋庐未治也,庖廪未充也。按其籍则田之析于郡庠,若出于邑之贤士寓公者,崴为米不盈四百石,惕焉深惧士失其养,而学政之弗举。爰暨学官毛君梦雷谋大其规制,为久远计,而未知斯出也。上人善能者闻之,介邑人浦元、姜济请入私田四百九十五亩有奇,为学宫永业,以佐经费。侯既纳其请,则白状于县而输券于学。嗣主教事者方君遇圣,以为向之克有学有田不易如此,而上人一念之顷遽能不爱其所有,以驰吾乏绝之虑,是不宜使后之君子无述也,乃伐石征文为记。嗟乎！大道堕裂,儒墨之异趋久矣。是果不可同欤。《易》称"同人于野,亨",而谓"同人于宗,吝"。夫为善而不择其类,致亨孰大焉;施惠而不私其党,去吝孰先焉。繇其通,舍其蔽,兹所以合异而为同也。侯与吾徒其有取于此矣。上人亦尝学于是邪,土地之利其末尔。窃独嘉夫是举,原其大趣而为之记,其目之细则碑阴存焉。

　　延祐五年(1318)三月。将仕郎台州路宁海县丞黄恒惜撰。

　　按:该碑记文录自清嘉庆《松江府志·学校志》。元延祐元年(1314)释氏善能上人舍田为上海县学经费,延祐五年(1318)黄恒惜撰记文而立碑。

大报国圆通寺记碑

(赵孟頫撰　元延祐六年·1319年)

　　翰林学士承旨荣禄大夫知制诰兼修国史赵孟頫撰并书。
　　推忠揆义协谋佐运功臣开府仪同三司太尉上柱国驸马都尉沈王王璋篆额。
　　余尝以"道德"扣诸老宿。乃曰:"道何物耶?依之而心修,从之而理顺。德何物耶?布之而利博,积之而行圆。返斯二者,则圣贤不取焉。"伽蓝者,著明道德之大宅也。西竺圣人目圆而觉为之,充三际,遍十虚,贯一心,成万德。故在处僧伽蓝蓝与天地相为始终者无他,道德之自任也。
　　嘉定州在吴郡之东南百里,形势平夷,早潮暮汐,风帆浪舶,楼台市井,今古郁然。大报国圆通寺际州治之东北,相距咫尺。开山沙门明紫阳县瞭,族高氏,壮年极厌尘氛,礼杭州般若寺住持愚叟贤公薙染。至元丙戌(1286),手锄榾榾,浩然有开拓之志。经营既殷,材力相称。广堂邃宇,宛若化成。大德己亥(1299)春,钦奉书赐"圆通寺"为额。越七年,丙午入觐。明年丁未冬,武宗皇帝加赐今额,锡"妙明圆悟佛心"之号。及钦受今上潜邱赐旨护持。至皇庆壬子(1312),造物欲大其规制,一夕祝融卷入,无何。明年癸丑,旧志光修,首定向方,竭匠氏之智,取東山之材。圬墁陶冶,百而咸臻。延祐丙辰(1316),复奉旨加赐"妙明圆悟普济佛心大禅师"之号。感恩优异,思报无所。三前半部暑寒,诸缘悉备。重门突兀,众殿峥嵘。库院僧堂,俨从地湧。钟楼经阁,飞跂云端。庖湢庚廪之整严,廊庑寮舍之深靓靓。朱楹莹础,杂影如林。金像宝鬘,交光若炯。师资授受,甲乙相承。复建大吉祥皇庆寺于州治之北可二里。命净行沙门十六员,岁修法华。长期绳绳观室,井井禅龛,鱼鼓灯香,幻成净土。又建大资福寿宁尼寺于州治之东南隅。共松古桧,碧砌朱甍,六窗自虚,纤尘不到,两寺颠末,具在别记。奚财力之可臻?必愿行而乃萃。晓磬鸣而象龙集,夜禅起而声色空。真风扇有漏之尘,觉花开无影之树。缔构之功,什既八九。延祐乙未(1319),建大佛宝阁九间于圆通寺后。昙华万朵,开敷其中。金色光明,照心夺目。三寺赡众之土,厚薄悉书目碑阴。远持事状,请记以文。余闻圆通大士从闻思修以至成就,不思议无作妙德。其寻声感应,如镜照镜,岂有为功用所能比哉?吾儒所谓"寂然不动,感而遂通"之谓也。佛书以道德为圆通之因,圜通即道德所证之果也。继继于百世之下者,苟知道德之可从,则圆通未尝不久且大矣。余何言哉?

是岁(1319)十月之望,当寺住持沙门明了立石。

此碑遗载于书画谱,而字迹完善,在文敏石刻中为最,恐剥蚀,因于廉楹闲木以卫之。嘉庆癸酉(1813)重九,里人盛薰识。

按:大报国圆通寺记碑已佚,拓片宽130厘米、额高约68厘米、碑身高270厘米。篆书额"大报国圆通寺之记",篆书,4行,行2字。碑文行楷,凡24行,满行46字,共783字。文末有"嘉庆癸酉重九,里人盛熏识"一行45字。碑文录自康熙《嘉定县志》及民国《江苏金石志》。大报国圆通寺,习称圆通寺,旧址在嘉定老城内,横沥河之西,北大街之东。现存嘉定永宁桥,俗称圆通寺桥,嘉定区文物保护单位,原址即为圆通寺山门。僧明了,俗姓高,是圆通寺住持明了,字了堂,是宋代设嘉定县时的首任知县高衍孙之裔孙,圆通寺即其故宅。元大德三年(1299),赐额圆通寺,十三年,元武宗加赐大报国圆通寺。元高宗赐明了号"妙明圆悟佛心禅师",元仁宗加赐"妙明圆悟普济佛心大禅师"。嘉定的大吉祥皇庆寺、大资福寿宁尼寺,也是他所建。

妙明禅师建桥题记石

（元延祐六年·1319年）

　　特授妙明圆悟普济佛心大禅师大报国圆通寺住持了堂明了回施己资一力鼎建。时延祐六年(1319)岁在己未仲冬吉日题。

　　按：桥在嘉定圆通寺。记文录自清光绪《嘉定县志》，记文刻于元延祐六年(1319)。

大德万寿讲寺记碑

(贯云石撰　元延祐年间·1314—1320年)

　　皇元有国,惟兹广福,在念在民,是以经教宏扬西意。大觉缘力千万,不自一门而入,或由声闻,或由庄严,六根蔓鼓,直抵心地。谓证如来身者,必造是妙。故自教其像,而禅其性,可定、可慧,靡不在焉。若一像有见,则刹那为千万亿像;若一像有心,则刹那为千万亿心;若一心成佛,则刹那无心亦无佛像。《圆觉经》云:于此证中亦无证者,一切法性平等不坏。是知一灯、二灯、恒河沙灯,盖由一灯之光统继道者;虽百千释众,盖出一佛之心、一师之舌耳。若一天台立教之基当作如是,闻玄悟道,应普润广教。石田大师良王向以童祝发,示勤于南翔丈室。南翔者,梁之名刹也,碑具存焉,少述。祖于慧日大师了融,亦胜国衣紫僧也。师有志寂静,每至餐寝,卷帙近膝,虽吹照几何,志无少困,怡然自如。所谓有志竟成者,果可诬乎?师愕然曰:近百光阴本非我有,既以佛日处身,宜尚报本。妙庄广被群生,上有所酬,下有所济,昭昭如也。冥冥如也。乃于嘉定治东南廿馀里,以一顷为基,环而池之,当南□石为梁,其流西溯太湖,东走沧海。梁外矗石阿育王塔,又列屋以朝寺,备茗以润行旅。梁北两井皆亭,左右峙之门,初内也。库店相望,凑大山门东,钟其楼而阁其藏,廊绕两厢,楹数不可枚纪。对照二殿,左像观音,继以香积库楼;右像无量寿佛,属以云堂、浴堂。转势而迎大雄殿,位殿后,法廊百馀步,如人双膊由肩之项也。直抵大阁,位尊卢舍那,居千佛中金身铸刻半之,下列五方,凡五佛。夹道而行西,又其位,前池而后殿,总曰观堂。环匝重廊,列其僚舍。夹道而行东,又其位阁弥勒尊佛及阿罗汉数尊,半干以覆丈室。诸殿阁总枕于万寿之山,前照七级宝塔。铃风摇汉,叠障宾列,云气袭人,春意含情,生意不绝物,物自能润泽;星斗舒芒,雨煦露濡,气象凌空,遥遥然有若南山。万寿之祝,奚俟乎? 嵩岳三呼者哉!惟师已囊土地、年粒入寺,永备营缮之产。寺规宏修,镂栋彩椽,金壁绚灿,画垣朱壁,玉石栏砌,九檐流翠,万影参差,巍巍乎,雄绝海滨。西壁繁费,莫已知也。然而不求施于众,不经劳于人,诸匠百工不邀而至;比丘众一心非懈,讽经雍肃,亦师之有道也。呜呼!余尝观夫有官,或于廨第营诸于仓库,指其匠而有刑,取诸工而有罪;尚或避役而不趋,使其不刑不罪,调诸掌握,来如腥蚁,其有望望然不舍去者。果何道而能若是哉? 成庙十一年,成额曰大德万寿寺武庙。至大初元(1308)皇帝、皇庆初元(1312)二制悉优其刹。圣人好生有位,师以报本为心,盖一人以大德为心,四海以万寿为祝,实师之愿焉;寺之永焉;甲乙传焉;子孙保焉。师开山祖焉,其嗣嫡圆明、妙智、真觉、即翁大师宗具膺师之心,以宜相力。嗟夫!凡物出师之一心,成合万人之祝。由师之志,诚感人之其志也!其合志者,非师之力也,师之诚也。今夫,行之有道,传之得人,岂偶然哉? 余生北庭,历方儒业以文,游东南偶憩海滨,以所见闻为师述翰文石,欲传不泯。予美其精诚报本之意,故记。

按:大德万寿讲寺在嘉定南翔镇,建于元大德元年(1297)。该碑记由贯云石撰于元延祐年间(1314—1320)。碑文录自《南翔镇志》卷十。《南翔镇志·艺文志·奇观》中有此碑的著录。

管家桥题石

(僧明了题 元至治元年·1321年)

题曰:

特妙明圆悟普济佛心大禅师、大报国圆通寺住持了堂明了,回施己资,一力建造通济普福桥。功德普济□咸□利益者。至治元年(1321)月日题。

按:碑文录自光绪七年《嘉定县志》。

通济善福桥题记刻石

（元至治元年·1321年）

　　特授妙明圆悟普济佛心大禅师大报国圆通寺住持了堂明了回施己资一力建造通济普福桥，功德普济□咸□利益者。至治元年(1321)□月日题。

　　按：通济普福桥在嘉定。记文刻于元至治元年(1321)。记文录自清光绪《嘉定县志》。

修崇福寺记碑

(于文傅撰　元至治元年·1321年)

华亭东南四十里曰萧塘,有寺曰崇福,宋华严可师之所建也。师姓卫氏,讳从可,族大而蕃,往往以科举登显仕,师独求出世之道。绍圣元年(1094)甲戌,捐宅为精舍,粤三年丙子,其从大父参政泾,复以故第益之,凡寺之制,为一方胜刹。越五十年,雨凌风震,日就颓圮。至治元年(1321),桑门友闻来主是席,首倾己赀,倡以大义,凡寺之耆宿与夫乡之好事者,靡不乐助,於是轮奂一新,视昔有加焉。工既讫,功将退,处闲寂,众请曰:兹寺自绍圣迨今二百三十馀年,未有文以纪其实,其可不勒之坚珉以垂不朽乎?闻乃诺而求记。予观友闻,始莅兹席,则以葺复为己任,及功告成,则浩然赋归,其志良可嘉已,故为之述其事,以记岁月云。

按:崇福寺在奉贤县萧塘镇,创建于宋代。元至治元年(1321)重修,于文傅撰碑记。碑文录自崇祯《松江府志·寺观》。

嘉定外冈镇三元桥建桥题记

（元泰定元年·1324年）

　　广慧弘辨大师、大报国圆通寺住持小师　慧等施财鼎建石桥功德庄严和尚妙明圆悟普济佛心大禅师了公觉高登上品,更愿冤亲普度,恩有齐资,法界含生,同成种智。

　　岁在甲子泰定元年(1324)七月日题。

　　题点悦可,善学、善庆、善海监工。

　　按:桥旧址在嘉定外冈镇三元桥侧。题记刻于元泰定元年(1324)。记文录自《吴郡金石目》。题记中的了公,是前圆通寺住持明了,俗姓高,字了堂,僧明了,是宋代设嘉定县时的首任知县高衍孙之裔孙,圆通寺即其故宅。元高宗赐号"妙明圆悟佛心禅师",元仁宗加赐"妙明圆悟普济佛心大禅师"。嘉定的大吉祥皇庆寺、大资福寿宁尼寺,也是他所建。

圆通寺建桥题记

（元泰定元年·1324年）

广慧玄辨大师、大报国圆通寺住持。小师□慧等施财，鼎建石桥，功德庄严。□□和尚妙明、圆悟普济佛心大禅师了公觉高登上品，更愿冤亲普度，恩有齐资，法界含生，同成种智。

岁在甲子泰定元年（1324）七月日题。提点悦可，善学、善庆、慧海监工。

按：题记录自清《吴郡金石目》。原注，桥旧址"在嘉定外冈镇三元桥侧。"即今嘉定区外冈镇。《吴郡金石目》原注："圣祖庙讳。"

报恩忏院记碑

（方回撰　元泰定二年·1325年）

鹤沙距松江仅三舍，地接海滨。古昔居民亦鲜，伽蓝未之有也。瞿氏，宋建炎间(1127—1130)徙居於此，有积善慕义之风，逮今财赋提举公震发与兄少中大夫两浙运使公霆发，才德起家，仁让及物，慨然以为非伽蓝无以营善而闻道。乃卜地得吉，其考妣佳城之侧，倾赀割亩，命僧允恭摄董之，发地铁佛一躯，见者惊异，疑瑞应也。已而材与匠称心与力，俸不几年，绀殿重门，广庑讲堂，凡伽蓝所宜有者，悉备焉。运使公又拨田若干助伏腊，以报恩忏院为额。复闻于朝，成宗皇帝赐旨护持，实大德戊戌(1298)也。阅十有四年，至大辛亥(1311)，住持沙门崇义，建大阁以设西方三圣，至法华二十八品境像，环拥壁间，惟普贤愿王俨居于右，上安奉毗卢藏五千余轴。提举公属予为记，谓以报恩为名，其义何也，曰恩莫大于君亲，报莫越于圣道。闻西方圣人之禅观，圆悟一心，该摄万行，推而广之，导物指迷，莫不从化，以斯道报斯恩，不亦善乎！余曰：秉一心为禅，照万法为观，非禅那不足以契诸佛心，非妙观不足以破众生惑。《圆觉》以三观互推为二十五轮，《无量寿》以分观于一十六处，始则端坐净室，注相一方，存注不休，与想消落，见法界中朗然明了。所以一轮见谛，而妙观澄明，一处功成，则真佛圆具。如当台镜万显而镜无，所照之功，如帝丝网珠，千光聚而珠绝能收之迹，如是观者即见清静。愿玉毫亘天，绀目澄海，殊持相好，遍界光明，然后即斯妙观于一切时，散作无边庄严佛事。以之报亲恩则劬劳超有漏之缠，至若天龙鬼神、过现未来、冤亲贤圣、草木昆虫,凡有纤恩无往不报,然此妙观入未来际,相续不断,则报恩功德亦相须而无尽者也。遂援笔直书,以为记。泰定二年二月初四日,赵孟頫书并篆额。

　　按:报恩忏院旧址在现南汇区新场镇北。建于元代。该碑记系方回撰于泰定二年(1325),赵孟頫书并篆额。碑文录自崇祯《松江府志·卷五十二》。

万安寺记碑

（虞集撰　元泰定中·1324—1327年）

　　昔有观世之盛衰而志诸其地之园囿者。余谓观今日之盛,则于浮屠氏之象教见□□□□阁楼观自京师至于郡邑,无不得以极其广大壮丽,虽王者之宫,曷以加焉？至于金珠贝甃旛盖之献,王公大臣贵人崇敬之礼,米粟租税之入,象马舟车之用,赫奕众多,未易悉数。若林泉卉木禽鱼之美,特奉佛供僧之馀而已,岂非世盛之明验乎？予游吴中,自城郭之近乎郊外,凡山水胜处必有名刹在焉。其安祥而高居者,亦且笋蒲洁修,窗几静好,日与佛、菩萨、阿罗汉诸天人居,运大乘以赞明圣,则其事矣。无征徭之苦,无愁扰之叹,休休然以终其身,以传其世乎！何可及也？向使农无馀力,贾无馀赀、工无馀劳、吏七无馀暇,则孰与为此哉？故曰观天下之盛者,此也。嘉定州有僧普现来京师谒余,为万安寺记,而溯其渊源之自曰:昔受业于南翔寺；寺为梁天监中齐禅师所创,千馀年来僧之居是者益众。先是法师珦公、贝公出其私财,即寺之东一星别为寺焉,规制有加,卖田租以食众者尤厚,事闻朝廷,五有用书之赐,以其成于大德间也,谓之大德万寿寺。近者贝公之嗣曰义荣告其师曰:吾得地于西南,坐按三槎之浦,前接淞江,吾将悉出己力,作为精蓝,使三寺鼎立,为吴郡之壮观,不亦可乎？乃作法华道场,弥陀、观音之殿,说法之堂,周廊崇门,后筑土山环之,植松杉万余,其工三年粗成。而荣公殁,其徒云证嗣之,分法派者四,其徒普观、普基赞其事。而后佛阁、大雄殿、钟鼓、经楼、方丈、僧房、忏堂、库司、香积之厨、云堂、浴堂、诸佛之像、众僧之给用，以次而备，又有加于万寿者，以其成于泰定间也，故谓之泰定万安寺云。予尝入侍内殿，每见天子于建寺造像之事，深致意焉，以为上可以答祖宗之神灵，下可以拔群生之忧恼，然出于至诚而不可易。然则凡此乘庶富之实立胜妙之因，岂非上之恩力所致哉？观世盛于浮屠之宇者，吾又于普观所述而有微矣，故为之记。

  按：万安寺在嘉定南翔，元泰定中（1324—1327）始建。该碑记由元代虞集撰。碑文录自《南翔镇志·寺观》。《南翔镇志·卷九·碑刻》中有此碑的著录。

钱门塘石桥题记

（元天历二年·1329年）

　　浙西道平江路嘉定州守信乡第二都□□里,钱门塘南居住,奉三宝女弟子孙氏□□,同女张氏妙真,媳妇金氏,善阇宅(下缺)谨发诚心,捐施净财,一力鼎建钱门塘石桥一所。远祖上答四恩,下资三有,保茔和四季三元,吉祥如意者。

　　岁次己巳天历二年(1329)十月　日,孙氏妙圆谨题。

　　按:题记录自《江苏金石志》,"拓本高二尺五寸,广一尺,正书,七行,行字不等"。钱门塘桥原址在原嘉定县外冈镇,北官路旁,碑在桥旁,俗称为界碑。

重建拱星桥题记

(天历三年·1330年)

　　广慧玄辩大师、大报国圆通寺住持、比丘崇心,提点比丘善学、悦可、善□,耆旧比丘慧海、昙瑞,施财重建拱星石桥,功德庄严。
　　宗寂开山和尚妙明圆悟,普济佛心广慧大禅师、了堂长老增崇品位,更冀冤亲普度,恩有齐资,法界有情,同圆种智。
　　监造比丘普暹。
　　岁次庚午天历三年(1330)正月□日题。
　　按:本记文录自清光绪三年(1877)八嘉斋刊程穆蘅撰《吴郡金石目》,题记正书。拱星桥旧址在原嘉定县治之后,俗名东清河桥洞内。

建造青龙桥题记

（悦可撰　元统二年·1334年）

慈光齐照。

佛日大师、平江路嘉定州泰定西隐寺创立开山、住持中庭月可，回施衣资，一力建造青龙桥功德，上答四恩，下资三有。

元统二年(1334)正月日题。

按：本记文录自清光绪三年(1877)八嘉斋刊程穆蘅撰《吴郡金石目》，题记为"正书，五行，字径七八分。在西隐寺南，俗呼校场衖桥内。"西隐寺，按清代行政区划，位于嘉定县西城七图。记文由僧悦可撰于元元统二年(1334)。详见《练川图记》。

重建广寿宫吉祥桥题记

(元至元二年·1336年)

  平江路嘉定州陆广寿寺法孙、提点比丘是真谨施衣资,一力重新创建广寿吉祥桥,所得殊勋奉为圆寂禅师前广寿堂上清溪满长老尊灵庄严报地者。

  至元二年(1336)岁在丙子仲春吉日　谨题,洞庭柴世荣。

  按:题记录自《江苏金石志》,原"拓本高一尺六寸,广一尺,正书,六行字,行字不一,字径九寸。""重建广寿宫吉祥桥题记,至元十年仲春,僧是真书。正书,亦在南广寺南,近(在现嘉定区)葛隆镇跨长泾。"

南翔寺重兴记碑

(弘济撰 元至元三年·1337年)

吴淞江内具区震泽渊漫波澜,繇昆阜□折东注诸海,泾泖、陂湖、洲渚、沧洫、流无巨细,咸宗焉。民居与绀院琳宫离立。江浒据要津、钟间气者,为士君子,为隐逸,为仙,为佛,皆其春容埏埴之徽也。直嘉定署南一舍,距江五里所南翔寺在焉。梁天监间,比丘德齐法师开山。时二鹤至止,若有所感然,寺成,鹤乃翩迁而南,地以南翔称。郡志异闻,记之为审。旧隶昆山县,案图经,光化二年(899),行齐禅师复庵于兵烬旧址,岂两齐公异世同文者欤。唐开成间,锡今额。宋端平,丞相郑公清之为大书其匾。众恒数千指,宫室侈丽,犹石梁方广应真之居。虽香灯钟鼓,久而弗渝。其兴坠之迹,则随运推迁也。宋末,造兵饥相蹑,甲第豪门靳于施,室庐圮毁,振复为艰,产殖不能以赡其众,营供务者,病焉。登薙雉染之籍,必输粟若干,补鏐□饘粥之不足。又不足,则乞诸乡党邻里,忸其贸贸可怜之颜,至于韬龇辞亲,斑白不能以僧者。至元二十八年(1291),大浮图石田王向公踵乃翁新溪融公之武,始谋振其衰。先是,关柝之戒不夙夜,行旅视廊庑为康庄蹂践亏泄,寺日以陋,公乃喟然叹曰:"绳枢雍牖之家,必也严其藩屏,奈何大招提,谩无禁哉?"乃为山数仞峙镇,其背被之榆柳,树之松柏,綮然而荣郁。然而阴俄平楚山林矣。又疏沦其断港绝潢,以宣潮汐壅;夷其曲径旁溪,以便输蹄之役。不数年,生意津然也。乃谋诸大弟子即翁宗,具出橐金,倡于众市,膏腴以增岁入,更输粟之制,以输上田,较昔之费什之一,利实倍之。于是阡陌日辟，仓库日充，僧堂聚斋，熙熙若众香之国。石田物故，即翁嗣席。西方圣人之殿，首祛其蠢弊迫隘，而崇侈焕丽之，实泰定二年(1325)十一月二十九日也。若塔庙幢刹周庑维垣，以次而作，将从事大雄之殿，赍志以殁。至顺辛未，住山冢孙公证暨曾孙普现、普基、普传、道印鸠材僝工，述先志。越二年癸酉七月二十九日，撤而新之；延袤崇高，各倍其旧者三之一。是殿也，岿然众宇之雄。凡道场所宜有者悉备。会其费三十万缗，一皆证己橐竟之。证字中严，以惇谨称，里闬为予详言如此，愿有以告于后。余谓南翔历千百，起仆相寻，振兴之续可究者，唐之开成，宋之祥符、嘉定，未有不施而成者，乃今之兴也，厚其积聚，侈其室庐，非徒不厉民，而终厥绪于证公，若其祖父之手，矧子姓振振未艾，得非新溪石田父子之煦妪培养，以垂裕其胄裔而凭藉为久远者，深且厚也？后人居斯室，享斯禄，不儆厉奋勇，原吾先圣人之所以克久存者，以偿其受而岸然不顾安乎哉。新溪讳了融，里之大姓朱氏；石田讳良□王向。景定咸淳间，偕学台衡止观于顽空觉公、闲云信公，著述有集，行业有记，不复赘。

时至元三年(1337)丁丑正月日，前杭州路天竺集庆教寺住持沙门宏济撰。正奉大夫行户部尚书两淮都转运盐使王都中书丹并篆额。

按：南翔寺在嘉定南翔镇。该碑立于元至元三年(1337)，僧弘济撰于元至元三年(1337)。碑文录自《南翔镇志·寺观》。该碑著录见于《光绪嘉定县志·金石志》和《南翔镇志·卷九·碑刻》。

青浦盤龙镇坍石桥题刻

(元至元三年·1337年)

　　大元国浙西道松江府华亭县三十五保居住,奉佛信士张士彪,字子文,同妻许氏妙清、戈氏妙净,男大明、大昕,女淑贤寿,婿徐畴,媳妇马氏淑柔,小女观奴、阿奴,孙男刘寿,甥女宣奴,与陆氏家眷等,发心施财,一力建造,用结众缘,上答四恩三宥,报荐考奏差张公,妣妈妈陈氏,生居乐土,财保平安,寿永福长,灾□□消,宅门光顾,眷爱团圆,吉祥驻集者。

　　岁次丁丑至元三年(1337)十一月十三日吉辰谨题,郁春山书。

　　按：张士彪立于元至元三年(1337),郁春山书。坍石桥不知始何名,左跨松江县三十五保二区一图,右跨三十图。在原松江县盤龙镇(现属青浦区)。刻文录自清光绪青浦《盤龙镇志》。

清河桥题记

（至元三年·1337年）

  平江路嘉定州大报国圆通寺住持善学□□情者,特发诚心,喜捨己资,一力重建清河桥一所,以便往来所集□洪因普报四恩,均资三□(有),法界含灵,同乘胜果。
  时岁在丁丑至元三年(1337)二月吉日题。
  按：桥旧址在原嘉定县县署后的清河桥桥洞中。本记文录自清光绪三年(1877)八嘉斋刊程祖蘅撰《吴郡金石目》,"字径七八分,在嘉定县署后桥洞中"。

圆通讲寺三教堂记碑揭

（奚斯撰　元至正元年·1341年）

　　余行天下，数见为三教堂者，然皆出于释氏之广大哉。苏之嘉定大报国圆通寺住持善学为余言，至顺三年亦建是堂。州治之北，清境塘之上，为之室屋，以居其人，为之田畴，以给其众，虽儒者好相訾讥，莫不翕然以为善，尚为我记之。夫道一而已，去一非道也。孔子承五帝三王之绪，以修齐平治，赞天工，立人极，故万世无弊。老氏本清净，法自然，其原出于轩辕，一变而为神仙，再变而为符祝。然与孔子皆出中国，常自附于儒者。至于佛之于西域，犹孔子之于中国，西域之民未尝闻五帝三王之治，非佛无以化之。故王通答弟子之问，以佛为圣人，以其教为西方之教。自我元有天下，君中国，凡所与共治者，皆群方万国之人。知佛而不知孔氏十八九，及见国家礼乐刑政之治而悦之，其子孙亦往往俾学于孔氏，以之掇高科，跻显仕相踵。然佛之教亦由是而独盛于天下，而三氏并为国家所尊尚，相訾讥者日益寡。延祐中（1314—1320），仁宗皇帝常语群臣曰："闻卿等尊周孔者薄佛老，崇佛老者斥周孔。第以儒视儒，佛视佛，老视老，何必纷纷如是邪？"此至言也，此圆通寺三教之堂所以作也。其教之三，欲人为善之心一，合其所以一而忘其所以三，修其所以三而敬其所以一。圆通之意不亦旷然矣乎。至正元年（1341）十有二月甲子记。

　　按：圆通寺旧址在原嘉定县城内，元至元间里人高氏建。此碑记由揭奚斯撰于元至正元年（1341）。碑文录自康熙《嘉定县志·碑记》。

永宁桥题记刻

(元至正二年·1342年)

　　特授广慧普照慈济元悟大禅师大报国圆通寺住持善学同法弟慧海悦可昙端伏睹山门东向普济永宁桥岁月滋久渐致坍摧，施财令工重新建造。所得殊勋，颙为庄严圆寂开山和尚了禅师觉灵，增崇品位，普济群汇，共拔沈沦者。第一界掌长堂功德事妙智智深□指题。时至正壬午年(1342)良月日吉日修□□。

　　按：永宁桥旧址在原嘉定县。记文录自清光绪《嘉定县志》，该刻石题于元至正二年(1342)。

隆福寺重修宝塔并复田记碑

(杨维桢撰 元至正九年·1349年)

去华亭县之北二舍近,其聚为青龙镇,镇之南寺曰隆福,创于唐天宝(742—756)间。宝塔七级,凡若干尺,造于长庆间。其徒邵文知、俞文富之所募缘也。重修于宋庆历(1041—1048)。阅二百馀年,风雨之所经,兵燹之所更,土木殆不支矣。主僧普善,览其败瓴断础,不无怆然者,乃发弘愿,白千里之大族,宣慰使司任公仁发获答其请,始捐赀营建,实大德之三年也。致和元年(1328),公之子贤德继厥志。至正三年(1343),公之孙士质光述其事,而后缔构之精,庄严之丽,日光霞景出云雨,上佛牙秘藏,登崇宝轮,人天鬼神,瞻仰赞叹。力馀及于大佛殿东西两庑,皆彻而一新。又假钱若千万缗,为复其所失田三千顷,然后象设有所栖,其徒有所食,而寺之敝稍振,旧观荐复。遂状颠末,介其乡士王元来请曰:"寺塔为一郡推,古佛牙之所寄,苏涂之巅,时出光景相现,载在寺记。今幸任氏三世经营,而坏始复完,愿有言以侈之。"予惟先王之创民宇也,室奥以庇生,窾窆以送死,坚而为墙垣城郭,而高为台榭览观之所,亡闻乎累浮屠之制。释氏书谓佛灭后,铁轮王造塔八万四千,一日夜神役也。中国仿之,或以佛骨为舍利,以金玉神像。唐风翔法门寺塔,有佛指骨在焉,三十年辄一开,开则岁丰人安,天子为遣中使迎之。今塔为佛牙所在,吾不知若干岁可开,开抑何应?塔之成坏实有数,灵物之开阖当有时。塔之崇,非徒靡吾民力以视外观而已也。余尝悼象教之徒,未有一毛利益人,而茕茕焉惟仰于人以给,吾氓之辛苦垫隘者,望风而趋,其徒益繁,则仰益于人者益广。主其教者,既有以假佛之化现坚固相,出大光明也,以崇厥居;而复有以虑其仰给者,而图长其食土,教由是而展布,兹非其徒之不善于彼者乎?若普善者是已。吾闻普善攻苦敷淡,业既成,而行亦有以动乎人,与古佛师躬劳辱而有成者相师法,比今之避农赋佛、逃以偷生者,其贤不肖相万万已。彼尸居素食,务治其荒唐之说,以为竟祖教,而讫无益于教之殿最,人目之为高,吾居之普善之蠹而已耳。书其说畀之,使其人知所惧,而且勿忘其居食之自,则安知后人之无致力于其所未备者,如普善施德于将来者?如任氏云,相其役者,耆德曰宝、曰秀、曰庆、曰福,知事曰通、曰吉、曰喜、曰俊也。任君士质元朴,居家以孝义闻,便利及人者不独浮屠氏也。至正九年(1349)九月八日记。

按:隆福寺在现青浦区青龙镇,通称青龙寺。唐天宝二年(743)创建。原名报德寺,吉云禅寺,俗称南寺。长庆年间(821—824)建塔,改名隆福寺。元至正三年(1343)重修。该碑记由杨维桢撰于至正九年(1349)。碑文录自《传世藏书·集库·别集·七·杨维桢集·卷之二十》(海南国际新闻出版中心出版)。《嘉庆松江府志·艺文志·金石》中有此碑的著录。

实际川禅师影堂逸事记

（正印撰　元至正九年·1349年）

余观永怀禅寺重修记，所谓行人道川者，玉峰狄氏子。始为县之弓级，闻东斋谦首座为道俗演法，遂从之习坐。因上元节官欲空其狱，张灯纵市人遊玩，以罪囚系于狄家。狄为囚曰："汝□欲入市观灯乎？"囚喜，狄悉纵之□□逃去。明日闻于官，尉怒笞之。狄□□下大悟，去依永怀，剪发为头陀。

□□，主僧遣之至江浒市木建诸□□。□商门市木何为？曰：建法堂。□□□□扣之，玉峰有狄押狱，今□□□□我是也。众商拜之曰：□□□□也。盖众商乃昔日群□□□□□以建阁材木报公之□□□□□公归勿言。至期，狄出□□□□□巨木也。阁由是而成。□□□□□中为井阑，诸天〔五〕环绕，□□□□□主座为住持者，升堂说□□□□于空中拱听也。阁成，狄□□□□斋谦为改名曰道川，且□："□□□三，今名道川，川即三也。此去能竖起脊梁，了辨个事，其道如川之增。若放倒，依旧狄三矣。"川铭于心。

建炎初，圆顶遊方，至天封，参蹒庵成禅师，机锋投合，庵印可之。复回东斋，道俗钦敬。有以《金刚般若经》请问者，川为诵之，今盛行于世。隆兴间，殿撰郑公乔年漕淮西，适无为军治父虚席，命开法一香为蹒庵供。冬至，上堂云："群阴肃尽一阳生，草木园林尽发萌。惟有衲僧无底钵，依前盛饭又盛羹。"川号实际，嘉泰普灯录载师为僧出世因缘，不载永怀建阁之事。而建阁一段佳话，余闻之于觉斋王真人,非妄传也。余参合普灯与王真人所言,以为川影堂逸事,若入在记中,词繁文夥,只收为逸事,则不失禅师建阁之功德也。今岳云望禅师一新梵宇,岂非川禅师之再来也,望乃灵隐觉独孤禅师之子,余之犹子也。

至正九年(1349)已丑仲秋前,玉几松月道人正印书。

按:《实际川禅师影堂逸事记》,碑已佚,碑文录自清陳树德编纂《安亭志》。正印,俗姓刘氏,晚号玉几松月道人或松月翁,有《月江正印禅师语录》,曾撰《实际川禅师影堂逸事记》。

本一禅院碑记

（杨维祯撰　元至正十一年·1351年）

　　本一庵者,宋乾道中邑人沈氏之所建也。岁久业废,至元间,昌公月麓复,其见侵之田撤其旧屋而一新之。又虑后之嗣者或相逾越也,定为甲乙,使主庵事。延□中,昌寂,其徒存礼惧已弗克肩事,求其才且贤者主焉。时善应庵空林果公行业峻茂,有声丛林,延之居己上。事无钜细悉归焉。果公度弟子曰□开、□誉、善实等凡十人。乃命开以师事己者事礼,益相亲睦。顾旧屋褊隘,无以馆学者,由是拓旧制,殿中立大雄氏像,其旁若僧堂、筹室。山门、圆通、真武之殿,燕居、庖□之室靡不完具,题曰本一院。果寂,开以次主席,开之后,誉继之以让实,实介方外友天目明公,征文以记。予来松,值兵燹之后,求梵刹于城内外不啻百馀区,匪夷为焦土,则穿漏为四虚之亭,而独本一岿然于瓦砾场中,人以为祖师愿力所致,而亦誉实之功,遂书诸石。果字空林,云间人,尝参天目中峰本禅师,机锋相直,遂超玄窟。实字性空,亦云间人,通内外典及世谛,人称兰奢云。至正十一年(1351)夏六月。

　　按:本一禅院,在松江府城北门内瑞鹿桥东,建于宋乾道年间(1165—1173)。该碑记为元杨维祯撰于元至正十一年(1351)林镛书。记文录自嘉庆《松江府志·卷七十五·寺观》。

松隐庵记碑

(元至正十四年·1354年)

　　唯庵禅师,有道之士也。尝谒石屋琪于霞雾山。公告之曰:"子去我而求憩息之所,其必松江之华亭。华亭民富而趋善,富则乐于施与,趋善则可化以吾佛之道,其必有以处子矣!"书"松隐"二字授之以行。师如其言,至华亭郭汇之阳止焉。郭汇去华亭三十里,赤松溪之所注也;前有金山,后有九峰,皆先哲示化之地。师忆悬记,遂结茅而居其中。里人吴山闻之,捐金帛,割土地之籍来上愿,师止勿去,遝迩相继,辇石舆土,埋汇增址,以相其役。而金、彭、邵三姓以创建为己任。始工于元至正壬辰(1352),越二年甲午(1354)而佛有殿,僧有堂,亢而为门,夹而为庑,凡日用之所宜有者皆具。取石屋所书,名之曰"松隐庵"。师恐年岁滋久,无知庵之始末者,命其徒慧开同净慈藏史可传,请文而刻之。

　　按:松隐庵记碑,原碑在金山区亭林镇现松隐禅寺内,元至正十四年(1354)立石。碑文摘自1991年金山《松隐志》。松隐禅寺始建于元至正十二年,僧德然创建,明洪武间募建华严塔。1991年,经批准,重新修复开放。

永定讲寺藏经记碑

(行中撰 元至正十五年・1355年)

  有为天台之教者,妙智师主松江永定之八年,为至正甲午(1354),新作藏殿成,而庋经之藏未具。闻嘉禾之废寺曰妙智,其轮藏独存,购致之,视其识,乃宋端平甲午建也。先是里人濮仁甫,闵其寺废,购其藏之经,奉于家,且与妻沈曰:"苟得其藏者,以是经归之。"既闻师得藏,而或沮师,乃祷观音氏求之,沈忽梦一僧指其胸曰:"何忘施经之誓耶?"乃悔悟,以经归永定。呜呼异哉,向之寺名与师名适同,向之藏建之岁与师得之岁又同,何其冥符之若是耶。濮与沈能护是经,卒复于原藏,其亦宿为法中之人乎。宋少保张安道尝游琅琊山藏院,发木匣得经,乃悟其前身为知藏僧,书《楞伽》未终而化,因续书之,笔迹与前无少异,今夫是藏也,是经也,一旦完复,若合符契,夫岂无其故哉,乃书以识。至正乙未(1355)夏六月。

  按:永定讲寺旧址在现浦东新区周浦镇,建于宋淳熙年间,原名永定禅院,明洪武(1368—1398)年间改为永定讲寺,2008年,经批准修复,现名为永定寺。该记文为僧行中于至正十五年(1355)撰。碑文录自崇祯《松江府志・卷之五十二》。

修崇寿讲寺记碑

（元至正十七年·1357年）

　　距吴淞江北五七里，曰杨林。擅杨林之胜岿然出乎其间者，曰崇寿寺。沙门钦法华之所建也。奉佛有殿，宴众有寮，阐法有堂，函丈有室；门以限其内外，廊以翼其东西；至于宣明庖之所，丛林所宜有者无不具。既而请于朝，锡今额。尧法师开山，学子云从，厥后相承，率皆名德。嘉定壬午（1222）始作西方殿，住持静缘为之倡。熙宁初，里人总辖张德裕创观音堂，有无量寿佛像作忏悔，主割租税规其入，俾修白业，其仲固以佛殿颓敝，上雨旁风，撤而新之，高广壮丽，视前有千卷，用双林大士故事，造天宫宝藏，复捐金私市膏朊为饭僧计。元圣顺间，明德处士万公盖大雄殿，重饰灵山一会及罗汉像，西方佛殿亦如之，复捐租以益恒产。至大二年（1309），住持法澄偕昙瑞、净惠重造法堂曰宝华；以章说法之灵瑞。至元庚辰（1340），住持元隐重盖山门、钟楼。至正丁酉（1357），小隐法师建方丈五间，颜曰松月。宾主区分有所，居止弊者新之，缺者完之。一以诚信，人亦归向，故其兴也勃然。公尝谓予曰："寺之绵历几三百年，惜无片石以述前人之功。更数十年，恐灭没无闻，后之人罔知创业艰难，付之悠悠，漫不加省。子其为我记之。"予曰："自公之来从事于斯，亦既勤矣。内外修饰，非复前日之崇寿，然不自有其功，归之于前哲，又将勒石以贻后来，示不忘本，礼也。其视今之旅进旅退，眇若传邮者，又何如邪？"因笔其次第为记，申之以辞曰："处尔室，戒尔食，俾有众，伊谁之力？虽万千年，典刑可则。后之视今，亦今之视昔。"

按：崇寿讲寺在青浦吴淞江北,俗称杨林寺,宋元丰(1078—1085)间僧钦法华建。此碑记撰者无考。嘉庆《松江府志·艺文志·金石》中有此碑的著录。立碑时间为元至正十七年(1357)。碑文录自明正德《松江府志·寺观》、清《青浦县志·寺观》。

重兴超果讲寺记碑

（杨维桢撰　元至正二十四年·1364年）

　　云间超果寺有大士像，郡志以为钱王时宫中所奉像也。梦感于王，欲适云间，王命庆侬尊者奉像往，时主持者释聪于像未至前曰："三月内当有主公至。"至期果然，像初至李塔汇，去寺十里近，髻上有光，贯于寺西井，井有金鳗放光，相接若虹霓然，今名瑞光井者是也。宋理宗书赐额曰"超果灵感观音教寺"。景定甲子（1264），寺灾，僧净深者抱像投瑞光井。得完。至正丙申（1356），寺载毁，先一月，像梦于老衲曰："寺不焚者，厨堂之阁，可徙我座。"僧行缘者抱之出郊后厨阁，果存。阅三年，己亥夏，寺主僧澈自佘山辍席至，募檀施，建殿位，置圣像，已而创山门，造桥亭、筑垣凿沼，树艺花果，又复发田五十余顷，招来僧众，修起翼庐，于是，灵像具而法社成。邑人士女暨境外缁素奔走归敬，徼惠于水火雨旸，男女无虚日。吾闻石晋时，上竺僧道翊得奇木刻大士菩萨像，白毫光煜乎昼夜，瑞相之托，灵于钱王宫者，无足怪也。然辞去宫邸，必之云间。白衣大士亦择地而处乎？得其所托，阅三灾而像弗堕，则于地里亦有关乎？今超果得人，而灵迹益著，不在于澈矣乎。虽然，不逃生灭者，世相然也。瞿昙于世间相中有不生不灭，玄黄不先，尘墨不后，虽有圣智莫尽其际。若是，则求迹于有像示现之际者，儿妇人之近也。像以幻出，幻以妄用，以幻用幻，以梦梦梦，吾将于瞿昙乎。叩其觉也。澈曰：惟其幻也，沧我生灭，皇觉我幻，不生不灭。吁！此未可与儿妇人道也。余以其言得像外指，于是乎书。澈字灵源，冰雪其窝，号者宿僧。有功于土木者,诚也,瑛也。至正甲辰(1364)夏日。

　　按:超果寺在松江府西三里。唐咸通十五年(874)僧心鉴建。该碑记由杨维桢撰于元至正二十四年(1364)。周伯琦书并篆额。碑文录自《崇祯松江府志·寺观》。

兴圣教寺修塔院碑记

（任叔实撰　元大德六年以后·1302—1368年）

　　兴圣寺在松江府治东南南汉乾祐二年(949)，镇东将军张司空子仁舍宅建也。山门外西，甃石为梁。其南，步石梁而西有塔屹立，九阑四面，崇峙而方。宋熙宁、元祐间(1068—1094)，赐紫沙门希玠与如纳、如礼协力建置。岁久颓蚀。至元二十一年(1284)，僧行高葺新之。大德五年(1301)行高逝，清裕主之。明年七月，飓风，塔不得完。裕叹曰："当我世而塔废，不可也！"乃出资剩，为倡众缘，骈来甃补加密，九叠崔巍，千灯周币，中如来座，层立菩萨神天，殊特妙好，戍守之士瞻拜失容，谓："伟矣！"

　　按：碑文录自光绪重修《华亭县志》，元(1279—1368)任叔实撰。兴教寺塔院原址在松江县兴圣教寺，即现松江区方塔园。

厂头白塔记

（冯焘山撰　年代无考）

界河之滨有塔焉，址拓两弓。高不踰五丈，外列三层，中实而不可跻。旁无祠宇，巍然特峙于田间。予初以为古刹之遗也，而南望红墙颓圮，庆寺存焉。然隔在百步以外，又似不相联属者。访之故老，则曰："此韩蕲王所建之白塔也。"当王之时，此地滨海，东南去对岸约十里许，问渡者每虑宵迷。王从海道御金兵，驻军於此，即渡口设两塔，燃灯以照夜渡，此其北塔也。塔北数十武，有一小聚落，云是王之粮台。居是地者，往往夜闻唱筹声。则王之灵爽，犹有存焉者矣。噫！宋自南渡以来，数百年于兹矣。其间物之毁而成，成而毁者，不知凡几，而王之塔独存。且沧海变桑田，两塔可以陆而达，无须夜照，而民终不以无用而毁之者，岂塔之故欤，抑亦建是塔者之故也？而村妪无知，借作浮图以佞佛，勒两石焉。予恐数传以后，意忘其朔，或反凭残碣以为信，而王之遗迹，致为释氏所湮也。爰为之记。

按：该记文由冯焘山撰于明代，记文录自清《厂头镇志》。

法忍寺万峰秋轩记碑

（年代无考）

　　法忍沙门敬梓山闢室为燕坐之所，西江清凉口者题曰"万峰秋"，盖山之环其居者。青芙万朵，朝岚夕翠，接乎起居饮食之时，其境湛以虚，其气凄以劲，其容惨以肃，盖不待□□既收，白露先降，而山中四季常秋也。行□已去，松声不断，悲风生而猛虎啸，素月出而清猿哀，则有默会于休而定神以悟者。于是招虎溪而结社，与鸟雀以为徒，饮卓□□飞泉，分鸟残之霜柿，可以外荣辱而一死生矣，且复徵余为记，无乃赘乎？然余知梓山之所造□已大。□氏之道本一，而为其徒者，□□□□宗于禅者不假文字，直以□人心为要；宗于□□为行必先于知，不然则造道之门，孰从而入邪？家之□□□不啻□□，而梓山始亦以禅之高虚为观，因居船子覆舟之所，而取藏室之书及□□语录尽读之，闭门谢客，旁通博览，凡十余年。及其老也，一旦大契其志于文字之外，由是敛其华而反其本，而病昔之缠于纷揉，则其于道何如哉？或乘小舟往来江上，往往赋诗，有贯休、密殊之趣，初非出于有意者，后复置而不作。从多邀而致之，辄辞不就，其峻绝之行又如此。余方嚣嚣然东西南北未知所居，又安得循之高峰，相与扫白石、览归云，逍遥徜徉，以成二老，而忘世之风涛火宅耶？故举其说，俾刻诸石云。

　　按：法忍寺，僧梓山创建，碑文录自清《朱泾志》卷十。

寿安讲寺栖云楼记碑

(杨维桢撰 元代后期·1271—1368年)

　　铁龙道人游五茸江回,登小钟山,坐半云屋山之浮图曰宁者作茗供,请登所居楼。楼外九峰叠如曲屏,云气上下磅礴若雪漫海沸出,没其坐榻,因颜其楼为"栖云",徵记于道人。道人曰:"朝云而暮雨,云之栖阳台者也;成五色而从赤龙,云之栖芒砀者也;子之云何云,栖何栖?"宁曰:"吾见云油然起,坦然舒,悠然逝者,皆吾之山中四时朝暮也。"道人曰:"云一散而弥六合,鬼神莫测其变;一卷而了无遗迹,造化莫穷其归,云岂楼可量,亦岂楼可栖耶?尔教身毒氏,有云名妙大,有楼曰无碍,其云也,生无生灭无灭。其生也,天不能为之先。其灭也,尘不能为之后。是楼也,小无以为之内,大无以为之外,能无所栖,亦无所不栖。楼不知有云,云不知有楼;云与楼俱入于冥,人不得以色相求矣。子尝究心于是乎?"宁忾然若有得。是为栖云记。道人会稽杨维桢是也。

　　按:寿安讲寺在钟贾山,建于元代。明永乐年间,僧虚白重修。中有栖云楼、半云亭。此记碑由杨维桢撰于元代。碑文录自《青浦县志·寺观》。嘉庆《松江府志·艺文志·金石类》中有此碑的著录。

南翔寺长忏观堂庄田记碑

(元代·1279—1368年)

(上截)

原租福□田,凡有三等曰恩、曰敬、曰忍。忍田瘠,恩、敬肥也。寺僧崇□捐己长物外□同袍□不□可谓肥矣□。有本邑依仁里海氏(下缺)佛徐有林同,□止及桂田,北止滨,永捨入南翔寺九品观堂。在堂母亲□氏八娘,□戈氏四十八娘□。寿功德上荐故曾祖徐□□承事、故曾祖母□;祖徐八□□,故祖母侯氏、□娘子;故父徐□□秀才,故次兄徐□□十五秀才;故祖□□五三承事,故祖母□□十六娘子;故父□承事。

本观掌功德事僧志寅等立。松江丁日益刊。

(下截)

大元平江路嘉定县依仁乡第七都,奉
□□元年□□月 日掌长□院功德事僧德溪立。

佛□宾字渭十四号苗田壹亩,渭硅三号苗田□苗,地两亩,同都谷字渭□九号苗田贰亩六分,计田拾叁亩七分,捨入本院□助永远供□,共证菩提者。

德溪立。

按:碑文录自民国《江苏通志考》《江苏金石志》。原注:"拓本连额高五尺,广二尺八寸,正书,两截刻碑,字驳蚀,行、数字不能计。原名,正书五字平列,字径五寸许。"

明 代

静安寺洪武铜钟铭

（王逢撰　明洪武二年·1369年）

　　上海静安寺旧钟,入于官,寺僧觉昙募铜至六千斤,而凫氏冶范,成且有日,乃介前净土住持元净,乞梧溪老人王逢铭之。辞曰:金声为物钜曰镛,深彻泉府高达穹。谷传海应流景风,顿息诸苦开群蒙。耳尘空净心观通,六窗具圆佛性同。博哉功施垂无穷！洪武二年(1369)铸,祝皇太子千秋。

　　按：静安寺在静安区南京西路,相传始建于三国时吴赤乌十年(247),初名沪渎重玄寺,后改名永泰禅院,北宋大中祥符元年(1008)始名静安寺。该钟铸于明洪武二年(1369),王逢撰写铭文。现钟悬于静安寺大雄宝殿。铭文录自《静安古寺》(高振农著,1990年4月,华东师范大学出版社)。王逢所撰的《梧溪集》中有此铭文。

龙华寺洪武钟铭

(明洪武三年·1370年)

　　金声为物钜曰镛,深彻泉府高达穹。谷传海应流景风,顿息诸苦开群蒙。耳尘空净心观通,六囱心具佛性同。博哉功施垂无穷。

　　按:钟高约220厘米,直径约150厘米,沿厚10厘米。铸于明洪武三年(1370)。原悬于龙华寺大雄宝殿内,系寺之主钟,钟声远播。"龙华晚钟"为沪城八景之一。1966年8月被毁并于9月30日售与废品收购站,时称得2574公斤。铭文录自《龙华镇志》。

松隐禅院建华严塔记碑

(明洪武二十二年·1389年)

僧录司左觉义灵谷禅寺住持沙门清撰

徵事郎中书舍人新安詹孟举书文林郎太常典簿东吴顾禄篆额

松江华亭有大善知识唯庵禅师，乘宿愿轮巧以方便，作诸佛事，利益有情，诚谓世所希有也。始元戊子岁，禅师居其乡郭汇，里人有山子才，与邑之施者感其德化，为建精舍一区，以迎候禅侣往来之食息者，名之曰松隐。后三十有二年，地日益辟，众日益盛，门庑殿堂凡丛林所宜有者悉具，参游之士至无虚日。于是复遣其徒慧昊、道安等走谒施者，建宝塔七层，以奉藏血书《华严经》八十一卷，而以华严名其塔。盖塔所以奉介舍利，华严则佛法身舍利也。其制七层，为梯级以升，飞檐外出，扶栏傍翼，高百有五十尺，广三十又五尺，其下二级周以崇阁。上奉千佛，下奉释迦、多宝二如来像，傍列翊卫诸天神。始作基于洪武庚申(1380)八月，毕工于甲子(1384)九月。初，禅师沥指血命行僧道谦手书《华严经》，时感天为之雨花，遂名其轩曰雨花，楚石禅师当为之记。后升巨木以柱塔垂，至塔颠忽掣断悬索，木跃然入塔中，若有神为之者。及置宝珠于塔顶之日，天又雨花，纷纷郁郁，盘空而下，众皆仰视，莫不骇愕。盖禅师精诚之感，其祥异沓见，有若此也。惟塔之见于佛经非一，而此土则始于汉摩腾、竺法兰、吴康僧会之建，后世极其崇侈，至铎声闻十里者，乃有为功业也。虽然，如来世尊盖尝有云，不住无为，不尽有为，使瞻是塔者，谓是塔之有，固皆瓴甓木石、黝垩丹浗之为，而何以为塔。谓是塔之无,则风铎锵鸣。云彩交映,又巍然焕然,若天隆而地涌也。若是有为,本乎无为,而无为不外乎有为也。诚能见于是,则禅师之建是塔也。岂徒其所谓利乐有情,垂之无穷者乎。禅师名德然,族华亭张氏子,出家杭之天龙寺,初参石屋珙和尚于吴,继谒千岩长和尚,于金华圣寿山留侍左右,久之有警悟,居郭汇,缚茅而坐,足不越者三年,复往谒千岩,逐承其印可,于是道风日盛,为学者所归,初参石屋时,尝嘱以"汝缘在吴淞",特为书"松隐"二字与之,庵名"松隐"以此也。塔之建亦承千遗命,千岩既化,尝继席圣寿,晚退休于此。天目屡以书敦请,不忍弃此,岁往来而已。其垂示学者,多见之偈语,诸方老宿咸敬让之,余备员僧录,因其请而为之记。洪武二十二年(1389)岁次己巳元月吉日立。

按:松隐禅院华严塔位于金山松隐镇北。松隐禅院建于元至正十二年(1352)。明洪武十三年(1380)僧德然募建宝塔,四年后建成,塔高30多米,七层方形,砖木结构。僧德然刺指血书《华严经》一部藏于塔,故名为华严塔。后塔檐毁落,仅剩砖塔身,现已修复如初。该记碑立于明代初期,碑身高123厘米,宽93厘米,厚26厘米,碑文21行,满行39字,碑系青石质,左上侧已破损9行。碑现存于松隐禅寺内。该碑记2001年3月5日据碑石抄录。

圆应塔宝塔志

(淳厚撰　明洪武二十二年·1389年)

　　大明国松江府华亭县城西望恩桥西林禅院住持比丘淳厚，俯念佛恩海岳高深，涓尘莫报，取洪武二十一年三月初四日，发心募众缘，于院之右建造佛舍利宝塔一座七层。洪武二十二年四月初九日吉时，开启地宫，安奉银造三世佛菩萨像、佛牙舍利、七宝等物。出生妙利普，与法众群生世出，世间尊重如塔者。

　　洪武二十二年四月初　日淳厚志。

　　按：铭文录自2002年《上海博物馆》集刊中谭玉峰、于存海、罗时惠《上海松江圆应塔珍藏文物及碑文考释》一文。此碑于1994年1月22日在圆应塔地宫中发现。

西林禅院圆应塔记碑

(弘道撰 明洪武二十五年·1392年)

京都僧录司左善世上天竺住山弘道撰。佛本不生不灭,而示乎生灭法者,度众生也。所以有生处焉,有成道处焉,有转法轮入涅槃处焉,如来示般涅槃已。此之四处,皆可建塔,意令其人睹相生善,而为归向之方也。故我释迦世尊,双林唱寂,荼毗之后,八王各分舍利,还国起塔。又阿育王造塔八万四千,天上人间皆有之。自汉明感梦,大教东渐,摩腾至洛阳,指白马寺圣冢曰:"阿育王所造舍利塔,震旦十九处,此其一也。"至于建业鄮峰等皆是焉。后代因之,凡通都大邑,□□要地,必建塔以镇之。松为东南乐土,旧有塔四:曰普照、超果、兴圣、延恩。唯兴圣巋然独存,三皆毁矣。比丘淳厚,尝受业于霞雾山石屋珙禅师,有所得,乃属其随方建立道场,结众缘,植福田。□善友告曰:城西有宋圆应睿师接待浴院,兵烬之馀,遗址在焉。遂即其地创西林精舍,堂殿门庑,规置井井,像设庄严,宜有悉备。复贾馀力,募缘补建延恩宝塔,八面七层,题名圆应,不忘本也。中奉华严一大藏教,众宝庄粹,一一如法。或者语之,塔庙之建,非小因缘,若不纪其事绩,后之来者奚考焉?于是遣其徒慧隆来京师,乞文以记之。

原夫诸佛法身,常在世间,未始生灭也。山河大地,草木丛林,至于一尘之微,莫不皆是佛所住处。第以众生障故不见。择殊胜地,树立浮图,遐迩耸观,殆若真身在世不异,生善灭恶,革凡成圣,功德岂易量哉!今淳厚以一念之诚,变荆棘瓦砾之墟,为金银幢刹之所,得非以圆机感圆应,有大德行过于人者,能若是□!或谓浮屠氏以善恶因果之说□人，使不吝其施者。焉知吾佛设教化人，断贪欲，□生死，致之于清静无为之地也耶？淳厚号无际，幼有出尘之志，既剃落参见，性成□恬，昼则禅坐，夜礼千佛，寒暑不废。尝刺指血书《华严》，然顶炷及二指。建桥梁，利津涉，凿井□路，及众善缘，苟有益于人者，皆乐为之。并书以记。洪武二十五年(1392)四月十三日，从仕郎中书舍人新安詹希原书并篆额。

按：该碑碑身高175厘米，宽95厘米，厚28厘米。底座高52厘米，宽109厘米，厚60厘米。碑为青石质。碑额与碑身为一体，篆书"西林禅院圆应塔记"。碑文22行，满行为32字。现碑石在松江镇西林禅寺圆应塔底层面北处。该碑记由僧弘道撰于明洪武二十五年(1392)，碑文录自碑石。

西林禅院圆应塔记碑

安国寺绍宗舍利塔御祭文碑

（明洪武三十年·1397年）

维洪武三十年(1397)，岁次丁丑正月甲寅朔，越七日庚申，皇帝遣神宫监少监保、保旗手卫、百户王肃谕祭于僧录司右善世绍宗。尔其俯伏谛听，帝有谕焉，曰：呜呼，聪明人寓世必知天命，尔右善世绍宗踵佛之道，以心役神，驭之子宵，尽猿不便，儇马不纵，驰铁脊凌空。俯察溟溟，仰观四禅，如斯锻炼，精魂已有年矣。呜呼！诚有可验，命入匡庐。致谢礼于天眼周颠者，佛之威灵日暮也。舒大光于天西如来，衣绯衣，现半身于光内神灯。自五祖道场越大江摩天而下，又神光覆碑亭，尔绍宗与内竖及外官良心者数人，得见于斯之时，良心昭格，如来至此二千五百九十有馀年矣。尔僧善能感应，以致如来树白毫相光于夕阳之上，岂不美哉。今闻讣音，加跌长往，特命祭以素羞。尔其有知，服斯谕祭，尚享。

当年十月初吉，愚徒臣僧云裔斋沐誊录命工勒碑，奉供先师墓前，普示诸人，以彰圣恩师德。谨识。安国寺嗣法徒孙比丘志光立石。

按：安国讲寺在上海县法华乡，宋咸淳三年敕建。寺内有僧绍宗石塔，绍宗字一原，号遂初，十三岁时出家于安国寺，明洪武二十六年，有事于庐山应召奏对称旨，赐紫衣袈裟、手珠、宝炉等并擢右讲经，升右善世。明洪武三十年(1397)，绍宗坐化。敕遣中使致祭。该碑文录自《法华乡志·方外》。

观音禅寺记碑

(尹如恢撰 明永乐二年·1404年)

　　佛氏以慈悲为教，欲民趋仁，爱同于善，不教而善者固为上，教而后善者为众矣。若吴越俗信祥而易杀，病且忧，则聚巫用卜，祀神杀牲，至再三不可，则曰神不佑我矣，乃饰终事以死，故小民户易耗，而畜字不孳，董之礼则顽。惟浮屠教慈而语，大病且忧者有告焉，则俾之戒杀以向善，可因以佐教化，长民者多尚之。观音寺在上海县西十八里，时有观音圣像浮海而来，咸异之；钱参政良臣舍赀礼云门禅师七世孙觉印，创于宋崇宁年，为县禅宗首刹。元季兵燹毁，明洪武壬戌(1382)，僧会本源性公兴，其徒绍一募建法堂。前观音像流寓九峰间，见梦于性，舟载以归。庚午，性公殁。一公募建东西庑。三年住持本山。甲戌(1394)，县尹张守约捐赀建大佛殿。丁丑，买民房建天王殿及山门。庚辰，县尹杜镒复营香积厨一所。自后法堂、钟楼以次而举，凡立屋苦干楹，拓地若干亩，征予记之。维一师自受戒具，衣不缯纩，食不重味，偕耆旧绍圆惟善等誓葺此寺，以毕其师之志，宏宣其教，大劝于时，速者咸赖，不命而献，力不祈而荐货。仅二十馀年，地得以复其胜，教得以宏其化。俾人皆去鬼息杀，而咸趋于仁爱。创业垂统，因果无量，是宜记之，以示诸后，庶嗣而葺之，俾垂不朽云。时永乐二年(1404)甲申十月。

　　按：观音禅寺在上海法华镇，建于宋崇宁元年(1102)。该碑记为教谕尹如恢撰于明永乐二年(1404)。碑文录自《法华乡志(卷七)·寺观》。

法华禅寺记碑

（心泰撰　明永乐四年·1406年）

　　上海法华寺在邑治西一十八里。宋开宝间僧慧为开山第一代。元至大初，云翁庆禅师大振之，为兹山中兴之祖。赵文敏公堉海道千户赟雄佐之，其力首建大雄殿，赵公书额。普应国师中峰和尚三过其寺，后以寺田多困役，僧皆散去。沙门善远叹曰：田多则寺废，无产则寺兴，其兴兆于今日乎？乃以寺田数十顷悉与佃户，故寺无一抔之土，庭无一吏之迹。屋废者复修，僧散者复集。薨摧栋挠者易以坚木，万瓦麟集，四檐翚飞。安藏之殿，转法之轮，售与人者赎之。先是以甲乙住兹山，洪武二十四年（1391），清理佛教，立为四方禅林，请一公象先董其事。三十有二年，天台沙门智勇捧檄出住兹山，善远念无宇以延住持，造方丈以居之；无堂以集云游，建僧堂若干楹以栖之。远倦于事，乃属其孙如镖以代，镖赞住山如其祖，凡丛林所宜有者悉备。远以俭约自持，专修净业，临终念佛，泊然而逝，洪武三十五年（1402）夏五月也。号西源，上海人，俗姓金，十岁从僧叔能公出家兹寺久之，首忏于上天竺，复回松之延庆为第二座云。镖，苏人也。今住山智勇，号无敌，昔掌竺坟于中天竺，为白云禅师说公之嗣，其住法华也。初获西源力赞，继获如镖股肱，故能建诸堂宇，轮奂一新。永乐癸未（1403），远孙维箕募诸施者，范铜为钟以剖昏晓，无敌以状至峰顶，乞文为记，今观法华诸士慧公，竺山为开山之祖，庆公云公为中兴之人，远为之兴复，镖为之建造，吁！寺者之于住山无愧矣，遂为之记。

永乐四年岁在丙戌三月既望。

径山佛幻老人上虞沙门心泰撰。

按：法华禅寺旧址在现长宁区法华镇路，建于宋开宝三年（970）。碑记为释心泰撰于明永乐四年（1406）。记文录自《法华乡志》。

七宝教寺铜钟铭

（明永乐七年·1409年）

现铭文漫漶不清，尚可见"松江华亭县七宝……"字样。

按：七宝教寺铜钟于明永乐七年（1409）九月，由七宝寺住持僧博洽建并撰铭。七宝民间称作"氽来钟"，传为七宝寺"七件宝"之一。铜钟坡高1.9米，直径1米，底边厚9厘米。1966年，有人将七宝寺钟准备以废铜缴售废品站。七一公社办公室主任岳国良立即制止并通知上海市文物管理委员会，铜钟由上海博物馆收藏，后置上海南市沉香阁。2001年8月，铜钟被运回七宝，现安置于新建的七宝老街钟楼。碑文录自2010年《七宝镇志》。

重修兴圣教寺宝塔记碑

(心泰撰 明永乐十三年·1415年)

永乐十有三年(1415)夏,兴圣教寺重修宝塔成。沙门道安惧来裔不知创业之艰难,寺塔兴废之颠末,以状授慧立来越徵文以记。按,兴圣寺,明颂法师蕴公为开山始祖,立宝塔功垂成,而蕴逝。宋熙宁间,赐紫沙门希圻与如纳如礼踵成前志。为塔九层,纵广正等,壮丽可观,年祀寖远,崩圮不图。元至元二十一年(1284),释行高属典塔事。大德五年(1301)秋,飓风大作,复毁,先是行已没,继之清裕,克新旧观,雄伟有加,松乡任先生尝为记之。元季,寺爇于兵,岿然惟钟楼、宝塔仅存。洪武三年(1370),郡守林侯睹遗址闲旷,立城隍祠于其上。道安隶业兴圣,念承继之匪轻,适寺宇之不守,于是拉同志原珍悉力兴复,建忏屋五间,附丽宝塔为焚修之所。未几,塔复坏于飓风,荡无孑遗矣。安顾瞻尽心,誓图构葺,未成,化去。安徒慧忻克相安志,罄已财干,募檀施,爰鸠众工,易旧盖新,以意范铜鎔铁,绾冒其端。庭宇簾隅。甃用甄甓,缭以垣墙,内为屋。按经,尊位释迦多宝分坐塔中,外列分身诸佛;上悬宝盖,覆二如来;金绳宝铎,垂亘四阿,风动出音。天东间,作笼灯互映明烛,玄夜光芒混星斗。踞城门市阛瘖之中,诚警蒙树善福之标帜也。经始于洪武丙子(1396),落成于今乙未之夏。夫佛昔入灭,阿育王取佛舍利,塔而藏之,此其有塔庙之椎轮也。然而震旦佛舍利塔曰十有九,余曩所礼者,唯鄮之阿育王塔而已。厥有不藏舍利而遍于海内外者,岂不椎轮于法华经之见宝塔品者乎。兴圣寺塔更历废兴,自汉迄今,馀五百年,复新旧观,故余于兴圣之成住环空而占吾教之盛衰理焉。道安所建法幢佛事,积有岁年,于今七十有六,复以塔记托予益可尚也。径山住持佛幻叟为记之。

按:兴圣教寺在松江府城内,建于五代汉乾祐二年(949)。该碑记由沙门心泰撰于明永乐十三年夏(1415),松江府知府黄子咸篆额,中书舍人朱孔阳书。碑文录自崇祯《松江府志·寺观》。嘉庆《松江府志·艺文志·金石》中有此碑的著录。

龙华寺藏永乐钟铭

(明永乐十四年·1416年)

敕建太岳太和山大圣南岩宫。大明永乐十四年(1416)龙集丙申三月吉日建。

按：钟高44厘米，直径45厘米。铸于明永乐十四年(1416)。1986年7月25日，由上海博物馆调拨龙华寺，现悬于该寺念佛堂内。铭文录自《龙华镇志》。

龙华寺藏永乐铜钟

故僧录司右善世一原宗法师塔铭碑

（王达撰　明永乐十五年·1417年）

明翰林院侍读学士奉直大夫锡山王达撰。
中顺大夫直隶松江府知府江右黄子威篆额并书。
太祖高皇帝受天明命,君临四海,遵前王之大法,主一代之成规,苟可以善世导民者莫不引而进之,深谓释迦之教,化民为善,有阴翊王度之功,不可废也,为之远官,以领其教,名师硕德往往出于其间。洪武癸酉(1393),云间一原宗公应召至京,会朝廷有事于庐岳,奉命而往,将事之日,有光起于山中,竣事而归,奏对称旨,赐金襕僧迦黎道具等服,擢为僧录司右讲经。洪武乙亥(1395)冬,升右善世,赐如初而倍之。越二年,示端坐而化,时丁丑(1397)正月五日也。高皇帝亲为文,遣中使致祭于公,士庶莫不感慕。开经之日,会送者数千人,其徒志翔云裔等奉舍利遗骨归葬于云间肄业之安国寺,而塔建于寺后。云裔以上天竺兰公所伏师平生事实谒予文铭其塔。按师讳绍宗,字一原,别号遂初,上海陈氏子,年十三依里之安国寺出家。寺创于宋咸平三年(1000),赖赐寺基匾额。遂礼佛澄为师,十五薙落,二十受具戒。时静庵镇法师为学者,发明台衡之事,于时思讲寺师侍轮下,闻其讲说,深有所契,镇公悦,俾典宾客事,公退居安国,复升住天竺之普福师,亦亲炙不少懈,进居忏师,于是大明衡台一家之旨,慨然有任通之意。名山钜刹闻师名,聘师文至,师俱谢弗往。后上竺东冥曰公虚隐,用贞良公诸宿德,勉师出力,乃说法于杭之长庆,向者云集,大新其刹。洪武丙寅额僧录司,檄迁往吴兴,复住长干为京师京胜刹。仁公一初以右讲经主之,四方学者踵至,乃延师居第一座,以表率后习。云间普照久堙圮不治,师往理之,又兴安国为十方讲寺,其扶树宗教类如此。师天资敏悟,于诸子百氏之书无不读,乐与士大夫游。元末会稽杨维桢字廉宇号铁崖,侨居云间,号为儒宗,云间士大夫崇之。一初仁公时往见之,时大进,致士大夫欢赏,尝曰:"吾祖之教,解行并进,如鸟两翼不可偏废,今学者往往溺于文字,修行实德全然罕闻。"遂取其宗清规刻而传之,使丛林有所持循。师为人端谨,戒行精严;其持己也,凛然秋肃;其接物也,蔼然春温。遭遇恩宠,始终如一。所至之处,士庶信仰,庶几乎能阴翊王度者矣。世寿六十,僧腊四十有五。所度弟子志妙、志兼、昙裔、昙奕等达为之说偈曰:宗公虿精进,其传自衡台。沂流而至源,深契诸佛意。遂坐于道场,转无上法轮。广度诸众生,今获大饶益。俨然人所钦,在在悉敬仰。忽薪尽火息,诸幻也皆灭。慧光恒圆满,朗然照四方。四大虽分散,有不灭者存。舍利所在所,鬼神诃护之。我今说此偈,过者应顶礼。

大明永乐十五年(1417)龙集丁酉二月初吉。

嗣法徒弟比丘志翔,法姪比丘志最刻石同立。

按:塔铭由僧志翔、志最立于明永乐十五年(1417)。铭文录自《法华乡志·方外》。

重建普照寺记碑

(黄翰撰 明正统七年·1442年)

普照寺自宣德五年(1430),住持久缺,日渐颓圮。僧宫仁默庵启东白忧形于色,咨诸徒侣,咸以前住持上海南广福讲寺敬心渊为荐,一闻其名,莫不欢喜踊跃,谓其必有力量,大振山门。既至,昼积夜勤,十有三载,罄其衣钵,十方人士乐助相成,若大觉宝殿、海月法堂、山门、廊庑、秀朵轩、涵辉室,巍然焕然。落成之日,大众叹未曾有。心渊讳居敬,别号兰雪。早于大报恩寺一雨翁会下职知宾,后历杭州大集庆寺东源翁会中忏首,讲《大易》,有学有文,尝奉诏校经。盖诸山之表表者。

正统壬戌(1442)之秋既望。

提刑按察司使郡人黄翰撰。

按:普照寺在松江府华亭县城内,建于唐乾元年间。该记由黄翰撰于明正统七年(1442)。碑文录自崇祯《松江府志·寺观》。嘉庆《松江府志·艺文志·金石》中有此碑的著录。

西禅寺白龙谭记碑

(黄平撰 明正统九年·1444年)

　　华亭在三辅为壮县,环邑皆水,交错于中,其流浊而不深。有一水焉,独深而洁,可沦为酿于众流之间者,曰龙潭也。潭以龙名旧矣。按图经,在县西北三里,非若青龙名镇,盖以吴尝置青龙战舰而得名,然此则实有龙蛰其下。岁或旱暵,祈淀山不雨,必来乞灵于此潭,随祷辄应,应必云雾四集,田野晦冥,潭水沸涌而甘泽沛然。不有神灵,安能致是哉!自昔迄今,龙之功茂乎。而古祠不存,于祀事为阙典。绍兴初,有华严道场于潭际,诸方之老禅宿师莫不造焉。历时滋深,地亦变迁,荡为民业。邑有黄道者,自童丱出家,天资朴茂,梵行精洁。久游方外,广参知识,踰四十年顿释蒙滞,尽得其要领而后归。每慨江湖禅衲鲜有放包之所,且佳其川流傍舍,云岫满目,胜概如此。以为神龙潜跃升腾变化之区,是必福地,遂卓锡诛茅,结庐其上,息心安禅。于是邑人尊其德行,相与捐金助成,不阅数年而精舍益葺,堂庑庄严。嘉定丁丑岁(1217),乡间之乐善学佛者,为其落发被伽黎受其足戒法,因其名也。后因天台僧隆磊云来游,闻龙神感通之异,归语舶官吴越钱沉,乃故相国成公季子也。钱具大信根,闻而叹曰:"凡龙神所居多建佛塔庙而填安之,如北五台、南径山是也。"一日至潭上,奉先世所藏佛牙、五色舍利分施之,凡二百馀颗,俾作龙供,忽青蛇出现,众所共睹,呜嘑异哉!尝闻诸释典,龙性刚猛,有怒有喜。怒则为物灾害,非但岁功农事而已,然其性亦喜佛乘,故如来、世尊、菩萨、罗汉因天龙之所敬向,调伏其性,从而化之,归证道果。昔北邙上人洞窟,有瞿波龙王居焉。佛知龙怒,乃运神足往彼,龙王见佛欢喜,怒心遂息。佛为说法,授以不杀戒,自是国王城邑永无忧患。繇是观之,舍利、佛牙之所自出,持以奉龙,云胡不喜,则于利泽生民保我稽事,夫岂不补哉?此舍利之所繇施也。抑又闻佛灭度后,有舍利八斛四斗,天龙八部皆兴夺心,乃分如来舍利为三,而龙神分受其一,然则舍利供龙亦尚矣,岂独于今为然耶?盖一切众生皆有佛性,同一法性皆能成佛,况于龙乎?况尝得佛之舍利乎?此所以不宝其所可宝,不藏其所可藏,而乐施于龙潭也宜矣。夫舍利之为物如金刚坚,梵云设刹罗,今讹而署云舍利,不坏之义也。自佛入灭,三昧火光之馀,今流布于人间世者亦不多见,非相门未易致如此其富也。又焉知不自龙宫海藏而来,其来也如是,其归也亦如是。此物有灵,失其故步,即返其故步,物理则然。物将求得所归,虽欲不置诸龙潭之上,不可得也。因公将营浮图而奉安之,上以祝六龙无疆之万寿,下以祈一切有情之百福,所愿年谷顺成,雨旸时若,虽使龙君超果,此潭杨尘,阿僧祇劫如此,舍利坚固勿坏,塔以永存,毋俾五台、径容,敢昭告于松江府城隍之神曰:惟神受国显褒,主宰斯土,官民被惠,于兹有年。近者恭睹神祠,二门两庑,柱石倾颓,正祠寝居,彩绘漫漶,神象与堂而绅称,阶甃与路而就湮。目之所瞻,心宁有歉。乃庀工于正统九年(1444)十月之旦,爰告成于正统十年七月之终。增饰合宜,规模仍旧,谨洁牲醴,用申祭告。于焉以妥灵,于焉以报德,尚异日新月盛,聿瞻庙貌之尊;物阜民安,永辅皇图之运。谨告。官黄平手制并画。

按:西禅寺原址在松江府城西门外白龙潭边,始建于宋嘉定年间,端平年间(1234—1236)被赐额"西禅兴福寺",同治元年毁于兵燹,同治光绪时,后曾有部分修复。该碑记由黄平撰于明正统九年(1444),记文录自崇祯《松江府志》。

松江华亭西林禅院碑

(宋琛撰　明正统十年·1445年)

　　松江华亭西林禅院佛塔在山门之右,大明洪武二十二年(1389),住持师祖淳厚募缘所建也。岁久为风雨所摧。适正统甲子岁(1444),迁于大佛殿后。越乙丑岁六月之吉,坚筑基址,原启天宫、地宫,金银佛像、舍利等宝,重饰藏诸。其高大规模,幸弗替于前人之所作矣。重达官长者,四方慨士舍资而成其事。伏惟佛法宽洪,遍三千之世界。圣恩浩荡,壮万岁之皇图。

　　正统十年岁在乙丑六月吉旦住持比丘似批、徒弟法瑀竭力重建。

　　松江府儒学生宋琛志。

　　按:此碑文由西林禅寺住持僧似批立于明正统十年(1445)。铭文录自2002年《上海博物馆》集刊中谭玉峰、于存海、罗时惠《上海松江圆应塔珍藏文物及碑文考释》一文。此碑于1994年1月22日在圆应塔地宫中发现。又《文教资料》2008年10月号上旬刊钱倩著《上海松江圆应塔碑文校释》一文,据《嘉庆松江府志》考"宋琛"疑作"宋瑮"。宋瑮,字克纯,华亭人,居萧塘,少游京师,正统十年成进士。

西林大明禅寺重建圆应宝塔志

(僧法瑢撰　明正统十三年·1448年)

　　城西西林禅院,始自宋咸淳间,睿禅师圆应道场遗址存焉。洪武初,无际淳厚尊师开山创建,殿堂门庑,井井像设。迨夫二十一年移补延恩宝塔,八面七层,题名"圆应"于坤位,示不忘其本也。迄今六十余载,砖木销腐,几及倾圮。僧如玉、首座玭,欲葺而未果。正统九年甲子,释法瑢等募缘迁建于大雄宝殿之后。正统十二年丁卯,奉敕移西林大明禅寺。正统十三年戊辰十二月初八日,竖立塔心,奉安天宫,佛宝者伏肇建之后,圣天子永锡万年之庆泽。

　　佛菩萨普垂九土之恩光,法众同沾,檀那广被,是以谨书于石,识其本末始终岁月云,以待后之来者俟而葺之,庶几有所考据,彼亿兆斯年,永永而无穷焉。是岁蜡月八日庚申吉旦志。

　　按:此碑由西林禅寺住持僧法瑢撰于明正统十三年(1448)。铭文录自2002年《上海博物馆》集刊中谭玉峰、于存海、罗时惠《上海松江圆应塔珍藏文物及碑文考释》一文。上海文物管理委员会于1993年12月25日对圆应塔进行维修时,在圆应塔天宫中发现此碑。发现时,石碑倚立于地宫南壁,青石质,高42厘米,宽38厘米,厚7.5厘米,楷书,17行,行15字。

重建西林大明禅寺圆应塔记碑

(黄翰撰　明正统十三年·1448年)

永乐壬辰进士正议大夫资治尹提刑按察使黄翰撰文并书丹篆。国朝龙兴,并存三教,庙学寺观,弥布寰区,盖欲斯世斯民有所观而同归于善而已。然其为教,有□□□□于前,徒叙于后,在得其人。松江西林大明禅寺,旧为宋圆应潜禅师所建接待院。元毁于兵□□□□。皇明启运,中外清宁,百废修举。比丘淳厚始以其地创为西林禅院,又以松江旧有塔四:普照、超果、□□□□(兴圣、延恩),三皆堕圮,兴圣独存。辄复募缘,补建延恩报塔,特立山门之右,题名圆应,不忘本也。距今岁久□□,□□从孙法瑞日夕忧惧,图维新之相,度地理所宜,欲迁大殿之。正统九年甲子(1444),经始营之,岁潦而兼善□。自持度庀工至忘寝食。于是远近称扬,咸助赀力,惟恐或后,遂落成于正统十三年(1448)戊辰。峻峙蟠固,八面七层,掘地筑坛,下及泉壤,冶金作顶,上接云霄,香灯夜烛,诸天铃铎,声闻数里,神人起敬,遐迩耸观,所□□矣。十二年丁卯,上章具奏,得许移,改额为西林大明禅寺。诸山交庆,缁素称荣。继而所司复以法王扁住持本寺,而其所勉益力。□□光大先业为心,增建观音、弥勒二殿,移置山门,廊庑方丈斋堂,庄严黝垩,焕然一新,大众瞻仰赞□□□。皆谓若非夙赋善缘,素有力量,何能振作如斯。设使三教之中,咸有高徒得人如此,则光前裕后以副□为治之心,而有补于世教不浅。于是,稽首皈首,合掌向佛,异口同音,而作偈曰:

　　佛大慈悲,发清净愿。百亿兆身,法界周遍。济度群迷,种□方便。惟禅师,开山设院,兵燹之馀,杪芒如线。比丘淳厚,始弘堂殿。首创禅林,招延法眷。补立浮图,镇安郊甸。积久倾危,莫能修缮。挺生徒孙,良心发现。相度经营,聿新鼎建。揖地擎天,七层八面。退迩耸观,顶礼欢汴。惟有为法,经文贯穿。如梦幻泡,如影露电。应作是观,心明性见。觉海慈航,圆机应变。世世生生,昭示来者。

大众说是偈已,作礼而退。拜求予文勒石,予因次第其说,以告来者。传有之曰:"莫为于前,虽盛弗传;莫述于后,虽美弗彰。"宜知勉夫法王扁,年富气充,志于有为,师礼寺僧,似王比墨石,而儒行贤士大夫多乐与游。古谓有志事竟成,其信然矣。于是乎书。大明正统十三年(1448)岁次戊辰春三月初九日立石,郡人姚晟镌。

按:该碑碑身高212厘米,宽94厘米,厚22厘米。底座高50厘米,宽125厘米,厚50厘米,青石质。碑额与碑身一体、篆书"重建西林大明禅寺圆应塔记"。碑文22行,满行32字。现碑石在松江公城内西林禅寺圆应塔底层面北处。该碑记由黄翰撰于明正统十三年(1448),碑文录自松江西林禅寺碑石。

南净土讲寺记碑

（钱溥撰　明正统年间·1436—1449年）

姬运讫录，儒悟其时，而西域教兴焉，教虽兴于西域，然与中华诸士尚远绝殊甚。至汉明帝始释秘梦，以肖其像，筑鸿胪外馆，以居其徒，译梵音以通华言，而后天下之趋其教者日新月盛，莫究始之所以远日绝者，其故何哉？盖喂飞蠕动含生之伦，莫不畏苦而趋乐。员首方趾，最灵之品，莫不跂高而好胜。故佛氏以大雄笼万物，以大觉悟万化，以大智空万事，鼓性命之说，付诸深隐之士，倡因果之论，精入鬼神之域。又况愚昧之徒，血气充于内，嗜欲惑于外，不足而后争，有馀而后肆，欺诬巧伪皆欲弗为而不能自已至。虽吾儒圣贤复生，而居之莫化，一旦问其祸福利害之说，悉欲舍身竭产而皈向恐后。呜呼！非其教曷足以诱是哉。淞之吴汇镇，有南净土讲寺，盖宋淳□间创也，元末兵毁。国朝洪武间(1368—1398)宿德相继，寺兴而教著，宣德间复毁。正统(1436—1449)初，古田基公来，行业峻茂，无愧诸前闻人，而营建殿堂，像设供养之具，焕然华美，有逾于古制作，盖与其徒正因等协心于兹十有五寒暑矣。乃命因诸僧录乞积中实公为记以镌诸石。而里人某等相与议曰：吾里中子弟业儒致用者既不乏人，然赖其教而破迷途抉障碍者亦不加少，是宜谒吾儒名能者纪之，而取其有功于斯土。予谓佛去今千有馀岁，西净土去中国亦万有馀里，何以此为净，而今可佛乎，彼必曰：吾不右是佛而以此为佛，不彼为净而以心为净，故视万古一瞬息也，包万土一恒河沙也。何有今古，何有彼此？殊不知以此为佛，而所见何性；以心为净,而所适何土。万物并育而无害也,万物与俱而无迹也,万事一寂而无染也,其道又安在？彼必有说乎。某等咸默然起谢曰：吾将扣诸古田而来复。

翰林院检讨钱溥撰。

按：南净土讲寺在吴汇镇,俗呼南王寺。宋淳祐年(1241—1252)间建。该碑记由钱溥撰于明正统年间(1436—1449)。碑文录自嘉庆《松江府志·寺观》。

昭庆禅寺钟楼记碑

（钱溥撰　明景泰四年·1453年）

夫动万物者莫先乎声，故雷以春鸣，钟以晓警也。今夫一岁之间，万物敛乎冬，而春则勾萌甲拆，蟓飞螺动勃然以兴者，繇乎雷。一日犹一岁也，万物闭于戌，而寅则抉朦破昏。执事赴工之人奋然而起者，繇乎钟。《易》曰："雷出地奋，豫，先王以作乐崇德，殷荐于上帝。"夫乐总八音，而金为始，钟金属也，先王以之节八风，祀上帝，佛以之警六时，化下民，其用虽殊，而取象于雷之义一也。松城北有山曰佘山，之阳有寺曰昭庆，盖古刹也。寺台殿素具而独未有钟，无以警昏晓示教戒。主持僧法云谓钟必以楼可自高以及远，乃即寺东偏隙地数武，谋材于匠，范金于冶，工费浩繁，未易克举，其徒圆协心共理，绝荤食，被草木，日募而夜息，积勤三四载，始克成焉。翼然而飞，跃然而鲸吼，川谷俱应，云日增辉，观者跂视，闻者耸听，觉山益崇而寺益胜。余时归自翰林，庐守先人之墓，去寺北不百步。云与其徒合礼以记请，余固已目睹师徒之克协心骇，成事之不偶，乃诺之，未暇复，及□京师又三载，云书促之其勤，始慨夫世事无巨细，未有不成于同而隳于异也。吾儒平居袖手高论，虽范围莫能过，及一议公庭之礼，纷如聚讼。譬作道旁之舍，三年无成，人多异见，心不一致。故民无以闻至教，而彼得乘之以济事，民亦因之证因果，破昏苶，至不靳施舍，而成彼之为教。云与其徒亦鲜矣。噫，此吾所以不能已于言乎。其事经始正统戊辰（1448）正月，毕于景泰庚午（1450）二月朔，而记之成则癸酉（1453）冬十月初也。

按：昭庆禅寺在佘山。明景泰四年(1453)十月，钱溥撰此碑记。该碑记文录自明崇祯三年《松江府志(卷五十一)·寺观》和清《青浦县志·寺观》。《清嘉庆松江府志·艺文志·金石》有此碑记的著录。

西林大明禅寺毗卢阁记碑

(钱溥撰 明天顺七年·1462年)

毗卢阁记松郡距海甚迩,环带峰泖,舟航凑泊,以迫百货,则惟。城西而其据胜处有大禅刹,曰西林禅院,旧有崇恩宝塔,岁久倾圮。其孙法瑞徙建于大雄殿后,复建毗卢阁于塔后。其阁始于景泰壬申(1452),成于天顺己卯(1459),三檐重级,高十丈,深六丈,广十丈有奇。上设毗卢像、十二圆觉,于西隅四楣左右后壁设十方诸佛,下设地藏一座。请赐大明寺额,众复推瑞主其寺。盖城西数里中,而阁与塔交辉骈峙,以隆一郡之伟观者。其势之大,作之难,可不问而知瑞之功也。然未有记其事者。癸未(1463)春,予使交南还,乃具颠末,请言刻之。适郡守李侯惠,通府洪侯景德,吴侯春节推吴侯海供祖帐于西林,且登焉。凭栏四眺,排叠翠于拱北,俯流水之东,心舒□□,若将遗世而超然者。然后知佛之教,必因其地与其境以表之,盖其教以见为门,以闻为修,以应为形。故斯阁杰出于埃堁之表,景无穷,而举目则得之见,智发焉;道无声而假物以传之闻之,性显焉。使凡登是阁者,见千万佛之形,本一性之化,千万事之夥,原一心之萌,自然自击,而道得不言而教行焉。然则瑞之成,凡其择胜以谕诸人者,为道之大,岂徒庀材殚力,崇是一阁以为饰哉!瑞字润庵,华亭人,通内外典,卓然有戒行,善诗、奕,以内外交于儒者,尝受教于径山比丘项西畴云。钱溥记。

按:西林禅寺在松江府城西庆云桥北,现松江区中山中路。宋咸淳年间建(1265—1274)。该碑记由钱溥撰于明天顺七年(1463)。碑文录自明正德《松江府志·寺观》,嘉庆《松江府志·艺文志·金石》中有此碑的著录。

重建宝云寺记碑

(钱溥撰 明成化四年·1468年)

宝云寺初名法云，在顾亭林市西北，唐宣宗大中十三年(859)建。越八十六年，为石晋开运元年(944)，以水潦迁寺于南，即陈待郎顾野王遗址也，寺将成，野王梦于寺僧，告以断碑处。明寻旧寺基，果有碑，残缺，止存"寺南高基，顾野王曾于此修《舆地志》"十四字可验。乃即寺东偏立祠奉之以护寺。盖野王殁已三百九十馀年矣。一百二十年为宋英宗治平元年(1064)，改法云为宝云。理宗淳祐景定之间。继茸加旧。元成宗大德五年(1301)，寺遭雷雨震淩之变，净月师捐赀峻修。大理少卿牟公记其成，则武宗至大元年(1308)夏也。记后一百六十年，为皇明天顺六年(1462)，主僧德津悯寺久弊，募众倡建，厥功尤茂。去野王立祠则又五百馀年。而祠与寺复偕新，德津既圆寂，而其高弟宗詠惧师之功无以昭于后而显其寺之复兴也，于是来请记。夫佛典自汉明帝时始译入中国，一西域诱人以善之法尔。驯至梁、陈之主，皆舍身入寺，以徼福于来生，不复志于当世。甚至百官□钱一亿万贯表赎还朝。则野王于是时位九卿之列者，然常倡率义军，讨侯景之乱，以正彼君臣逆顺之理。生报主以敌忾。殁祀佛以妥灵，一气感通，越千载而不爽。其精魄之强，有若是也。虽然，野王我东吴之献，其所修不止兴地记，又有《玉篇》《国史记录》等书，皆有益于学者，礼于乡先生，殁祀佛以妥灵，一气感通于幽明，越千载而不爽。其用物之多，历宦之显，故精魄之强，有若是也。虽然，野王我东吴之献，其所修不止于《舆地志》，又有《玉篇》、《国史记录》等书，皆有益于学者。礼于乡先生。殁祭于社，何当以游业之所感而神明之佛，籍之以护法，野王亦凭之愈久而神哉？噫！神与怪，孔子所不语也，而于行怪，则后世有述焉。以是观之，弗信矣乎？德津，上洋人，正统间来主斯寺，奋于营构，首新伽蓝祠，建观音殿，像旁列五十三参，塑三世尊像，香积有厨，斋供有堂，山门步廊，以次兴举，而后大雄正殿。环以石柱，涂以金碧，翚飞跂翼，完美一新。始终赞理其事者惟宗咏。而檀信吴宗蕺、沈文藻辈，率义来助也。余碑记之，俾后于此也，可以考其世知其人。成化四年(1468)戊子夏五望，云间钱溥撰。

　　按：宝云寺在金山亭林镇，初名法云寺，唐大中十三年(859)建。该碑记由钱溥撰于明成化四年(1468)。碑文录自明正德《松江府志·寺观》。嘉庆《松江府志·艺文志·金石》中有此碑的著录。

重建宣妙寺碑记

(钱溥撰　明成化七年·1471年)

　　吴淞南有山曰佘阜,阜西有寺曰宣妙,寺创于宋治平二年。元季兵燹,鞠为遗墟久矣,而坚公永乐自杭来松,主钟贾山之净行院,行业峻茂,有声丛林间。正统六年(1441)秋,念宣妙名胜之境与净行相望,三四里外不可芜没,即帅其徒宗升治荆棘畚瓦砾,凿石以拓遗址,囗路以正方向。坚圆寂,升复与徒洪慧殚心毕力,哀众集施。积至成化五年(1469),重建大雄宝殿,内塑十八罗汉、二十诸天于壁,焕人瞻视。俾向之聋者惊,瞽者明,而昧者觉,是理之妙不独得诸己,又能宣于人矣。功既讫,升嘱其徒征文以记颠末。坚名智,号虚白,族潘氏,绍兴馀姚人。

　　按:宣妙寺在松江佘山。碑记录自《青浦县志·寺观》。嘉庆《松江府志·艺文志·金石》有此碑的著录云"重建宣妙讲寺碑,明成化七年(1471),郡人钱溥撰,沙门坚智立石"。

龙华寺重建钟楼记碑

(黄瑾撰 明成化十三年·1477年)

佛教之行,薄海内外皆有像设。南人以音乐为供养,凡丛林大梵,必囗金范钟,以节群音而宣众乐,故虞之悬柎,翼以层楼。龙华,古伽蓝也。楼废于国初,钟蚀土也,由来久矣。宣德七年(1432),主讲寺师一先憬公,经始起废,于时材具苟简,仅五十年而朽不支。其孙文深慨前人之开创,后微人缵述,乃罄囊钵,合檀施而鼎建之。鸠工会材,必良必贞,周缭柱之以石。三檐翼飞,上薄霄汉,巍然如崇山出地。洪音震发,若惊霆行天,穷壮极丽,为海邦刹之冠。居者行者,罔不瞻仰赞叹。咸为兴作大事,不宜无记。于是砻石属予志其颠末。始余读王征士钟铭而窃爱悦之,其词曰:"金声为物钜曰镛,深彻泉府高达穹。谷传海应流景风,顿息诸苦开群蒙。耳尘空净心观通,六囟心具佛性同。博哉功施垂无穷。"草哉铭也!鸿笔之人,为名蓝巨藻矣。予无征土才,而弄管作记,不令后世笑我拙乎?窃谓海邑之地,春申大浦经其中,是山作镇于兹,水陆控道之所会,驿使之往来,长贰之巡行,皆由是乎取道,不有所警,则无以令黔首而一观听,其或毕志鸡窗,安心鹿苑,耕之寅,织之昏,工技之事早作,商旅之役宵征,环数十里之地,于漫漫长夜,无是百杵之鸣,恶知时其兴息而作止焉?故欲民志有定向,僧徒绀殿而祝釐者有恒度。迹虽劳于新作,若涉于有为,然积土聚沙,皆已成佛,不外乎一心境之所造耳。且佛之为言觉也,群生迷于昏欲,由不知所自警,苟叩击发其深省,心闻洞乎十方,如梦斯悟,如醉斯醒,抵于觉者多矣,可夷等律者哉？吾闻圣人之书《春秋》重新作。是役之举，赞夫毗尼之教，而又关系于世教，且有裨于正教，而无损于名教，是可书矣。是楼经始于成化十三年(1477)二月十八日，首其事者文深。檀施之名，勒之碑阴，来游者观之，庶知所慕而劝焉。

按：该碑记由明黄瑾撰文于明成化十三年(1477)，碑石已失，今未见。碑文录自清康熙《龙华志》。

重修龙华寺大佛殿题名记碑

(黄瑾撰　明成化十七年・1481年)

环海邑百里之地,精蓝百数,丛林十有九,其规制之宏,举莫此若。然记载以孙吴赤乌(238—251)兴,以李唐乾符(874—879)废,迄五代为荒墟。钱氏国于江海之间,命驾东巡,漾舟南浦,夜聆钧乐,祥光烛天。询之舆人,谓为龙华故址,于是王谋起废,命侍臣张仁泰董工而鼎建之。中创大雄宝殿,前普贤、左大士、右弥陀;五百罗汉、四天王,皆侧殿楹居;长廊峻宇,宝塔、钟楼、山门、伽蓝之属,壮丽为诸刹冠。迄今六百馀年,钱氏之所创,半为瓦砾场矣,惟正殿岿然独存,亦将终于风雨。禅德定南宗,慨本山之为大兰若,前人开创维艰,忍令废而不举乎?于是僧合檀施,一心营之,虽曰葺缮,而艰于新作。材具所需,为费滋巨。工既讫,谓负荷之人,劳绩不易,宜刻石志其更修岁月。予惟昔之开创易,今之嗣葺难,盖钱氏宰割方千里,金谷之所输,川汇山峙,片言及之,虽百千营缮而有馀。今举僧徒钵囊之赀,檀信之施,铢积寸累,殚力谋为而不足矣。是知开创之难,难而易;嗣葺之易,易而难也。则夫数百年古佛道场,一旦振起,固由昌运之复,亦必待人而兴。苟非缁流戮力,安能成就乃尔?盖法王妙相,延彼有情,香火一方,人人依怙,岂惟祝釐福于上,弭灾眚于卜耶!要知出家者发大进,入佛知修,倡人为善,使匹夫匹妇咸知根于此心之具足,推之以达夫人伦之大,丧葬假之以哀戚,祀享展之以孝敬。论业缘以明善恶,民藉劝惩为皈依,不插草以建梵刹,安所瞻仰而取足乎?故书以示来者。是役经始于成化庚子

(1480)十月十五日,厄事于辛丑十月,为费五百缗。相其事者,吴瓒檀施,寿之贞珉如左。偈语不录。

按:该碑记由明黄瑾撰文,明成化十七年(1481)立石。今碑未见。碑文录自清康熙《龙华志》。

重修南积善寺记碑

(郁文博撰 明成化十八年·1482年)

赐进士、中宪大夫、陕西布政使参议、邑人郁文博撰
诰封奉议大夫、吏部郎中、同邑谈景瞻书
赐进士、奉政大夫、广东按察使佥事、同郡王祐篆

上海南积善寺,距邑治南半舍许,溪水萦洄,竹木丛茂,实奇胜之区也。宋绍兴间,有僧曰师净,飞锡止于斯,长者孙氏捐地百亩而始创之。国朝洪武中诞正佛教,遂并西林、海会二院为丛林。历岁滋久,沐雨栉风,廉隅摧毁,象教陵夷,向之隆者颓,壮者弊,仅存僧居法堂一二而已。景泰丙子(1456),僧名善日章者,寻领札住持间,徘徊顾瞻,慨然太息曰:"诚吾所当究心也。"欲拓其故址,而又难其材,时诰封奉议大夫吏部郎中谈公景瞻泊乡之善信,捐给财力,于是量时命日,鸠工市财;天顺戊寅(1458),首建大殿,妆塑佛像。癸未为两廊山门,次及"雨花"、"心印"二堂。董其事者,则其徒法能、法广、道悦、道铨也;暨诸钟楼、僧房、香积厨舍,是则悦、铨之徒德垄、德云、德奎、德本、德雯辈,亦能行化以赞之也。且其制度,亦各有差,盖由绩旧基,兴新工,未尝少辍,转废弛为完坚,新旧规为伟观,严严翼翼,穷壮宏丽,盛垩髹漆,焕然一新,乡邑称为雄刹,而淄流益增矣。成化壬辰,谈公景瞻常携诸子常、伦、叙、秩、雍以游,观厥成,乃代尔功。慨然又以寺东五升科田二十有一亩,捐给常住,永永供佛饭僧,其田土沃膏腴,非汙邪土尧土角之比,且戒诸子勿攘夺。寺穷亦勿鬻,此非善日章功成行修,畴克尔耶! 善日章具其本末,请余

记其事,以镌于贞石,将告方来,嗟夫!佛氏之教,无非使人要福以避祸,而思所以为善也,今世之崇奉尊信之者,故虽倾资倒橐,亦无所爱吝焉。然南积善寺为上海之盛刹,由谈公乐施之德,以倡之于前;又得四方好善之士,亦皆翕然相继,以相之于后;此佛氏虽能使人之向慕如此,而善日章之徒众,非亦卓然自立,能兴起其教者哉!不然,何其若是之盛也。因其清,故乐为记之,盖不惟有以知佛氏之为盛,善日章之能立,抑且嘉谈公乐善好施之美德焉!大明成化十八年(1482),岁在壬寅春三月吉日,山门比邱善日章、法能、法广、道悦、道铨立。

按:南积善寺旧址在浦东新区三林镇。碑立于明成化十八年(1482),郁文博撰、谈景赡书王祐篆。碑文录自《西林杂记》。该碑现存浦东新区文物保护管理署。

重修普照寺记碑

(张莹撰　明弘治六年·1493年)

普照寺内列释迦、观音、弥陀、药师四殿；普贤、看经、千佛三阁；井亭、宝塔分列东西；钟楼、宝藏析居左右；而又翼以廊庑，周以院舍；为诸刹之冠。逮元季入国朝，渐次兴举。正统年间，真定赵侯豫来守是邦，睹正殿倾颓而鼎建之。天顺间，东广李侯惠崇建三大士殿，规度殊特。成化间，稷山王侯衡建西方佛殿，未成。迩年，河南刘侯王景捐俸聚资，分委僧纲都纲　心宗玺暨僧能豫协力赞襄，穿檐广雨留，架栋修次呆，髹彤金碧，绚耀华美。兴工辛亥(1491)，毕工癸丑。都纲净心辈咸谓郡侯兴废之功，不可以无述，乃伐石征言为记。弘治六年(1493)癸丑三月，张莹撰。

按：普照寺在松江府华亭县城内，建于唐乾元年间。该记由张莹撰于明弘治六年(1493)。记文录自《嘉庆松江府志·卷七十五·寺观》。2012年9月，笔者于松江区博物馆借摄其藏"重修普照寺记碑"拓片，拓片字多有漫漶，而与志书所录多有不同，故同列于此。拓片碑高153厘米，宽84厘米，楷体竖书，22行，满行60字，碑名篆书6字。

重修普照寺记

赐进士、资德大夫、正□□卿、太子少保、南京兵部尚书、奉旨参赞机务、郡人张莹撰文

赐进士、中宪大夫、浙江等处刑察司副使、郡人曹时中书丹

赐进士、奉议大夫、礼部祠祭清吏司员外郎、郡人王口篆额

佛自寂灭后，像教东传，历代崇重。然笃于化人为善而人为之感奋，上自达官贵宦高人上士，下逮黎庶□□□。□□区郡□山林，凡幽邃胜绝之境，咸为禅林法窟。以致秘宇灵宫森列□焕而缁锡业（下漶）先二陆别业。唐乾元号大明，宋祥符改今额。内列释迦、观音、弥陀、药师四殿，普贤、看经、千佛三阁，井亭、宝塔分列东西，钟楼、宝藏析居其间，而又翼以廊，庞周以院舍。气势宏壮为诸刹之冠。逮元季寺罹□。攸入我圣朝，渐次兴举，至正统间真定赵侯豫来守是郡，觊正殿之倾颓而鼎建之。天顺间，东广李侯惠崇建三大士殿，而规度殊特。而成化间，稷山王侯衡来郡，创建西方佛殿，大图充扩。奈何工程浩大，两廊朱底于岁月日寝久，诸殿不无倾圮。觊者（下漶）迩年，河南刘侯璟□□民安物阜，乃首为倡导冀，大有厥成就。遂捐俸聚资，鸠工简材，以扶植振作（下漶）宇之□□蠹，故或因或革，百役毕举，郡情胥悦。其正殿、山门、天王殿，后海月堂及西廊一带，次及庖湢之（下漶）簷广□杰，栋修□楹，墁瓴甓□，壮砦密□，郁彤金碧，绚耀华丽。十方之香火祝，万世之皇图诚盛事也。兴工于辛亥六月，毕工于癸丑二月。都纲净心辈□□。郡侯兴废之功不可无记，乃伐采薇乎？言以□□。惟事以废兴系乎时，□□之成败关乎数，不囿于乎时于数，而深心大愿，□来历年已久，其间兴废成败亦系乎时，数之盈虚在人之得失。大□敌可验矣。逮余际逢圣世，教道兴隆其兴也。信有其成，也信有数。自洪武以来至正统，得赵侯□之，自正统、天顺、成化，得李侯王侯继之。虽皆以□修，然工未极（下缺6字）刘侯秉心毕虑，图大兴举，如式缔构，炽然陆离，不以其役劳民而致怨于众，庶人以责厉民。而取□于广□一持，及分委众僧□□心志，为事，甚□，为力亦□勤，是知刘侯之存心公而立业广，不以佛教为空门无益而弛于扶植，诸僧达理事之无二，不以佛教为空言相高而怠于□□，其兴废成败，虽关乎时与数，而所以深心大愿之在乎人者，诚不以历世久远而有间也。然虚空有尽，本愿无穷，是宜以郡侯扶植之功，作□之德，其本末以刻诸石，俾他日振兴佛教弘祖道者，观此当益致其力焉尔。其他一时督工、相役之人，有名氏可纪者，亦宜具列于石。以共垂永久。

大明弘治六年(1493)岁次癸丑春三月初吉旦。郡令姚福镌。

重建普照寺记碑拓片

重修蒋庄庵记略碑

(张悦撰　明弘治十三年·1500年)

松江府治南有蒋庄庵,元至正间越僧岳安所创也。岳安至华亭,里人李伯真□助经营兰若,殿堂门庑巍然焕然。永乐初,复有僧名法椿者,传其徒道明尝加修葺。岁未久圮,道明继之,谋诸众而修焉。庵之东建桥以通行路,名曰济生。经始于弘治六年(1493),落成于九年(1496)。余致仕归,道明恐无以垂后,乞文诸石。余窃叹天下事成于同,而败于异者多矣。自元以来,名公硕辅之家存者百无一二,而是刹独岿然存,盖其人异世而同心,故业足以相继,况其不为佛者乎?是可借以警也。弘治庚申(1500)正月。

按:蒋庄庵,后改名法云寺,在华亭县十一保十一图。元至正年间(1341—1368)僧岳安建。明弘治年间(1488—1505)僧道明重建。该记文由张悦撰于弘治十三年(1500)。碑文录自光绪《松江府续志·名迹志·寺观》。

龙华寺龙华塔塔尖宝瓶铭文三则

(明弘治十五年·1502年)

(一)(上截)嘉靖十四年(1535)铭文

上海县高昌乡廿二保陈王庙界黄家沟北喜善庵居奉女氏妙静,同发心舍白银一十两,重新镀金完成,取佛生日吉时上塔保佑塔经千年永固,夫妇百世团圆,道芽日长乐禅时消在佛光中,常安常乐吉。大明嘉靖十四年四月初八日,本寺比丘善修题,募缘比丘心明,徒孙旬日、法慈、德慈。皇图永固,佛日长明。雨调风顺,国安民泰。

(二)(下截)弘治十五年(1502)铭文

直隶松江府华亭县辛亭乡三十六保,今寓上海县长人乡十八保阳字圩镇界,居仕奉佛信士庄道全、同室钱氏妙善、次室成氏秀真,男庄宗仁、庄宗□,发心喜舍龙华寺塔珠一颗,及铸宝盖一个、铁链八条,□□完成,共银三十六两足备。上酬天地洪恩,下保家居清吉,惟夫惟妇,延岁之遐龄,乃子乃孙,享千年之富足。明弘治十五年五月初一日,本寺比丘文源谨识。师侄惠珪,徒弟善继,师孙心明、吉日,同山比丘文深、德理、文贤、宗权、善述、宗秀、惠英、如月、如休助缘,比丘智钦戒宝。

(三)康熙四十一年(1702年)重修宝塔铭文

清康熙四十一年重修宝塔,信官陆鸣珂、同室宁氏,夫男瀛华瀛尊,吉祥如意,媳陈氏、高氏、孙懋德。在城信士王朝东,同室张氏于康熙壬午岁(1702),重整塔顶装金,祈求吉祥如意者。

一九八四年八月,上海市文物管理委员会资助龙华古寺重修。

按：龙华寺龙华塔塔尖宝瓶，铜质，状似葫芦，俗称铜葫芦，为塔刹18个部件之一。1984年5月，龙华塔大修时，铜宝瓶拆下更新，依祥复铸相同宝瓶二件，一装于塔尖上，一藏于钟楼内。新宝瓶重175公斤，高190厘米，上部直径45厘米，有嘉靖十四年(1535)铭文，下部直径60厘米，有弘治十五年(1502)铭文。旧宝瓶重28公斤，用铜皮焊接而成，现装于龙华寺钟楼内。宝瓶上铸有清康熙四十一年(1702)重修宝塔的铭文。铭文录自《龙华镇志》。

重建龙华教寺大殿记碑

(潘恩撰 明嘉靖四十三年·1504年)

去上海邑治西南十五里而遥,龙华教寺在焉。泽国泖湖诸水,停蓄流演,东北入海。其自府城东偏来者,则黄龙浦受之,蜿蜒百里,南下绕寺之东。其自有城东偏来者,支分派析曰漕河泾,襟系于前曰龙华港。控带其后,二水东会于浦而北入海;海之潮汐,复来入浦,而后达之泾港。旦暮凡二至,不爽厥常,是故兹地为华实之腴区,风气之攸萃者也。记称吴越忠懿王感有祥光钟梵之异,遂建置恢复。宋治平(1064—1067)初,赐额曰"空相",至国朝复今名。近僧一真者,戒行克慎,檀越属心,乃聚材鸠工,力勤营治,落成日来请记于余。余尝闻之传记曰:西方有大圣人焉,不治而不乱,不言而自信,不化而自行其说,已昉于三代之时矣。逮汉明帝时,其法西自天竺始入中国。佛之言觉也,将以觉悟群生,渐渍胜业,藻练神明,广仁顺,蠲嗜欲,习静虚,而成通照也。由汉迄今,王者代兴,莫之能废。真乘法印,与儒典并行;莲宇琳宫,遍满海内。海则兹殿之修举,乌可阙焉不讲哉。经始本于人谋,速成协夫众力;栋宇绩其旧贯,轮奂□乎重新。慈云晻霭,慧日常明,不惟里巷居人,遂其瞻仰,而往来经营,咸毕赞叹。睹金容宝华之像,兴夫尊礼慕乐之心;睹庄严妙丽之仪,绎思净明圆觉之典。虽人之品类,区别群分,譬之饮河,各充分量。上焉者因其质之高明,绝知识,去援羨,悟真常无为之理,而黜缠缚障蔽之私,立超上乘之境;下焉者以其质之庸陋,薰习善心,涤除结业,去贪嗔爱染之情,而消淫邪回遹之术,不堕五浊之途。则于国家化民成俗之方,儒者治国平天下之道,共为表里,是乌得废诸?

皇明嘉靖四十三年(1504)甲子春正日立石。

按:该碑记由明潘恩撰文,明嘉靖四十三年(1504)春立石。碑原在龙华寺大殿内,今未见。碑文录自清康熙《龙华志》。

掩骼菴记碑

（马元调撰　明弘治以后·1488年以后）

　　我国家列圣仁及枯朽。自洪武初(1368)遣人循历水陆，收瘞遗骸，历宣德、正统、成化贤圣之君，俱申明此令，载在宝训。弘治中，应天府老人周斌奏言，京城鳏鳏寡贫难者死，多委沟壑，秽气上干，致生灾变，乞官为收瘗。天子下其议，所在置漏泽园，或名义塚。于是普天之下无地无依之人，死悉有归。侵寻至于今日，地存园废，白骨如莽，岂非有司之职欤？虽然，即所谓"漏泽"者，兆域甚整，周垣甚设，典守甚勤，幸不为狐狸所攒食，牛羊所践踏，则有司之职举矣。乃若无木可就，有土谁入，恐非刑赏督责之所及也。又况寒波之所泛，荒草之所萦，坊厢之人已不能知，而欲望泽于有司难矣。

　　《月令》言掩骼埋胔，在孟春之月。窃有疑焉。使非时而适与之遇，将如庄生之适楚，系以馬捶而援之为枕耶？且所为掩与埋者，谁也？官欤，私欤？或者曰是在蜡氏矣。盖其所掌，乃凡国之骴禁，故曰若有死于道路者，则令埋而置楬焉，书其月日焉，悬其衣服任器于有地之官，以待其人。今日者惜无此官，以任此责，则不得不以佛、老之徒尚此功德，是非得实心苦行一僧，不可久之。

　　得僧广朝，给以私钱，俾求原隰，而愿力宏深，檀信欢舞。岁月未多，掩埋千计。地方耆宿颇以此事为善，争请建庵居僧，以绵衍功德。予曰：是宜名"掩骼"，且为买田数十亩，收其入以供香火，其羨以给櫄椟笼轝之用，使他凡往来庵下者，诵其而思其事，油然兴我不忍之心。而广朝之后，即有不如朝者出，亦将曰某官之建此庵，凡以为某事也怠若事,不宜居此庵,盖必有勉强而行之者矣。

夫天下事,一人行之,未若多人行之之博且众;一时行之,未若积岁月行之之久且远。吾知环邑郊原,今而后,其永无遊魂滞魄以犯先生之觝禁,而予也亦得少举有司之职业,以毋忘列圣之宝训。是不可以不记。

按:掩骼庵记,碑已佚,碑文录自清赵昕、苏渊纂修康熙《嘉定县志》,较原碑有删节。掩骼庵,旧址在原嘉定县,据本碑文,马元调似撰于明弘治(1488—1505)以后。

明心寺月台记碑

（明正德元年·1506年）

　　本寺肇自唐龙纪元年己酉岁，华严通□主□□华严经为业，因名华严庵。后至宋治……明心院。殆我皇明洪武年间敕改寺额，法堂、禅堂、库□、佛殿、藏殿、观音殿、金刚殿、钟楼、两廊、花池，外化檀建造金碧交辉。□存结界碑，稽古略惟月台（下缺）……古所未有。兹幸十八保露……黄君讳旻，字克清。偕室李氏同男夔、鲸、鹏等痛念父母之皮肤手足之身体，遣资……益子孙，哀无补报。由是发大孝心，抽施净金六十两，收买砖石灰木等料，命工不日……佛力广大，功一心，上荐显考恩授散官菊轩黄公、显妣秀贞孺人姚氏双魂同仗良因，同登净土，同证菩提。□祈□……泰福寿延，洪家道兴隆子孙昌盛，凡居富足之乡，当处吉祥安乐。复重散偈而……华亭东北，上海西南鸣鹤桥阴北梁古刹。檀越克清讳　黄氏……男夔、鲸、鹏贤妻李氏同意同心捐金完砌。仰乞佛恩舒金色臂乃异夫妻寿年千岁，官显儿孙，永富长贵，家宅平安，吉祥如意……代代荣华，万民相继，日日清间，神仙同□恢享皇朝万年千世。

　　大明正德元年（1506）岁次丙寅十一月初一日吉辰本山住持德庆。

　　按：明心寺在上海北桥镇。相传建于唐龙纪元年（889）。1936年2月4日，胡道静等走访该寺，时该寺已废，从残碑上抄录此明代碑记。碑石立于明正德元年（1506），德庆立。记文录自《上海研究资料续集》。

重建天光寺诗碑

(沈嘉撰 明正德十一年·1516年)

寺肇宋之末,迄今三百秋;曾罹兵火废,荆榛遍荒丘。宁波僧无咎,天顺时经游;目斯为胜地,卓锡茅盖头。居民翕然从,开山道心悠;成化丙午运,本源接其流。募缘智若愚,大方遍千求;立木建殿宇,有志未克酬。辛丑、壬寅际,岁饥屈其谋;无极与太虚,撑持历忧愁。曩有姜居士,戮力开田畴;法子明月堂,优婆塞昙俦。弘治丁巳岁,重构劳神筹;檀度远皈向,轮奂重营修。诸天罗汉像,金碧晃人眸;中尊大雄耳。费重谁与周,华亭高仲明;慨然信心优,挥金指廪粟。一力成大猷,传灯灏与净;宗□师徒流,勒石记岁月,永永山中留。

□天光古额旧丛林,地属苏台练水滨。轮奂峥嵘欣复建,佛天金碧喜重新。皇图愿祝万年寿,黎庶恭祈四海春。独赖仲明松月老,勒碑记事述前因。正德丙子(1516)腊月吉旦华亭高许松月道人高毫立石。

按:天光寺经于青浦区练塘镇(原名章练塘)东,相传五代时章练夫人舍宅所建。南宋端平年间(1234—1236)重建。明弘治十年(1497)和天启四年(1624)两次重修。清道光二十七年(1847)重建山门。该诗文由沈嘉撰,碑立于明正德十一年(1516)。诗文录自《章练小志·卷三·寺观》。现该碑立于天光寺大殿前场上,碑身高120厘米,宽56厘米,厚16厘米,碑座高33厘米,宽70厘米,厚36厘米,青石质。碑文共12行,满行25字。碑额篆书"重建天光寺大雄尊像事迹",碑正文为正楷。

龙华寺塔院装佛记碑

（善继撰　明嘉靖二十年·1541年）

龙华大兰若，自三国历隋唐，毁为瓦砾场，碑碣莫考。至五代钱氏有国吴越，其子宁海节度使特鼎建之。造塔七级，以奠坤维。今七百馀年而日就倾圮矣。原夫西方如来设教，演法会而曰龙华。东吴仁者开山，创浮屠以镇鳌极，建坛海上，立准云间，据博厚以入高寒，薄云雷以撑日月。根盘地轴，表出天关。溯自完美之时，壮甲五茸。善继于弘治间发心修盖，顿还旧观。禽鱼上下，咸欣欣有喜色；丛林草木，亦烨烨有新意云。昔吾释迦大师有言：我灭度后五百馀世，若有众生，荷担如来，续佛慧命，建佛塔庙，当知是人庄严劫中，曾供养百二十转轮圣王。有大功德海，大福量海，尘沙劫中，叹莫能尽。善继亦何敢妄希福德，亦云强为善而已矣。今有善士陈镗，发精进心，普劝各施资财，雕装太子修行全身一尊已完，迎送本寺宝塔中心，永远供养。是则果报更有不可思议者。今将善信芳名，勒珉以传不朽。大明嘉靖二十年(1541)岁次辛丑四月十一日立石。

　　按：该碑记由明释善继撰文，明嘉靖二十年(1514)勒石。碑石原立于龙华寺宝塔塔院内，今未见。碑文录自清康熙《龙华志》。

明心寺观音殿记碑

(明嘉靖三十九年·1560年)

  推原本殿建于宋淳祐丙午(1246)岁,垂今三百馀载,自大明弘治乙卯(1495)本房源师太竹泉主修,迄兹又六十六年矣。其梁柱等植,多仍原建,杉木腐者过半,势迫倾危。只今嘉靖庚申(1560)沙门明文捐赀,细置石柱,以固其四旁,周加砖券,上通翻盖,下举完修,一力鼎新,昭垂□□。工成,勒此以记乎岁月云。东中房立。

  按:明心寺在上海北桥镇,相传建于唐龙纪元年(889)初名华严院。宋治平二年(1065)赐额明心院。明洪武二十四年(1391)赐额明心教寺。1936年2月4日,胡道静等走访该寺,时寺已废,从残碑断碣上抄录此明代碑记。记文录自《上海研究资料续集》。

蒋庄庵记略

(陆树声撰　明嘉靖四十二年·1563年)

府治南五十四里许,旧有蒋庄庵,盖葺于道明,而张庄简公(即张悦)、里人戚源宾有力焉。嘉靖甲寅,岛夷倡乱,漕泾、柘林尤贼所出没之地,蒋庄素称富庶,瞬息间尽成为丘墟,而庵亦焚毁殆尽。兵燹后,有宝云寺僧明德从西方来,徘徊瓦砾间,叹曰:"吾当复兴之。"里人潘浩、张秉弟捐资以助,迄三年而庵复新。前后左右僧舍更张而宏大之,正殿法堂则潘浩之所独建,殿中更置万岁龙牌,朝夕礼焉,此尤向所未有者。明德持身清介,修诵外丝毫不与,恂恂然有儒者之风,能以其教倡于身,而又以祯圣之举为此方勤谕,即人心之性且同者为之,何有于此庵之兴哉!嘉靖四十二年(1563)四(月)望日。

按:蒋庄庵旧址在原松江县十一保,元至正十年(1350),由僧人岳安倡建。明成化年间(1465—1487),僧道明重建,明嘉靖三十三年(1554),僧明德募修。嘉靖四十二年(1563),陆树声撰文。碑文录自金山区《漕泾志》。

重修七宝教寺记碑

（王会撰　明嘉隆之间）

寺据七宝蒲汇塘之北，去青浦五十四里，巍然为邑之名刹。闾井棋列于前，梵宇环抱于后，如锦屏帖幛然。堪舆家谓一镇之形势，所系于寺甚重，陶朱辐辏，素封之家，栋瓦相邻次。章缝题雁，后先种种。迄今名臣大儒，照耀中外，称巨镇焉。说者谓非寺则绝无锁钥。原其始，肇于晋，徙于唐末、五代，大创于宋之祥符，而址即张泽之故居，为伽蓝于今者也。殿之四隅，则画桥石径，花堤烟柳，而僧人精舍，则隐隐出没于苍松翠竹间。池云萝月，往往游人骚客诗歌琴箫，与晨昏钟鼓交错而迭应。又其外环以流泉，隔以万树，丛阴浓郁，或别是洞天。寺亦一奇观也。

按：重修七宝教寺记碑由明嘉靖间进士王会撰文。碑文录自《闵行区地名志》。七宝教寺现位于闵行区七宝镇富强街，相传始建于五代后晋天福年间（937—944）。

法忍寺施地记碑

(陆树声撰　明嘉靖四十二年至四十四年间·1563—1565年)

出邑西南二十余里,有大兰若曰法忍寺。南通平湖,为船子道场,创于唐咸通十年(869)。宋治平间,更今额。洪武初,拓大鼎新之。岁久,殿宇仅存,地漏人民版者,几易主矣。而业于平湖之陆氏者,更若干年而至少塘君。君尝究心禅乘,慕船子宗风,修善果以资伍塘公冥佑也。既归其地,复捐资以助,庄严缁褐之众,随喜赞叹者,谓如是殊胜功德,宜记之以昭久远。陆君名先宅,与其兄文选郎光祖,皆由世典洞明宗乘,慕众立石。比丘圆晨志恒介以清余文者,禅居士方君道成地。

按:法忍寺在金山朱泾,建于唐咸通十年(869)。该碑立于明代,由陆树声撰文。清嘉庆《朱泾志》载有此碑文。该碑记录自《朱泾镇志》(1993年12月版)。

福泉寺铜钟铭

(明隆庆五年·1571年)

铜钟铭

法轮常转

直隶金山卫守御南汇嘴中后千户所,在城福泉庵住持比丘圆净同徒明照、明燃、如渊,伏愿:金声一震,虎啸龙吟,皇风清穆,海道安宁。大明隆庆五年(1571),岁次辛未六月二十五乙卯吉日。无锡县铸户梅应麒,同男梅景　铸造。本寺报荐先师祖道芳、先师德洪、先考徐绅、妣顾氏。永宁寺僧真寡、性义、永燧,弟子肖真高、王真良、李坤、李玚。

佛日增辉

上海县十九保信士倪珏、金武、倪潢、黄鳌在城住。一团邵楠、朱珊、潘鹄、孙淮、王士英、潘廉、王世方、王助、唐学济、潘乾亨,二灶姚子英,四灶徐锡、陈文贡、蔡环,北五灶姚岑,一灶夏潜、樊俸、毛淮。本所信士董珂、杨恩、倪教、李冬、张坤、董判、陈锈、周玉、许世恩、王挹、李贡、伍采、张沛、蔡士贤、蒋璧、蒋多贤、刘宸、许志、李儒、樊潮、谢谕、刘区、张儒、马李、吴炜、胡桂、徐松、马漳、左崤、王铠、杨清、冯祥、罗惟、汤宪、尹志、李檀、贺诰、倪峰、李景时、王恩、周堂、张岑、戴泽。总小旗于文、唐能、尹府、张代、杨勋、毛永昌、陈相、朱蔽、赵元、李赏、李意、田采。

哨队长朱序、周俸、戴旦、魏灿、柳澄。已以善信助造,共结良缘,仰祈佛力保庇各家清吉、人眷平安、世代具隆、子孙荣盛。

皇图永固

钦差金山等地方、游击将军戚继美,

钦依把总青南等处地方、以都指挥陈习,

钦依把总川南等处地方、以都指挥王充文,

金山卫指挥使、前任浙江都司致仁西靖,

太仓卫指挥同知王家臣,

军政掌印正千户王承惠、苏州李经济、童养浩、青村费从龙,

松江本所千户刘承宗、徐学夔、蔡士英、董亨、陈万言、冯岳、刘世禄、王言吴淞,

百户夏宗武、王敕、王心、鲍相、张鹗翼,

镇抚胡光复,

应袭武生张扬祖、董汉儒、夏光前,伏承各官助造,乞求禄位遐昌,子盛吉祥如意。

帝道遐昌

松江府海防清军巡捕、同知黄成乐,

福建延平府南平县人、恩升同知、平凉平乐通判致仕鞠蕙。

敕封光禄大官丞邑人倪淑,

隆庆戊辰(1562)恩贡士李尚衮,

太学国子生聂叔愿、朱胤徐、邢国儒,

儒学生员王俸、周尚文、李尚素、李纲、鞠应凤、徐神蛟、聂闻诗、潘蒙亨、金玉铉、诸日就,

金山卫舍人吴耀,

咸宁勋戚旧家山人王国用,医士金可得,

信童朱光奇、李中植、李中相、张承业。已上官士助造,乞求文星拱照,禄位遐昌,吉祥如意。

按:福泉寺在南汇县城内。该铜钟铸造于明隆庆五年(1571)。钟高190厘米,钟沿口圆周长415厘米,钟腰周长320厘米。铭文分上中下三大部分,上部分四个区域,每区域64×24厘米,铭文如上所述。中部铸有《心经》全文。下部铸有十方信众助造者姓氏。钟上铸有四大金刚像。钟口呈八瓣莲花状,铜钟厚5~10厘米不等。现铜钟在南汇县城古钟园一亭子中。2000年6月11日据铜钟录下铭文。

龙华寺新建弥陀殿记碑

（戴大宜撰　明隆庆六年·1572年）

三界本空,诸有非乐,则自月支国之经像入震旦以迄于今。而凡为佛弟子者,宜其受记空谛,永绝有为法也。若夫钻木断竹,焚草□金,凿石合玉,剜彩敷铅,求其形色者,既非最上功果,且有违于寂默之真诠矣。释子毓真,乃有弥陀殿之建,果何为哉？众生蚩蚩,沉溺苦海,不以利禄为益,即以圭组为荣,大都尘根胶扰,自违圆妙之体也。真见而愍之久矣,第本来理妙域中,非名号可尽,化檀系表,非情知所寻,不有以相觉之,孰可以悟彻其心者？而弥陀为接引导师之尊,盖不可不严整炜煌,以弘其教也。于是哀众财力,鸠工聚材,檐牙复道,焕然伟观。诸凡妙善之国,兜率之天,种种光相,崇显壮丽,即古之法兴三层七间,殆不多让矣。使四民得而瞻礼者,洞烛真常,同契等觉,共会遍知十方三世,一切平等,此固出世入真之大机也,真其毋堕弥陀之愿力者哉。况三藏入法,尽归方寸,晨昏香火,梵音琅琅,若见若闻,具有一超直入之想,庶几作一念则行一善,行一善则去一恶,去一恶则息一刑。一刑息于家,万刑息于国,玉斗安而金椎固,行将在吾目中矣。真又有功于政教者哉。毓真自信其志之可以对于佛,且谓其功之有裨于儒,乃攻石征予文为记。窃思龙华大雄舍利之胜,名公巨卿若韬庵、鹤滩、笠江诸老记之甚详,何敢多赘。惟兹殿之建,颇与龙华增胜；毓真之贤,又与诸殿争胜；若予之不文,固不敢谓可与名公巨卿争胜,而得以摇翰于大方之前者,不可谓非宿植也,是都可以记矣。

毓真其识之哉。隆庆壬申(1572)立石。

  按：该碑记由明戴大宜撰，明隆庆六年(1572)勒石。碑今未见。记文录自清康熙《龙华志》。

普宁寺重修记碑

（何良俊撰　明嘉隆间）

　　普宁尼寺者在府治南七里，旁有晋陆氏黄耳冢，今殿后西北隅有土隆起，二古禾盘覆其上者即其处也。人因呼黄耳祠，俗遂呼为黄泥寺。古有碑，咸淳中毁，不存，余按传录，本寺创建于宋庆元（1195—1200）间，有女师讳如湛，号浑源，湖州王家女。母曹氏，持奉圆通大士，后生师，在襁褓间，即能道《圆通品》中语。随父防御佐金陵戎幕，遂落发于清凉寺尼僧智元所，能通《华严》、《元觉》、《法华》诸大部经，锐志参访。至华亭，礼船子船子诚，船子和尚塔。时安康郡夫人号普明居士者，与无住居住二人，留心大乘，得师读论，调明心印。郡中适寂照院虚席，请师开堂。师一日与二居士泛舟城南，至莲花荡，见水天交接，指之曰：此地尘迹不到，可建立梵刹。即鸠工车厈，果得神龙窟穴，遂定基兴建。檀施云集，不数月而寺告成。碑所载开山之迹如此。今寺旁一望皆平陆，不复有水天交接之处，而碑中迹不载黄耳事。然予三十年前曾一至其地，见颓垣倾栋之间，有袁海叟(表凯)诗，即"豢养有恩终不背，交游何事独相欺，"至今脍炙人口者是也。余犹忆有朱凤山(朱应祥)诗，今已忘之，然大率皆咏黄耳事，则其旁为黄耳冢无疑。余今年春与董太学子元、顾隐君子登，吊古城南，因至其地，见殿宇完整，询之则尼寺，道权所修建也，中为正殿三楹，次而两翼，其旁为侧室各两楹，前为门庑，右为居宇，庖湢寝室，皆具竹树静深，俨然一名刹也。二君曰：此华亭一胜处，公当记之。呜呼！三吴富贵之家，远延土石，役万夫，以构第宅,营冢墓者何限,然未百年,而羊头倾倚于蔓草之中,墓已犁为田者,比比然也。其第宅或子孙不克堂构,则不数平而几易主,其视此何如。夫自晋迄今千二百馀年,而黄耳冢岿然独存。普宁一尼寺耳,当垂废之馀,而又有道权振复之,是亦岂偶然哉。盖寺赖名迹以永存,此冢亦托之寺,而不齮龁于牧樵之手。谓天不有意乎物美,亦知有义,以人质之,不能无愧,则天岂不欲之,而使之长不朽于宇宙之间邪?是不可以不记,乃书之于石以告来者。

按:该碑记由何俊良撰于明代。碑记文录自嘉庆《松江府志·寺观》。

曹 湖 庙 碑

(张道用撰　明万历元年·1573年)

　　□□曹湖庙,年深岁久,砖消瓦散,已少庙貌。于甲子(1564)七月十二日建立成新,曰稽诸古,国依于民,民依于神,诚百王不易之定理。我朝承天启运,铲革蒙古之陋规,遵□成周之善治,分圻画野,列郡邑之疆土而区别之,俾每区之中,各建之庙,所以神地道而为民御灾捍患,祈报丰登,保安境内。□我区有曹湖庙,其来尚矣。沿袭既久,廊庑相倾,佛像隳坏。里人张道用不忍古庙之湮废也,嘉靖间募缘于乡士大夫,十方善男信女,得以重新其制。迨隆庆三年(1569),□□□□□增大其规模,□道友□□净、□□明、徐圆山等各助银五钱,会□拓地二亩有余……至万历再修,道用为之勒石。

　　按:漕河庙在漕河泾。明代称曹湖庙,创建年代不详。该碑记由明张道用撰,明万历元年(1573)立石。20世纪30年代上海通志馆胡道静等曾走访过该寺,时碑尚在庙中,碑高93厘米,宽36厘米,碑文已不清,共15行,行32字,其中7行磨泐不复可辨,有拓本。碑文录自《龙华镇志》。

重建闻思庵记碑

（侯峒曾撰　明万历元年·1573年）

　　明嘉定自城以北，水北折为娄塘，而折而东北曰双塘，而黄姑横亘于中。登高而望之，三水萦带若织，岗阜郁盘，亦一灵区也。宋时，沙门慧能者，以行脚至其地，因结架以居。久而居人化之，施与财物，遂构有殿宇之属，名曰闻思庵，以幽靓特闻。创建在宋真宗之四年(1001)，后渐就圮废，至鞠为茂草矣。其里中故老征计故实者，求断碑而读之，残缺磨灭，仅得辨其岁年而已。万历改元(1573)，有僧海慧揽其遗址，今积渐有屋若干楹，映带林樾，雅洁庄严，过者称叹，以为复还旧观。而又置田若干亩，以充斋供及缮修，以永其存。造余而请，请一碑而志之。

　　夫白马肇于洛涘，黄金布于祇园，此皆恢宏道法，拔济群品。其于一切缘化，修短兴灭，俱作泡影观，乃欲碑而志之者，何哉？盖海慧殚一生拮据，以有此庵。庵昔在菰芦斥卤中，土地硗薄，等于寝丘。物以代更，今环庵左右，遂为邑之沃埌。倘后来嗣续弗类，或豪强兼并，谁复能撒却袈裟以与人争尺寸者。此于世法，宜有周防，故拳拳焉欲托文以传也。余尝闻之，世间凡物有尽，惟愿力所持，无有穷尽。自昔琳宫梵宇，兴而废，废而旋兴，废兴之际，若循环然，此其故可知也。海慧欲永其传，自以其愿力持之有余矣，奚假余言？虽然，事故流迁，何常之有？后之视今，犹今之视昔。自慧能以来，讫于今已经若干年，而掌故之家，毕竟于烟墟断碣之中得一征其实，则维文字之以也。彼之勤以请也，意在斯乎？故辄复不辞，为叙如左。

方庚午之岁(1630),邑纂修邑乘,此庵已入记载,载其废兴稍详。今余复碑而识之,庶将来者两有考焉。

按:重建闻思庵记碑,明侯峒曾撰万历元年(1573),碑已佚,碑文录自清陈曦编《娄塘志·寺观》。闻思庵,又名闻思禅院,始建于宋咸平二年(999),僧慧能募建。旧址位于现嘉定区华亭镇石村8队。

慧日寺记碑

（董其昌撰　明万历三年以后·1575年）

　　青浦之南有佘山，山之东麓有沐堂慧日禅寺。创自宋太平兴国三年（978），治平二年（1065）赐额，住持洪庆专领其事，元未兵毁。万历改元，圆实同长宁令徐充步榛莽间得古井，洗心泉在焉，遂从林氏赎得其址，约十亩有奇；而少师徐文贞与宫保平泉陆公相与倡缘鼎建，并置田二十五亩，以资香火。长史太冲袁公、同乡宏齐林公及余辈渐次捐赀，至万历癸酉而大雄宝殿成。文贞公之仲子中翰师庵兄弟又撤屋材助之，而大观法戒楼成。又明年，钟楼成。又明年，护诸童子殿成，而此寺遂为九峰北严名刹矣。余尝与陈仲醇、袁微之岁游于此，每爱其寺径逶迤、清阴苍翠，上不见日，而钟声殿角往往出修竹白云之间，为流连不忍去。今复衮衮长安马头尘，视沐堂不在天际耶！殿北隅石壁数仞藤萝覆之，陆宫保书云崖风壑四字勒之石，又脱禅衲题小像一轴手付寺僧，而文贞则奉世庙所赐衮蟒留镇山门。两先生流风馀韵与东坡解带故事若合一辙，抑又兹山泉石之光也！

　　按：慧日寺在青浦佘山，宋太平兴国三年（978）僧洪庆建。此碑记由董其昌撰于明万历年间（1573—1620）。《嘉庆松江府志·艺文志·金石》中有此碑的著录。碑文录自《青浦县志·卷二十九·寺观》。

明心寺勒功碑记

(杨祚撰　明万历四年·1576年)

　　窃惟佛有灵验,则崇信益广;寺有主持,则沦圮不经。噫,斯言信哉!稽诸本寺,始自唐龙纪元年己酉,武肃王遣都水使者钱绰经始,通祖开山主之。通日诵《华严经》为业,先代因号"华严院"焉。后因弗嗣,寥落殆尽。有方外庐岳道人文秀,从游住札,间里崇重,邑令伸请住持。志克兴复,营□日新。至宋神宗熙宁五年壬子,法堂成。元丰四年辛酉,大雄殿成。山门、僧堂、钟楼则连建于元丰癸亥、甲子。藏殿乃建于绍熙五年甲寅。观音殿独建于淳祐六年丙午。厥后渐次建就。历代焚修,主持去旧益新,不能详悉备述。逮今年久废坠尤多。嘉靖庚申,寺僧琴楼丈公力修观音殿,次新钟楼、弥陀殿,蔚然可观。隆庆庚午,募修大殿,役沮翻盖。今七月间,复睹轮藏殿、金刚殿、大殿、外山门、两回廊、楮炉、各芜毁,必甚怜欷,即日捐资集料,不烦士庶,乃命徒属济时、显真等运谋运力,鼎新完毕,是亦山门中之一拔萃者。然而,有德弗昭,无以彰视听;有功弗勒,无以垂悠久。愚不揣鄙陋,敢摭数语,寔略镌刻传诵,俾永久不磨,如所谓不经沦圮者,从可验矣。乃特为之铭,曰:

　　伟哉!德名如山如阜,旌淑之义,勒之于首。厥德斯着,厥功愈茂。颂声洋溢,芳腾众口。式厥□也,垂诸永久。千万斯年,镌磨不朽。

　　万历四年(1576)岁次丙子八月吉旦,铁东堂济宝□仰山、仰云为东中房孙琴楼文公立。

　　按:该碑记由杨祚撰于明万历四年(1576),记文录自清《龙华志》。

颐浩讲寺有衮楼记碑

(陆树声撰　万历七年·1579年)

颐浩寺当淀湖之金泽,称名刹。国初,司徒湘阴夏公以治水至,弭节焉。今寺所传尚书榻故在,岁久古迹渐湮。万历癸酉,郡建新邑,吏议撤村于寺,寺所称大士殿议及焉。时少师丰斋徐公谢政居里第,僧偕徒众往告公,公曰:"成毁一相,独奈何毁已成。"不可吏议,乃止。僧以公慈悯护持,请于公图所以示信方来者,公解所御袍蟒辍家藏吴道子大士像畀僧,僧受而庋之,寮中顾厍隘无以称崇奉也。乃合檀信相地于大士殿之后左折而北,作楼三楹,中设大士像,衮袍蟒函置之。公门下士嘉禾吕君为题之曰"有衮"。一时缁白睹兹开建,赞仰殊胜,以为兹寺自湘阴公寓节以来,日垫荒残,胜缘难再,公一言金汤,转坏为成,用仍旧观,复因之振起,同缘庄严佛土于丛林中衰之日,其有大造于缁锡若此。昔裴相国夺笏于慈明,苏端明解带于了元,缁林故宿至今犹美传之。矧公慈愿所加,衣法两施,拟量功德,奚啻轶美。抑公辅相两朝,秉钧□勋,庸亘方寓,暨谢政归,托意禅乘,居成功不宰,而寰海内衣被庥泽,诵司马洛中者日想见公衮衣之光也,又岂藉以庄严佛土已哉。楼之作始于丁丑(1577)秋七月,落成于戊寅(1578)冬十二月,立石于己卯(1579)秋八月。

按:颐浩寺在今青浦区金泽镇,明万历七年(1579),陆树声撰此碑记。记文录自明崇祯三年《松江府志·卷五十一·寺观》。

重修白鹤南翔寺大雄殿记碑

(冯梦祯撰 明万历八年·1580年)

赐进士出身翰林院编修文林郎秀水冯梦祯撰文

去嘉定县治而南二十四里,有梵刹巍然菰芦中,曰白鹤南翔寺。先是梁天监中(502—519),□□□□□□脉□庵于此掘址得石,纵广丈馀。寻有白鹤栖止其上不去,僧异之,导其迹,乞施偶得□□□□□□所至,无不欣然捐资。即所捐视其家或不称,鹤辄徘徊不肯去,称乃已。三年寺成,鹤绕寺□□□□闻。赐额白鹤南翔寺,志异也。唐乾符中,僧行齐重修,亦感白鹤异募之异。寺址方二顷,殿阁廊庑,□□□丽,为方丈者二,为寮舍者六十三。僧徒七百馀,共饭僧堂,自运京储,岁九万石,历宋元无替。国初,寺以共运中废。正统间,周文襄公按部行水,憩止其地,移檄阖,几二百年,往迹沦圮且尽。僧自重者,慨然慕二齐之风,力任兴复,而新安任君良佑,独捐千金之橐,毕此胜缘,真希有盛事也。夫天下事,未有不以诚心就者,至或佐以神怪,或佐以气势,犹然易易耳。有如靡所假托,独在一诚,则其就也难甚。二齐再感翔鹤,神也;文襄使节,纠督乡民,势也。夫重非有白鹤之异,任非因上官之檄,一以诚乞,一以诚施。慧福齐量,等太虚空。即其弘丽,犹胜旧观。拟之二齐,文襄其功匹矣。且寺据镇之中,镇以寺重,亦以寺名。其间□□栉比,商贾猥集,无论岁时,旁近士民,游观舒眺,供礼皈依,即达官信使,□□□还备驿邮宾馆□□□□□波溢,庶几陇亩甘棠之思,称雅胜焉。其遗景八:曰梁朝井,曰齐师鹤,□□□□□□□□□

□□□□□□□□□□□□任□增置,则有月台,有云榭,多前所未(下缺)大雄宝殿,其功既已伟矣;又复置(下缺)身也耶?嗟乎!自梁迄今,几二千年,(下缺)施长者且为改观,可不谓幸耶?后之(下缺)心,不徒为游观也者,则此刹庶几与(下缺)

皇明万历八年(1580)岁次庚辰小春吉旦

本山劝经(下缺)

按:此碑记由冯梦祯撰于万历八年(1580),碑文录自上海人民出版社1980年6月版《上海碑刻资料选辑》。

重修白鹤南翔寺大雄殿记碑 嘉定博物馆提供拓片

重修南翔讲寺记碑

(王世贞撰 明万历八年·1580年)

去嘉定县之南二十四里而遥,盖有南翔寺云。寺所以称南翔者,当梁天监间,有异僧德齐,止锡其地,规为阿兰若,甫决算,而双鹤依之,晨之放鹤,鹤往之方,必有客至,则为檀越布金其地,委输若神鬼,不日而成。上刹以雄丽冠东南,德公化鹤,亦望南而翔,不复返,或云鹤之游也,留诗于刹之楣,郡乘载焉。以其俚或传会置弗录。垂五百年而为后唐之开成,寺且圮矣。复异僧行齐,止锡如德公,双鹤复依之,行公感其事,为大众说法。有莫少卿者,尽捐其囊缗而拓饰之雄丽,逾于旧观。行公戏谓鹤,吾事毕矣,恣汝所往,鹤应声盘舞,遂亦望南而翔,不复返。行公寻亦化。当是时,震旦之士,毋论缁白,咸以二齐公为一身,而后双鹤之即为前双鹤也。其语留珠林中甚著。至宋绍定中(1228—1233),天子知之,遂赐寺额曰南翔。至元而讲有堂,禅有庐,会食有所,盖以时次第新之。及明正统中,而大圮。司空周忱氏过而慨之,以邑赋之羡粟,倡而诸善知识和焉,其观遂复故。至嘉靖中,小圮则小饰。万历初,益大圮,上两旁风飘摇其外,蠹螳丛蚀其里,势且及像,像亦多损剥。寺僧自重悲之悯之,计无所出,傍徨四顾而叹曰:乘轩者源源且不乏,而不及一鹤耶?我则不德不能,若二齐公,何以使鹤。适歙中有一善知识为任良佑氏,其赀金五千,尝泛大河而遇风,以舟免,归德于河金龙之神,捐千金之橐,新其庙矣。慨而叹曰:是神也,尚不能不赖如来之力以脱大鸟喙,而我敢忘其所自。即挺身出任其费。若木石,若壁垩,若涂墍,若脂泽之类,计可二千金,曰去我橐中之半,不致冻馁妻子也。逾月而以货贿器用来,又逾月而以匠石工师及诸设作来。盖不及岁,而大雄氏之宇焕然一新,佛及菩萨、阿罗汉、天王诸像,皆奕奕神采生动,瞻者肃然。僧自重等来谒,予请为序次其事。或谓寺创自梁天监,天监之主非即所谓武帝耶？我初祖达摩直斥之为人天、小果有漏之因,二齐公独不闻之耶？而今任氏复效之。吾子固不自爱,其笔札毋乃谰话以辱我初祖。余窃不然,夫童子聚沙之因,至受铁轮王位,而及其既登阼也,以摩阿力役鬼神一夜,而成八万四千塔,遍于阎浮提,而尚未证五地何者,以难易之势殊也。武帝挟半天下之赀而作此小有为,事固易,易耳。且其难,不在有为,而在无为,无为之地不过识本来面目。武帝不之悟,而沾沾焉,挟以为功德,宜初祖之一斥而欲醒之也。若必以初祖律二齐,则遍阎浮提何所著大雄迹,县令我大雄无一盖头茅,何以标象教于后世作人天眼也？然则任氏者,安知为二齐公化,且为莫少卿化,又焉知二鹤之不一为任氏,而任氏之异日不为鹤耶？任氏者,苟不住色而行布施,则固初祖之所深许者也。予故笔之,授自重使勒石以诏来者。王世贞撰。明万历八年(1580),僧自重书并立石。

按：南翔寺在嘉定南翔镇。此碑文为太仓人王世贞撰于明万历八年(1580)。南翔寺僧自重书写勒石。碑文录自《南翔镇志·卷十》,该志碑刻类中有此碑记的著录。光绪《嘉定县志·金石志》中也有此碑的著录。

重修南翔讲寺记碑　嘉定博物馆提供拓片

增建长寿寺记碑

（蔡懋昭撰　明万历八年·1580年）

　　海上固多名刹,长寿其一也。相传宋乾道中,游僧如行如飞锡开山。元至治间,知浮梁州事杨仲弘载撰碑记,赵文敏孟頫篆敕建碑额。亡何,寓内鼎沸,寺毁。成化改元,慈水禅师惠瑛薙草莱,披砂砾,创结草庵。维时工部谈侍郎伦、光禄于少卿信实先捐赀为倡,远近檀越施舍。乃建法堂三楹,续建大雄宝殿一座,方丈、回廊增加于昔。今住持秉科暨徒明德复劝诸檀越鸠财葺法堂宝殿,藻新其剥落者,作山门,塑金刚大像;作层楼,悬巨钟;作重室,备结制解制;作周垣,严出入。经始于嘉靖癸亥(1563)秋仲,讫工于万历庚辰(1580)春孟。

　　按：长寿寺在上海县二十一保。宋宝元(1038—1040)中忠翊郎潘德刚建。宋乾道中僧行如开山。后毁。明成化年间僧惠瑛重建。明万历年间住持秉科增修。此碑记由蔡懋昭撰于明万历八年(1580年)。碑文录自崇祯《松江府志·寺观》。《嘉庆松江府志·艺文志·金石》中有此碑的著录。

福田寺长水塔院记碑

(屠隆撰 明万历九年·1581年)

余尝与袁长史福徵、沈徵君明臣、莫孝廉云卿、冯吉士梦祯登泖塔，坐藏经阁凭栏瞩眺。四面烟水回绝，大士浮图巍然矗立。烟去空翠间洪涛冲击，日夜撼其下。川鱼沙鸟，芙蕖菱芡、参差历落，钟磬之音泠泠然与波浪相答。少顷，断虹蜿蜒上挂木杪，日气霞采下射波心，殿阁回映闪烁，陡作黄金相。又顷之，月出东海，波澄如镜，流光荡漾直是浮金，刹舍心洒焉。乐之时与诸君各赋诗记游。盖幽峭空旷离绝尘世，足资高流栖遁，词人登览，泖云间山水之最胜也。按图经，泖者谷水也。故秦由拳长水县，始皇时童谣告异野媪示兆，一日陷为谷水，而泖名焉。每遇天水澄澈，隐隐下见城郭、街道、井甃、又器皿，故物往往浮出。间多神异传诸好事者。夫数无常住，物必有坏，沧溟扬尘天地坠，劫数之所至，即大物不能逃。而于一邑何有？释氏等之为电露空花，渺不可执，陆谷相循，从古有之，究而言之，沧海一浮沫也，天地一游尘也，夫是之谓超然，而予向者之浪喜浪戚，随境而转，不亦细乎。虽然，予至此，盖亦几有大悟焉，而皆于登泖发之，是泖助予也。

按：福田寺长水塔院在青浦泖河中沙洲上。建于唐乾符年间。明万历九年(1581)，屠隆撰此记文，莫云卿篆碑额。碑记录自《青浦县志·寺观》。嘉庆《松江府志·艺文志·金石》有此碑的著录。

广福讲寺记碑

(徐汝翼撰　明万历十三年·1585年)

广福禅寺也,祠祀潘公者何,其主僧性通言曰:"以报功也。"上海之有本寺,创自石晋天福中,迨嘉靖三十五年(1556),岛夷入江,军雪告诎,筹国者议,将东南寺观鬻之以助,计金若干。公时镇抚河南,命其仲子携俸偿直,寺获不毁,顷年或寻前议,又几不免,公命季子偿之如初,寺再获存,非公之所留哉。今拟募建祠堂,绘公遗像,奉礼其中,乃公之伯子倡率子弟辈捐赀相助。经始于乙酉(1585)正月,落成于十有一月。堂凡三楹,夹室二,仪门一,贮经有楼,供祭有庖,燕享有序,缭以周垣,费钱若干缗。拟镌其事于石,敢再拜以请。余惟恭定公地钟人杰,天挺名世,历官四十馀年,宦辙殆满天下,诚与才合,恻悃无华。而去后留思,往往出声客气焰之上盖。余尝分梟大梁,行部禹州,禹故公移守郡也。谒其名宦祠,则公之爵里名氏在焉。而勤勤以郑子产、黄次公与公并祠,窃叹彼都士。论何其严且核哉,而概之他所敭历,其尸祝更可知已。矧乡评推重,近复列祀学宫,奚有于广福一祠也。记曰:"有功德于民,则祀之于寺。"固民所藉以缴福也,几废而复存者再,则建祠祀公,亦舆情所快睹尔。夫汾阳铸像,广化增崇;白傅县真,香山益胜。兹立公祠,名当愈显。余不能文,为记岁月如此云。

按:广福寺在上海县西。石晋天福年间建。明洪武成化年间重修,内有潘恭定祠。该碑记由徐汝翼撰于明代万历十三年(1585)。碑文录自《嘉庆松江府志·寺观》。

龙华寺万历钟铭

（明万历十四年·1586年）

佛日增辉，五谷丰登。

明心寺住持僧仁漳。大明万历十四年(1586)丙戌岁孟夏吉旦，本郡铸匠姚恩、继宗、应科、姚坎、朱相、锡峰、良冶、梅景阳助造。

按：钟高152厘米，直径116厘米，沿厚8厘米。铸于明万历十四年(1586)。此钟原为上海县北桥镇明心教寺之物，1982年8月，由上海市佛教协会转拨龙华寺，现悬于该寺大雄宝殿内。铭文录自《龙华镇志》。

吴道子观音画像石刻

（明万历十六年·1588年）

（自在至左）唐吴道子作

"徐阶"（阳文印）、"八十岁致仕少师、六十年及第进士"（阴文印）。

（画像）

（跋文）

明代万历元年(1573)，徐阶跋（铃"子升"阴文印）。

（赞文）徐元忠题，万历十六年(1588)

"荩夫"（阴文印），"徐元忠印"（阴文印），"上相列卿之家"（阴文印）

按：青石质，高170厘米、宽75厘米、厚25厘米。刻观音菩萨像，赤足立于祥云之上。右署"唐吴道子作"。万历元年(1573)跋，明代万历十六年(1588)徐元忠题赞。此碑原存白龙潭西禅寺大雄宝殿，现藏醉白池公园碑厅。录自2001年《松江文物志》。

护国寺重修殿宇募建桥梁记碑

(徐学谟撰 明万历十八年·1590年)

昔苏子瞻作《荐诚院罗汉记》，以为吾儒之业不能论而必作，作而必成，以故功名之立恒反出于黄冠衲子之下。余每诵其言而致慨焉。夫事由敏决，志贵精专，苟存必为之心，而何患有难致之力？此子瞻所以重与应言也。吾邑有天监遗刹，曰护国教寺，位当邑之西鄙，门临练祁之水，漕艘商舶之所毕集。故治城之门四，而西为最盛。顾惟市河浅狭，潴水无地，潮汐吐纳，每患其径，直而无情。异时堪舆家或言，宜为梁练祁之口锁镇之；而公帑无资，私藏难籍，莫之或举也。即护国门径荒芜，廊庑尽废，仅存正殿三楹亦已不蔽风雨。余儿时嬉游其间，盖颓然瓦砾之场已。肃皇之季，忽有行脚头陀曰德真者，来自江右之高安，顶礼寺下，徘徊感恻。因慨然独任兴复之计，穷日夜以行乞于邑之宰官士族闾右檀那之门者垂三十年，积材鸠工，激洛营度，迄于底绩。而德真以劳苦尽瘁，两目俱盲。卒襄厥成者，其徒圆赞、明瑜、真颖也。所构曰天王殿、曰观音殿、曰香华桥。所费合巨万馀，而德真实徒手而致之，谓非有过人之才智，非常之愿力者哉。夫应言以丞相潞会而下，尽为檀越，始克竟其五百罗汉之志，而子瞻亟称传之不朽。若德真者，上无攀援，下鲜藉资，乃能竭终身之力，以狥兹寺且石梁之建，其有功于地方甚大，而可使之泯泯无传哉。天王殿，工始于嘉靖四十三年(1564)十一月，倡之者为邑侯丰城蒋君机；香华桥，工始于万历二年(1574)十一月，倡之者为邑侯雎州赵君举廉；观音殿，工始于万历十二年(1584)十二月，倡之者为邑侯嘉禾朱君廷益;各以次若成。若诸之庶几有效于斯役者,咸叹而列之碑阴。

按:护国寺在嘉定城西,创建于梁天监年间(502—519)。该碑记由徐学谨撰于明万历十八年(1590),徐学谟之子徐北稷书写。碑文录自清康熙《嘉定县志·碑记》,清光绪《嘉定县志·金石志》有此碑的著录。

西隐教寺竺林院记碑

(徐学谟撰 明万历十八年·1590年)

邑之西隐寺,其东偏有主静堂,为余与张司马希尹故读书处,在嘉靖壬寅之年。其明年癸卯遂同举于京兆,自后次第起家举进士,各有四方之役。岁甲寅,为倭彝内江,寺僧迫于残创之余,窘不能得食;则鬻其堂于富人家,既撤去之而墟其址。余两人方逡巡仕路,屡进屡退,历靖、庆二朝。比晚而逮事会上,并跻大列。而司马公以都御史出镇西粤,诏征十寨洞蛮,业已宣捷,而寻殁于军中。余独久于其位,至万历癸丑末始奉骸骨以归。而屈指于乡之故人,殆零落几尽矣!则时时移杖屡往来寺中,延睇昔年所谓主静堂者,其址已鞠为莽第,乔松修竹在耳,则不能无杜少陵头白匡山之感,而追念司马公尝与之甘薤盐续膏晷于此,其平生出处疑无弗同于余者,而竟不同余优游以克令生于世者,何如也?间以语公之子其廉,盖仁孝人也,辄泫然欲图所以著存其父,而故堂之修复可但已耶!因并撼愿力而出其家所藏俸赐若干,应材而鸠工焉,以蠲古从事,而两家苍头辈以性主恩,咸输资而乐为之助,于是诹度于故堂之址,而剔其荒翳,又从而增拓之,广可得八丈有奇,深广之半。而剂之中建阁一楹,其高三丈五尺。而围匝称之,其旁附以翼楼。南向者左右各一楹,东西向者各三楹,约之为九楹。其前缭以周垣,甄壁之而卫以广除。仍穴其垣而施肩镐焉,时启闭也。大都奥旷,略具崇庳互拥若环若热。而丹碧之涂,藻棁之饎,其宏敞雄丽加于故堂教信。阁之上,栖元时故佛三座,龛仍之分列;大藏经六千馀卷贮之四楗以便僧翻阅。故阁以藏经名,为婆人胡以宪书。而其下则供司马公画像,以它日余来副之,而嘱其香火于寺中之小头陀。其门之总名,则撮余识梁语手书之,称竹林院云。盖经始于是岁庚寅(1590)之春三月,而以其冬十月告成事。院成而客有来观者,无不伟其制,而或诮之余迂,以为舍其庐而营十方之庐,疑于贪佛之果报者然,嗟乎!是未可与不知者道也。昔白傅在江洲,不尝为庐山精舍乎?而苏端明之团练黄池也,有雪堂,有定慧院。彼二公者,岂皆有所为而为之哉?不过一时之兴耳。已过而去之,则等之遗陲矣。顾今数百载,下访二公之故宅于川洛间,必无有存者。乃江黄之迹尚巍然与鲁灵光并传,何也?以其公之十方而无所私,而十方之人能守之也。余之为院,距家不五百岁,而近私之特易耳。而概以十方之庐视之,则缔构之劳、金钱之费俱付之适然,已何与焉?而又乌知其有遐迩?乌知其有人我耶?即两家香火之念都洒然释之矣,矧敢贪佛之果报哉!作是记。

按:西隐教寺旧址在嘉定,元泰光元年(1324)僧悦可始建。明代礼部尚书徐学谟曾读书于寺中,并捐资建竺林院和藏经阁。明万历十三年(1590)徐学谟撰此碑记。清光绪《嘉定县志·金石志》中有此碑的著录。

重修七宝寺大雄宝殿记碑

(王会撰 明万历十八年·1590年)

余里中寺,曰七宝。溯其创始之代,邈无稽矣。而口碑藉藉,犹幸存其概,谓肇基于细林,徒建于淞滨。起之香光家祠,故以六宝院称,而更名曰庵。卒之江水啮址三徒,而至于蒲汇之北,历五代,至吴越王钱驻跸其中。按释典,加以金字莲经,遂隆其名曰七宝寺,此寺之所由来与。罗络楼观,绕列僧室,屹然中建者,大雄宝殿也。尝额于宋真宗,修于胜国,焕然重光于昭代,历世绵远,丛林叙九,此其故何哉。为镇无旧名,缘寺命名,寺无他重,因镇推重,以其地襟汇带沥,握三邑之枢;以其胜毓秀钟灵,伟四方之方;往来息节必趋,岁时期报必赴,公私会议必集,朔望钟鼓必闻。以视僻壤梵宫无关世资者,即丹崖碧潭,足以徼高况,骋壮游,渊哉远矣。夫裨官民之益,而殿居一寺之尊,无中殿,是无寺也,可听其圮坏已乎。识者啧啧兴叹。寺僧惠能接贤豪长者,必欷歔以告,乡镇诸君意气感发,襟期耿耿,枚指而划之。殿像并毁,兼修以千金计,岂易办哉。或分任其责,为当事者先;或厚捐其资,为乐施者倡。遂使遐迩翕然景从,而大功之告成也。不越一载,且也恢之宽衍,益之高壮,轩之前后,而宏杰琦丽。殿非昔之殿也,主之释迦,列入传灯,烂之金彩,而艳照耀。像非昔之像也,俾人俯仰瞻眺,神爽飞越,称勋绩茂著。晚近所难与仅葺而新之者,不侔矣。然则锡寺之光,增镇之重,而裨益官民者,殆又不可无纪也。诸君请余记之,余曰嗟嗟所称,不朽盛事,非耶?敬为是言,以勒之石云。

万历十八年(1590)庚寅孟夏望日。

赐进士第亚中大夫广东提刑按察司副使致仕王会撰。春元吕铭书。

按：该碑记由王会撰于明万历十八年(1590)。碑文录自《七宝镇小志》，嘉庆《松江府志·艺文志·金石》有著录。

重修昆山泗洲塔院记碑

(陆树声撰 明历万二十一年·1593年)

小昆山之创塔院,自宋乾道元年僧心古始。其垂废而建观音大士殿,自余先世捐赀,弘治乙卯僧忠诏始。其左有禅堂、但笑斋、三圣阁,右有二陆祠堂、有方丈、转轮阁,自万历乙亥僧濂始。父老云,昆山古号马鞍,吾郡西北二十三里,一峰郁然,绾结泖口。晋机、云兄弟读书其中,是为真昆山陆之祖、征北将军袆墓在焉。胜国中峰禅师与五百人俱,时见神虎出没林莽,道者李某能降之。垂后荒圮,山童树秃。虽小振于弘治,锄艾之馀,然舍大士殿而补率与鸟鼠争道而已。赖濂上人拮据数年,榛蔓瓦砾化为庄严,又礼请三怀讲师,宏敞法度。余八十五年矣,常曳杖山椒,相与徘徊藤花松影之下,顾视石气沉秀。诸僧次第驯谨,雅有规绳,信兹山重兴之会也。大较干将,横云诸山,寺枕山麓,山不能兼泖,泖塔浮小中,小不能兼山。独小昆山两收之,而又二陆先生之灵实依于此,非濂上人曷能成是胜乎。于是余施田数亩,以少续先世遗志,而士大夫之属游于山中者,各捐若干亩,皆不可以无记。

按:昆山泗洲塔院在松江昆山之巅。宋乾道元年(1165)僧心古建。明弘治四年(1491)建观音殿。嘉靖二十年(1541)建真武殿,二十六年(1547)又建西方殿。隆庆元年(1567)建泾阁,万历中建藏经阁。该碑记由陆树声撰于明历二十一年(1593)。记文录自崇祯《松江府志·寺观》。嘉庆《松江府志·艺文志·金石》中有此碑的著录。

灯 油 记 碑

(徐泮撰　明万历二十五年·1597年)

　　本镇信民徐泮,有先父敕赠保定左卫经历徐寿存日,今三官大帝荫功庇世,于嘉靖十二年(1533)间,发心营建殿宇,绘塑圣像,随点长明灯一盏,昼夜不绝。嗣泮缵绪,言念先德,不敢隳弃,遵行如故,盖六十有馀载矣。窃恐灯火无资,后人难继,今愿舍自置本区七图原额田七亩,该租米六石;又五图原额田一十五亩七分,该租米一十一石七斗六升;通二处,共名田二十二亩七分,共租十七石七斗六升,完粮之外,岁供庙用。尚有余资,供真武神前灯油每月六斤,三茅真君灯油每月二斤,武圣灯油每月二斤,又岁给僧道点灯米一石。年荒量减,余供差使。立碑勒石,永垂不朽。祖创孙承,长守勿潜。祈求一念精诚,潜通元造,躬荷胡考之休,代膺昌炽之福。

　　万历二十五年(1597)七月日,保定左卫经历徐泮记。

　　按:碑在原七宝寺,明万历二十五年(1597),徐泮记。碑文录自2010年《七宝镇志》。

董其昌书《金刚经》字塔碑

（明万历二十七年·1599年）

金刚经文全部（略）

按：碑青石质，高194厘米、宽53厘米、厚17.7厘米。碑面刻《金刚经》一部，楷书，排列成阿育王塔像的形状。回环往复，自成句读。相传董其昌为其母祈祷治病，将《金刚经》用正楷小字塔轮廓书写，每逢转角，均书"佛"字。明代万历二十七年（1599）陆树声、唐文献、顾正心等施刊。此碑原藏于董文敏祠中。遭日机轰炸，断为三截。现藏松江博物馆。录自2001年《松江文物志》。

重建天台教寿安寺碑记三则

（冯梦祯等撰　万历二十三年以前·1599年以前）

重建天台教寿安寺碑记

粤自大教东来，梵刹渐广，禅讲戒律，派别为三。讲宗惟天台最盛，有徒有繁，遍吴楚间，称讲寺者，不下数百千，其十之九皆台宗也。崇明，娄东僻邑，四面环海，潮汐冲齧，晨陵莫[暮]谷，迁改不常，人民鱼鳖杂居，其慓悍者没波涛间为盗，盖不闻三宝名字，从来远矣。宋淳祐中（1241—1252）有僧曰模曰俦者，偶游其地，拾枯竹插土，祝曰："竹荣，当置道场。"已而果荣，土人异之，为捐赀结庵焉，曰富安院。在三沙东仁乡，盖有三宝之始。两僧不知何许人，而能宗台教，法席既布，远近向臻。元延祐戊午（1318），赐额永福寿安寺，无何，蛰于海。泰定甲子，僧全乃卜迁于东仁乡之中土，建大雄殿之三门、两庑、选佛堂，翰林直学士完泽台为记。全法席最盛，学徒至数十百人。国朝洪武，僧神芝建千佛阁，永乐中，僧普照建忏堂、琳宫、鸾像，如从海中涌出，照辉人天，称名刹矣。无何，毁于火。宣德五年（1430），寺址复圮于海。明年辛亥，僧韬等迁于其乡永兴沙庆丰间，重建三门、方丈。又明年，□□□□，始于韫而成于智连等，又建四大天王殿，严饰殊丽，视昔有加焉。嘉靖初废，友昂等重建，亦圮于海。其兴大略如此。吾友妙峰觉上人，盖习台教而深者，有弟曰元公，元公之上世有定真者，则寿安支派也，寿安既废，则居慈济寺云，时台学久废，而觉上人独契心宗于数百年之后，慧解既深，妙辨横发，虽老于法席者不敢诘焉。余客岁始识上人于昭庆僧舍,语次及台教,上人稍引其端如悬河泻水,余曰请以异日卒业焉。今岁余结夏拙园中,偶阅四明尊者妙宗钞,所不解者数十处,莫可咨决,会上人与其弟元公见省,且曰:寿安讲寺,故天台教也,元也谋再建焉。而廷尉王公世贞、进士张公新、水部王公豫实左右之,乞地若干亩于县大夫,已得请矣。又檀信某某等皆乐捐赀,所规划或不能壮丽如昔时,然乐成亦易,愿以子之言预记之。余笑曰:"止吾所疑于妙宗者若干,则仁为我释之,如命不难。"上人曰:"趣举之。"余随举,上人随破,不数日而目中全牛游刃馀地矣。上人又为余辨析台家宗旨,如三观、四教、五玄、六即之属,于是始悟台教之大且深,而遇上人之晚也,□不□愿生生世世流通台教图□□。上人曰:"善哉,十方诸佛与十九代祖师实闻子之言,幸卒勉之。"上人辞欲行,遂取近缘并寿安废兴始末,属元公勒石焉。且谓元公曰:仁其嗣兄之学,而令寿安法席接武天台,与模、俦、全诸师先后辉映,则崇明其幸矣哉。元曰:唯唯。嗟乎,上人其四依再作耶,元公其模俦后身耶。南京国子监祭酒、槜李具区冯梦祯撰。

董其昌题跋

恒河大海几数十万,由旬苾乎,其何有涯于其中,突□聚沙别成一片境界,此造物之所以示幻也。众生从而食息营壤焉。幻中寄幻,奚啻若蛮触之居矣夫。此洪波巨浸之中,漂没消长,固在瞥眼间,足当谛观者一番省人。虽云无涯,适为彼岸津梁矣。此寿安寺所以数圮而元公复建之意也。一时善众能因喜信心,发乐施愿,植福德本,以成此无量慧业,即后之永永历劫,吾不能定其数,而胜果不坠,庶几因幻即真,圆满方便,皆为游戏如来大寂灭海矣。崇之二令陆子羽氏,余之契友也,以是册为元公请题,因书于冯司成之后如此。万历己亥(1599)岁重阳日、史馆编修董其昌书。

碑阴残碑

(书天台教寿安寺碑阴)

(前缺)元公为释之,始悟台教之精深广大而得公晚。呜呼!其有旨要乎,良以时机浅,昧我见之,夫无证谓证横生呵诋,故太史以过自贬损,而尊法为佛事,阴夺其□慢憧仆之不见辙迹,此其所以大过人也。若谓太史真有所不解,是恶足以知太史哉?初予于人间,每得太史文读之,味其平生,必精进秀媚,如大火聚,迨以大胥属事太史南雍,则顾然丰硕而气和如春,真乘悲愿而至者也。寺谋建于崇明之长沙,余其邑人,故元公之徒请余书太史碑阴,以示道俗,余不得而辞云。

  大明万历戊戌(1598)仲夏望日、南京国子监监丞陈一道撰。

  按:《重建天台教寿安寺碑记》,碑后并有明代董其昌万历二十六年(1599)题跋,录自明万历《新修崇明县志》,清康熙、雍正、乾隆、光绪及民国的《崇明县志》均有收录。由冯梦祯撰于明万历二十三年之前(冯梦祯于万历二十三年即1599年卒),碑文基本按照崇明博物馆2009年编《崇明历代碑文译注》。此碑的碑阴另有残碑,为国子监监丞陈一道撰于万历二十一年(1598)的一段碑文,由崇明县史志办公室提供。

重修万安亭桥碑记

（明万历二十七年·1599年）

（以上缺）张清□□然，兴念募资重修，□□□□有加于旧，谨用勒石志名，以□后之好事者云。

万历己亥年（1599）孟冬吉。□□里人张云翰识同檀越□□□□陆□（以下姓名全部模糊），□工食银贰拾两，□□□□□，□□银叁拾伍两，□工食□□□，□□银□□，□□用□，□□□银肆两伍钱。

按：万安桥在青浦区金泽镇，桥现尚存。此碑记由张云翰撰于万历二十七年（1599）。碑文录自《上海碑刻资料选辑》。

菩提禅寺重建大雄宝殿记

（唐时升撰　明万历二十八年以后·1600年以后）

嘉定之西南二十里,曰安亭,东至海,南至口各有五十里。盖居淞江之中道,而临平、檇李之水汇焉。其南曰青龙者,孙仲谋于此造囗有青龙舰,以破曹氏者也。其北有菩提寺,记云建于赤乌二年,六朝以来屡兴屡废矣。当宋之际,有僧慧才,受法于妙悟,顿锡于此,重建招提。三百年来,门庑庖囗囗湮没殆尽,而大雄宝殿岿然独存。至万历二十年（1592）,一夕崩圮,世尊诸菩萨之像,上囗暴露,下辱泥塗,居人为之彷徨叹息,以为千年胜地,至是无再兴之望。已而武陵比丘海月,遇而见之,感极悲深,泣涕如雨,誓发弘愿,囗复胜缘。乃铸造铁银铛,重百馀斤,自锁其项,而投钥于深井,曰:"所不能庄严如来,以复旧貌者,从此毕命矣。"蹒跚而出,跣足而行,三岁之间,暑炙列日,寒履坚冰。道路见之,或以悲慨赞叹,或以欢喜踊跃,于是施财雨集,趋事云臻,盖五年而殿成焉。凡高八十尺,深广皆二百尺,台之方广九十尺,陛七级,各加于旧,以囗户枢,以珉为囗囗期永永俾无坏。方塑佛像,像成,啻次第经营门庑、庖囗之类,而以殿成之本末,求文以记之。

按：碑文录自《安亭志》，明唐时升撰于万历二十八年（1600）以后。

龙华寺明神宗护经敕谕碑

(明万历二十九年·1601年)

敕谕直隶松江府上海县大兴国龙华寺住持及僧众人等：朕发诚心印造佛大藏经，颁赐在京及天下名山寺院供奉。经旨护敕，已谕其由。尔住持及僧众人等，务要虔洁供安，朝夕礼诵，保安眇躬康泰，宫壸肃清，忏已往愆尤，祈无疆寿福，民安国泰，天下太平。俾四海八方，同归仁慈善教，朕成恭己无为之治道焉。今特遣汉经厂掌坛赵永，赍请前去，彼处供安，各宜仰全知悉。钦哉！故谕。大明万历三十年月日。

按：明万历二十九年(1601)，龙华寺住持达果上书求颁藏经，神宗颁《大藏经》一部及敕谕一道，达果回寺后将敕谕勒石。碑毁于咸丰十年(1860)。敕谕文录自清康熙《龙华志》。

重修三王庙记碑

（张元珣撰　明万历三十一年·1603年）

　　余览旧志，盖三王庙之由来远矣，其在三灶之者，则曰陈明三王，家尸祝之。余从父老求问，所谓陈明已不可考，厥宇湫溢，中更嘉靖之兵燹，几无故址。故址得延至今者，则蔡善人士安力也。当是时，蔡公既存其如线，又筑一楹以大士像，庙貌由此小饬焉。历岁五纪，为万历二十七年己亥（1599）春王正月份，道人康性敏，浮海礼普陀君还，守兹庙，不忍土木之薪薪也，谒余求疏具语所以矢心者，予韪之，同我友奚君显秦颂鲁为文，祭告东岳之神。爰始爰谋，若翁继志，总领万缘，已而布金者稍稍集议，徙上西南数武，士安孙益显克刚为捐旁亩，以增式廓，而三殿次第立，更辛丑落成，金碧辉煌，玄关肇启，梵音朗朗，达于丙夜，猗欤休域哉。是役也，寸椽片瓦，悉性敏耳目手足所及，蒙霜露，冒寒暑，赤心白意，人天共鉴。即平时不逞之徒，亦寝其狂谋而津津称说无已，以方当世羽客淄流，岁时箕敛，共厌日腹者不星渊隔耶？奚、蔡两君欲伐石以谂永永，前指谓予，诸施财者当刊之碑阴，不具论。论其沿革之自，创造之限如此。而张廷宪缓急，性敏以庀厥材以考厥成，亦足嘉并入之记。万历三十一年岁次甲辰（1603）春王正月吉旦。

　　按：三王庙在原川沙厅十七保十三图，始建不详，明嘉靖年间遭兵火而毁。明万历二十八年（1600）重修，该碑文即记其事。1999年，经批准恢复，2005年，正式改名为碧云净院，在浦东新区张江镇孙桥。此碑文由清河张元珣撰写。碑高122厘米,宽69厘米,厚24厘米,碑文录自《光绪川沙厅志·卷五》。

三王庙记碑

云台殿碑记

（吴桐撰　明万历三十一年·1603年）

　　维万历某年某月，金蛇显灵。大是灵异。镇居者咸发信心，以为此地当立庙，仓卒间未易兴举，姑构草庵。远近进香者日几千人，人人喜舍己资，为作庙费。方建元帝行宫在前，而云台大殿正度基定位矣，奈嫉忌者梗其事，闻官而止之。大众一片菩提心，因此少怠。虽二三年间，香火不绝，而庙尚未建也。岁癸卯年，吴桐念胜事固难成，亦有沮之者，以生事为恐耳，桐敢效力募众，不畏梗事之人，以求必济。幸赖佛缘而乐施者众，不半载告成。制度巍然，为本镇东南胜。其周旁垣墙及山门僧室，俟继起者踵而成。桐以一念缘，讵敢恃此以为功德也。第始终有因，当识之以为日后观者知所由来耳。

　　万历三十一年(1603)岁次癸卯腊月，南京应天府上元县倡缘善信吴桐立。

　　按：云台殿原址在七宝寺，明朝建，碑在殿中，万历三十一年(1603)，吴桐立石。碑文录自2010年《七宝镇志》。

何氏重修报亲庵记碑

(唐时升撰 明万历三十一年·1603年)

嘉定何氏，世居娄江之阴。自宋元是，富甲一方。父老言，张氏时，遣其将吕珍重筑县城，其甓取办于何氏。洪武初籍其家，仍其祖为岁额，是以子孙散处四方，几不复振。

县境之北有永寿禅堂者，俗何庄，何氏之所建也。有报亲庵者，何氏所以祀其先人也。寺后迁至娄塘，而庵在正德时犹无恙，中奉木主二百余。其孙居京师曰祚者，冠中书，归省丘墓，犹及见之。嘉靖中(1522—1566)，乃毁于兵燹，唯神龛一主在耳。有顾氏者逐僧而有之，因鬻于隆福寺之僧。至癸未(1583)，中书从孙选成进士，起家南昌令，擢为侍御史。以建储言事谪官，因南归祭其先祖于庵。是时，庙貌巍然，乔木未斩，乃与族人定《春秋》合享之仪。其年，侍御公被旨夺职，仓皇北去。僧徒谓其不复至，遂撤去祠宇，起山凿池，为墓以葬。族人讼之官，不能直也。壬寅(1603)夏，侍御公复自燕来吴，理于邑侯，迁其三丘，复捐金偿其直而取其券，树石为绰楔，曰：何氏报亲祠。

前为殿，以奉观音大士；后为屋以居，僧寮皆仍其旧也。再入，为新堂三楹。中楹更设神椟，合远祖共为一位，以元处士良祐所撰妻子志石考之，因其名为六主。京师之祖若考为五主。匾曰永思，左右二楹，祀其南北宗，凡设神椟二、主三十余，令子孙岁时修祭，而仍俾僧深悦与其徒永泰辈守之，求余纪其事而勒之石。

予见长者好谭何氏之先，然皆其豪华侈丽而已，而其人之志节与其出处显晦之迹莫能详也。夫以布衣拥封君之业，累数十世不替，自张氏以及国初，门户少衰矣，而或远或近，绳绳不绝，京师之裔，缨绅相望。至侍御公，以宗社大事著谔谔之节，为今名臣。本厚者枝茂，源深者流长。盖其先世必有深仁厚德，以教于其家，以施于其乡。惜乎文献不足徵也，所可见于志石者一二耳。夫南郡之铜出而为钟，数百岁犹与其山相应。况祖考精神本由一气，昭明感召，魂无不之。然则南北之群昭群穆，同祀于一堂，诚孝子慈孙之心哉。

兹庵也，阅何氏盛衰屡矣，而卒不废。及其瞻拜伊迩，题识方新，乃几易姓焉。夫食其土，庐其舍，而思其所自，莫敢有废者，人之常情也。久假而以为己有，且憎其主人者，变也。今祠屋既葺，不以付族之人而仍付之僧，待以人之常情而不虞其变也。

祠起事于壬寅之六月，再阅月而告成。纪之者，癸卯(1603)之二月也。予与侍御公同年、同门、同里、同台，纪之最详云。

按：《何氏重修报亲祠记》碑早已佚，碑文载明唐时升《三易集》、清陈曦编《娄塘志》。碑文由唐时升撰于明万历三十一年(1603)。报亲庵旧址在娄塘镇娄江之南(今属嘉定区)。

重修小普陀记碑

(王翘撰　明万历三十二年·1604年)

　　干溪之震巽方,则沈泾也。溪水自西而注于泾,堪舆家言,当以禽星砥柱水口。漳州公有志不果。万历甲辰(1604),介人曹先生捐赀构小阁,颜曰"骊珠楼"。两翼作僧寮数楹,中奉大士,延缁流焚修焉。晨夕钟鼓勿彻,为溪上人造无量福。而溪上人亦俱指为名胜地。居士尝读书其上,秋江夜月,宁遽减黄鹄楼、华子冈耶?亡何,介人先生捐馆,住持者非其人,屠沽儿削发披缁,辄称我佛弟子,私常住所有,负之而走,诸僧遂散去。介人先生三十年功德,俱归乌有矣。罔论破坏禽星于溪上人大不利,万叹昔时巍焕,今竟湮没矣。比丘寂慧者,号明幻,祝发海上,有戒行,曾居于此。今日重来,不觉欷歔久之。因发誓愿,图所以兴复之,谋及居士。居士与比丘有大因缘,亦不觉踊跃焉。而介入先生诸丈夫子慨然愿□捐其地与比丘,曰:"业有其基矣。平地一篑,事在为之者。"虽然,顾此荒丘,凡一砖一瓦,一草一木,俱从比丘心里过、手中出,成亦甚不易也。脱一旦湮没者复巍然,罔论介人功德籍以不泯,而砣然砥柱中流,为溪上人子子孙孙永为福田,讵非甚盛举哉?居士乃合掌发愿曰:"比丘持坚固心,诸善男女破悭吝心,坛那矢护卫心。"才说是愿,已觉莲花舌本便涌出,诸善男女,诸精合切端严妙丽诸实相,以致香花缭绕,钟鼓铿锵,禽鱼悦乐,无不毕备。弹指间诸空即真实相矣。会乞居士作记,书此以付之。

按：小普陀寺在原金山县干巷东，明万历甲辰(1604)地方官曹蕃在水中筑台阁供奉观者，故名。王翘撰此碑文于万历三十二年(1604)，录自清乾隆《金山县志》卷十六。

资善寺记碑

(须之彦撰 明万历三十三年·1605年)

昔在元延祐六年(1319),妙明圆悟普济佛心大济禅师建资福寿宁寺于邑治之东南隅,廉访吕伯琦为之记曰:"书栋雕甍,全彰宝相,青松翠竹,咸契真如。"集贤学士赵孟𫖯亦云:"六牖自虚,纤尘不到。"则弘丽清旷之观,盖可仿佛而见也。已而代异时移,鞠为草莽,幽人胜士求识其遗址者,徒想望于寒烟落照之间而已。

僧道林欲依胜境重构精卢,徘徊瞻眺,莫适卓锡之处。万历辛卯(1591)有鬻地者,崇冈带其左,清流抱其右,睥睨掩映于前,平林离列于后,乃罄衣钵而市之,剪其荆榛,除其瓦砾,就结茅茨。于是殷职方为撰疏募缘,檀施云集,栋宇日新,越数载而成。后为殿五间,以奉释迦文佛,及二大菩萨,太原王公署其前楣曰"清凉法界",中为殿五间,以奉地藏菩萨,旁有十王侍马,缭以百堵,辟以重门,虽规制之巨,工力之富,不能如昔,而廊庑寮舍,通明周匝,庶几具体矣。

工竣,韩侯新其额曰"资善之彦"。不佞前而请曰:"世尊发慈悲心,来裟婆界,为众生转大法轮,开六度门,证两足果,然以修慧教,而上根时复趑趄,以修福教,而下根或能踊跃,岂非福田利益,足以发聋震聩乎?易福以善,于义何居?"侯应之曰:"夫悟圆通之谛,则福罪皆空;迷解脱之门,则善恶并碍。教有偏圆,义无深浅。顾观水者先源,而后其委;栽木者先本,而后其华。盖善者福之因,福者善之果。是故竺乾之教,大则供养恒沙之佛,小则戏为聚塔之童,皆云种诸善根。及其获福也,初从有漏,渐入无馀,如炊而得食,如凿而得泉,不待智人方深信受,至于震旦报施,昭昭目耳,岂唯善淫之应天道无私,宁亦赏罚之悬,王法不爽。故口称仁义之言,体备恭俭之德,矜百行之矩矱,采六艺之英华,此士之善也。修其孝弟忠信,去其嫉妬吝贪,恒先公而后私,毋拂物以从已。此庶人之善也。是必进有爵禄之荣,退有人伦之誉,身臻耆寿,庆流子孙,岂非不唐捐之福乎?若谓口诵莲花,身虽服谗,蒐慝而不害;朝缁贝叶,夕虽方命,犯奸而无妨。是必生为僇民,死堕恶道,何福之可冀哉?彼蚩蚩者业无从挽其狂澜,独令知所为福者?在此不在彼,庶不求福于福,而求福于善,有裨于世教,非小小也。是则余头以易石之意耳。"不佞怃然再拜曰:"止矣,侯之善导众生也!言约而博,义显而切,其呼寐者觉也,其指迷在途也。"用述其语,令道林勒诸石,以云永永。

按:建资福寿宁寺《资善寺记》,碑已佚,碑文录自万历《嘉定县志》。寺原址在嘉定县城东南隅,元延祐六年(1319),僧普济建。明万历十九年(1591),僧道林重建,万历末,僧闻弈增建后殿。清顺治间,僧宗化修缮。寺有古牡丹,题咏甚多。万历三十三年(1605),须之彦撰,娄坚书。

董其昌临唐怀素自叙帖及题跋碑

(明万历三十五年·1607年)

临唐僧怀素自叙帖"□□堂藏帖"(篆书阳文5字印)
(以下草书全文,略)
大历丁巳(777)一月廿有八日
(董其昌题跋:)
余每临怀素《自叙帖》,不能书意,今日乘兴为此,皆以大令笔意求之。黄长睿□米芾见阁帖,草书稍纵者,命之旭、素。故自二三得笔,一家眷属也。此法大坏于黄涪翁,缪种流传,为解大绅。□人翁所谓高阁而下,但可悬之酒肆。味自叙中语,有云旭虽绥兴颠逸,超然不羁,而楷法精粹,特为真正学狂草者,请从此入,因非临效及之。
丁未(1607)冬二月廿六日,董其昌识。(下钤两方篆体印)"知制诰日讲官"、"董其昌印"

附:董其昌临唐怀素《自叙帖》碑廊序言碑

序言
董其昌临摹唐朝怀素《自叙帖》属珍藏品,其中前半部五块早已未见下落。现按照唐代怀素真迹拓印本,弥补复制前半部,以供游园者观赏。
上海方塔园 癸未(2003)季夏初五
按:唐怀素草书自叙帖碑在松江区上海方塔园内"其昌廊"内,高31.5—34.5厘米,宽91—95厘米不等,共边碑廊序言共11块。董其昌题跋16行,行9字,行书。2012年12月5日,碑文录自碑廊照片。

董其昌临怀素自叙帖碑跋

修复真际庵记碑

(娄坚撰　明万历三十九年·1611年)

　　自竺乾之法东至支那,其徒之能绍隆者译梵为华,疏隐为明,所在为大众宣说胜妙,往往致天雨花、石点头,良由戒埴慧户,善本宿植,非偶然矣。迨菩提达摩摆落圣谛,解粘释缚,直传心印,而禅学骤盛。今观《楞伽》四卷,性相了然,固吻合二宗也。其后禅之訾讲,则曰枝蔓;译之诋禅,则曰荒唐。盖末流自分,源岂有二哉？有三际师性通者,自蜀宕渠来游。瞽也,而善说经。其淳而蓄之,如水在潭,注而不溢;其吐而出之,如缾泻水,酌而不穷。七岁丧父,八岁丧明,十一出家,明年礼峨眉、鸡足,南登衡岳,凡历十年所。北至五台,留京师又数年。反而渡江,访牛头祖堂之遗,东浮海,礼普陀落迦而还。遂止吴中,往来嘉定、太仓间,时年未三十也。善信翕然归依,愿闻《圆觉》、《首楞》、《法华》,师随其根器而为之说,或详或略,咸令心开。予尝赠诗云:"近遇西来盲讲师,世间文字未曾知。澜翻千偈纵横说,愧杀窗前弄笔儿。"昨岁又暗诵不可思议解脱法门,通其大旨,将复就善知识而研究焉。其精勤不懈如此。

　　先是,元泰定中(1324—1328)僧良玉者创真际庵以聚其徒,在州治之南,面城临隍,圮久矣。居人以佛地莫敢为室庐,鞠为草莱。咸谓师之来,其当复乎？度其地,广轮可五亩,故李参议之子愿舍以为施。众曰:"夫檀那不专于一人也,与吾侪共之,其可乎？"相与率钱九千酬其直。于是凡屋之材无跬而自至,凡屋之工不募而自集,而庵以成焉。师尝乞故王文肃公题堂之额,仍其旧名,又属予书,悬之门，且请为之记。师之言曰："吾非不知吾身之幻，而斯庵者，又直幻之寄也。顾昔人创之已废，而人莫之居也。吾自东川适来，因善信之缘而修复焉。他日吾虽去此，其必为缁流之所栖乎？书以告为吾徒者，昔者何由创，今者何由复。以幻躯躯寄而以真际名何？居则知四大幻也，轩、槛、墙、壁，幻也。即之则究无一真，离之则真亦不立。有实相焉，以去来今为境，尘尘密移而莫穷其际；以空假中为观法，法俱舍而默契其真。昔之逍遥云水耶，今之托宿蘧庐耶。何者为际？何者为真？拓而广之，吾不为德；撤而毁之，吾不为怨。顾合众人之力，历三年之勤，以与吾之徒寄于此也。唯其为佛地焉，而莫与之争故也。后之人能无忘真际，则庵其永存乎？"

予乃记之曰：庵之经始以岁己酉（1609），而地之辟之以明年。其屋于前后者各五间，有崇庳无广狭，而左右翼又各有三间。佛菩萨之像设，僧之寮、斋之厨亦略具焉。庵前隙地，其徒以诵持之暇，锄而灌之，亦可以不匮于蔬。予又以谓为百年之废，一朝复之。于吾邑佛事之盛衰，亦当使后有考焉。

万历三十九年（1611）岁次辛亥十一月丙申朔冬至日甲寅娄坚撰并书，太仓张充春镌字。

按：修复真际庵记碑在嘉定孔庙（现嘉定博物馆）当湖书院前堂西壁，高216厘米，宽83厘米。碑文楷书，共1035字。明万历三十九年（1611）立，娄坚撰文并书丹，张充春镌刻。真际庵，旧址在嘉定县城南，元泰定三年（1326）僧良玉创建，今无存。

修复真际庵记碑　嘉定博物馆提供拓片

九龙庵记碑

(胡开文撰 明万历四十年·1612年)

慨自宗风不振,象教始兴,佛氏渡人津筏,不得不寄之旃檀梵诵矣。夫人过邱墓知哀,入庙宇作肃,人心不死,即佛教流通。岂金碧皆淫祠,庄严徒土木乎?余乡僻处南陲,一泓水国,尽多耕凿间事,诗书始祖迄今十二世未闻。有崇信瞿昙布金礼象者,余壬子领乡荐,我族归功地灵,颂美人杰。遂凭青鸟之言,于祖墓西南隅,起建佛阁。其址东北三面环水,独南枕田塍,堪舆家谓倒地金钗,以其丰南锐北也。水道旧通舟航,潮汐呼吸,九□环向。土人妄拟九龙港阁,亦漫以九龙庵为名。距曾祖新茔仅盈盈带水,阁面屹峙,与茔相朝。初供大士,火焰镜光,恰照茔陇。厥后移供文昌,塑伏魔大帝于其下。先营左右两厢,又迄一年,而后殿亦告成矣。于是供三无大士于其中,两厢则可下僧榻。又于阁之东隅起字藏,矗立其间,与阁之峭然独立者,若有犄角之势。此庵先后游僧寄迹,一宿蘧庐,旅来旅往,迄无人可司锁钥。有道者苏姓东土编氓,兼善稼圃,貌拙而意近真谛。朝暮课托司香火,余辈鸠粮度岁以为给。阁之四隅寸阶尺土,道人手自耘锄,菜甲豆茎,与春花秋萼互相荫映。沿堤多植桃柳,小似武陵溪。且间能募资铺砖作街,装饰金容,种种成劳,一人独任,余甚嘉焉。而道人亦誓愿祝发,欲永依此地作住持僧。余乃捐近阁常稔之田十有一亩,作为乡积产,俾僧取赡食,庶几有恒产而有恒心矣。余族接武书香,增光堂构者,相与光大其规而绵延其泽,将见钟毓有灵,百年未艾,岂止近忏贪悭,抑且远培福慧。余数年宦成归来,息影于此,以消豪华愤矜之气,是诚小净土乐国也。僧其永坚乃心,安分固守,则维鹊有巢,鸠安能居之哉?是不可以无记,因勒石叙其颠末云。

　　按:九龙庵在奉贤县阮巷镇东北。明万历壬子年(万历四十年·1612年),举人胡开文创建并撰碑记。碑文录自光绪《重修奉贤县志(卷二十)》。

西林寺重修塔疏二碑记

（陆应阳撰　明万历四十一年·1613年）

　　西林禅寺有圆应宝塔，建自正统九年，距今二百余岁。灯点七级，光照十方。盖郭乃灵境，亦寰内福田也。顷者一夕风雷，焚击中央二级，木石全毁。金渭此骇常灾异，匪独殃及僧庐，抑且虑在比邻肘腋。譬之于人，衣冠虽具而病已□膏肓，不药安能久恃乎。瀛上人季老而解事，乃矢志坚修，方□□善信檀越。而幸有张公博士纯孝，心发喜捨，愿捐金首助，董治有其，凡此知识，畦不闻风而兴起乎。余得是举也，释方览□隐忧，标郭门之宝树，视彼无端，募化有意□果者，相去不啻径庭矣。敬援笔为之疏。

　　万历癸丑清和浴佛日，七十二叟里人陆应阳谨书。（下两方篆文印"古塘居士"、"陆氏伯生"）

　　（后有11行小字，行14—15字，正楷）

　　董氏世效□力记

　　皇明正统九年甲子岁，本寺里人筠轩居士董顒助修□□□□建。寺前庆云桥有两碑，□□□□□成化二十年甲辰岁本寺修。□□□士董昂捐赀独力任修，□□□□□碣石别多，功德居伟。□寺寺□□□万历四十一年癸丑岁本寺重修。塔□毁居士董复表捐助□倡修，□□工□。于是同诸正信，皈依礼佛，作偈曰：

　　善哉完满，愿力所致，一大因缘，世□缮治，勿替引之。董廷善书。

　　按：此碑在圆应塔一层外墙正西，陆应阳撰书于万历四十一年

(1613)。此两方碑,宽173厘米,高30厘米,前半部行书近草体竖写,32行,每行字数不等,后半部宽26厘米,高30厘米,小字正楷,12行,行14字。2014年5月抄录此碑时,比2012年摄照片时又破损了若干行。陆应阳,字伯生,号古塘居士、明江苏青浦(今上海)人,晚年移居郡城,即松江府,著有《樵史太平山房诗选》,与居简、陈继儒友善。台湾故宫博物院藏有他的作品。董复表,明代万历年间松江人,王世贞门人,万历四十二年(1614),曾将王世贞遗作中的部分内容编为《弇州史料》。

金泽颐浩寺复饭僧田记碑

(潘耒撰 明万历四十一年·1613年)

淀山湖之西南有地曰金泽,居民数千家,有寺曰颐浩,殿宇崇宏,相传南宋吕相故宅也。明万历中有司议撤其材,以为公署,华亭徐文贞公止之。留吴道子画大士像及所赐衮衣于其内,仍施田饭僧,远近善信续有所施,最后总戎效君布金增扩为田若干田。岁在甲午(1594),大殿告灾,僧众迸散,其居者又面背戒律,荡耗资材,田或售之人,或归其主,斋钟不鸣,禅诵歇绝。壬子(1612)冬,橐庵和尚自华严来居焉,道力所持,而废咸理,修后殿葺山门,筑垣一周,植榆百株。学人参习,敕敕济济,于是故家长者各以其田来归,转售者渐次收赎,而后饭僧之田复完。使来请记,余惟释氏之徒,食于天下,其道三变,而日趋于穷。其始也养于人,持钵而食,操瓢而饮,帝王之馈不加美,草木之味不加恶。舍卫之宗风固然。其继也以自养,耕于荒山,樵于茂林,量腹而进食,度形而受衣。此高僧古德冥楼绝俗者之所为也。其末也以养人,聚方袍圆顶之俦,列屋而居之,积困而食之,以得众为门庭,以广椽为坛席。今之尊宿皆然。夫高座而致方釜,视乞食则安矣,闭门而给千人,视数米则丰矣。然而养于人者,人求之也。自养者,无求也。养人者,求于人也。其体弥安,则其心弥劳;其得弥丰,则其道弥降。橐庵之为人我知之,择僻地而居,取愿士为徒,游乎真率之区,耽乎寂寞之途。不召而人自趋,不植而人自扶。其复是田也,曰:我天下之钝人也,不敢优游以养尊,不欲龌龊以从俗。进不能追瓶钵之高风,退不能立蠹隐之门墙。其惟勤手足,量晴雨,以岁入供碗饭,节其馀以支赒圮,后人循而守之,勿坏勿忘。呜呼!彼自命为人天推奉,出而汲汲求世者,闻橐庵之风,亦可以少愧矣。橐庵名行如,字子山。磐山之孙而南涧之子也。首事复田者,本镇里老文贞公之后,总戎之子,名具列于碑阴。

按:颐浩寺位于青浦金泽镇,始建于宋代。该碑记由潘来撰于明万历四十一年(1613)。碑记录自《嘉庆松江府志·寺观》。

百步桥记碑

(张所望撰 明万历四十五年·1617年)

邑之西南十七里,有龙华寺。一水绕其左,曰龙华港,黄浦分流入焉。两涯相望而遥,有桥跨其上,曰百步桥,构木为之,所从来久矣。尔其旁带龙江,俯临鹫刹,睇帆樯于烟树,聆钟梵于晨昏,轮蹄络绎,宛在图画。固郡邑之孔道,亦津梁之丽瞩也。□风雨之所飘摇,波涛之冲撼,危险特甚;而土人又利其速败,以觅利于津航,故桥亦善崩。间一葺治,必大费,不数载复圮。行者望洋趑趄,几同鸟道。余少时往来经此,每私念易木而石,庶几可久,且不一劳者不永逸也。岁月荏苒,计未有所出。及万历壬子(1612),余自岭表人贺,便道过里中,桥适垂坏。徘徊瞻顾,初念勃兴,而徇谋于众,并有难色,谓:"潮势若此,工力安施?如其可石,宁竣今日。"率皆匿笑去。唯宗弟云程,夙怀义风,雅会余指,慨然请任其役;会比丘性清,亦发是愿。谒余乞疏,将挟以劝施焉。余题疏已,即出俸百余金为倡。诸素丰家,顾犹豫未肯应。云程独不靳,捐赀决策经始。闻者又相与揶揄曰夫夫也。将效精卫之填海耶?此语不胫而驰,人并解体。而云程持之益坚。余亦间相劳曰:"吾闻精感可以变天地,开金石,是役也,安知川石不效灵乎?"云程之气乃益锐,庀材鸠工,寒暑不辍,胼胝拮据,劬劳万状。岁馀,规画有绪,而异议亦渐息,唯是湍流驰激,砥柱为难。时有工师逞奇,募得善泅者数辈,能没水终日,与鱼鳖为伍,运椎施杵,疑出神工。于是盘基孔固,畚插云集,远近檀施,闻风而至。云程总理多能,群力毕举,爰自癸丑之冬,迄于丙辰之秋,始告竣事。费金六千有奇,而出自云程者大半,斯人情所难矣。越岁丁巳(1557),途返初服此矣,闻津则此虹梁屹然峙浦口。昔之也不有载笔,后将何闻？余故乐为之记,以勒之石。而一时助施善信,皆得列名于碑阴。

按：该碑记由明张所望撰,明万历四十五年(1617)立石。碑石今未见。清康熙《龙华志》、嘉庆、同治等《上海县志》及《二十六保志》对此碑记均有著录。碑文录自《龙华镇志》。

重修圆应塔记碑

（董孝初撰　明万历四十七年·1619年）

　　□□名郡□兴圣、西林、超果、普照诸塔,元时兵燹,废其三,存者兴圣耳。入我大明,无际禅师重建西林塔。而旋有倾圮。嗣孙瑞公奏请移建,始复旧观。塔□□后□高阁□□振举□另□足远□□缁素赞叹。瑞公□当兹寺开□佛祖云：□□□□。

　　□□二百季为万历癸丑,而□□人□中□般若□,危而不可知,□非寻常□剥落。久则,□公默然上人之□□,盖其师祖□□□公□修山门之后,于贵家者□建之□□□□名□,归而掩其关数年。为徐、陆而建为尊。所□本寺□□□□□□所圣概□□□万历。□新大雄殿,塑安灵山一会,罗汉、诸天,又创四天王法相有灵。瑞公□都中俞君建谞捐缗助建,渐次整顿此阁,遂称中兴焉。至是□□□□□阁重修,而年老不任,鸠工其成行。素孚名贤,乐赞不募,□□□□□尤志向佛,矢心奋□,而檀施□□□施不足,□然倘来梵诵之资随有□给。而□□驰驱,寺□拮据,寒风暑雨,时□焦劳挟□远求良材,鈲□必精□埴其上,协则摩饰□轮更易,□绠其下,则修缀□□□□□,神光奂发,耸矗千□,□□□□欢喜。金谓方隅之忧危已,择西墅□虚标,顿见厥功不下□。移建是瑞公再□人也。经始于癸丑之夏,复历数载,落成于己未之秋。予目击数年,乐观厥成,为之□其岁月。

　　谷冰顽逸里人董复表撰,董孝初书,乡进士董复初立石。

默然本师谷休创缘重修。

按：此碑在圆应塔一层外墙。原未署年代。碑方101□29.5厘米,正楷书碑,38行,满行13字。

白鹤南翔寺新建禅堂记碑

(唐时升撰 明万历四十七·1619年)

白鹤南翔寺,创于梁天监中。自唐至宋,屡废屡兴。至万历之初,歙人任良祐赀不满五千,而以其十之六重修天雄殿,雕甍画栋,金碧炫横,为一方之胜观。独未有禅堂,使南北云游之至于斯者,无所托处焉。丁巳(1617),比丘性忍海澄与居士李长蘅谋出衣钵之馀以兴事,乃募四方檀越,铢锱而累之,身执畚锸之役,为堂五间,东西庑各长间。至己未(1619)之秋,土木就绪,求余文以志其本末。夫比丘之道,浮梧万里,托钵千家,混迹市廛,则恐累麒麟之行;栖身林麓,则虞逢虎豹之群。于是假息招提,随行梵呗,夕共苾蒻之戒席,朝分麻麦之余餐。办法分劳,宁辞腰下之石,片言契合,或解髻中之珠,通俗瞻仰,威仪天人,必加赞叹。乃有言者曰:枳棘多刺,薰莸易移,王法有舍人无验之条,圣门有无友不如之戒。凡慈净众倘溷,非人始类败群之羊,道俗遭其蹂躏,终为当户之犬,行人恶其唠喧。既乱清规,仍贻后患,诸佛弟子得无念此乎。余谓之曰:五都之市宁免容奸,千室之乡岂封比屋。倘因噎废食,以瑕捐瑜世必笑之。矧佛慈广大,同体众生真性,圆通曷分人我。倘六时之内习性参禅,三宝之前低头作礼,则圣凡之杂至,皆师友之良缘,披沙而得金,因欣逢于此矿。用石以攻玉,奚致憾于他山。中绝爱憎,外捐违顺,则建此堂者,何异给孤之园;居此堂者,实为成佛之路。性忍与其徒福不唐捐矣。夫何虑乎。若夫新近而憍慢不生,远离而嗔恨不作,是在普觉之谙清,如来之诏告。当与十方往还之众共最之者,不必重论矣。

　　按：南翔寺在嘉定南翔镇。该碑记录自《南翔镇志·卷十》。《南翔镇志·卷九·碑刻》与《光绪嘉定县志·金石志》有此碑的著录。碑记由唐时升撰于明万历四十七年(1619)，李流芳书写，僧性忍立石。

白鹤南翔寺新建禅堂记碑　嘉定博物馆提供拓片

东济庵记碑

(俞汝为撰 明万历年间·1573—1620年)

　　吴淞泽国水,以茂称者三,其一横泖绝大,盈浦而东也。北折为流,曰崧宅。其上成聚,曰崧宅镇。镇西偏不百武,而近为晋左将军袁崧墓,傍为东济庵。元至正初,僧敬从关中来,诛茆结宇,师印度东土,是曰东济。袁将军守吴郡杭贼身死,其下李祥收遗骨封之,隆隆起草莽间。土人论言将军墓有奇,取一抔土置爨下,蚁鼠迹无复存者。岁久庵圮,樵操不禁,壕渐夷,而故址非复僧有也。万历初元,蔡谏议复县青浦,置邑于唐行之廛,割崧宅为左辅。于时四明屠侯谓将军死国事,不宜沦设荆束中,勒石建祠,表将军遗节,人情勃有复古之思焉。其后卓侯钿概然修复,令清东济遗址,里人薛汀义而返之,寺僧汝成经始其事。梵宇再饰,宫保平泉,更名慈济。余于慈庵之废兴而知宰官现身说法之意化导民切。尤幸袁将军忠魂可恃栖托,则后先邑侯之表遗忠存古刹为可记也。

　　按:东济庵在青浦县四十六保,建于元至正元年(1341)。明隆庆初年,顾从礼重建。明万历年间(1573—1620),陆树声、吴炯、薛汀等重建。此碑记为俞汝为撰于明万历年间。碑文录自崇祯《松江府志·寺观》。《嘉庆松江府志·艺文志·金石》中有此碑的著录。

松江水次仓新建关帝庙记碑

(陆应阳撰 明天启二年·1622年)

水次仓系国家漕储要地,外而三泖,风帆荡漾,内而一城,食货浩穰。信郭西上□□,万历三十年间,因总厅□□立关帝庙众议,借此以镇压冲途,亦不朽盛事乎。赖晋州王君春宇、汾阳□□□□行商于此,□□□助成胜举。庙貌尊崇,香火修饬,通政使许公悍所,邑侯李公廷之□题。前□□□□□□亦晋人□□谒庙,而色喜持赐之扁额"舆情胥戴",千百年灵境,此其□□矣。信持僧□□□徒性闻,格守清规,□晨昏钟鼓,能使远近归依者蝟集。是岁□建□□制,此虽□□□□兴有机而衲□□补葺,诸善士始终乐成其功,皆不可泯□求他日也,朱□城有贤□□□□等谓郡朱氏生平□□报哉,并为之记。天启壬戌岁孟冬吉旦,八十一叟陆应阳识并书。

大明国山西平阳、汾州府临汾、汾阳县信商□崇殷、王应□、宋诰、王快、郭钟、田用和、朱祐、王一槐、刘□登、武镐、冯立、李朝忠、王朝孝、赵思聪、宋柱、王登瀛、张邦爵、宋续光、刘德业、五星耀、刘汝贵、刘守约、张福华、侯栋、(下缺)

按:该碑记由陆应阳撰并书于明天启二年(1622),碑文正书12行,行39字;众商姓氏4行,共有13列。2012年5月25日,笔者走访庙旧址,碑尚在庙屋壁间,记文从碑上抄录。民国杜镇球著《华娄续志·金石志》著录此碑目。该碑原立于松江水仓桥关帝庙内,2013年,由松江区佛教协会在原址修复,位于松江区大仓桥东玉树路(中山中路口),现改名灌顶禅院,于2014年初已试行对外开放为佛教寺院。

重建天光寺记碑

（陈仁锡撰　明天启四年·1624年）

　　盖自□□□,时有章练夫人舍宅建寺,题曰天光。从虚立宇,凭空起像。设长明灯之基,树万载顶礼之根。《大统志》中开载来由,甚详悉也。延至宋端平间,佛殿垂剥,寺僧资钵寂寥,莫能更新,赖有一时长者大行布施,重庄严之。又延至本朝天启三年(1623),虽多高藤伟木、虬枝老干,以征古色也,然而庙貌日圮,栋楹几折。寺中住持则解如公也,其徒则优昙公也,俱不无拈眉莫措之虑。而忽焉有应元章君者,小号心田,发心布舍,既置田十亩,以助灯香,又捐金一百两,以资改创。使解如得因机广募,大成胜举,而殿中诸佛不至与鸟鼠争席。非章君之力而谁其功德,殆与章练相上下者欤?诚心感召,万无不成佛之理;龙树马鸣,必预设章君之座矣。谨记之碑,以序其事。

　　天启甲子(1624)孟春,翰林院编修陈仁锡撰。

又置:

(前缺)计开晟字圩号内田五亩六分

(前缺)　膳字圩号内田四亩五分

大方广佛华严尊经二部

大乘妙法莲花尊经一部

劝缘人李差助二一百日

同劝缘人倪岩

　　按:天光寺现位于青浦区练塘镇泖口村,相传五代时章练夫人舍宅所建。南宋端平年间(1234—1236年)重建。明弘治十年(1497)和天启四年(1624)再次重修。清道光二十七年(1847)重建山门。该碑记由翰林院编修陈仁撰于明天启四年(1624)。碑文录自《章练小志·卷三·寺观》。2013年据青浦天光寺石碑补齐,碑高170厘米,宽92厘米,厚25厘米,碑已碎成数块,也有残缺。碑文正文六引,楷书竖书,引约60字,楷体带隶书笔意。

重修普慧寺记

（唐时升撰　明天启四年·1624年）

　　嘉定东南二十里,有镇曰广福,盖千室之聚,多富人大家。其地有广福普慧禅寺,因以为名。寺建于胜国天历元年(1328),长老传其中有万佛阁、九品观,相好庄严,栋宇宏丽,与圆通、皇庆、留光相亚。已而墙屋倾颓,僧徒散去,向之狮蹲象踞、经行呗咏之处,入于□□中久矣。万历间,有比丘法永者,生十二而出家,十八而从其师智峻,居南岳十年。已而遍历四方,至嘉定,简修多罗藏于鹤南翔寺。后峻公驻锡五台,为福王所供养。而永公至广福之曹王庙中,垣壁不完,中无坐卧处,意且归老南岳,此中好善者挽而留之。於是谋复广福善慧之旧,因买地筑室。方欲大兴法事,丙辰之岁(1616),一病示寂。其徒性逊感众缘之方结,悲师志之未酬,经营十载,不怠益勤,癸(1623)甲(1624)之间,克成胜事。山门列二金刚,正殿供释迦大佛、师利、普贤,后供地藏。东为城隍之神,藉其威灵以福善祸淫也。西为曹王,乃土地之神,一方所庇,且不忘始也。既告成功,求余言记之。夫永公南游岳麓,是大鉴禅师道成之场,北历清凉,是文殊大士光观之地,泥道师住祇树之园。五者给伊蒲之馔,于焉托处,可以优游卒岁。而于平芜宿莽之中重兴废弃之迹,不可谓非凤因也。性逊孑然一身,焦心劳思,以卒前人经营之规,以慰檀那挽留之意,宜为远近缁流之所赞叹矣。然此皆起于一愿耳,而大事因缘,有百千万亿焉者。夫妙明圆觉中,三乘四禅六波罗密,以至无馀涅槃,无不具足,如恒沙世界,七宝充满,其家而身,为都料匠,堂宇甲乙,台榭向背,凡可以庄严佛土者,惟所欲为,无藉布施之力,不需岁月之久。而如来金身,在莲花座为众生说无上道,恍若给孤园中,无有差别。是为广福,是为普慧。性逊更能发是愿乎?余执笔俟之矣。

按:普慧寺旧址在原嘉定区广福镇,始建于元天历元年(1328)。该记文由唐时升撰于明天启四年(1624),访文录自清《石冈广福合志》。

重修泖桥澄鉴寺记

(陈继儒撰　明崇祯元年·1628年)

澄鉴寺与朱泾、枫泾东西相望,前后皆空水,而有甫田居其中。沟圳环匝于四旁,泖桥横栏之于巽上。今桥圮岸断不可行。独僧寮佛阁露于菰蒲竹树之间,景幽地僻,游人未尝过而问焉。此寺建于唐天宝六年(747)者为隆禅师,毁而重建者为宋本一净慧禅师。入吾明,至嘉靖,困倭困役,寺颓僧孤,自养虚、笃所、果林三公至,畚土砾、薙草莱,募修四殿,而后敢葺静室,栽蔬种竹,稍稍有一枝之安。自是招集法侣,为慧灯、梵儒、空外、梵仪、绍初、了征、庐岳、一音、嘿持、秋雪、德云,经营拮据,殚厥心力,日讽诵水声中,绝不与世缘相附丽。余闻其钟鼓分明,又见其僧仪甚肃,就之谈,无秋毫尘土粥饭气。叹曰:"此浮屠中避世隐君子也。"因信信宿宿,朝朝暮暮,或泛月放棹,或听雨联床,慨然想慕白牛居士之高风,船子、夹山之古德而不及见。犹幸有寺中本色道人可与聚头磕膝作无生活耳!因相与商略指点,按休咎、顾向背,渐次部署整顿之。由榆阴逶迤而入为山门,额曰:"泖上第一山",由门而入,两天王踞于左右,额曰"澄鉴禅寺",又入,额曰"大雄宝殿",供如来应尊。由殿东南窦一门,额曰"小补陀",其内曰"大参同"、曰"观音殿"。由西北窦一门,曰"收纶禅",又窦一门,曰"清音堂"。清音堂之后,曰"竹君堂"。竹君堂之左,曰"香印斋"。香印斋之左,曰"竹筱"。东偏头其他:静照轩、挂笠轩,庖□场圃之属不胜记。最后,竹扉,滨水而居。舍筏登岸者自此始,曰"渡锡"。渡锡而外,无桥可接,无市城村落人往来。其地以水胜,以月胜,以竹胜;其僧以戒律胜,以诗话胜,以幽谈枯寂胜;其内外榜书以元美王司寇、荆石王文肃、刚峰海中丞、思白董宗伯、凡夫赵徽君署题胜。此皆缘主僧上慈而下孝,前恭而后俭,好庄严圣像门庭而不好私藏,好文、好洁而不好求人知,故士大夫乐于之游。顾其地绿净不敢吐,入其室,如见草衣木食之高流,动色相敬,周旋徙倚,而不忍遽舍去也。今养虚、筠所、梵仪已供影堂,而果林老且病,诸弟子念其权舆之所,自始如燕垒、如蚁宫、瓣泥撮土,一一从口血唧掇中来。废刹中兴,厥惟艰哉!后之继者,辛勤善守之,大檀度宰官长者,悲悯而拥护之,此寺世世金汤不朽矣。故陈子诺照白之勤请而为之记。

崇祯戊辰元年(1628)中秋佘山七十一叟陈继儒撰。

赐进士出身、资政大夫、南京礼部尚书、前礼部右侍郎、协理詹事府事兼翰林院侍读学士、署修两朝实录副总裁、知制诰经筵日讲官董其昌书。(后有董其昌签字及董的两方印)

赐进士出身、荣禄大夫、文渊阁大学士、太子太保、礼部尚书、前南京吏部右侍郎、协理詹事府事右侍郎兼翰林院侍读学士、经筵日讲知制诰、三朝实录总裁钱龙锡篆额。

按:重建泖桥澄鉴寺记碑原碑在金山区兴塔镇泖桥原澄鉴寺内,现藏于朱泾镇金山博物馆内,碑青石质,高171厘米,宽81厘米,厚25厘米。陈继儒撰文,董其昌书,钱锡龙篆额,崇祯元年(1628),住持照白立石。澄鉴寺始建上天宝六载(747)。碑文载于2003年《金山文化志》,原载时崇祯《松江府志》、清嘉庆《松江府志》。

陈继儒画像碑

松江九莲庵如来石幢

(明崇祯四年·1631年)

如来石幢

(上第二级浮雕佛像和佛名)

东方佛阿闷佛,南方佛宝生佛,西方佛阿弥陀佛,北方佛不空成就佛。

(第三级题记:)

崇祯四年(1631)柒月吉旦,信官张方、陈发头、纳子性延建。不为自求,人天福报。

按:石幢现在松江区方塔园内,原竖立在松江县城西横泾桥北九莲庵内,万历年间(1573—1619),为镇潮汐冲激而设此石幢。康熙年间(1662—1722),在石幢处建九莲庵。石幢高3.98米,由四级青石雕件叠合而成,八棱形。最上层为圆形塔刹,底座方形石座,上第二级八面,为间隔四个壸门,依次为及佛像浮雕及佛名;第三级为主幢,八面,其中七面分别上为过去七佛线刻佛像,下为佛名,一面为题记。2013年,录于石幢。

九莲庵如来石幢

长洲寿福寺帖文碑

（明崇祯四年·1631年）

　　直隶苏州府长洲县为给帖勒碑以树遐功事。
　　据二十八都十一图尼僧大高呈词，内称江山点墨，千古不磨。高自青年祝发寿福，焚修五十馀年。上赖三宝护持，下沐十方供状。朝夕苦行，积累河沙，力换耽寓等圩官田一十三亩七分七厘三毛，以为衣钵有托，寂永安之本。但高系尼流，年馀七十，风烛不时，即保目前，曷虞身后？设有不肖僧徒，一旦浪费前田，定至香消烟冷。恳天准批里排高修相等，取具结状，给帖勒碑，记存田亩。庶石树一时，业垂百世；亦念菩提，恩同日月等情。蒙批：该里排查的，具结给帖。蒙经行据里排高修相、尤伸等，会同十排覆勘是实，具缴前来。蒙批给帖遵守。为此帖仰原呈尼僧大高，即自置耽寓西北长宇圩官田一十三亩七分七厘三毛，照常收租，以供常住。伺候天年之日，交付徒孙看守，勿得浪费。如后设有别情，许里排指名开禀，以凭追究，正法施行，须至帖者。右帖仰尼僧大高准此，崇祯四年(1631)四月廿二日行。
　　按：该帖文由长洲县知县孙公于明崇祯四年(1631)发给寿福寺，帖文录自《章练续志》。

重建张翁庙记碑

（张世雍撰　明崇祯五年·1632年）

　　士君子身未究于世,庇民福国,有志无权;则以其锡祉兆姓者,近用之乡间,事或渺微,而德实隆巨,则愿宏也。顾祖宗创造,而子若孙弗克缔构,则前功遂顿,继述之谓何! 余因是而叹邹公克世其美也。华邑春申南,庙有以张翁名者,十三保一区界庙也。考之邑乘,有邑即设区保。有区保即设界庙,殆与邑俱永乎! 文献失征,因革莫载。相传隆、万年间旧址,广不越数武,葺不过一椽。里中仰山邹公,悯其规模陋窄,布金拓地。增其堂构,殿分前后,廊列东西,前殿以供境神,后殿兼供大士。是时民无黩祀,神得凭衣,境绝灾祲,岁荐丰稔。厥后纪存甲子,有游僧倡举佛会,污秽不严,天降回禄,金容宝相,半存灰烬之余,破衲寒钟,尽作凄凉之况,百年香火顿湮,四境人民失怙,著其土者黍离,徒叹兴灭终艰。叔美邹公见之,愀然念曰:嗟乎! 庙貌至此,余闻废坠审时而举,盖不欲举赢于诎也。今日之事,神灵绥吐焉,系兹土灾祥焉,系祖德久近焉,系当仁不让焉,余何能辞? 遂与嗣君钟奇及义友隐林顾君,谋倡鼎新。里中善信,亦以公故,因而乐捐。公宵旦经营,亲董匠石,捐橐散庚,心力并瘁。由是拮据二载,两殿告成,榱桷嬴峨,神天严整,灯影飏金炉之馥,回廊通香积之厨,一日落成,见闻咸喜,仰复贴存郡县,侵扰无虞,牒授行僧,住持无羔。从此风飘晨呗,俾众生顶礼,信一方灵爽攸凭,日耀僧龛,杖诸佛护持,庆万户休祥永锡。洵足光复往迹,媲美前徽者矣! 是役也,有五善焉:不为一己祈休,为万民造福,义也;众怨罔辞,独劳罔避,勇也;开其先还善其后,规其巨必周其微,智也;至于父子作述,仗义执公之事,转出于箕裘绍续之心,则孝尤大矣;仰且不伐鸿功,捐助姓氏悉与勒石,更有让焉。余忝东床之戚,熟闻其事,聊志其始末如此,仰山公讳乔,叔美公讳世芳,钟其君讳人伟,隐林讳士荣,一子声噪庠序,亦里中豪杰也。捐助姓字,例得并列碑阴。

按:张翁庙旧址在奉贤何家厍南(现奉贤区江海镇张翁庙村四队),为十三保一区界庙,明初建造,崇祯五年(1632),里人邹世芳重修,张世雍撰。清乾隆二十二年(1757),僧守山募修。清光绪元年(1875),里人吴文豹募修。1993年改建为佛教二严寺。记文录自清光绪《重修奉贤县志》和奉贤县《江海志》。此碑现在二严寺内,碑高136厘米,宽70厘米,厚21厘米。

仁寿庵义田碑记

（明崇祯七年·1634年）

□□□□□□□□□济文济物，咸皆度世良缘，德必归，根善由种，如兹土之□□□□于□□□开山，为寿者修持地。奈何里中多役替，遂致香火烟消，庙貌剥落，几为行脚吃食僧缁邮舍。嗣天启初，由德士无念飞锡来此，庄严法像，戒行崇策□□杨枝屑榆，奉晨钟暮鼓，若无种芋以给年岁。有善士王孝廉讳国材者，深溍□□□□□□香积抄云之勋，由是而庵之远近檀越咸各慕义施舍，焚修赡僧，即此钵中可生青莲花矣。而无念自念病亟不果，预嘱住僧敬心住持，心因老迈，托徒恒明修祝。而恒明恐湮众善相成之德，因为代后，征余文言以志不朽。余曰此恒业也，有恒者能承之，此济事也，利济者更能广之矣。始有其善而归有其德。又何□焉，遂为记。

崇祯岁次甲戌(1634)仲春月日立

信官王国材助首田贰亩

信人周良宰助田壹亩，潘应绍助田壹亩，潘应绶助田壹亩，

舍碑信善沈虹、文麟瑞助田壹亩，张永盛助田壹亩，

黄承宗助田壹亩，周口敬助田壹亩，

赵完璧、张承宗助田壹亩，

翁应祥、周可立助田壹亩，

丁口佑助田壹亩，

瞿明□、室□氏助田壹亩，

翁贵立石,沙门海顺同徒寂澄

按:仁寿庵原坐落于浦东新区张江镇新康村,2000年拆除。该碑石随庵中神像迁至孙桥十村三王庙内。碑长130厘米,宽63厘米,厚26厘米,碑额有损。碑记撰于明崇祯七年(1634)。碑文录自浦东新区碧云净院。

仁寿庵义田碑

南翔寺免役记碑

（赵洪范撰　明崇祯八年·1635年）

白鹤南翔寺，创自梁天监，僧德齐止锡其地，有双鹤依焉。随其所往乞施，靡不满意。寺成，鹤遂望南而去。至唐乾符间，僧行齐重修，亦感白鹤异募之异。而有莫少卿者，尽捐宅以拓其址，方广一顷八十亩有奇，四水为围，四梁为界。寮舍六十三，僧徒七百馀。其景有八，曰梁朝井，曰齐师鹤，曰博望槎，曰鹤迹石，曰祯明桧，曰望鹤楼，曰经幢石，曰九品观，盖其盛也。历宋元以逮国朝初，寺县圮矣。英庙时，周文襄公巡抚江南，捐俸赀万金，又移檄阖县户出斗粟以鼎新之，而刹宇复还旧观。代而递降，里甲中以民差扰僧者，往往有焉。当宪庙时，僧金永祯县疏伏阙，命下院道与郡县勘明结招，优免徭役，给贴遵守，延及穆庙时，前帖更新，至今不改，所以来久矣。会近有均田役之令，不知者窃议焉。寺僧复踵前说，以白之当道，赖邑侯万公慨允，优衅悉循故典，予今按地僧舍仅存十所址各分隶。中央自山门以入，为金刚殿，为大士殿，为大雄殿及禅堂，犹存旧额。其新建者列于左，则有贤圣、城隍、伽蓝、三元；列于右，则有地藏、白衣、弥陀、土谷。僧居罗布其侧，山后则僧众奄穸于斯。檄前莫氏所捐之域，除俗占而外，非殿址则僧居也，何隙可耕，何徭可堪乎。倘前者得邀圣恩以免之，今则不得藉贤令以复之，则僧徒将无宁宇，有不星鸟窜，致金碧之观沦为丘墟者几希矣。是役也，守不扰之成绩，则幸在僧；绵无穷之□火，则幸在广寺；奠千年之梵宫，则幸在镇；壮离位之巨望，则幸在邑总皆万侯之所培植，不将追文襄之绩，而后先媲美耶。余故志其巅末,使勒石以垂不朽。万侯讳任登,崇祯甲戌(1634)进士,贵州铜仁籍,江西南昌人。

按：南翔寺在嘉定南翔镇。该碑记由赵洪范撰于明崇祯八年(1635)。碑石由张鸿磐书写。碑文录自《南翔镇志》。《南翔镇志》和光绪《嘉定县志》均有该碑的著录。

西林寺重修塔记碑

(陈继儒撰　明崇祯十年·1637年)

　　(前缺2行)二百年余,垂□□□丑二月十三日,雷霆火毁,裂瓦石剥落,□□□□此塔实是□□塔光□□□□□达碧霄□□辛高位可报。一郡文章科第,非复标插口耸人天观而已。募施者为戒僧□瀛□全默然,创缘者为董文学孝廉诸昆弟。后其以清为题,数言正法口住,若有众生见佛塔风雨所坏,以德心塗饰补□□,众生大其身,鲜白如珊瑚林。盖此塔之能如幸一切檀那女、善长者。后生此塔不朽功德,亦同□□

　　眉公陈继儒题(后有篆印二:"眉□人"、"陈继儒印")

　　按：此碑在圆应塔一层外墙正东。明末陈继儒撰并书,漫漶不清。青石质,宽84厘米,高26厘米,行书,24行,行字6—10字不等。此碑原未署撰碑年代,此据碑文及撰者陈继儒生卒年考出。

松江西仓桥关帝庙卖田重修廊房记碑

(王元瑞撰　明崇祯十七年·1644年)

赐进士出身文林郎福建□□□□王元瑞□并书。郡西仓城水次有关帝庙焉。始自晋省诸商创建。实为一方保障,万民瞻神灵庇佑,获福良多,喜出资财供奉香火灯油。历年□□□□□□□□□□赵国祚等虑后经管不得其人,或有差误□□□□□□□灯油香火二□□□□众期□久远,万无一失。于是,用价银□拾□□□张成□□□贰拾亩□田□□□□壹区乡□图□字圩田契□炤□银贰拾两□□□右□房□□深□□□知□□□右以传不朽,是为记。大明崇祯十七年十月。

众商姓名:张耀□、刘明时、宋道□、张馀庆、高迈、王守臣、黄中祥、辛进道、曹朝升、白受绘、武九勋、邢旺、李崇英、李汝信、宋希孟、赵国祚、武廷祥、万应泰、宋生云、贾玺、马登仕、贾连城、郭明慧、王绍、田滋广、王绅、侯万户、王天佑、雷成龙、魏登显、侯世俊、宋遵殷、孔王宾、丁光声、李应登、陈自科、党训、李瑛、贺应封、刘应祥、许明印、王家樑、刘尚通、赵国洪、胡应安、(下缺)

按:该碑记由王元瑞撰并书于明崇祯十七年(1644)十月。碑文正书10行,行34字;众商姓氏9行,共有17列。碑上方有额题"香灯碑记"。2012年5月25日,笔者走访该庙旧址,碑尚在庙屋壁间,记文从碑上抄录。民国杜镇球著《华娄续志·金石志》著录此碑目。该碑原立于松江水仓桥关帝庙内,2013年由松江区佛教协会在原址修复,位于松江区大仓桥东玉树路(中山中路口),现改名灌顶禅院,于2014年初已试行对外开放为佛教寺院。

重建闻思禅院记碑

(侯峒曾撰 明崇祯三年至十七年间·1630-1644年)

嘉定自城以北,水北折为娄塘,更折而东北曰双塘,而黄姑横亘于中。登高而望之,三水萦带若织,冈阜郁盘,亦一灵区也。宋时沙门慧能者,以行脚至其地,因结架以居,久而居人化之,施与财物,遂构有殿宇之属,名曰闻思。庵以幽睹特闻,创建在宋真宗之四年,后渐就圮废,至鞠为茂草矣。其里中故老征讨故实者,求断碑而读之,残缺磨灭,仅得辨其岁年而已。万历改元,有僧海慧揽其遗址,思复庵之旧。今积渐有,屋若干楹;映带林樾,雅洁庄严,过者称叹,以为复还旧观。而又置田若干亩,以充斋供及缮修,以永其存。造余而请,请一碑而志之。夫白马肇于洛浚,黄金布于祇园。此皆恢宏道法,拔清群品,其于一切之缘化修短兴灭,俱作泡影观。乃欲碑而志之者,何哉?盖海慧殚一生拮据以有此庵。庵昔在菰芦斥卤中,土地硗薄,等于寝邱。物以代更,今环庵左右遂为邑之沃壤。倘后来嗣续弗类,或豪强兼并,谁复能撤却袈裟以与人争尺寸者,此于世法宜有周防,故拳拳焉,欲托于文以传也。余尝闻之,世间凡物有尽,惟愿力所持,无有穷尽。自昔琳宫梵宇兴而废,废而旋兴,废兴之际若循环,然此其故可知也。海慧欲永其传,自以其愿力持之有馀矣,奚假余言。虽然,世故流迁,何常之有,后之视今,亦今之视昔。自慧能以来,迄于今,已经若干年,而掌故之家,毕竟于烟墟断碣之中得一征其实,则维文字之以也。彼之勤以请也,意在斯乎!故辄复不辞为叙,述如左方。庚午之岁(1630),邑纂修邑乘,此庵已入纪载,载其废兴稍详,今余复碑而识之,庶将来者两有考焉。

　　按:闻思禅院在旧址嘉定娄塘,北宋真宗咸平四年(1001),僧慧能建。明万历年间(1573—1620)僧海慧重建。此碑记由邑人进士左通政使侯峒曾撰于明崇祯年间(1628—1644)。碑记录自《娄塘志·杂类志》。

南翔寺七佛阁记碑

(徐时勉撰　明崇祯间·1628—1644年)

　　南翔寺旧为名刹,诗文、碑记载在旧志。予少时犹及见之,寺僧皆不能守。问之旧家,亦无存焉,而遗迹遂不可考。今所存者,惟姑苏都元敬先生《八景记》及宋僧惟长《忏观长堂记》而已,元赵松雪碑文漫灭不可磨洗。长忏观堂,即今之九品观,盖八景之一。寺僧喻微发愿修之,余已先为之疏。独所谓云卧楼者,至今闻其胜,而又未列于八景。相传在寺之东北隅,即今三官殿后,不知何时鞠为园蔬。予尝慨想所谓八景者,唯经幢石岿然无恙,九品官观止存观堂三楹,大非昔日之旧。梁朝井有五,已湮其二。馀皆灭没销化,仅名之存矣。云卧楼想起于近代,故在八景之外,幸楼基尚存。予尝与慧心师徒言之,以为增新不若复古。慧心云:向欲募建七佛阁,若果此缘,则仍以"云卧"名楼。而庄严七佛尤为所愿,但其地向属西房,因将寺前廛屋相易,而且称贷倍价以得之。其志可谓诚矣。然则募建者,慧心师徒任之,而唱导之责,吾辈不敢辞也。

　　或者谓:古来名蓝与时变易,彼南朝四百八十,北魏一万三千,今皆安在? 而奚有于白鹤遗趾乎? 是又不然。吾观名人逸士,凭吊于斜阳衰草之间,即荒台废井,犹慨然庶几遇之,惟其亡者千百,存者十一,故尤足兴怀耳。苏子瞻作《四菩提阁记》,特以吴道子所书四版施僧,建阁以守,且过为无穷之虑。倘今日得赖四方檀信兴复旧迹,则云卧楼基数亩,幸未为市井割据,吾即以四版之遗可也。况七佛像又寺中所未有乎?

娄东梅村吴太史及吾邑老友张子石,皆有七佛阁疏文,予无庸更赘。但云卧旧基及慧心得地缘起,初未及详,故附记于此,兼致废兴之感。

按：南翔寺七佛阁记碑,明嘉定人徐时勉撰于明崇祯末(1628—1644),碑文录自清苏渊、赵昕纂修康熙《嘉定县志·碑记》。

本一禅院三画像石刻

（明末·1644前）

（石刻左下角）本一比丘大玄上石。（后押"偶萍"印。）

（自左起）赵文敏公（赵孟頫画像）

此赵松雪自为临写镜容，并玉图刻，贮一银盒内，闻于吴兴故居中得之。其秀颖奇特，足令观者解颐，宜其翰墨之妙，绝天下也，漫勒坚珉。孙克宏志。（下押"松雪斋"印）

中为：中峰本禅师（隶书，画像），

你不是我，我不是你，唤作幻住，白日见鬼。（中峰）自题。

身如天目山，寂然不动尊。慈云洒法雨，偏满十方界。化身千百亿，非幻亦非真。觅赞不可得，为师作赞竟。赵孟頫赞，董其昌书。

中峰、月麓、赵孟頫三人画像碑

(下钤"董其昌"印);

右为:月麓昌公(隶书,画像),文山之客,千古忠贞。(月麓昌公)《自赞》,陈继儒书。(下钤两印)

按:此画像碑青石质,长89厘米、宽32.5厘米、厚9厘米,三人名皆隶书,其他字体各异。于1980年3月,在松江老北门旧址西南,建于元代初年的本一禅院旧址发现。据清嘉庆《松江府志》:"本一禅院,在府治北门内,瑞鹿桥东。""中峰禅师像,在院内。"现藏松江区博物馆。碑目载2001年《松江文物志》。

地藏殿记碑

(顾伯麒撰 年代失考)

盖闻九元七祖，地祇不一，而幽冥教主，地藏慈尊，度一切轮回，功力尤大，世皆崇之。金泽多佛刹，四十二虹桥，桥各有庙，供散圣，而地藏慈尊独无专殿，惟安乐桥三元堂塑像于大帝之侧。执香顶礼者，辄怦怦其不安。会桥南有胡氏屋，欲售于人。诸善信皆大欢喜，因缔四十八愿，益以住持僧照礼衣钵资，得白金六十两有羡，买之。改民居为空门，迎神登殿，与三元堂外分为内合。堂本倚桥驾空，下临流水，两旁皆官路，爰商于堂之南首，更增阁一楹，作石级，逶迤以通殿，俾住持便上下。谨启扃焉，其亦足以妥神灵而慰众心矣。顾此特为草创之始，至于增华饰美，尚有待于布金长者。抑吾更有虑焉：僧与俗之不相侵占也，此以居民故宅为菩萨净土，他日或有觊觎其地者，恤起多端，诬为私相授受欲归汾阳，否则故昂其值，以偿前阙，可奈何？诸善信皆深领吾言，请为记勒石，以告将来者。

按：碑文录自清《金泽小志》，"地藏殿，在国字圩，明时建"。顾伯骐撰。地藏殿旧址在今青浦区金泽镇。

松江佛名幢

(年代失考)

南无宝胜如来

南无广博身如来

南无甘露如来

南无阿弥陀如来

南无离怖畏如来

南无妙色身如来

南多宝无如来

富林会上五音四方无圮孤魂等。

按：佛名幢在松江博物馆院内，青石质，八面，残高86厘米，边径33厘米。未署立幢年月，疑似明代之物。幢文2012年12月4日录自松江博物馆院内石幢。

松江佛名幢

清 代

白鹤南翔寺蠲赋记碑

（王憼撰 清顺治六年·1649年）

顺治丁亥（1647）仲春，余于役（□）[董]漕，循练川溯海上，止憩白鹤南翔寺，恍如旧游。衲僧慧默等（□）[偕]（象）[众]谒[下缺]又如古松树下，岩畔□□，夙有契机，进而与之语，知寺创于梁天监，盛于唐（祥）[乾]符间，有白鹤[下缺]。镇与寺因兹得名，盖岿然千百年古刹也，爰自周文襄公。鼎建以来，岁月既久，阤落过半，□大士[下缺]像四楞蹋地，俯仰之馀，喟然兴叹。默公因进曰："寺之不饬，僧之责也。寺有不便于僧，僧不[下缺]"余惊问其故，则逡巡而对曰："基广而赋重，岁苦于征，僧遂相率他徒，寺安得不益圮？"乃知文襄[下缺]赋，宜乎缁流之不支也。今欲起寺废，莫先安□，□僧则莫先去其害僧者。余于是天蠲赋[下缺]，抚台咸允厥议。时邑侯唐君，同心乐善，率行无□，俾上不病国、不下病僧。傍不累同井[下缺]起。而事繇人兴。百年颓敝，一旦维新，敢曰余□人仔肩，补文襄未了公案。殆大雄氏冥熏默祐，[下缺]跃，如梅村吴太史、晋永卢骢台诸君子，莫不弃象马如脱屣，共襄胜举。亦缘默上人精修苦行，遐□□□风[下缺]众人法幢耳。亟宜勒之贞珉，用垂永久。迄今而□朝鲸夕呗，响答江湖，赤髭白足之流，获□宁宇[下缺]牧蹲躅之场，靡不木衣绨绣，土被朱紫，猗欤盛哉！庶几居是邦之贤者，誓愿不后于余，余愿足矣。是为记。

钦差巡抚□宁池太□广等处协理军务兼辖光州、因始、蕲州、广济、黄梅、德化、湖口地方、都察院右签都御史[下缺]前分管漕务督理苏、松、常、镇粮储兼巡视河道、江南右参议古澶王懬熏沐拜撰。

龙江逸民口山侯良旸拜书。

寺僧人圆、澄一、定正、自性、明传、如日、继文、隐辟、明证、明[下缺]

皇清顺治己丑阳月上澣,皇清康熙辛[丑]仲春谷旦。

按：该碑文由王懬撰于清顺治六年(1649),康熙辛丑,碑文录自1980年6月《上海史资料丛刊》。清康熙《嘉定县志》、嘉庆《南翔县志》亦录此碑,文稍有异,录刊于后：丁亥(1647)仲春,予于役董漕,循练川,溯海上,止憩白鹤南翔寺。衲僧慧默偕众谒予,予索《寺志》观之,知寺创于梁天监。其时寺基出片石,方径丈馀,常有二白鹤飞集其上,有僧齐法师至其地,遂建寺于此。其后鹤去,有诗影现石上,曰："白鹤南翔去不归,惟留真迹在名基。可怜后代空王子,不绝熏修享二时。"因名其寺曰"南翔。"考寺之建,盖岿然千百年古刹也,爰自周文襄公。修建以来,岁月既久,陁落过半,若大雄殿双跌没尘,金刚像四楞蹋地,俛仰之馀,喟然兴叹。默公因进曰："寺之不饬,僧之责也。寺有不便于僧,僧不能安于寺,则非僧之罪也。"问古,曰："基广而赋重,岁若干征,僧遂相率他徒,因此寺益圮。"乃知文襄公曾议免役,未议免赋,宜乎缁流之不支也。今欲起寺废,莫先安僧,安僧则莫先去其害僧者。余于是矢蠲赋之愿,力请之,先后两抚台咸允厥议。时邑侯唐公瑾,同心乐善,率行无斁,俾上不病国、下不病僧、旁不累同井,一事而三善备焉。益知法不孤起,而事由人兴。百年颓敝,一旦维新,敢曰余一人仔肩,补文襄公未了公案？殆大雄氏冥熏默佑,故法轮届,心各踊跃,如吴梅村太史、晋水卢聪台诸君子,莫不弃象马如脱屣,共襄胜举。亦缘默上人精修苦行,退扇真风,克树此四众大法幢耳,亟宜勒之贞珉。俾后代为齐法师嗣续者,香积无飞挽之粟,袈裟免布缕之征,将见惊栖旧殿,还复旧观,石上"不绝熏修享二时"之句,于斯证矣。吾愿居是邦之贤者,有以善其后也。是为记。

重修松林庵记碑

（金行模撰　清顺治十四年·1657年）

邑有永庆庵,在城东之第一都,不知创自何代,向有茅舍三间。国初有德音禅师杖锡至此,为谭陈二施主所留,见佛像就颓风飘日炙,因是励志焚修,累年持钵。以顺治十三年丙申(1656)冬开工重建,庙貌聿新。娄东王公时敏改题松林庵,即山门故额也。嗣是湛若余德,道民与觉舟代有廊增。今住持永能禅师持戒四十馀年,惧先业之易失,思继志之难持,芒鞋卉服,募葺殿宇者四矣。金相庄严,有加无损。剩有钵资置官田数十亩,拨入常住,为香火之资。愿吾徒众世无废坠,恐其久而无征也,请余一言,以与王公题额并志山门,因不辞疏陋而为之记。里人金行模撰。

按：松林庵旧址在嘉定县城东。金行模撰于清顺治十四年(1657),碑文录自清嘉庆《石冈广福合志·卷九》。

重修报亲庵祠堂记碑

(何平撰 清治十八年·1661年)

何氏之先,原未尝有祠也,有之自元始。然时当兵燹之后,家乘散失,宗支播迁,求其始为祠事之人而不可得,所可考者,惟良祐府君一、二誌石在耳。夫良袍以布衣之士,处素封,丁乱世,能书博学,闭户授经,而世之纡青拖紫者,卒不能移其放情肆志之心,俾之俯首于功名,其古之所隐君子者欤?创始祠事,非府君其孰能之?迨其后,陵谷变迁,祠屡易主,而高祖内翰公、叔祖侍御公先后振拔,祠事废而复兴。至于今观邑乘,读时先达碑记,不胜水木盛衰之感焉。侍御公祠事在万历壬寅(1602)之六月,至顺治辛丑(1661)之三月,适六十年,而不肖平继侍御公而成其志,堂构粗备,庵祠判然,入门而瞻大士,知祠之旧系于庵。入祠而拜列祖,知庵之不混于祠也。工起于三月之三日,再阅月而告成。虽时连绵春雨,跣足鸠工,颇有泥淖之苦,然野水初盈,取材易达,小舟轻橹,百倍肩挑,则修祠反藉多雨之力,亦一奇也。至于捐资而补其不足,负戴而力于助工,各有其人,虽孙子任祖宗主事,无可铺张。然后,此六十年之后,富有继不肖平而修祠者,其亦克绍侍御公之志也哉。更望入斯祠者,入敦孝弟,世守耕桑,厥心臧于土物,即聪听祖考之懿训也。农之子恒为农,可也。若乃出秉耒入横经,朝田唆而夕氅士,亦高、曾之家学也。宜农而农,宜仕而仕,亦无不可也,故特书时日为之记。

按:《重修报亲庵祠堂记碑》录于清陈曦《娄塘志》,另贝于清康熙《嘉定县誌·碑记》。何平撰于清顺治十八年(1661)。

茶亭记碑

(宋尔瑜撰　清顺治后期·1657—1661年)

邑之南距五十里,曰真如镇。其地村落廻环,人烟簇聚,士敦而朴,民愿而淳,多隐者居焉,陆君允立其一也。允立终身布衣,不求闻达,教子廷德,蜚声艺苑,余以季试摸索得之,不觉起舞。而允立父子,更存心利济,悯行人之饿渴,捐资改造茶亭于镇之西,据要道以济之。而赤日寒风,商旅之负荷竭蹶而来者,不忧行路难矣。昔范文正公为诸生时,即以天下为任。陆生素娴家训,异日措之天下,其民饥己饿、民溺己溺者耶？余闻之喜,为之立石以记焉。

按：该碑记由宋尔瑜撰,记文录自《真如里志》。

芦花庵记碑

（吴骐撰 清康熙元年·1662年）

芦花庵去洙泾约四十里。洙泾在泖南,芦花庵在泖北,一水浩淼,洲渚丛杂。唐会昌时(841—846),船子诚禅师隐于洙泾,寄迹钓舟,吟咏传于世者数十篇。其一篇云:"二十馀年海上游,水清鱼见不吞钩。钓竿斫尽重栽竹,不计工程得便休。"时泛一,时随风去,留喜斯地,僻处水中,不与阛阓接连,恒来憩息,人称为船子小钓滩。后洙泾建船子道场,金碧照耀,而小钓滩不过芦苇十二亩而已。元世贞溪大姓曹云西,博学好古,惧旧迹湮没,始建庵于洲上,颜曰芦花庵。非惟目前真景,兼取西来一苇之义。水陆四围多种芙蓉,时延高衲,偕隐逸杨铁崖、陶九成诸君结青松社,永斯庵之胜,《郡乘》《贞溪编》皆载之。明初更版籍,法令严峻,独斯庵与澄照塔院俱在水中。贤守令恐大浸之岁,出没不常,遂不起科,盖蠲十二亩微细之税,以彰朝庭广大之德,金汤佛法,甚盛心也。前此住持僧名号行事俱莫可考。隆万间德腊著者,有大随镇天竺秀鹫峰登梵,因本相继有声。明季大乱,庵以颓废,有静心印禅师,中年出家,苦行精密二十余年,堂构鼎新,钟鼓复振,庵以中兴。师家世业渔,一变至道。人以比玄沙焉。传嗣曰止岩,然十九出家,二十九受具于嘉兴东塔雪峤老人,专心净土,足不越阃者三十年。弟子二,长曰唯闻原,原度一弟子守庵,而身隐别峰老焉。次曰睦怀靖,其母娠靖时辄厌荤茹素,以此知其有宿因。生而聪敏,十岁出家,二十五受具于金粟破山翁,二十八入天目大觉之室,巾瓶左右九阅寒暑。记录法语,虽数千言，如器贮水，无有遗漏，大觉爱重之，几几乎能仁应庆喜矣。一日辞归省母，大觉嘱曰："子福不逮慧，宜养晦身重，坚持愿力，姑待来生出世。"靖恪守师训终身不渝。其守庵法姪曰鸿恺荫，自幼出家，年二十，受具于邓尉剖石和尚。靖出游十年而归，见香灯煌然，众务修业，甚欢荫之不易得也。靖弟子二，长曰幻贯定，器宇不凡，时翔凤山灵机观和尚道风峻洁，最为大觉所器重，靖使往从学，遂受嘱付。次曰绍先本，诚实朴厚，与鸿恺荫互相仔肩辅祖席，规仪整肃，四众瞻仰。盖自印师中兴，后胤嗣贤能戒律精整，虽祁寒酷暑，礼诵无辍，四十馀年如一日矣。计船子游憩后距今八百馀年，建庵后历元明至本朝将四百年矣。华亭吴骐撰。

杨瑄跋：芦花庵者，唐船子大师故常往来处。而元高士曹云西为之规创者也。昔余尝书吴日千先生所撰碑记于册，及今三周星矣。住僧尔鏊岩公将勒石传后，请余续书数言以识岁月。余深喜故积之未湮而重，念夫振兴之不易也。今世丛林巨刹，揭穹霄而辉金碧者何限？然而成败相循，盛衰弹指，以余所见，比比然已。孰若芦花片席，云水萧闲，文室依然，香灯不改，历四百年如一日乎。贞溪曹氏世有长者称，尝偕诸同志指近庵田若干亩，一供斋厨，一营忏事，悔岁中元，洁诚顶礼，上报重恩，世出世间，两俱无漏。船子宗风、云西高躅，将永永不坠矣。余归老荒村，笔墨芜废，犹得以衰晚姓名，缀胜地名贤之后，不可谓非厚幸也，遂诺其请而书之。

曹建中跋：从来名胜之地因人而传，亦以文而著。柳州去兰亭不遭右军，则清湍修竹芜没空山矣。贞溪东市之秒有小钓滩者，唐船子和尚钓游处也。余十八世祖云西公建庵于其上，与杨铁崖、陶九成、倪云林诸君联社赋诗，为一时盛衰。阅今几四百年，而旧迹依然，流风宛在。康熙壬寅，勒记于石，乃日千吴先生撰，阁学杨公书也。将见高僧轨躅，当代人文后先辉映，并垂不朽矣。

僧普本跋：余从先师法乳托迹庵者六十馀年，今已衰迈。将庵事悉诿系孙日严，幸恪守清规，不致废坠。近蒙诸檀越捐近庵田若干亩，每年举盂兰盆会，报荐亲恩，供养僧众，勒石垂久，我后人其永遵弗替,于以弘佛法而答檀那,盖不胜厚望焉。僧普本跋。

　　按:芦花庵在青浦小蒸东。该碑记由吴骐撰、杨瑄书。碑石立于清康熙壬寅元年(1662)。碑文及跋录自民国《青浦县续志·寺观》。

茆塔种福庵重建记碑

(行裕撰　清康熙元年·1662年)

茆塔始为唐朝,种福之地结庵称观音堂。而带水当南北钜,观樯帆往来,星斗乱也。因鼎革时迁,莫知履历。但考陆处士墓志所遗断碣,志开成三年(838),历于茆塔之右,然庵之在荆棘间者都未缮兴,以故孤云野鹤音,尝草衣木食之苦。呜呼!读其碑,想见其人,则地之以人名也。若庵居之右,初无明王灵宫之建所。纵河东一里,则昔有泖塔宫所。明景顺(1450—1464)间,为洪流暴涨,庙貌倾颓,遂移宫于茆塔右,故今人从茆塔为禳祀之地。而种福之庵,名犹未著。万历己丑年(1589),庵之住持奉山净公,里之善士爱在张公者,即今两堂邃白公之祖,见废思兴,亟为鸠工庀材,无几何而詹楹云构,炳奂维新。嗣后虽以外江式微,复有来云师,苦心缔造。至顺治戊子岁(1648),而会因玄明两上座鼎力拮据,会时缘既稔,乃询邑之众信,一言水乳,重建指月堂,禅房客馆内外周备。像设毗庐,金碧璀璨。法器行物何宜有者,纤悉毕具。其于经营处置之烦,不可胜述。变砂砾之区为大精蓝,茆塔于是一振起焉。玄公曰:吾之为此,非因子孙利养,非要自己名闻,尤虑庵无恒产,昕夕不安,此想曹溪晦石,夜春牛头,躬自负米,更置田三十六亩,以续将来慧命。盖庵无田不足以延众,但使驻锡高流,禅诵之暇,鼾然一枕,志愿足矣。玄公嘱余以文,余愧宗门隐遁之士,不识何以为文,遂隐括其语即感慨,述之如此。以见普心有若玄公师徒,信心有若众善士者,均不可以不记。康熙元年(1662),岁次壬寅重阳日,三楚天台头陀行裕和尚撰,住持通凡立。

　　按:种福庵在青浦十保十图。始建年月无考。元时曾营建。明崇祯间僧通凡复建。清顺治间重建。清康熙元年(1662)僧行裕撰碑记,住持通凡立石。碑文录自《张泽志·方外志·寺庙》。

龙华寺韬明禅师塔铭

(清康熙六年·1667年)

本山开法第一代、临济三十二世韬明宗禅师之塔。

大清康熙岁次丁未(1667),嗣法门人超济寺建立。

按:该塔位于龙华寺牡丹园内。塔高260厘米,塔为六角形九层,铭文刻在第五层上。第五层为六角形石柱,每面宽25厘米,高70厘米。清顺治年间(1644—1661),韬明住持龙华寺,复新寺宇,逝世后葬于寺内,并于康熙六年(1667)建此石塔。2000年10月29日,据石塔录下铭文。

龙华寺韬明禅师塔铭

重兴青龙隆福寺碑记

（诸嗣郢撰　清康熙六年·1667年）

青龙百愚斯禅师之重兴隆福也，自甲申（1644）迄今廿有馀载，而其功始成。禅师示寂后，嗣法席者为寒松将大师，颂以书抵余山中，嘱为之记。余发书考之于郡邑志，事皆实。寺盖创于唐天宝二年（743），先塔后寺。宋建炎（1127—1130）中，妙普法华相继显迹，又以书述其师之事，合龙眠坦庵方先生所撰塔志铭尤详而信，隆福非禅师，何繇重兴，重兴非寒会佐之继之，必不能完且久，其能重兴而完且久者，天也，非人力也。盖寺之兴起于东汉洛阳白马寺，而盛于三国吴大帝之赤乌年（238—251）。青龙固属吴，孙氏造青龙战舰于此地，故得名。一曰吴会，凡交广岛外贡琛货币皆集焉，王勃所称指吴会于云间，即其地也。韩蕲王曾驻兵于镇，去寺里馀地，为历朝所重。寺亦东南雄胜名区，岂顾问哉？不知其废于何时，所岿然存者独一塔也。明之隆庆（1567—1572），始建青浦邑于此。万历初，复移去，筑城于唐行镇而定居焉，故又称旧青浦。则凡我邑人文秀杰之气，与夫民间生聚资产饶富之实，皆发祥而钟灵焉。师一旦起而振兴之，其功岂不伟与？师得法曹洞宗弁山瑞白老人，开堂如苕、如扬、如杭、如越、如溪、如水，前后八座道场，皆吴越名蓝，而于青龙独五返者，期有夙缘也。师初至修塔，庚寅始建禅堂、斋堂，次建大雄、地藏三殿及厨库，又次建方丈、韦殿，玉树轩并浴堂等，凡十有七年矣。而落成大雄、韦驮、地藏二殿，并建普同塔、捐秀、且歇二堂，碾磨等皆有待于寒公，又凡六年。寺盖久废，基地荡析，师易以金，积久而复其故，计六十亩有奇。复以何渠壅塞坤兑之方，形家言其不利，寒公按地脉开濬，仍收厂龙入首，纵横方广四水萦环，溪还旧观。呜呼！岂易言哉？又按寺之基，若田自唐宋元明以来皆隶公占，免粮税，罢徭役，寺废而邑迁，侵为里人之业，不可复问矣。师又置田百馀亩以赡僧众，其恢复厥有咸劳，讨故实而蠲之，一如令甲，是在宰官长者，寒公其俟之可也。余因复之书曰：世界同一微尘也，古今同一弹指也，七宝庄严与荆榛瓦砾同一幻影也。寺因赖公之师以重兴，而公之师所以能重兴斯寺者，不有超然于废兴之外者欤！余又安能记之？复数日，寒公又以书来，白谢居士作记，敬勒之后，以告来者。

康熙六年(1667)丁未八月上浣，邑人诸嗣郢拜手敬撰。

前进士及第、国子监祭酒、娄东吴伟业熏沐篆额。

赐进士及第、翰林院修撰、玉峰徐元文手长丹。

监院德泰、那德吴立石

按：隆福寺，亦名吉云禅寺，俗称青龙寺，该寺在青浦区青龙镇（现为白鹤镇）。2000年7月1日，从碑上录下该碑文。该碑经由诸嗣郢撰于清康熙六年(1667)，碑石今存于青龙寺。该碑碑额高为94 cm，宽为115 cm，刻有双龙戏珠图案，篆额为"重兴青龙隆福寺碑记"；碑身高230 cm，宽为115 cm，厚为30 cm。碑文20行，行9至48字不等。于碑文落款处有六方钤印，为"诸嗣郢印"（阳文印）、"辛丑进士"（阴文印）、"吴伟业印"（阳文印）、"骏公"（阴文印）、"徐元文印"（阳文印）、"状元及第"（阳文印）。

寿安寺地基图碑

(清康熙十年·1671年)

寿安禅寺为崇邑古刹,世久倾圮,鞠为茂草。本镇特发诚心,捐资倡始,幸共事诸贤暨阖邑绅衿、耆老、善信同乐助,共襄胜果。其堂殿寺基四至绘图勒石。其清出地亩,俱系用价契买,并崇明县印信以照,嗣后永为戒律禅门。十方香火一概应赴僧徒,地方豪棍毋得借端侵占,潜身栖止,混扰清规。如有持强挓占,许本寺住持指名告官,究处斥逐。特此勒石,以垂永久。

康熙拾年(1671)叁月望日立。

寿安寺地基图碑

颐浩禅寺饭僧田碑记

（徐乾学撰　清康熙十一年·1672年）

淀湖之西南,有地曰金泽,居民数千家。有寺曰颐浩,殿宇崇宏,相传南宋吕相故宅。明万历中,有司议撤其材,以为公署,华亭徐文贞公止之,留吴道子画大士像及所赐衮衣于其内,仍施田饭僧。远近善信,续有所施。最后总戎汝君,布金增扩为田若干亩。岁在甲午(1654),大殿告灾,僧众迸散。其居者又偭背戒律,荡耗资财,田或售之人,或归其主,斋钟不鸣,禅诵歇绝。壬子冬(1672),松庵和尚自华严来居焉,道力所持,百废待理。修后殿,葺山门,筑垣一周,植榆百株。学人参习,萩萩济济。于是故家长者,各以其田来归,转售者渐次收赎,而后饭僧之田复完,使来请记。予惟释氏之徒,食于天下,其道三变,而日趋于穷。其始也,养于人,持钵而食,操瓢而饮,帝王之馔不加美,草木之味不加恶,舍卫之宗风固然。其继也,自养耕于深山,樵于茂林,量腹而进食,度形而受衣,此高僧古德冥栖绝俗者之所为也。其末也,以养人,聚方袍圆顶之俦,列屋而居之,积囷而食之,以得众为门庭,以广缘为坛席,今之尊宿皆然。夫高坐而致方釜,视乞食则安矣;闭门而给千人,视数米则丰矣;然而养于人者,人求之也;自养者无求也,养人者求于人也。其体弥安,则其心弥劳,其得弥丰,则其道弥降。松庵之为人我知之,择僻地而在,取愿土为徒,游乎真率之区,耽乎寂寞之途,不召而人自趋,不植而人自扶。其复是田也,曰:"我天下之钝人也,不敢优游以养真,不欲龌龊以从俗。进不能追瓶钵之高致,退不能袭隐之门墙。

其惟勤手足,量晴雨,以岁入供碗饭,节其馀以支颓圮,后人循而守之,勿坏勿忘,呜呼!"彼自命为人天推出,而汲汲求世者,闻松庵之风,亦可以少愧矣。松庵名行如,字子山,磬山之孙,而南涧之子也。首事复田者,本镇里老并文贞之后,总戎之子。名具列于碑阴。

  按:徐乾学撰于清康熙十一年(1672),颐浩禅寺在现青浦区金泽镇,始建于宋,1992年,经批准修复开放为寺院。碑文录自青浦博物馆编《青浦碑刻》。

重修永昌禅院记碑

（陆陇其撰　清康熙十五年·1676年）

介山古刹也，昉于宋，经兵燹者数矣。迄有明之万历三十六年(1608)，僧无尽始谋创造，适里耆有王汴者，家富而好施，邑中号给孤长者，乃捐镪布金，焕然一新，有田若干亩，为僧侣伊蒲之供。文肃公颜曰永昌禅院。迨明季而复毁。至国朝顺治四年(1647)，僧荣辉更谋鸠工修葺，而山主王公泰际、王公霖汝复捐金助之，不及三十载而向之森严者日京剥落，其黝者垩者，丹之炳焕者皆漫漶而磨灭矣。康熙十三年，其弟子莲峰复起而更新之。寺之规模顿还真旧。余承乏兹土，劝农东郊，爱其幽寂，数止宿焉。山庄王孝廉与予最善，因述其始末如此。寺有田若干，不石以传之后，或寺僧孱弱不能举其契，安知向之饭僧者不且为豪强之蚕食矣乎？余故识其废兴，俾寺僧刊之石，以垂不朽云。康熙十五年(1676)月日。

按：永昌禅院在宝山县广福镇南方山墩。禅院建于宋代。碑记为嘉定县知县陆陇其撰于清康熙十五年(1676)，王度书。碑文录自《光绪宝山县志·寺观》

重修南翔讲寺记碑

(陆陇其撰 清康熙十五年·1676年)

丙辰(1676)七月,余以公事泊舟南翔寺前。吏有持寺记来阅者,言寺建于梁天监,盛于唐祥符。常有二鹤飞集其上,或自东飞来,必有东人施其财;自西来则施者亦自西至,其他皆随方而应。久之,鹤去不返。僧齐法师者,号泣其切。忽于石上得一诗,有"白鹤南翔去不归"之句,因以名其寺云。盖此寺之兴久矣,岂非以鹤之清高标异?人东传之,而寺因之以久耶。呜呼!鹤一禽耳,犹能以清高之恣标异于世,至于千百年之久而其迹不泯,而况乎人秉五常之性,有六艺之教,大可以经纬天地,小可以振育一方,有非鹤之所能企其万一者,而乃泯泯无闻不可胜数,可不悲耶?即以慈土论,自天监以来,仕且游于此者若干人矣。其迹至今显然可指者,几人耶?方其来也,人莫之喜,其去也,人莫之思,如蚊蝇之偶集而偶散,何曾二鹤之不若乎?此无他,大道之不明,汩于欲,溺于习,而不能自振拨。故虽有五常六艺万倍于鹤之本原,而汗秽迷溺反出于鹤之下,宜其泯泯而不传。兹土之南不十余里,有吴淞江者,此大禹之遗迹也。在天监以前,又几千年矣。当时禹之经营兹江也。其驻扎何地,用夫工若干,虽已辽远不可知,而至今临流者,思禹功不衰。呜呼!又何鹤之足言。余因南翔之寺有感而为之记。陆陇其撰。

按:南翔寺在嘉定区南翔镇。此碑记为嘉定县知县陆陇其撰于清康熙十五年(1676)。碑文录自《南翔镇志·卷十》。

重修万安桥亭子记碑

（释行如撰　清康熙十六年·1677年）

　　金溪桥之有亭者三，而万安则今之鲁灵光也。或云起自宋人，或云以大寺盖殿之余材面为之。历年既久，兴废不一。乙卯岁(1675)，有优婆塞谢完石者，悯檐脊之倾颓，椽桷之差脱，助资修葺；远近善信，亦乐为之助。再越寒暑而告成，来乞予记。且云："某之胼胝不足惜，众姓之布施，不可泯也。"予鸠众姓之布施者有三：上则不住相布施，谓掷江湘而不顾，割身体以乐施，誉之不喜，毁之不退，此固上根出俗者之所为也。次则着我布施，谓金钱之报不爽，笠帽之果照然，或祈福于将来，或释愆于既往，此固中人执着者之所为也。下则着人布施，谓一饼犹拣细，一饭犹观沙，初非有意于津梁，特营心于世故，此固人情往复者之所为也。夫不住相者不必记也，十之一耳；着我者意亦不在记也，居十之半；着人者特以记，为名者也，比比然矣。虽然，三代而下，惟恐其不好名，况更有无意于名者，名之所以可久念，又安能默默乎！是记也，吾将以劝众姓之布施者，已进而更进也；亦以劝众姓之未布施者，观感而兴起也。则万安幸甚，凡金溪之桥亦幸甚。名具列于碑阴。

　　修桥者、嘉靖四十年(1561)则有僧性题；万历二十七年(1599)则有居民张清，各有碑载不赘。完石法名超璧，里人也，室陈氏。时用银廿五两零，所募十四两三钱，余皆完石之资。

　　传临济正宗三十二世住持颐浩寺释行如撰，澄藏篆。
　　□□□□□王公维□担　程尔吉　卜耀溪

□□□□□ 王启洛□千 朱仲南　蒋□□
俞□□□□ 陈子翼 吴爱先 蒋□峰
□明□□ 陈□□ 王美贞 王公纬
沈□□五千 □文□ 殷汝明 潘颒宗
□□□□ □□仲 蔡思椿 陈□□
陈□□□ 董辕符□□□ 曹柏升 □□□
王□石□□ 沈□□二千 金汉□ □□□
杨 □□□ 马玉□ 金□如 □□□
□□贤□□ 石方裘 顾□□□ □□□
涂仲先五千 方□远 □民《 □□□□
顾□□□千 朱庆兰 陈□□□ □□□
□□□□□□ 王三省 陈宝源 □□□
张紫□□□ 胡日升 徐贞甫 □□□
朱泰山 周元望 朱庆宇 □□□
许吉长 □敬知 俞少伯 王彬□
孙衍孟 卢泰椿 张伯明 吴□□
杨云□□□ 冀沛霖 张华元 邵振□
王宾兰一担 张敬弘 俞春□ 郭□□
吴汉文 钱君显 卜廷□ 曹□□
虞思泉 李懋川 □□发 赵惠□
王文琢 □□□ 王成秀 □□□
□□□ □□□ □□□ □□□
□□□ □□□ □□□ □□□
□□□ 张明懋 戴　氏 孙　氏
张　氏 朱　氏 陈　氏各□千 张　氏
沈　氏 □□□□ 王昭武
沈怀□ 朱盛川各□□□

沈孝克书。康熙十六年(1677)三月朔旦,谢完石立超镌。

按:该碑记由金泽熙浩禅寺住持释行如撰于清康熙十六年(1677),碑文录自1980年6月《上海史资料丛刊》。

积福庵记碑

(沈昊初撰 清康熙三十年·1691年)

吴淞江南有周家巷,初以张得名,二百年来,汝南周氏世居之,因以称焉。余维周氏自濂谿之昌明理学,照耀千古,其分派兹土则肇自明弘治中。七世祖翔由上海引翔巷,迁居雁浦。启祯之时,其曾孙用之、寅叔两先生,并以积学邃养为邑知名士,子姓益蕃,咸彬彬守礼教。汝南居第之旁,有庵名积福,旧为缁素焚修之地,而汝南实主之,故自始祖而高曾祖祢之寝室咸在焉。康熙三十年岁辛未(1691),周氏宗金谓庵制狭隘,谋所以光大之,荣其栋宇,增其闳阁,自堂徂基,美哉轮奂。复旁构一室,以妥先灵,仍旧制也。顾我思世之宰官居士、贪心佞佛者,往往于名山大地作恒河沙布施,而过其邱垄且有松楸不剪者,视其寝庙且有籩簋不饬者,本末不明,轻重倒置,视其意犹欲以邀冥福、祈护持也。得乎今汝南之贤者,既以慈悲愿力,恢拓梵宇,而复葺治宗祊,聿新庙貌,岁时伏腊,具兄弟,集少长,将自此而型仁讲让,敦诗说礼,钟□无恙,先泽常新。千百年后,且将赖贤者以永存也,又岂仅薰修梵呗作顶礼空王之地已哉。是为记。

按:该记文由沈昊初撰于清康熙三十年(1691),记文录自清《黄渡镇志》。

安亭菩提禅寺舍利塔铭

(清康熙三十五年·1696年)

正面:"本山中兴禅堂……空生省老人之塔。"

背面:"清康熙三十五年立。"

按:此塔位于嘉定区安亭镇菩提禅寺内,是一僧人石塔,高2米馀,六角三级。据清嘉定《安亭志》:"沧桑变革,古刹中衰,闻有空生老人,卓锡于此。"空生曾任菩提寺住持。

罗汉寺记碑

(刘起撰 清康熙三十五年·1696年)

黄渡镇距嶍城三十馀里,镇有罗汉教寺,创于赵宋建炎间,历元明以来,时一修建,盖千百年古刹也。明季罹倭燹,镇徙于南,而寺日荒凉倾圮。国朝康熙丙辰(1676),僧佛目行乞于右族檀那之门,积材鸠工,葺治正殿,饰新佛像。其东西两庑以工费不继,未遑整顿,仍其颓侧,而东庑尤甚。里中李君馨侯毅然捐资为之。诹度故址,拓旧制而宏敞之,列为九楹,经始于丙子(1696)春正月,以春冬告成。是岁,余馆李君家,见其不惜尽瘁以效斯役,间为问之,李君曰:"我舍吾庐而营十方之庐,非贪果报也。徐宗伯《竺林院记》援引白傅、苏端明轶事,谓皆非有所为而为之,且曰今数百年后,访二公之故宅于川洛间,必无有存者,乃江黄之迹岿然与鲁灵光并传。夫人生百年耳,设余轮奂第宅,非不自炫所美,然子孙而贤或能守之,苟其不贤,则转盼而为他人有,曷若无所私于己,而使十方守之为可久也耶。"余韪其言,而为之记。

按:该记文由刘起撰于清康熙三十五年(1696),记文录自《黄渡镇志》。

重修本一禅院记略碑

(沈宗敬撰　清康熙三十五年·1696年)

　　茸城郡治西隅本一禅院,宋乾道(1165—1173)中赐建,真净院旧址也。向有北道等堂,供奉真武最灵应。元初宗室赵孟頫佐文信国开府江浙,信国北去,王孙遂来云间,托迹黄冠,栖迟偃息于堂侧。寻皈中峰大师,雉染为僧、法号月麓,由儒而道,由道而释,自号三教遗逸,就堂改创底林舍,焕然一新,从弟翰林承旨松雪公手书本一禅院额。历年既久,榱栋朽蠹,殿宇云侵,若不及时整顿,势将湮沧茂草。主事解宗师为超然法裔,发大愿力,矢志重葺。日与辉庵和尚讲求缵承,月麓、空林、超然诸禅师遗绪。康熙癸酉(1693)夏,募缘兴修,庀材鸠工,不三年告竣。解师乞文纪其事,用勒贞石,以垂不朽。

　　按:本一禅院,旧名北道堂,后改真净院,宋乾道中建。清康熙四十四年(1705)改名为云峰寺。该碑记由沈宗敬撰于清康熙三十五年(1696)。碑文录自清嘉庆《松江府志·名迹志·寺观》。

重建黄渡森森庵记碑

（王元臣撰　清康熙三十七年·1698年）

　　自余解组后，僦居由拳之曹溪者十有馀年，每逢佳日，约一二逸侣作方外游，扁舟泖淀，双屐辰馀，酌酒歌诗，流连竟日，颇自喜，以为得由拳山水之胜。由拳故多名刹，面山临水，形胜各殊。若青龙隆福隆平诸寺，创自东吴，由来尚已。邑之东北有庵曰森森，僻在村落，邑乘失传，兴废莫考。而扩其旧制，庵宇重新，则浮屠恒达始，恒公雅志好修，自幼祝发逢阵山，继游越山，受戒虎林，嗣法百愚师，复居逢阵山之大同庵。诸檀那仰恒公法力，群迓而奉之。恒公至，见栋宇欹倾，荒烟满目，则喟然曰：是余之责也。于是解囊争助者，不逾年而圮者修，倾者立，苍松古桧挺立，寺门流水板桥，倏然世外，而九峰翠色揽之，历历在握。况西方之教，证悟无生，兹庵自葺治以来，方袍之士晨钟暮鼓，阐教宣扬以醒尘梦。恒公之成是庵也，或亦世道人心之一助，岂仅作由拳之胜观已耶。今恒公移锡他所，乃为之记，授其徒修来俾守之云。

　　康熙三十七年(1698)十二月，昆山人王元臣撰。

　　按：森森庵在嘉定黄渡三十三保一区三图。清康熙王十三年僧德宗重建。碑立于康熙三十七年(1698)，王元臣撰。碑文录自清《黄渡镇志(·卷九)》(1923年，章钦亮重校铅印本。)

逝多林碑记略

(超凡撰　清康熙三十九年·1700年)

　　逝多林初名华严庵，直指师之所创建。师始结茆其地，日诵《华严经》不辍，庵成，遂以华严为名。嗣于西郊创一庵，亦名华严，乃改名逝多林焉。师名通曙，号直指，祝发天童，便参江浙，晚栖普照寺之海月堂。当崇祯十二年(1639)己卯，师初来松，择郡东双板桥北即今庵址而居。明年庚辰置地，辛巳经始，营建庵宇三进，募装金像五龛，此皆直指师法缘辐辏，拮据焦劳，阅二十馀年而始得落成者也。康熙三十九年(1700)五月。

　　按：逝多林碑记，原碑立在松江城东双坂桥北，僧超凡撰，康熙三十九年(1700)立石。逝多林又名华严庵、华严禅院，明崇祯十三年(1640)僧通曙建。碑文录自1994年版《华娄续志残稿》。

重修法华塔捐助督工碑

(马翼撰　清康熙三十九年·1700年)

重修法华塔捐助督工碑记维法华创于宋元,而复修于万历。其时邑侯陈公主之,而邑中诸绅袍如归赵申须徐季诸先生辈,尚列青衿,各列名具,呈请县详宪,设法劝助。又有耆民任磐石、朱烨及信女徐氏等捐资五百金,并门面房屋二所,共费二千七百馀金,而塔遂屹然重立。先是,塔基只存旧址二级,时有童谣云,当有咬出,人心震惧,因具恳邑侯,侯占诸历数,及形胜诸书,事不可缓,乃率先劝输,率僚属绅士、耆老并力兴工,不期年而告成。迄今将百年矣,日就颓毁,栏楯既废,柱石将崩。识者谓是塔也,系本邑□□□文笔峰,又为黉宫后竟。昔塔之兴也,官长迁而人文盛,如陈□□年即擢科道,归赵申须诸先生,俱发巍科,历显仕。今塔之衰也,不独官长艰屯,而本邑绅士亦俱寥落,甚至海潮泛滥,民为鱼鳖。形家者云:浮图远镇,则蛟龙不惊,海不扬波。而梵经云:海神阿修罗等夜瞻塔灯,遥为皈礼。诚哉阴阳之理,未可忽也。今朝廷敦崇□教,左右斯民,颁金修庙,远届南海,幽明显佑,时和民寿。而吾邑侯王公,初莅兹土,兴利除害,与民更新。里中善士陆彦中钱瑞侯暨里老王仁、沈羽、君旸、时思、殷祥、马良、徐法、陆□、邹远等,目击颠危,具呈请县,蒙邑侯欣然给示鼓劝,捐俸鸠工。又给谕帖,委太学陆彦中□里钱瑞侯□司捐葺。自三十八年(1699)秋季至三十九年仲□,约费七百馀金,而塔更从新。噫嘻! 非常之事,必待非常之人,而后能举。先是三十七年(1698)冬十一月朔,塔顶放光一道,四角七层,每层放光四道，共三十九道，红黄直上，干霄薄云。信士赵圣符写图呈县。至三十八年十月朔，塔又放光如前，因知醴泉甘露，景星卿云，应时呈祥。今邑治将兴，预兆斯瑞，吾侯与民同意，创兴盛事，遴选善信陆钱等，专董厥成，乌能遐迩响应，不久而成巨绩乎？虽曰天意，岂非人事哉！将来人文蔚起，官长超迁，岁丰民乐，灾寝无闻，皆吾邑侯骈幪创始之德，诸善信协助之美也。昔有陈侯，今有王公，昔有任、朱，今有陆、钱，皆非常之数也。蒙王公作文以记其事，予特详举具呈修造始末，及捐资督工诸姓名，勒之于石，并作颂以美之。颂曰：□塔之兴，创于有宋。自明迄今，四百馀年。耸峙云汉，光照八埏。为邑文峰，官民所瞻。学官元武，科甲蝉联。近百年来，木石摧焉。海波震荡，蛟龙垂涎。民葬鱼腹，庐舍沉湮。士庶交困，科名阙然。吾侯至止，捐俸率先。群策群力，不久功全。陆子彦中，智力两兼。日夕不懈，既好既坚。粤维去岁，瑞光冲天。红黄紫气，八方盘旋。预兆斯祥，善果重圆。天人不远，旨哉斯言。百福骈臻，千秋永传。康熙三十九年（1700）岁次庚辰七月，邑人马翼撰，同邑信士陆彦中、钱瑞侯等

督工善信君□ 邹声远 沈□公 钱德昭等 劝募

善信潘浮先 朱瑞芝 殷稚□ 顾□遐 间万年 汤文甫 殷君祥 江汉良 包□望 陆子昭 葛晋侯 张叔度 丘旭詹 朱□□ 钱受兹 卫瞻琪 王永年 戴尔宁 周□宁 朱君甫

城镇募助银钱米布共二百六十一两九钱三分，□修公馆，余俱陆彦中钱瑞侯捐资。告竣细数，开列于木榜之右。（下缺）

按：法华塔于嘉定县城内。南宋开禧中（1205—1207），始建法华塔院，先建法华塔，借名文笔峰亦名金沙塔。塔呈方形，砖木结构，七层。该碑记由清马翼撰于清康熙三十九年（1700）碑文录自1980年6月《上海史资料丛刊》。

东隐禅院置田碑

(张有曜撰　清康熙四十一年·1702年)

予尝谓：墨氏不耕获，不菑畬，日餬其口于四方，人诘之，则曰此释迦遗教也。夫食焉而怠其事，必有夭殃。而墨氏显蹈之，谬托行乞故事以自文，窃恐释迦未必任咎也。或者曰：浮屠氏日谈苦空，蒲团佛火谧如也。□□□衲类不能自为谋，若责以自食其力。甚矣，浮屠之难也。噫嘻，吾今而知人之贤，不肖之相越，岂不远哉。华亭之南，张泽镇之东，旧有彭家庙者，肇自有明。系庙以彭，以庙得彭氏而鼎建，从其朔也。彭氏再传中落，后半属蒋氏香火焉。顺治中，比丘瞽者印空驻锡于此。薰修梵行，置田六亩，用给常住持。嗣后缁流聚散不常，日渐倾颓。过斯庙者，欲问其故事，邈不可得，考其所遗，惟六亩之田，至于今不废。夫以斯庙之创建百有馀年，浮屠之灯灯相继者，不知几辈，而仅有薄田六田。印空以田传田，以印空传印空，而外不闻也。六亩而外无有也，呜呼！创业盖若斯之难乎。越数年，而有自恒师者，大其传。师故里叫声也，居于庙旁，少历艰苦，生平守椎鲁，乐冲淡。虽鳝知文字，而敦于古谊，家有老母，孝养倍至。年四十，雉发于瑞应禅院之大渊和尚，得目公之衣钵，见庙无主，慨然承之，遂更其名，曰东隐庵。偕其徒侣，苦志焚修，无奈瓢□空虚，恒虑弗能继也。居一年，遍告里之檀越曰：衲欲储田，以为常住计，非礼经不可。众皆韪之。遂于丁丑年(1697)四月十有五日，入关键户，顶礼《华严经》八十一卷，一字一礼，寒暑无间。有谓师愿虽宏，恐不终，而师不少措也。关中尝乏食，有好善者周之，然终不给。其锐志如此,至庚辰(1700)之八月十有五日,告厥成焉。出关之日,远近士女皆焚香往拜,啧啧称羡,乐其事之有成。所积经资,毫不自利,择里中之贤者蒋子佩、江瑞生、顾九程、胡士林、蒋虎臣、彭尔荣、金止威、蒋子定、蒋子霞、蒋虞临等贮之,置田二十二亩,与印空之六亩悉归庵中,以为永远住持僧饔飧地。继自今,凡僧之饮于斯,食于斯、栖身于斯者,一菜一羹,一单一席皆师之艰难辛苦以贻之者也,其又可忘耶?后之嗣者,毋或侵削蠹啮,为斯庵害,则斯举也不亦可以垂之无穷也哉!《诗》有云:"彼君子兮,不素餐兮。"师当之,奚愧焉?视夫食焉而怠其事者,其为贤不肖何如也。事既竣,以其银田细目并诸檀越姓氏勒之贞珉,以垂永久。余故乐为志之,以为浮屠劝,至于殿宇之重新,佛像之庄严,皆出于师力独置,而不书,非略也、其余也。

康熙四十一年(1702)岁次壬午四月。张有曜撰。

按:东隐禅院旧址在青浦张泽镇东北隅。明代彭氏建,俗称彭家庙。清顺治年间(1644—1661),住持僧印空,自恒相继置田重修。康熙四十一年(1702)四月,张有曜撰碑文记其事。咸丰十一年(1861),禅院毁于兵火。光绪二年(1876),住持尼通圆重建,后尼心悟又改建。碑文录自清《张泽志·方外志·寺庙》。

奉宪严禁恃强为害碑

(清康熙四十一年·1702年)

　　知江南松江府正堂事、扬州清军分府周,为江南民害未除,豪强吞食已尽,公吁宪天,严饬勒碑永禁,以靖地方、以苏民困事。奉总督部院阿批发,本府详奉本部院批发,华亭县亭林镇士民吴士鹏等呈请严禁阻葬、劫孀、聚赌、打降、挜监等款缘由,奉批如详勒石永禁,仍不得藉以滋扰,察出未便等因。又奉江苏布政司正堂刘批同前事,奉批仰遵督部院批示勒石永禁,仍取碑摹送查檄等因。奉此,除前呈开称阻葬等各恶款,该镇娄界已经定例刊明示禁外,至于青邑地方,例应一体勒禁,合行勒石永禁。为此示仰府属军、民、人等知悉,嗣后敢有地棍奸徒,故为严禁,恃强为害者,许诸色人等协力擒拿解府,以凭严拿究解有司各宪。按律究拟,断不轻贷。须至碑者。

　　康熙四十一年(1702)三月　七宝镇士民戴明之、岑荀史等立石。

　　按:碑旧址在原七宝寺中,碑文录自清《浦溪小志》。

重修善应庵记碑

(孔毓书撰 清康熙四十二年·1730年)

潭址东北善应庵,不知所自。僧隐安祝发坞城,述先朝怀宗时,里人马姓焚修于此。康熙己酉(1669),耆老杨明宇建石梁于旁,邑令闻君在上给匾表之,至今犹额于庵。辛巳(1701),慧莲大师兴复功成,乞余为记。

按:善应庵旧址在嘉定县。此碑于清康熙四十二年立,孔繁书撰文。碑文录自光绪《嘉定县志·金石》。

松隐禅寺禅堂膳僧田记碑

（焦文□撰　清康熙四十六年·1707年）

　　□□□□□□乡进士　焦文□撰文
　　□□□□□□太学生　沈尔矩书丹
　　□□□□□□郡庠生　沈宗鑑篆额
　　原夫理超生灭，建立皆有漏之因。道□思惟，福非无我所受，然而镫王赠席，香积思餐，既胎善以成因缘之因，敬而生悟，岂不以法立言也。有无□空色副理事□中边诸佛，体之则三菩提，修之则六度行，海慧变之为水，龙女献之为珠，天女龙□为无着，华善友术之为如意□，故知解脱之法门，正赖有为之功德矣。况乎观自在，咸同色身诸净土，为博食智慧之火，如若方中烦恼之薪，烧之不尽，讵以不周之□□能停常转之□轮者。松隐在浦南二十里之六所，盘□道流之所栖。□吾其幽胜，腾桃园云树之思。论其逸迹，芝岭烟霞之想，机山既地主流声。船子上德，邻腾誉省。元至正间，有惟庵禅师者，以善巧方便，作佛事利益众生。里人山子才等感其德化，为创精庐。后建七级浮图，贮血书《华严经》，名之曰华严塔。三十二种之相□□耶，八十一卷之文，雷轰震旦。至明正统间，有主持显大机，请额于朝，遂为"松隐禅寺"。□□建刹，指□禅外锡飞则开林□刊山中石□梡，则□业承基百余年间，若丝而已也。□屡变□□仍□□宝筏载沉，智幢迭起，而迭□斯□素文所悯，人天之所□□既者也。本朝康熙癸丑岁天童之后人冠嵋禅师，始应里人徐振南、沈元功、朱□□、徐圣嘉等请,总持兹寺。迄乙丑,弟子栢山继席焉,毋呼而子□山,鸣而谷应,用阐宗风。思善从予一瓶一□类次第于王城水某丘等栖□于□里。丙子岁,里人徐振藩、沈彦生、黄昇彦、朱靖远等,仍请栢山之嗣鑑冶主持法席。众推□□足之奇,上掩黄晴之智,□□□扣沙门之□□键,斯开法鼓,裁鸣性海之波澜,易畅既乃集善宿□□诵《金刚经》,道场捐资劝助膳僧田。如平亩□财□集□食□香□成□即是。伊蒲文撰秧歌,振木便参,梵呗之声,是曰福田,可续慧命,□□□海之形,勒以银钩,爰记恒沙之数。

捐资善信:

沈元华亭功子会瞻助田坐落本县七保二区二十图海字圩七十九号

(沈元功子)苍期助田贰亩坐落娄县七保二区二十图翔字圩六十三号

徐介服、徐仲生□□郎

杨门王氏助银二两六钱

□□期助田二亩坐落本县七保二区二十图翔字圩六十三号

胡念如助□□□□县十保二区十一图字圩□(中缺)助银十两

杨仁甫子□清助田贰亩坐落华亭县腾字圩六十九号

杨靖公助田贰亩坐落华亭县十保□十区腾字圩六十九号

徐益贤助田贰亩坐落逊字圩五十五号

吴授卿助田壹亩仝(同)前号

朱静巷助田二亩坐落华亭县九保二区十九图关字圩五十二号

沈君治助田壹亩仝前号

康熙四十六年(1707)龙集丁亥春月谷旦立

冠嵋和上率监院湛音等捐资□两五钱劝募,前列众善信捐资契买七保二区十九图西伐字圩□六号田三亩四分　　监院

按:此碑现藏金山区朱泾镇金山博物馆院内,碑青石质,高1700,宽82厘米,厚20厘米。楷书竖书,22行,满行64字。碑额为篆体竖书,5行10字。松隐禅寺在金山区松隐镇(现为亭林镇)

华严塔路,原名松隐庵,始建于元至元十二年(1352),明洪武十三年(1380)建塔,并藏德然和尚血书《华严经》,故又名华严塔。正统十二年(1447)敕额"松隐禅寺"。1991年,经批准,重新修复开放。碑文由金山博物馆提供,碑文磨损严重,无法一一辨识,姑存之。

（寿福寺）二南禅院助田记

（徐文炯撰　清康熙五十五年·1716年）

余尝读孟氏书，至"无恒产者无恒心"，未尝不叹民之赖乎产如是其重也。又读至"士无田不可以祭"，益叹祭之藉乎田如是其亟也。士民且然，况缁流乎！今世之沙门，每持钵向人乞升斗粟，以为朝夕饔飧计，遭唾骂拆逐勿遑恤。间有一二比丘，挟厚资，据精舍，鲜食以自奉，美衣以炫俗。有能解囊以修葺梵宫，招集侪侣者，即群推为无上士矣。求其念先世之□尝，作后人之久计者几人哉！嗟嗟，墨氏无父，吾孟子□尝言之。然俗则父子相承，僧则师徒相继。僧之师，犹乎俗之父也。且未为僧之始，固有本生父，奈何一入空门，而遂膜外视之。西来大意，当不若是之甚也。今观乎默公上人，及贤徒文质、友三之倡垂，庶有合于圣贤之旨乎？练溪之东南，有二南禅院，即古寿福庵，岁久倾圮，风雨剥落。康熙癸亥(1683)，二南善姓，併力绸缪。又得瑞芝沈居士，重建大殿。而住持未得其人。岁丙寅，诸檀那恭请曹洞正宗默公大和尚，卓锡於斯，宣□妙谛。向时萧条落寞之僧舍，竟成庄严清净之道场矣。浙中搢绅，钦崇名德，延住梵，受祖庭，领众五载。诸信念之不置，复迎回庵。又重建前二带殿宇厢廊，不事募缘而施者云集，良由默公平日之感人者深，而得诸望族赞勷之力也。庵中旧虽有田十馀亩，不足以供饘粥。默公併置田七亩，併入常住。圆寂后，文质、友三即建塔于庵后，而以所助田为香火之资。文质念故父乏嗣，设位庵侧，亦助田一亩，俾春秋之祀。又恐后人不达助田之意，而或弃置勿顾也，将勒石以垂永久，属余作文记之。余闻释氏之言四蕴法皆空,于是伦常之道澌灭而不复讲。岂西方圣人之教,必欲绝伦弃礼哉!习其说者,务其末而不求其本,故使慈悲之学,变为刻薄之流。而儒释遂判然矣。默公裔出云间东海先生之后,渐于理义有素。文质、友三,熟闻师刻,故其立心行事,有与吾儒时合者。虽使孟子复起,当亦为之首肯也。故不辞而为之记。至于立田旧章,世守勿替,是所望于后之人,并庵中之护持者。

康熙五十五年(1716)岁次丙申十二月佛成道日,甲午举人候选中书舍人徐文炯撰。

按:该记文由徐文炯撰于清康熙五十五年(1716),记文录自《章练续志》。

永定寺重建佛阁记碑

(朱锦撰 清康熙间·1662—1721年)

寺创宋淳熙间,其时题额皆出御赐,刹竿相望,金碧辉煌,前代所未有也。明嘉靖中,岛夷阑入内地,而寺之佛阁遂毁于兵。顺治十三年(1656),有善信张彦圣慨然以兴复为己任,捐资千两,选日鸠工,于是信施填委、版筑云集,佛阁遂骞云霄之表,廊庑庖湢,次第修举,蔚然为招提胜境。余尝同弟铮侍先太史读书其中,时象教中衰,法筵永改,《竺坟》、《梵夹》与商歌《雒》,诵之声,互相响答。廿馀年,蓼莪脊令之痛,交作于心;每以溯洄,未尝不置身于钟鱼寥廓之际也。窃尝谓近世士大夫好谈宗旨,强作解事,或执教以议禅,或窃禅以扫教,门庭互击,聚讼滋多,至于讲席榛芜,劫灰永锢,则莫有过而问也。乃张君独于佛法寝衰之日,成此胜果;虽曰时节因缘,而其勇于为善之心固已度越千古矣,故为之记。

按:永定寺,在浦东新区周浦镇西市,始建于宋淳熙间,僧恩法华开山,御赐永定禅院额。2008年,经批准,重新修复。该记文由清朱锦撰于康熙年间(1662—1721),录自光绪《南汇县志·方外志》。

慈济寺铜钟铭

（施何牧撰　清康熙间·1662—1722年）

　　以文明火,铸善慧金;声发嗜呕,如龙斯金。宣八方之和气,流奕世之芳音。

　　按：该铜钟铸于清康熙年间(1662—1722),举人施何牧撰钟铭文,慈济寺,俗称大寺,旧址在崇明县城桥镇习文巷。铭文录自光绪《崇明县志》。

上海佛道教资料丛书 1

上海出版资金项目
Shanghai Publishing Funds

● 潘明权 柴志光 编

上海佛教碑刻资料集 下

复旦大学出版社

于塔庵记碑

(李登瀛撰 清康熙间·1662—1722年)

　　今海内塔寺之建兴者多矣。塔不皆得舍利,而法存则塔存,塔即不存,而塔之名常存,其功德亦存也。我松东南扼春申浦,迤逦三十馀里。相传有于塔,为唐于氏所建。至宋元丰四年(1081),设庙以界地。久则庙存而塔废,时代绵邈,志乘阙略,故不甚显。今重璧上人,以宏愿巨力,恢拓庙宇,复勒诸贞珉,传示不朽,岂非法门龙象哉?上人名心恒,系出旌德,十龄失怙,随父云间为苾蒭。盖达微隐公之法嗣,而自明觉公之法孙也。国初有元舟禅师,自滇中鸡足山来,戒行高洁,里人敬奉之。自公从受衣钵,禅师示化,自公结趺于兹。隐公、重公,以次随侍焉。庙隘而敝,器用不具。重公次第鼎新,色相庄严,缔构完整。复置田以赡香积。盖师弟继承逾三十年,而称东南精舍焉。易庙为庵,从本法也,仍系于塔,志不忘也。夫唐宋迄今,一袈裟地几湮为劫灰,而重公能辛苦拮据,宏师绪,存胜果。岂非百灵输工、四天扶力者耶?由其生平重研参证,先具足于邓尉吼崖宗师,而又历九华、天台、径山、普陀、栖霞诸古衲,所栖靡弗谒叩,洞参宗旨,宜乎慧性明而誓愿成也。事既竣,乞余书诸石。余嘉其志,故书而铭之。至于建塔之岁,于氏之名,郡志弗传,俱不得而考矣。铭曰:

　　鸡足灵秀,笃生名衲。飞锡来吴,宗风朗彻。上座者谁,觉公自明。始栖香界,了悟无生。隐公重公,薪传灯续。恢扩宝林,庄严金粟。相传濒海,巍然支挂。雀离云邈,阿育无稽。于以塔存,塔由庙显。易庙为庵,正觉是阐。盘郁曼陀,氤氲妙香。镌此贞石,地永天长。

　　按:于塔庵在奉贤县胡家桥北,相传有于塔,为唐代于氏所建。宋元丰四年(1081)于塔旁建庙。清康熙年间(1662—1722)僧重璧重修。该碑记文由进士李登瀛撰。碑文录自乾隆《奉贤县志》。

重修普照寺记碑

(王顼龄撰　清雍正三年·1725年)

郡城谷阳门内,有古刹曰普照寺,其遗址乃二陆故宅,唐时已为浮屠宫,赐额曰大明。宋祥符间,又敕赐为普照。自元明至国朝,规模宏敞,历年滋久,殿宇倾圮,而丈六金身亦几蹅寒烟衰草中。余官京师数载,其坍毁倾颓大约更甚。适闻上海嫠妇□氏,独倡善缘,呈请捐橐鼎新,誓复旧制。郡人悉嘉其愿力之宏,又窃虑其工之钜,费之繁,事之不易成也。乃氏则志坚行苦,百折不回。囊金既尽,继之以典簪珥、鬻田庄。运甓担砖,身亲庸作。曾不数月,而榱桷翼如,金碧焕如,壮丽辉煌,巍然名刹。氏茕茕一嫠妇,年六十且无子,非求后福者,而倒箧倾囊,而底于成勿已,非其夙具善根,焉能成是举也?管子云:匹夫有善,可得而旌。况起久废之大功,而出自一区妇哉?王顼龄撰,雍正三年(1725)四月立石。

按:普照寺在松江府华亭县城内,建于唐乾光年间碑记由王顼龄撰于清雍正三年(1725)四月。碑文录自《嘉庆松江府志·卷七十五·寺观》。

重建云翔寺弥陀碑记

(杨志达撰　清雍正六年·1728年)

　　前临荷池,竹木□带。壁间旧有擘窠大字数行,为长衡先生笔。寺之胜景,无逾于此。

　　按:杨志达撰于清雍正六年(1728),录自2009年《云翔寺志》据清光绪《嘉定县志》所载。

义井、仁园合记碑

(杨元诏撰　清雍正七年·1729年)

　　维康熙戊戌(1718),镇宪魏公巡行第三条竖河,劝谕创立义塾,溥惠居人,祗以地窄难驻,惆怅者久之。因国东有庙址,介在荒村,尽堪容膝,曷以济通衢来往之繁。居人曰:"庙之近海而就倾者,西有明德庙,南有三官堂,今可鸠工改建,旧事重新。"于是寻故址之南,遂合三庙为一,颜之曰"博济庵",恰当周道之冲,而辙迹所经,至达旦未尝少息,则行人风雨思歇,疲渴思钦,暮夜思灯,非井亭其曷赖?今上甲辰岁(1724),邑中如施君闇文,累传积德,余同宋子天球往而谋之,慨然许诺,率先捐赀二十金,尤嘉诸善士,怂恿醵金,即于庵之东南创造义井。余又虞修葺无资,难垂久远,谋之明经黄君廷仪、诸生黄君遇六、里人沈子辉暨余节媳施氏等,各捐基地为后日修葺之费。先是康熙庚子五十九年(1720)八月潮灾,淹没棺柩,漂零甚至,白骨载途,青磷遍野,愁惨之状不忍睹。大理寺左评沈君能夏,于庙旁捐肥壤五百步,筑为义冢,收掩棺骸无算,人感谓余之辛勤,住持松隐之奔走,其功不可量。余谓托诸空言,不敢妄谓己力,非诸君子诚心乐助,解发囊金,奚能遽底于有成?余故标于庵之旁曰:"西北创仁园,泽及枯骨,东南辟义井,恩被生民,敢为诸生、君子颂。"时年八十二岁。

　　按:此一碑收录入崇明《杨氏家乘》,题为《先高伯祖植久公义井、仁园合记》,雍正七年(1729)杨元诏倡建义井、仁园,原址在崇明县第三条竖河(现新河镇井亭村)。碑文由崇明县史志办提供。

重修白塔记碑

(卢耀先撰　清雍正八年·1730年)

白塔不知其何自也。乡人之言,宋韩蕲王尝屯兵于塔之南二里许,设营厂防海,故地以名,塔则不知其所自,或云建自明季,或云自国初立。然邑乘莫载,皆无所考。塔之制,高不满三丈,然形体悉备,轮廓外具,□鸰森然。中设大士神象,展礼朝拜。崇奉乡里,历有年所。自建以来,修葺者屡矣,风雨所蚀,黝垩顿除,层檐渐损,兹得李公惠臣夫人钱氏,捐机杼之馀,仍其旧而新之,记日工竣,焕然复昭,盖自是而奉如里邑光者,又可相继矣。噫!韩蕲王功烈赫然,而旗碣无存,断碑莫顾,其设营置厂之所,悉变蔓草荒烟之地,而仅以名其里焉。古塔形小制隘,而岿然独存。如鲁灵光之相垂于不朽,后之人踵而修之,其亦不以永峙也与,因为之记。

按:白塔在桃浦绿杨桥附近。该碑记为清广福卢耀先撰并书,清雍正八年(1730)立碑。该塔砖砌,高约四米。第二层有一窗龛,内有砖刻观音像和两块碑记,另一碑记为清嘉庆二年(1797)玉峰王天球撰并书的《重修厂头白塔记》。现两碑均未见。碑文录自上海科普出版社1995年5月出版的《桃浦乡志》。

素农庵记碑

(黄之隽撰 清雍乾间)

韩子言:"古之民四,今之民六。"盖事有大小,道有同异。是故士学稼,儒入墨,孔孟讥之。然而穷达繇乎变通,因乎时,寄□于农,以乐其诗书;交游于释,以守其田庐,则君子亦未尝厚非焉。南汇石笋里之南,故处士姚树棠居之,以儒为业,教授里中,敦孝友,修身砥行,自食其力。晚无子,蓄馆所入,买田数亩筑室,所居之旁,若浮屠氏所谓精舍者,榜曰素农庵,耕读其中以老。邑宰陈君书联及匾为赠。然则斯庵也,其即儒者之庙宫环堵乎?《甫田》之诗曰:"或耘或耔。"又曰:"丞我髦士。"厥兼而有之者,带经而锄,持竿而诵,寥然庞郑之清风,而可訾其学稼哉。迨其没也,以至于今,岁月深矣,庵渐荒圮,几何而不墟其及门。杨维忠捐赀葺修,以完以固,延释驻锡焉。十笏可栖,一犁可耕,以保永久。学博徐君既为文勒石,又以予婿卫太学浩书来求记。慨夫俗之漓也,孰师死而克损己财,俾不废坠其堂构者。人见佛灯幡刹之色,焕而新;闻梵呗钟鱼之声,穆而深;食香积伊蒲之味,甘而芬,谓开士感召,檀越响应。岂知处士读书授业,能造就其生徒,故不忍忘渊脉以成斯美也。《梓材》曰:"既勤垣墉,惟其涂塈茨。"言能继也。作室者而有知,魂魄不犹恋此乎?予观其创后,因师弟间而皆合于儒者之道,未可与援儒入墨同日语矣,故不辞衰倦而记之,夫亦有取乎耳。

按:素农庵在南汇县新场镇,处士姚树棠建,碑记为奉贤进士黄之隽所撰。碑文录自《光绪南汇县志·卷十九》。

净土庵记碑

(黄建中撰 清乾隆三年·1738年)

净土庵在长茜泾之阳。左瞰清流,右临旷野,前后茂林修竹,荫翳映带,沙门宠宣,结以焚修之所也。南去城六里,北去娄塘四里,虽邨落相望,而尘嚣之气不杂,是诚修身养性之善地。名曰净土、固当。予于乾隆丁巳(1737)夏,来理嘉邑,理繁治剧,无暇他务。越明年,戊午春,邑中绅士来告予曰:"法华宝塔矗立县治巽方,系一邑之文峰,人文由此而盛。年远驳蚀,盍亟修焉。"予曰:"唯唯。特综事者虽其人,奈何?"佥曰:"净土庵僧宏宣者,诚邑之善知识也,今年届七十,发愿键关募修。"遂延至塔,即出其畊余钱五万捐之为倡。于是,闻风施财者雨集,趋事者云臻,盖百日而工竣焉。所谓诚无不格,如响斯应者矣。予嘉其功行,赐以额曰"名与塔永",送之归庵。因慨世之所称善知识者,趋势利,念人我,背道德,违仁义,问其名则俨然知识之称,考其实则有出于庸俗之所羞为者。亦何以继往开来,洪扬佛法,令世之贤人君子无所议其后乎?即或世为所蒙蔽,而清夜思之,宁不内愧于心耶?若宏宣者,未易数数觏也。自幼薙度入空门,长游名山,得华顶震禅师之心印。由是道日益明,德日益进,远迩缁白无不赞叹,谓堪为世模范。邓尉圣恩方丈以法脉相推,屡请主持讲席不就,甘自隐居终老。雍正癸丑(1733),携其徒孙道持适至长泾茜,乐其风土,市民田若干亩,结庵若干楹,奉释迦文佛、观音大士、大势菩萨,朝夕顶礼。不募缘,不赴应,躬自力畊以供薪水,有余辄取作诸善事。平时闭户不出,曾手书《华严经》八十一卷,又硃书《法华经》六万余言。其遇暇日,辄取儒书与《禅林宝训》互相阐发,以训其后嗣。是又释教而兼通儒教者也。栖间守寂,萧然物外,其视世之所称善知识者,奚啻霄壤。故知自今以往,庵以人传,地以庵传,净土将与圣恩、金沙并传不朽,又何俟予言之琐琐哉!予因修缮而悉其平生,且知庵之始末,聊叙其事以为之记。时乾隆三年(1738)岁次戊午秋七月上澣吉旦,文林郎、署江南太仓州嘉定县事、咸宁黄建中撰,蒟邨居士徐应鹏篆额,后学比丘真静书丹,徒孙本正同徒曾孙空界立石。

按:本碑文录自民国《嘉定县续志·金石志》,清乾隆三年(1738)署嘉定知县黄建中撰,徐应鹏篆额,僧真静书丹,本正立石。

集庆讲寺记碑

（陈典撰　清乾隆六年·1741年）

　　元至正四年(1344)，僧妙智梦见佛光，则建斯寺。明洪武间，修于僧觉轩。万历中里人张小泉重葺。国朝初，殿宇圮颓。康熙四十八年(1709)，住持古潭，戒行精严，爰发誓愿，持贤忍心，虔诵《华严》尊经以劝募，遂有檀越袁寿之捐田六亩，以襄胜举。奈工费浩繁，二十年赍志以没，幸其徒慧本克承师志，迨雍正十二年(1734)，克复鼎新。古潭恒虑常住未足以供佛饭僧，复铢积诵经之资，置田若干，其计至深且远，爰足慧本成古潭之志，又欲后之思其艰而无忘其泽也，踵门请记于余。案功令僧家田亩仅耕种，不许售人，则异日或有野狐禅扰害，宰官得以责惩屏斥。大凡物之盛衰兴废，有数而理寓其中，以古潭之苦行清修而后山门巍焕，则贤嗣绵延必能深念而无废前功也哉。故余乐为之书以勒诸石云。

　　时乾隆六年(1741)六月日。邑人张明府陈典撰。

　　按：集庆寺在嘉定徼江门外三里，寺建于元代，碑立于清乾隆六年(1741)。碑文录自清嘉庆《石冈广福合志·卷四》。

万寿塔院记碑

（汪德馨撰　清乾隆八年·1743年）

从来天宠绥者锡纯嘏,民豫附者集鸿禧。故华封人之祝帝尧也,愿圣人多寿而邠民跻堂,献觥亦云"万寿无疆"。盖沐膏浴泽,为饮食寤寐所不忘,而又非语言文字所能击,遂不觉积爱戴为导扬,以导扬为媚,兹矢口而陈之,遇物而志之云尔此意于今,乃复见之。惟松郡之属邑七,峙于西而横大泖者曰青浦,地势平衍,无崇山峻岭之势。其士大夫与里之父老子弟输金钱,仿浮图象教,岿然建瓴级于南门之外,丹黄璀璨,上耸层霄,工竣而奉以嘉名,谓之万寿。盖以圣朝德化之涵濡既深且久,恭逢皇上嗣统,寿域初开,而是役实。于是乎经始,用是邑之人望云稽首,感百年休养保聚之泽,放万岁歌呼颂祷之声,而藉是以仰报国恩。非徒辉耀文明,如雁塔故事,为后髦题名之地而已。初,余来视郡事,莅松者阅数载,青虽瘠而易治。余奉简命旬宣巡历郡邑,道经横谷,而邑人以讫工来告,请数言以勒诸石。余既喜此邦之土俗淳朴,犹有古先民忠爱之遗风。而圣天子光被海隅,登万姓而赐之仁寿,罔有遐迩,尤足永垂奕禩,则宣德达情,讵非驱马周咨之职与?乃援笔而为之记,且系以颂曰:望龙浦兮屹立巍然,耀丹碧兮城南之巅。孤高插天兮崇级飞檐,经之营之兮既合其尖。敌九峰而瞰三泖兮撰翠浮烟,登眺四境兮佳气郁芊。农歌于野兮士庆茹连,用祝圣人兮于斯万年。

　　按：万寿塔院在青浦南门外,清乾隆八年(1743)建汪德馨撰碑记。碑记录自清《青浦县志·卷二十九·寺观》。

万寿塔院记碑

(周隆谦撰 清乾隆八年·1743年)

青浦之为邑也,吴淞环其西北泖列于东南,幅员:不甚广而民居稠密,比户可封,时际升平。群黎之隶此籍者农眼先畴,士食旧德。自高曾迨孙子嬉游于仁寿之域,百年如一日,猗歟休哉!屡沐圣主蠲租赐复之恩、减赋轻徭之泽,绅耆士庶靡不感激欢呼。欲摅草野区区塔称之仁而无,自此南郊万寿塔之所为建也,祝纯嘏于万年。泽国恩波浩荡于鹤浦龙江之内,有不与塔而俱久乎?青浦素称易治,文章礼乐彬郁可观。自建塔以来,人文尤蔚起,乡会二试登贤书而擢礼闱者,踵相接也。形家言邑之巽方位置宜高峰标文笔佳谶斯符,则是举也。所以答皇恩即以作士气,其裨益于地方者诚非浅鲜矣。又于塔之右偏杰阁崇檐,颜其堂曰正谊。招邑之子弟肄业其中,资以膏火,延师以训迪之,书灯佛火,诵读之声与梵呗之音相酬答。由是观之,此塔之建非以之崇释教,亦非专以觊科名,直欲价阖邑之人积功累行,以仰副圣天子乐育人材之至意,不尤务其本而探其源哉。工既讫,问记于谦,窃幸承乏是邑,导扬圣化,宣达舆情,不敢以不文辞,至总理诸公,名勒诸别石,兹不复书。

按:万寿塔院在青浦城南门外,建于清乾隆八年(1743)。周隆谦撰记文。碑记录自《青浦县志·卷二十九·寺观》。

重修超果寺大殿记碑

(黄之隽撰 清乾隆八年·1743年)

超果寺自唐至今，垂九百年，郡志纂详，然尚有阙疑。志载寺基本泽河，有异僧月憩其上，使群儿以瓦砾投已，不中，尽入河，遂满，因覆土结庵，后为巨刹，则在藏奂创寺之先，未详异僧何代人也。寺建于唐咸通十五年(874)，咸通止十四年。方外传奂以咸通七年卒，则未详寺实咸通何年建也。寺始名长寿，宋英宗改今额。东为天台教院，以院与寺分，未详何年合也，理宗书额曰：超果灵应观音教寺，今曰超果天台讲寺，未详何年易也。志载元时寺有塔，未详何年废也。宋景定五年(1264)，寺灾，元至正十六年(1356)再毁，中间九十三年，未详重建何时，兴修何人也。寺之大殿，俗称鸳鸯殿，以形制两殿合一而名，殿之不修久矣。乾隆八年(1743)，隐锡庵僧明智过而心动，倡诸善信，或解囊，或募赀，或给匠劳与费偕，肇工闰四月之望，迄十月望，而圆通大殿告成；十二月朔，两花殿也一新。夫造化乘除，天地理数之自然，无而之有者，造也；有而之无者，化也。岿然斯殿，一寺之观听系焉。因其有而有之，如创如造，沙门、撞施以其财力为功德，善矣。琢石镂辞，昭示将来，寺之胜，次第兴复，咸自此始也。

按：超果寺在松江府西三里。唐咸通十五年(874)僧心鉴建。该碑记由黄之隽撰于清乾隆八年(1743)。碑文录自嘉庆《松江府志》。

重修崇明兴教寺记碑

（王衡撰　清乾隆十二年·1747年）

　　余闻海上有兴教寺云，创于唐之兴元，旧址故滨海，梵宇时圮。明万历改元之一年(1573)，僧大方卜迁今地。一切垩者、墁者、黄金相者，第创有大凡。无何，复中波臣之惨，则瓦砾在前。比丘法庸出钵中莲花，合浮图尖营之，久乃就绪。四周若城，前为门者，一额其上者，太史严公讷书也。中树飨殿，七宝庄严，稍进丙舍禅房，连络左右，除中穹碑、杉柏森列，剔苔藓读之，多名人迹。寺遂当崇之第一点。顾寺之修，仍其旧而葺者十六，新者十四，越岁六七而始克焕然。比丘拮据之力当兴，昙氏之灵不朽，因为记。

　　按：兴教寺位于崇明。旧在张成港北，相传唐终南僧妙巩梦神告曰：东海起沙，邻逼吴楚，宜建道场。因与徒数人远来，不逾年，寺成。宋宝庆中，僧皎如见寺逼海，迁寺至平等村。明永东中，寺迁道安乡。明万历中，寺迁南沙。后迁建新河镇西，有诗僧精舍，颇幽胜，知县能开元题额。清乾隆十二年(1747)重修，王衡为此作碑记。该碑略记录自民国《崇明县志》。

重修颐浩寺天王殿选佛场合记碑

(蔡英撰 清乾隆十四年·1749年)

吾里颐浩寺创于宋,至国朝初年,正殿燕,耳殿亦几颓废。幸康熙壬子(1672)岁,子山和尚卓锡兹土,唱缘聿新。子山逝,无续灯者。数十年来又邻圮坏矣。乾隆丁巳(1737),雪鸿禅师主讲席,同监院白峰上人丐募诸方,作葺治计,将诹日度工。会雪鸿负痾辞院事,寝阁二年。白峰决志整顿,经始于庚申仲春,竣于腊月。寺之内外无不坚致丹腹,其功殆不可泯也。又六年壬戌(1742),含虚禅师来,念天王殿为寺观瞻,募缘饬理,殿臻完好。又七年己巳(1749),含师同监院雨方重建选佛场于殿后,规模壮彩,颇费心力,其功有足多者。因思寺宇之兴废,关于修复之存亡,世称古刹伙矣,往往鞠为茂草,兹以烬馀旧殿,到今美润整齐者,子山为之前,而雪鸿、白峰、含虚、雨方为之后也。冀嗣今恒有人也,仔肩施葺,则变荒为理,易败而成,以引为弗替,是乃祗林之幸也夫。余嘉厥功,更期永厥美,爰合书之,锓于石。

乾隆十四年己巳菊月记。

按:颐浩寺,又名颐浩禅寺,在今青浦区金泽镇,始建于宋代,此碑文由蔡英撰于清乾隆十四年,碑文录自清《金泽小志》。

重修圣果寺碑记

（曹钦撰　清乾隆五十年·1785年）

　　敕授儒林郎知奉贤县左堂，前署理太仓州镇洋县，加八级江右曹钦撰，

　　邑人黄士昌书丹。

　　间里有克家之子，从累世不振、因循败废之后，而能举前人之业，败者复之，废者兴之，自志而未及行者，从而广大之。君子未尝不叹其克笃前烈，而乐其事之有成也。肯构载于书，新庙登于颂，盖谓其事，虽主于因，而上有以承前人，下有以贻来者，厥功非浅鲜也。兹竟于释氏而遇之。夫释氏之言，一举而空，然而殿宇之崇侈，像设之庄严，状无形之行，极无有之有，而奉其教者，唯恐一物之不备，安在其位空哉！或曰：理无形而物有象，而穷理者必格物，接于目而知有物，知有物而知佛之所以为佛，利至之义固在焉。况乎人多中材，使必以无上义谛求其解脱，是尽人而责其上智也，势必不能，此古圣人往往以神道设教也。然则殿宇象设之、不可废明矣。四团圣果寺，明正德时僧静明从天台来，结茅诵经。忽中夜海水惊沸，涌铁观音像一尊，师乃募建寺以崇奉之。再传至祥林、广征，历世修理，规模宏整，巍然一名胜也。是后住持率怠不事事，风蚀雨剥，林宇摧颓，佛像黯淡，百年以来，敝坏甚矣。岁乙巳（1785），比丘胜宣为碧岩上人高弟，承其师未竟之业，慨然鼎新自任，因与诸善信熟筹振兴之策。三四年来，夙兴夜寐，渐次修举，遂使庙貌重新，金容灿烂，缓急先后之间，咸有条理，呜呼，此其所以有成也。与乎作者常劳，居

者常逸,乃享其逸,而目击前人劳苦之事,日就颓败而不为之所,尚为有心人乎者,今胜宣猷发宏愿,而举百年毁败之业,从而兴复,亦可谓有志者焉。或曰胜宣为僧有年,其所历废寺不一,而于圣果独成厥功,则众善信之助不可忘也,爰为之记。

清乾隆岁次乙巳年(1785)住持僧道源同徒常益立石。

按:圣果寺旧址在奉贤区四团镇北街。奉贤县丞曹钦撰文,黄士昌书,僧道源立于清乾隆五十年(1785)。碑文录自民国三十七年(1948)《奉贤县志稿》和1984年奉贤《四团志》。

圆津禅院振华长老塔铭碑

（王昶撰 清乾隆五十二年·1787年）

圆津禅院历代诸长老皆以能绘事、工篆刻,世其传,流风余韵,盖防于语石。语公殁,贞朗、蕉士继之,及旭林而名盛。余少时及见旭公,其画本诸家世,益以王翚为师。旭公老,授笔法于振华,而篆刻尤工,然朴质沉静,退然不自见所长,是以其画既散落四方,友人虽梓行其印谱,而世之知之者绝少。院濒于漕溪,精舍皆清迥幽绝,为东南名士游赏地。振华饰其所未备,与其所已废,又取名士诗文书画装潢藏弆,无损饰遗佚,以供来游者之玩。笔墨稍暇,率其徒侣从事于耕作,不以劳贲自解。又尝受歙人方楚压翳法,间出以应病者之求。县令念其诚悫,命司僧录,意故翛然不屑也。呜呼,观此足以知振华矣!振华,童姓,名本曜,苏州吴县人,生康熙六十一年(1722)某月日,灭以乾隆四十九年(1784)十一月十三日日是,僧腊五十有六,世寿六十三。弟子二人,曰觉安、觉铭。振华寂时,余方由西安移任云南,觉铭以书来,云:"吾师将以五十二年其月日葬吴县之尧峰,原有以铭于塔。"余童时常往来于院,盖交于长者五十余年矣,铭何可辞!铭曰:"弗问禅,弗缚律,唯艺事之,能以穷日也。勤农功,兼医术,事理如如,亦权亦实也。"尧峰之山,云林蒙密,用为供养,永安其室也。

  按:圆津禅院在现青浦区朱家角镇泰安桥西,元至正年间初建,明万历时重修。清顺治十五年(1658)僧通澄、通初扩建。1992年,经批准修复重建后开放。塔铭由王昶撰于清乾隆五十二年(1787)。该碑高42厘米,宽86厘米。碑文27行,满行18字。铭文录自清《圆津禅院小志》。

草庵纪游诗碑

(明沈周文徵明撰 清乾隆十七年·1752年刻)

长洲沈周启南

尘海嵌佛地,迴塘独木梁。不容人跬步,宛在水中央。僧空兀蒲座,鸟啼空竹房,乔然双石塔,和月浸沧浪。

长洲文徵明衡山

昔人曾此咏沧浪,流水依然带野堂。不见濯缨歌孺子,空馀幽兴属支郎。性澄一碧秋云朗,心印千江夜月凉。我欲相寻话空寂,新波湛著野人航。

吴县王廷魁冈龄,次衡山先生元韵:

招提水木映沧浪,筇竹携来上草堂。塔影何年浮碧涧,花源终古断渔郎。钟敲隔院催残照,柳拂寒塘送晚凉。为赴维摩香火社,石桥南畔系轻航。

吴县卞树毓培基,次石田先生元韵:

山门耸石塔,止宿傍鱼梁。孤榻清无寐,虚窗夜未央。风高黄叶寺,月冷白云房。卧听潜鳞跃,深池激沆浪。

乾隆十七年(1572)九月三日,草庵明印校录,徒实田勒石。

按:草庵纪游诗碑,录明沈周、文徵明,清王廷魁、卞树毓撰的四首草庵纪游诗,乾隆十七年(1752)草庵僧人明印校录,实田勒石。为四段式诗碑,行楷书写。现藏松江博物馆。上海以"草庵"名的有十多所,松江草庵有八处,此松江某草庵。据苏州大学出版社2000年出版张晓旭著《苏州碑刻》,现藏苏州碑刻博物馆,有"草庵纪游诗"一方，60厘米，厚25厘米，上有沈周的五言诗一首和文徵明的七言诗一首，内容字体相同，而无清代的两首诗。推测松江的"草庵纪游诗"是将苏州的两首同名"草庵"的诗，转刻至该草庵诗碑上。

草庵纪游诗碑

绿雯庵民义学记碑

(薛清来撰 清乾隆二十二年·1757年)

丁丑(1757)仲冬月予莅斯土,于今三岁矣。政事庸拙,补苴未遑,犹幸年来风雨时若,万宝告登,海之区欢声四达,太平盛事于百里已可觏焉。维国家敷布多规,教与养兼治其资,我皇上崇儒重道,文教诞敷,跂行喙息之伦,莫不仰蒙渐被,□□沦肌,兴仁讲让之风复乎至矣,良由党庠术序之规立,而仁义礼乐深切著明也。是造物生才故不择地,十室必有忠信,而单寒侧陋岂无秀民?况偏僻之乡风趋朴茂,人心慕古,则士气易□,于此而不设之坊诱掖奖劝,俾孤寒之士尽得师承,亦何以仰体盛朝增赅之风而广教化、美风俗哉?善士张介封乐善不倦,卜古刹绿雯庵隙地建文昌阁,于其徒倡举义学,捐地以裕其资,设师授徒。慕义者攸之,□年乃成。于乾隆十九年(1754)嘉呈请定其规,学宪梦公嘉之,即给金匾"功在兴贤",并以其请下郡县。经前任强公世友具详各宪,褒扬备至,而义学聿新,皆善士张介封之力也。夫深山大泽,众材所生,其间必有欹斜不中绳墨、卷曲不中规矩者,泽以雨露,播以阳和。小以呈工莞特之姿,大之则为桢干、为栋梁,亦在造就之而已。则是举也,将微小学大学之功。驯至小成大成之渐,将以觇民风之淳茂,大化之翔洽也。师遂立而善人多,良不诬欤!世维隆治,文质均调,固不特抚丰年之玉以听咏歌,且使风尘下吏将以春调夏弦以鼓吹休明也,将斯盛哉!不揣固陋,提笔而记,勒诸石以永其事,使为之迳途及义举之由来,垂于久远。邑中人有顾名而思义者,余说庶有采焉。知南汇事薛清来撰。

　　按：绿雯庵始建于明隆庆五年(1571)，在川沙二十保九图（现属浦东新区）。庵原有陆逊坟，旧名陆坟庵，又名六佛庵。乾隆初由僧人建文昌阁，后由当地张介封等人捐地38亩创建义学。碑文由当时南汇县知县薛清来撰于清乾隆乾隆二十二年(1757)，碑文录自道光《川沙抚民厅志》。据方志记载，乾隆五十九年(1794)大火，阁与义学尽毁。

云间三文敏公书《心经》石碑

（清乾隆二十四年·1759年）

一、元赵孟頫行书《般若波罗密多心经》碑

吴兴善男子赵孟頫书。"赵氏□□"（4字篆书印）

《般若波罗密多心经》

二、明董其昌正楷书《般若波罗密多心经》碑

岁在巳未元日，香光居士董其昌书，庚申元日重观。是日，书圆通偈：阿难，汝谛听，□□□即如来。并记：

自性□真实，即在父母所生耳，人人本具。故世尊云："奇哉众生，有如来智慧德相。"临济云："汝等诸人，身在云霄，心在粪堆，里如波者□□□可参也。但恐参时愈远乎，只谓此事太近，文殊于《楞严》尽力赞叹，至维摩遂以默□□不二法门。

（此董其昌题跋，13行，行10至12字不等）

三、清张照行书《般若波罗密多心经》碑

临沙门怀仁辑右军书与庆初大侄收之。得天居士照。"张照私印"、"得到"（两方篆书印）

少时喜藏先文敏八法，京中有得意，书亦屡缄□，然往往为友人索去。年来料检箧中，盖什仅存一、二尔。偶得董文敏《心经》墨迹，与此卷遂成合璧。因同时摹勒上石。念我乡书学之传两文敏，实后先光辉。瞩兹刻倘亦艺林一段佳话也。至笔墨布置，海内鉴赏家自有究竟其三昧者，不复偹论云云。

乾隆乙卯中秋，张卿云跋。"张卿云印"、"庆初"（两方篆书印）

按：赵孟頫、董其昌、张照三人都是明清时著名书法家，他们死后都被追赐为"文敏"的谥号，故称之为"云间三文敏公"。张照后人"静园"主人张云卿先后觅得董其昌抄录的佛经《般若波罗密心经》的手书，赵孟頫书《心经》刻石，又将张照手书《心经》并跋，于乾隆二十四年(1759)镌刻石上。三位文敏公所书的6块刻石合而为一处，碑的高和宽尺寸：33×82、38×102、39×102、38×89、38×102、31×85厘米。现嵌藏松江博物馆碑廊。

赵孟頫《心经》为行书，竖26行，每行约11字。董其昌《心经》为正楷，附董自书正楷题记，全文竖24行，正文每行约13字；张照《心经》为行书，附跋，全文30竖，每行约11字，张卿云题跋为行书，11行，行10—12字不等。各碑之后的印章，多有不可辨者。

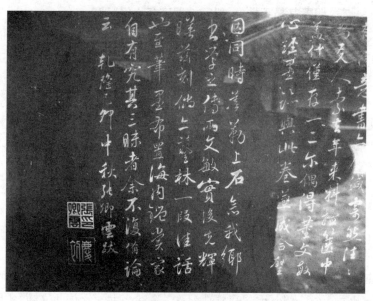

三文敏公书《心经》碑

重建百婴桥新葺惜字庵乐捐饭僧田合记碑

(胡鸣玉撰 清乾隆二十六年·1761年)

(一)

　　金泽之为镇也,户口云屯,帆樯鳞集,弦诵者科登甲乙,懋迁者家裕奇赢,四面滨河,回环绵亘,不诚为青浦之要地胜区哉!镇故有寺,外有桥,畔有阁。稽诸纪载,寺建于宋之南渡,名曰颐浩,而弥陀阁附焉。镇素以多桥著闻,四方尚□□梁蜒蜿。崇隆跨通津而宏利济,尤为一□□冲。或曰□氏老媪所造;或曰是百巾帼所成也。然而断碣残碑,荒凉漫灭,皆无徵矣。大约□之者,□成婆心,功加百倍,故得雁齿排□,虹光环映,名之由来,其或然欤?未可□也。嗣是历元明以迄我朝,阅五百载。至顺治甲午(1654),正殿毁于火,而东殿犹新,西存一阁。桥之倾于乾隆廿三年(1758)正月廿七日午刻,人与物幸无伤,而涉者□无梁焉。阁□左□□□□出而议建,即延本寺方丈涵虚,鸣梆叩募,随有倡缘,蔡群培之、胡君圣集、沈君霖苍□□□金。而绅士者庶若沈君文茂、沈君兰亭、俞君建侯、沈君警三及徐佩千、陆圣卿等,莫不欣欣焉。□争奔走,鸠工聚力。下则易□以□□□□而□不百日以告成。□邀佛力神功之持护,遂□恢扩旧制。□□阁,虽拟于鲁灵光之屹然独存,而历久剥落,香火寂然。是以吴天锡复欲改观,因商于胡君书征、顾君临洲,皆应曰诺。乾隆廿三年春,劝勷重葺,延僧拾字塑供仓帝□□□□□□□□□其旧而□□□□从□□□□能归宝藏鸿飞□□尽发奇光,其为功于艺苑儒林者匪浅。又虑饭僧无继，事难经久，复广劝乐，捐田若干亩，为惜字上□饔飧之资，计周意善，俾庵与桥与寺相维于永远。作镇金溪，而裨益士□。视前人创造之勋，不后先辉映乎！夫□□□者□□□□□□□□□□以报□□是举也，□以仰体圣天子崇儒右文，惠农通商之至意。为善于乡，即以为功于国，岂区之□□所能□□矣！是溯厥源流，述其巅末，拜乎而敬为之记。

青浦胡鸣玉撰。金溪程式书。

（二）

江南松江府青浦县正堂加五级纪录三次魏为环呈叩，请勒石永垂事。据生监胡书徵、颜临洲、蔡启昌等禀称"切书等住居金泽镇，向集文社，量力捐资，倩僧惜字。因在会有年，未免参差，出入则敬借终□差。继念有□中弥□□□□□□□□□吴天锡曾劝募重修，延僧住持。书等议举惜字庵名，情愿各捐田亩，供奉文星武圣，以为永远惜字公田。庶几一捐可冀再捐，日惜（下缺）准给示勒碑。从此创始设簿，陆续候捐，以垂永远，惜字不朽。日后无论僧俗，如果前□不法，则地方士庶，鸣鼓共攻，俾得万年香火。恩垂奕世"等情，据此。先经给示外，合行勒碑永遵。为此仰原胡生监（下缺）日后如有原助子孙，及住持僧人，敢于盗卖，有废前人乐善者，一经告发，或被访闻，买卖均干同罪，后悔莫及，须至碑文者。乾隆廿四年（1759）二月日，知县魏永安、经承李时□。

计开建桥捐助芳名：胡圣集同男　言欢助银七十二两。蔡培元助银六十八两。沈霖　雨苍助银五十两。朱尔超助银廿八两。僧雨方助银十九两。许起云助银十八两。胡（下缺）□□□□□六两。赵□□助银六两。□□□助银□□□□□助银四两。张绍文助银四两。赵廷表助银三两零。许祖乩助银三两零。许景云助银三两零。徐冠勋助银三两零。胡□林助银三两。张德云助银三两。□林□助银三两。（下缺）□□安助银三两。朱允安助银□□□两。邹文宣　述云仲助银二两。张云山助银二两。屠宏道助银一两七钱。曹如章助银一两七钱，丁□南助银十两□□。张□文助银□两□□。□□三助银□两（下缺）助银一两零。许元裕助银一两二钱。

陈圣杰助银一两零。邹叔望助银一两零。袁羽昆助银□□零。陈延方助银一两零。王永□助银一两零。朱□□助银(下缺)。庄富五助银一两。沈元吉助银一两。陈则韶助银一两。马乐先助银一两。吴焕文助银一两。曹佐玉助银一两。吴□□助银一两(下缺)张佩先助银一钱。马轧明助银七钱。许里□助银六钱。葛信川助银六钱。钱子荣助银六钱。朱若思助银六钱。沈东山助银六钱(下缺)□国祥助银六钱。顾朝□助银六钱。杨超瑞助银六钱。钱羽臣助银五钱。沈吉士助银五钱。胡学匡助银五钱,陆敬一助银五钱。朱丹书助银五钱,李秦先助银五钱。(下缺)僧松岩助银五钱。吴天锡兵赔补□费银　十六两八钱零赵启伦、李文英、徐彦容、□鲁传、陈明道、董峻周、胡士岳、江文卿、徐昆生、史(下缺)王正盛、徐叙童、沈采九、王绍珍、胡德孚、陈公翌、王希林、顾□公、黄圣林、潘允元、徐玉相、许白曾、钱宁九、姚洪文、王鲁传、陈□□、姚洪亮、王□□□九□(下缺)朱永九、蒋□仲、沈惠公、陈瑞昭、徐奉章、吴天荣、卢名世、王祥生、钱三官、胡志□□□□徐建候、杨翰臣、何云亮、倪□□□□□张友玉、王君□、丁玉华,□□□诸道六、□□□杨名若、周□□(下缺)殷景仁、陶君望、王立安、蒋名岐、许文荣、费云祥、江文□、谢上臣、袁子才、诸文祥、张圣□、王□□、黄忠开、张□英、蒋国华、钱元□□□朱元祥、吴公□、张□□、王□□、僧□宏傀□□徐圣德、吴惟周、黄汝□、(下缺)张景云、薛象山、陈佩先、朱景立、董云生、王右安、蒋介臣、许廷章、吕起元、陈宜中、吴在德、□□、张尔宁、孙孝立、范永如、许德裕、□□章、马□天、□羽王、袁□宏、许□□□、杨□氏、顾姚氏、张陈氏、□沈氏、□□□助银□□两零、□杨氏助银五钱、夏裕义助银十两。

计开修庵捐助芳名、沈霖苍、雨苍助银六两五钱。胡书征助银三两。冯殿口助银二两二钱。孔万和典助银二两。吴信泰典助银二两。李天临助银二两。曾雨方助银一两六钱。史宁□助银一两。周卜年助银一两二钱。朱德宣助银一两。□大成助银八钱。张□宁助银六钱。胡□缄助银五钱。张高年助银五钱。僧□□助银十两。张尔贞助银一两。顾松山、朱允安、顾临洲、徐彦容、朱□思、黄汉柬、胡鼎周、□□俞岳年、□□、蔡□昌、许景玉、朱良卿、□□□、黄□□、□□□、胡学□、□□□、吴延岩、朱云章、徐昆玉、李□臣、陆敏六、唐云卿、潘世来、屠弘道、王承□、朱德天、陈□贵、周永兴。以上共捐银七两零。

  计开乐助公田圩号：薛培元捐四十二保四区卅七图西乃圩十一 二号田二亩三分。又螺子□圩四号田八分。胡书征捐四十二保一区廿七图服字圩六十九号田一亩五分。又东□圩三十五号田一亩三分四厘一毫。顾临洲捐四十二保一区二十六图大问圩廿号田六分。俞岳年捐四十二保一区廿七图服字圩五十六号田一亩四分二厘五毫。又五区卅二四图正推圩一百十号田六分。许大成捐四十二保一区廿六图塔田圩廿一号田四亩五分三厘。俞介繁捐四十二保一区三十三四图东小推圩十一号田一亩五分三毫。朱尔超捐四十二保一区廿七图东□□号田六亩二分。□焕文 □□捐四十二保二区廿四图西发圩十八号田一亩一分三厘三毫。外四十二保一区廿七图正朝圩六十一号田六分二厘修庵 银置僧雨方捐四十二保二区十六图施家圩五号田三亩。住持僧文海蒙师雨方遗授四十一保二区十七图南坟圩卅 卅号田六亩五分四厘一毫。又十六图施家圩卅一号田二亩四分□厘六毫。

  此系永远接续香火之田。亦恐日后徒辈不肖废弛，愿捐附碑，以助善缘，以绵师祀。大清乾隆二十六年（1761）岁次辛巳大吕月，里人程□□□□并勒石，吉旦主持文海浚山僧敬立。

  按：颐浩讲寺始建于南宋，位于青浦金泽。记中所述百婴桥、惜字庵均在寺僧募倡之下所建，于乾隆二十三年（1758）完竣。该碑记由胡鸣玉撰于清乾隆二十六年（1761），碑文录自1980年6月《上海史资料丛刊》。

惜字会公田记碑

(夏传诗撰 清乾隆二十九年·1764年)

雍正甲寅(1734),晋江李公倪昱来知青浦县事,捐其俸入,率先举行惜字会。于是里中同志就寿宁庵关壮缪祠下,建立字藏。以月之朔望,收买故字纸焚之,函其灰,附海舶以沉于海。既而恐其事之易废也,因上呈之县,县转呈上诸大吏,永著为典,而呈词刻入《惜字汇编》,以垂诸后。乾隆丁巳(1737),上人古涛来主法席,因缘应现,净财云集。栋宇之朽蠹者,易之;神象之黵□者,新公田归之庵中,以作饭僧惜字用。又恐异日复有变易,则又呈请于署县乔公式祖,公为杜豪夺绝私,授印其卷以为据。庶乎此会与此田其可久矣。癸酉(1776)仲夏,重建庵前石桥,亦会中诸同人倡导之,桥成名以寿宁,从乎庵也。呜呼!公举善因,何地□有?祇恐为之者弗力力为之,而弗谋永久,胜果所以难圆也。兹会历三十馀年,同志诸人兢兢不怠,修举废坠,垂后有基,不有以志之,他日承藉者,将何所考?爰将何所考?爰将田亩、圩号、步□勒诸贞珉,庸示后之寺僧与莅斯会者,知其颠末,竭诚而持守之。毋为豪右所侵欺,毋为匪人所斥卖,以传之弗替。苟怀私图利,蔑弃前功,非独众共诮之,抑明神其实有显罚焉。是为记。

乾隆甲申(1764)九月,里人夏传诗识。

同邑陆文启书。

计开:五十保三区十一图。

黄自圩一号,原田六亩六分九厘十毫,共积步一千六百七步四分。

此号俱系公佔。

黄自圩二号,原田九亩八分一厘五毫,共积步二千三百五十五步七分。

此号内完赋田二亩三厘六毫。

附记:

乾隆二十一年(1756),奉县正口口将本镇育婴堂公置田亩断归惜字会,经营圩号。

五十保二区十九图,洪字圩四十三号,三亩八分九厘六毫;四十四号,五亩四厘三毫;四十五号,二亩九分六厘四毫。

夏云龙捐石。

按:碑长78厘米,宽28厘米,字体为小楷,仅一字无法辨识。碑原存于县城关帝庙内,"文革"期间被毁。碑文录自青浦博物馆编《青浦碑刻》。

重修莲台禅院记碑

(陆承祖撰　清乾隆三十年·1675年)

云间之地,少山而多水。山则九点散列,水则北有吴淞,西有三泖,再西则有练湖、薛淀。而三泖则浮图耸峙其中,练湖则梵宇特立其际,皆骚人墨客所籍以游目骋怀者也。若夫地僻经幽,而潜隐于不山不水之间者,则有沈溪之莲台,创自前朝,久为古刹。地不盈亩,四面环池,植莲其中,宛似紫竹朝音,故又称小普陀。池之上有石梁,梁之上,则为文昌阁。当雨霁云开,万景澄清之候,一为登眺,则茸城诸胜俱在望中。谁谓不山不水之间不足穷山水之乐耶？第余所言者,皆曩时故迹。自余辛酉(1741)后一毡匏系,离桑梓十有余年。丙子(1756)归里,重访其地,第见阁院倾颓,榛莽充塞,求其梵音缭绕、花雨氤氲,已邈不可得。退而与里中社友商所以兴复者,皆以工费为难。忽忽又数载。乙酉(1765)秋,上人自天台飞锡至此,遂低徊不能去,曰:"此非凡境也,岂可使一废而不复振哉？"于是矢愿重修,舍身个募。而布金者,亦遂接踵。不数月,而巍焕一新,向所谓穷山水之乐者,今于是乎在! 乃为之歌曰:大泖之北,孰志瑶名? 慈航远渡,飞驾蓬莱。阅年既久,乃逢劫灰。空林月照,宝座尘堆。惟我上人,来自天台。悯兹倾圮,鸠工庀材。花宫爰振,香阜重开。法中龙象,天池永哉!

按:莲台禅院,原址在娄县(今属青浦)重固镇沈巷港圩村。该记由清陆承祖撰,录自《光绪娄县·卷九·祠祀》。

菩提寺投钥泉记碑

(孙岱撰 乾隆前期·1736—1740年)

菩提寺，为孙吴时古刹。殿前双井，相传萧梁间凿，在东志在千里，水尤甘美，深不可测，虽大旱不涸。前明万历中，武林僧海月云游至此，悯殿宇倾颓，矢愿重新。铸造铁贯索丈馀，自锁其项，投钥东井中，曰："所不能庄严佛土，以复胜缘者，请毕命。"日曳行数十里，虽暑雨沍寒，不少止。远近感其志之坚且苦，争输材焉。兴工凡五载，而寺成。于是求钥于井，则见金鱼数千，游泳其中，光彩眩目。乡之人异之，因名其水曰"投钥泉"云。余惟古来拔俗之士，一节之奇，往往流传好事之口，有心者凭吊，低徊不能去。浮屠氏之学，儒者辄以异端排之。然若慧远之虎溪、生公之讲台，距今远矣。客之登庐山、陟海涌者，犹望古遥集，深悟道之思。由是言之，斯泉之足以发人警省，岂浅鲜哉！且自万历至今，不下二百年，其间一振于空生长老，再兴于今遂修上人。僧寮禅院视昔有加，香火善缘六时不绝。夫恶知非前人立志之苦，有以启之欤？闻之紫柏老人云：一切众生，无有定性。四圣六凡，从缘所熏，其光顿见。是以始行道者，要必有寄，寄之所因，必应乎有。经云：欲于空中造立宫殿，终不能成。取佛国者，非于空也。然则遗迹流传，一念感触，引人为善，海月之志，讵区区一寺云乎或！遂修上人虑人不知斯泉之由来也，乞余书其事，以勒诸石，俾来游者想见海月销项募缘时，是不徒浮屠氏之有志者。因记之。

按：投钥泉旧址在嘉定安亭菩提寺，碑文中提及僧遂修于乾隆五年(1740)，前后任菩提寺住持，孙岱撰于清乾隆年间前期(1736—1765)，碑记不见。据云投钥泉井井栏尚存。碑文录自清《安亭志》。投钥泉，在旧菩提寺观音殿前的东井。

修建万安禅寺殿阁记碑

（叶昱撰　清乾隆三十二年·1767年）

嘉定为天下邑，邑之南二十馀里曰南翔镇，川原平衍，民物殷庶，甲于嘉邑。然地濒海，近吴淞，受东西南三面潮汐之汇，无高山大岳障蔽其间，形家以镇之佛寺鼎立三方，谓能襟带群流，控压巨浸，为萃秀钟灵之地，非只属浮屠氏精蓝栖息处也。原三寺，白鹤创于梁，大德、万安两寺递建于元，其规制宏远，庄严华丽，实成一镇巨观。顾时代迁远，白鹤、大德历经修整，犹未甚失当时之旧。独万安自元、明以來数百年，日渐颓废。考元虞学士集记，弥陀、观音之殿、说法之堂、周廊、崇门俱鞠为茂草，而佛阁、经楼、云堂、方丈则尽为丘墟，未尝有过而问者。

寺僧湘公，幼持律戒，志行端严，每于颓垣坏壁中，蒿目伤心，思欲继述前修，兴复旧迹。历几十载饥寒之苦，积瓶钵所馀，先修大雄殿，次及观音殿，琳宫宝像，焕然一新。其后土山峣确，旧所植松杉万馀，无一存者。公徘徊咨叹，拟建楼障之，而苦于力不能逮，时以为憾。新安姚君恬庵，积善笃行君子也，感公之志而恤其艰，出巨资千馀金，为建准提阁及两厢经楼、忏堂、库房屋，皆次第兴举，峥嵘巍焕，耀日干云，十方瞻仰叹赞，谓非恬庵之力，无以成公之志；非公之矢愿诚确，无以动恬庵之踊跃捐输也。而公犹以旧时山门未复，弥陀殿仅存瓦砾，无以壮观瞻，而功行实缺，至积忧成疾，疽发于背。已濒于危，梦神告以食瓜可疗，嚼数片，病良已，疮渐平复，乃更谋诸里中好善之士，多方设法，劝募兴建。又积十馀稔，里之善男信女，乃各欢喜抒诚,随力赞助。公更竭其馀积,鸠工庀材,经始于乾隆三十年(1765)十月,讫工于三十二年之十月。山门、弥陀殿落成,公已腊近八旬,志虽偿而心力大瘁,耳聋目眩,颓然一老衲矣。然犹不忘旧典,虔奉大悲经咒,晨钟夕鼓,课诵之声,不减于昔也。

余素与公交,知公最深,服公之志定行坚,于修建殿阁之始末,苦心殚力若此,以复古刹之巨观,以全一镇之形胜,不可不备记之,以勒诸石,俾示后人,知所观感焉。

公姓赵,昆山世家子,名先伊,字忘所,别字湘眉,年十五披剃于寺,受拂于常熟破山之格庵和尚。格庵招公住破山,公不可,驻锡万安者周甲子矣。

按:修建万安禅寺阁记碑,录自清《南翔镇志》。嘉定南翔人叶昱撰于清乾隆三十二年(1767),万安禅寺旧址在嘉定县南翔镇,俗称万安寺,即现劳动街南端,元泰定四年(1327)建,民国初年只剩寺基2.6亩,以后,建筑大部分毁于"八·一三"抗日战争。

重修宝庆庵记碑

(富文龙记　清乾隆三十四年·1769年)

　　宝庆古刹,建自有明,迄今几二百馀年。中间榱崩栋折,佛像淋漓非一日,见者咸心恻焉。乾隆十六年(1751),里中耆老发心领募,因请尼僧福绥为住持。福绥年逾五旬,卧薪尝胆,力行劝募,众皆相庆得之。不数年,殿宇巍然,金装灿烂。而住持之志不衰,又苦积馀资,置买五十保□□十四图发字圩□□亩五分零,以为是庵久远计。此虽一隅小事,然苟不得其人,见倾圮日甚,颓垣破瓦无复存矣,又安得庙貌聿新香烟历久勿替耶？则甚矣住持之功不可没,而里中领袖之功尤不可忘也,爰勒石以示不朽。

　　领募姓氏：许仲仙、诸肃亭、诸肃曹、陆禹功、蔡钟岳、诸威士、富重华、施宅揆、陈景照、倪士荣、杜松友、陈济川、程浩如、叶复仁、顾宏旭、谢廷昌、汤南山、陈元然、朱子发、周舜章、张德培。

　　乾隆三十四年(1769)岁次已丑陆月日,里人富文龙谨记。

　　按：此碑系富文龙记于清乾隆三十四年(1769),碑高130厘米,宽57厘米,青石质,基本完好,1988年文物普查时发现,现收藏于青浦博物馆。宝庆庵旧址在原青浦县城南门,光绪《青浦县志》曾有记载,现废。碑文录自青浦博物馆编《青浦碑刻》。

龙树庵记碑

（金惟翁撰　清乾隆三十六年·1771年）

　　我乡龙树庵，创自前朝，庙貌未隆，只有前殿一所。里中信士瞿衷惟、施玉振、凌德明等议建观音后殿，无如数费浩繁，迄无成算。窃念我乡巾帼富施氏，好善乐施，芳名素著。惟翁等躬往劝募，蒙氏毅然力任，慨允百两，并捐一团荡田五亩，又捐建庵前石桥一座。自是佛前香火，僧人衣食，得所取资，而行旅往来，亦遂称便。爰将经过情形，并勒诸石。时乾隆三十六年(1771)嘉平月。

　　按：龙树庵在南汇县三墩镇东茶亭路西。清乾隆三十六年(1771)，里人倡捐重修，金惟翁撰碑记。碑文录自《民国南汇县续志·卷二十一》。

重修川沙长人乡庙记碑

(张浤撰 清乾隆三十四年·1774年)

重建长人乡庙成,绅士请为文勒诸石。予进而问之曰,斯庙之创也,我不知何时?所祀不知何神?今之聿新者何为?其果合祀典与否?而嘱记于予?佥曰:尝考《周礼》:大司马仲秋祀方社。《甫田》之诗曰:"以社以方"。《良耜》之序曰:"秋报社稷,大夫以下成群立社,曰置社。"孔疏言:"居满百家则得立社。"长人乡有庙,创自嘉靖间,厘正典祀,时上海通邑有高昌、长人二乡,乡各立庙以祀土地之神。在《左氏传》后土为社,土地之谓也。虽社坛而庙屋,于古稍异,然雨旸时若,有求必应,殆与祈年方社之举,未始不吻合焉。自是以来,我乡奉祀之者已数世。今幸遭际隆平,无水旱疾疫之灾,引养引恬,岂非神之介我稷谷,我士女以长享此盈宁之乐也。而忍睹其湮没于荒榛断梗中,而莫之或顾欤?昌用询谋,佥同率先者若而入,劝助者乐而入,衷钱六百缗,用人之力积千工,良材砖甓之属不下数十万。鸠工于四月之望,阅两月而告成。今而后妥侑有所时,祀有常庶,几答神贶,而迓休祥求,合乎《周官》《甫田》之意,非敢以不经妄诞之祀,渎公之文也。余曰然。诸君之为是役也,好古秉礼,洵可书也,遂次其语以记之。

按:碑文录自《川沙镇志》。长人乡庙旧址在浦东新区川沙镇,始建明嘉靖年间,清乾隆三十九年(1774)。同治二年(1863)重修,该碑文由清同知张浤撰。1990年,经批准重新修复开放,现名为长仁禅寺。

纪 王 庙 碑

(钱大昕撰　清乾隆三十九年·1774年)

由嘉定城而南五十里,吴淞江之阴,有纪王庙者,祀汉纪将军,村人奉之为神。吴俗祀土地神多称为王,曰纪王者,从甿俗之称也。谨按王以身死事,免汉高帝于大难,智勇忠义,赫赫在入耳目,荥阳立庙祀之,世世血食。若大江之南,疑王生平足迹所未至者。予读陆务观《渭南集》载乾道元年(1165)直敷文阁、知镇江府方滋言:"府故时祀纪侯为城隍神,莫知其所由始。然实有灵德,以芘其邦人,愿以褒显之。"有诏赐庙额曰"忠祐"。则王之庙食江南,由来久矣。

纪,出自姜姓,子孙以国为氏。汉初有纪成者,与王并为将军,一死好畤,一死荥阳,《史》《汉》皆不为立传,莫详其里居世系。成子通,以父死事侯襄城,而王之后嗣无闻,意者史家表次功臣,犹有漏落欤? 抑以无后而赏不及欤? 将汉诚少恩,妨功害能之臣,抑其赏而不行欤? 然傅、靳、蒯成之传俱在,读史者罕能诵其全文,独王之事,闾巷皆能言之,可知垂名之远,不在乎列传与否。襄城之侯阅四世,以无后国除,而王庙食百世,始自荥阳,逮于江左,又知食报之长,不在乎得侯与否也。然则天之所以待忠义者,固不厚乎?

予少时授徒坞城东顾氏,往来过斯庙,拜谒神像,肃然起敬,屈指垂三十年矣。乾隆甲午(1774)夏,村中耆老寓书京师,令予文其丽牲之石,因作《神舷曲》,俾春秋歌以侑祀。其辞曰:

神之来兮云间,风飒飒兮昼寒。黄屋兮左纛,呼万岁兮前导。愤王兮重瞳,玩之兮掌中。身虽焚兮不朽,立庙食兮长久。江之南兮东海涯,魂魄游兮无不之。聪明兮正直,尸而祝兮社而稷。神具醉兮福我民,俾孝悌兮睦姻。不斗兮不讼,朝出更兮夜诵。木棉黄兮其兰草青,嘉谷蕃兮虫不螟。操豚蹄兮报祀,岁其有佹自今始。

按:纪王庙碑碑已佚,文载清钱大昕《潜研堂文集》。纪王庙未详建于何时,清代在嘉定城南五十里,吴淞江之南,祀代刘邦而死的汉将军纪信。地因庙名,称纪王镇。

重修寿安寺记碑

（范国泰撰　清乾隆四十年·1775年）

世之设戒律、辨讲宗者纷纷矣。意以出世法眼证无量宗旨。而一切灵异之说，福田胜果之缘，皆得而中之。余钝根人也，素不佞佛，凡沙门佛子，每以冷遂，谢而不与俱。

辛卯(1771)春，奉命来宰是邦。阅邑□知，东郭五里许，有寿安寺。建自宋淳祐间，为有崇三宝之始。其灵异兴废之迹，载前人碑记中甚悉。逾数月，有事东郊，见有鹄立于断椽颓瓦中者，询之则寿安大士像也。他悉剥落，惟此传白海上来，故仍岿然子立不败。嘻，异哉，计自余下车来，凡桥道之便，跻涉祠庙之门，祀事者悉次第举行，不遗余力。独于此，听其颓残于榛莽中，毋乃忽甚。爰进邑之绅士而谋兴复，而镇宪伏峰陈公亦心喜，而首倡之。于是□屏□翳□剔沙碟，量物鸠徒庀材计，庸土搏埴，基址乃立。不数月，而攫者、垩者、黄金相者，无不焕然聿新矣。前为门者，一大殿九楹，深七几。后殿准是，向之剥蚀风雨者，今则高拱于飞甍碧瓦中矣，岂不壮哉，岂偶然哉。

先是，有总镇张公名大治者，神木佛浮海事，市地一顷有奇，改建此寺，并建金鳌山、凿玉莲池诸胜以为观美。兹则池已就堙，即金鳌亦厘土阜耳。余睹之慨然曰，有其兴趣之莫可废也。经即池之堙者，浚而拓之，种以荷花，杂以荇藻。芬葩的的，翠带栀栀。池上屋三楹，风过香来，烦襟顿涤，因取周子"香远益清"之句，额之清远堂。堂之西缭以修廊，曲径数折，即接系舟之浒，室以舟名，亦仿六一画舫遗意。其中为香雪斋，斋前崇山峻岭石麟举、佳花美木列于檐外。后有楼翼然，可以远眺。下植老梅数十树，偃蹇峰山，独傲冰雪。风清月白时，凭槛际之，如见高士逸态。马堂东有堤，蜿蜒数丈，中分池之半，而以坛界之，架木为桥，树亭其上，通以户旁。昔桃李杨柳，纷红骇绿，乱英绪纷，咸随洄波旋濑而入于池。焉知此清而远之观毕具矣。循墙南折，一峰耸翠，乱石嶙峋，则所谓金鳌山是也。山枕清远堂；后富为一寺之障，拾级数步，有峙于其颠者，□□驾山亭也。迤延绿野，烟町千寻，远混天光，一碧万顷。当夫风日清美，海舶风樯，历历从树杪中出，洵大观也。亭旁微径，荦确石级齿齿，沿缘而下，循行篱东向过略徇，则得大有亭，亭以岁丰成，名之志喜。四周轩豁呈露，恍置身冰壶间，因愧杜老心迹双□之句，不啻为此中写照。渡桥不数武，有衣绯陶氏数百，倚风摇曳于朝霞久照之中。以缦立而远视，跨水有桥，日得月。上即露台，与金鳌山两相望。台下一水萦环，杳然无际，因有红雨流香之额。右有屋数楹，俯临溪沂，则醉花轩也。轩在后乐堂左寔，先文正公之东厂也。公先有祠在西街，隘不治。癸巳秋，余改建于斯，堂皇露寝，寔寔枚枚，庭桂池鱼，蓬蓬策策，亦足以妥明神而严涉罚矣。然祠与庙虽相连而宴不相属。自后乐以回睇，清远一带不又在盈盈之外耶。善夫，柳子之言曰："美不自美，因人而彰。"兰亭不遇右军，则清湍修竹芜没于空山矣。余之经营，毕斯役也。非人欲旌表道路，朊辖法轮以自惑于福田胜果之缘，与夫灵异之说。第以前人沟造之胜，不忍与落日冷风相荡灭。而欲与众生结欢喜□后，□□心人必有起而维持保护之者，是崇人之幸。而□余又何恋焉。计经始在癸巳(1773)孟夏之吉，落成在甲午(1774)八月之望。经费约九千九百有余缗。董其事者，候选州司马倪君恩培、候补理问张君谷，皆得例书。

乾隆四十年(1775)岁次乙未桂月望日，崇明使者范国泰记。

住持皓月，吴县监生御用穆大展镌。

按：此碑在崇明陈桥镇寿安寺内。青石质，总高215厘米，碑身高140厘米，宽81厘米。碑额6字，篆书"重修寿安寺记"，正文正楷竖书，23行，行60字。清乾隆四十年(1775)，崇明知县范国泰撰。碑高厘米，宽厘米。文录自寿安寺，校以崇明县博物馆周惠斌主编《崇明历代碑文译注》。

修建万佛阁记碑

(李大源撰　清乾隆四十一年·1776年)

　　窃见名蓝巨刹，大抵据山川之雄，都会之胜，号谓环伟秀绝者，多为浮图氏所居。至于下州小邑，丛林奥区，搜奇择胜，亦靡遗者。推原其端，必有开士法眼，清净道行，高洁信仰于一方，乃能披榛棘，创道场，肇基开迹，以贻后人，非偶然也。奉邑万佛宝阁，建自前明，历今四百馀年。环垣踞堞，面山枕流，胜境之妙，冠于诸刹。堂殿楼阁，窈窕玲珑，泉石松筠，幽奇芳润。戍楼屏其前，沃壤拥其后，当水陆通衢，晨钟暮鼓，为大地一蒲团也。殿阁岁久，云蒸木腐，将有似压之虞。住持尼师永修者，清修三十年，得尼徒德静，具性慧悟，志欲扩整是庵，就谋于予暨张、叶、二戴诸公，原请先施钵资为门，明年募缘葺两庑堂殿，金彩诸天佛象。辛巳(1761)，重建大殿及后法堂楼阁。工未竣，而永修师徒相继圆寂，遗徒邃山尚稚，德静脱化时，特嘱予与张、马、二戴诸公善为保之。速师兄意真来庵住持，命邃山拜师，提斯成长，冀继其绪。意真受德静之托、诸公之请，义不可却，努力接办。随为大殿、万年台，菩萨金容，殿脊瓦，为禅房、为厨、为廊于右，复为之整阁，为掖舍、为廊、为容厨于左。又历十馀载，乃竣工。绪前建大殿，倡领虽各喜舍，惟张老施财独厚，即意真每举，亦必倾钵先施，而后募成。斯时金碧辉映，焕然一新。四方来游者无不憩焉。经始于乾隆丁丑(1757)之冬，落成于丙申(1776)之秋。始之者永修、德静也；成之者意真、邃山也；始终领赞者檀信也。庙成，意真过予，求为记以垂后。予见永修得德静创兴于前，而德静复识邃山其人于髫龄,多遭磨折,卒克成其绪。即求之佛门中,盖鲜其人,况尼师乎!乃知德静、意真用心之固,妙圆光里,俾邃山皈回无上道,后先媲美,则两师之功,岂不伟欤?予以比丘能大缘事,清净爽垲,具胜妙境,而水鸟林峦,墙壁瓦砾,咸助法机,所谓以楼阁庄严而佛事者耶?莞然一笑,书于记末,庶几览者有感于斯言。

乾隆四十一年(1776)岁次丙申之吉。李大源荚庵氏记并书。云间程飞九刊。

按:万佛阁在奉贤县奉城镇原北城门月城内,建于明代。清乾隆二十二年(1757)开始重修,至乾隆四十一年(1776)竣工,李大源为之撰并书碑记。该碑宽85厘米,高40厘米。碑记共28行,每行24、25字不等。碑石质为青石。碑文录自光绪《重修奉贤县志》(卷二十)。万佛阁现已修复开放,阁内有明代古城墙遗址。该碑石现在万佛阁弥勒殿壁间。

重建文正公祠碑

(江苏布政司颁　清乾隆四十二年·1777年)

苏抚部院挂发□□
江南江苏等承宣布政使等,为请定盗卖盗买祀产
苏抚部院挂发藩字第陆拾伍号
　　江南江苏等处承宣布政使司,为请定盗卖盗买祀产、义田之例,以厚风俗事案,奉苏抚部院庄,宪行开准,刑部议覆条奏,祖宗祀产,倘有不肖子孙投献势要,私捏典卖,及富室强宗谋吞受买,各至五十亩以上者,悉依投献捏卖祖坟、山地原例,问发充军,田产收回,卖价入官不及数者,即照盗卖官田律治罪,其盗卖历久宗祠者,亦计间数,一体办理,若盗卖义田,应仍照例,罪止杖一百,徒三年,谋买之人,各与同罪,仍令立有确据,分别勒石报官存案等因,奏奉俞旨钦遵咨院行司奉此。为查江省各项祭田,先奉户部咨查,业经通饬造册详咨,载入会典,并奉部覆,河南省银米系属豁除,江省各祠祭田是否免课,抑□征收现在查详咨覆外,今据长元等县详据各裔呈称祭义田亩旧例编立图后应办赋税,秋成同学田十月启征,优免差徭,请赐给帖昭垂等情,前来覆查。祀产之设,往哲祠墓攸赖,或官为拨给,或后裔自置,均应世守,以昭崇德报功之典,至义田为赡给同族贫□,则效文正遗规,亦宜垂久勿替,庶得蒸尝永荐,淳睦成风,每有不肖之徒,恃无稽察,盗卖盗买,以致祠墓颓芜,岁祀陵替,故奉抚宪摺奏,申严定例,兹据前情,除经呈详督抚二宪批饬遵行在案,合准给帖。为此帖仰该裔遵照帖开□由勒石,永遵循例,编立图后,秋成

输赋,优免差徭,馀耔以供俎豆赒给。倘有奸徒捏冒诡寄,及不肖子孙私行盗卖,富室强宗,谋吞受买,即执帖首告,按律惩治,如非帖内田产,亦不得藉端控争,毋得故违,颁至帖者。

计开:

宋先儒范文正公讳仲淹,勋业懋著,义泽照垂。恭遇圣祖仁皇帝遥颁宸翰,奖以济时。欣逢圣天主再幸园林,褒其高义。前明万历年间,裔孙范善宁等流寓崇明,后请建祠崇祀。沿历国朝列入编款,春秋致祭。雍正元年(1723),裔孙范章珍等呈蒙各宪批准,崇邑范氏照依苏庄之例,除额赋商税之外,概免杂派差徭,勒石垂久。嗣因旧祠久废,二十四世孙范显叔另置祠基,呈请移建寿安寺之东,请设祭田,拨给涨地,耕种办赋,守奉祠祀,照例免差,以昭崇敬,给帖遵守,以光祀典。

都图丘圩斗则细册,备造存司。

乾隆四十二年(1777)五月,布政司。

寿安寺文正公祠碑(局部)

右帖给裔孙范显叔,准此。

按:此碑碑文录自在崇明陈桥镇寿安寺藏碑,碑在三圣殿内南墙,碑高188厘米,宽85厘米。由江苏布政使颁布于乾隆四十二年(1777),原在崇明县城西门,后由知县范国泰移至寿安寺。碑文《崇明历代碑文译注》"存目"。碑文由崇明县史志办公室提供。

重修菩提寺记碑

(钱大昕撰 清乾隆四十三年·1778年)

菩提寺在安亭江之东,相传建于吴赤乌间,给额于梁天监末,赐其名"菩提",则实自宋开宝中始也。予家望仙桥市,距寺仅十里许,少时往来安亭,辄小憩斯寺。其正殿柱础,有平江府昆山县安亭乡桑浦村沈彦渝、彦清、彦深及其母方氏题字,后题"建炎二年(1128)四月二十一日",是时犹未设嘉定县也。殿东又一础,题"治平四年(1067)四月",文尤漫漶,盖又在建炎以前矣。殿前有碑,久仆,石已断裂,予尝剜苔洗垢,出而读之,文虽失去大半,其额"唐兴殿记"四篆字,尚完好。碑阴上方刻"行在尚书礼部告示",末行题年月处剥落,不可辨,当是宝祐以后所刻。《嘉定志》谓更名唐兴寺,不知"唐兴"乃殿名,非寺名,亦记载之粗也。遂修上人住持三十余年,戒行精苦,节其衣钵之入,及十方所施者,庄严庙宇,修饰斋庑,经堂庖湢,增加于旧。其常住田之鬻于他氏者,亦以己资复之。又惧久而无征也,介友人请予文记之。

予闻调御丈夫立教,于一切世间物无所恋著,视其身之生灭皆非实相,故初祖以造寺写经为人天小果,有漏之因,招提兴废,弹指小劫,于正法奚加损焉!然吾观公卿士庶之家,不数传而第宅荡废,求其遗址,澌灭无有。独浮屠氏之居,亘千百载,规模如昔时。以是知象教之力,诚大且远,而绍承衣钵,又多贤子孙之功,讵概诃为小果,置弗道哉!

昔归熙甫居安亭,与菩提德坤长老游,尝为文赠之。其后僧海月重建大雄宝殿，为之记者，唐叔达也。予于熙甫、叔达无能为役，而遂修之勤于斯寺，不可使后无闻。爰述梗概，刻之石，並序寺中旧石刻，以补县志之阙，俾后來有所考。

朝议大夫、日讲官起居注、翰林院侍讲学士钱大昕撰，

诰授荣禄大夫、兵部右侍郎兼掌乐部事蒋元益书丹，

赐进士及第、翰林院修撰秦大成篆额，

乾隆四十三年(1778)岁在戊戌小春，住持实学同徒际彻、际澄立石。

按：菩提禅寺碑记碑，原在安亭菩提寺大殿前廊壁间，现存安亭中学"菩提寺碑亭"内，青石质，高248厘米，宽103厘米，厚30厘米。碑文楷书，共18行，满行40字，共600多字。碑中署"清乾隆四十三年(1778)钱大昕撰文，蒋元益书丹，秦大成篆额，僧实学、际彻、际澄立石"。又一说，记文末作"乾隆戊子(1768)冬十月十五日"，可能是撰文时间。菩提寺，三国时期吴赤乌二年(239)创建，南朝时期梁天监二年(503)改建，五代时期后唐、宋、明、清各时期皆有修建；20世纪被拆除。2003年，经批准，移址至现嘉定区安亭镇永安街422号，重新修复开放。

重修菩提寺记碑　嘉定博物馆提供拓片

净信寺置田记碑

(陈钧撰 乾隆四十六年·1781年)

《周官·小司徒》上地家七人,中地家六人,下地家五人。《传灯录》云:一瓶兼一钵,到处是生涯。是佛之教与吾教异也。然所称茅茨石室,折当煮饭,则其耕食凿饮,佛之道又未始不与吾道同。破灶食鸠之术,或真耶,或幻耶。无说无听可也,独寺之不可无田也审矣。月浦净信寺,宋宝庆间里人务务郎谭思通建。迨后旋修旋废。顺治四年(1647),寺僧清宁与其师慧初偕众协修,事详王翰臣疏。后寺僧鉴明复添盖佛楼。至今上三十年(1765)乙酉,上人惺如鸠工复葺。绅士能诗者,咏歌其事,积成卷帙。惺公自入山持戒后,精修猛进,悟彻三车。玉峰安禅庵慕其高行,迎主方丈,既已名高狮座,大阐宗风。而惓惓不忘古刹者,永源木本之意深焉。岁辛丑(1781),自鹿城东归,置田若干亩,集里中耆硕而告之吾寺东西二房向有膳田。东房历数十年乏人经理,以致耗费无存。予安心枯淡,仰荷善缘,无漏无失,积钱置产,虽未能广大法门,亦可稍资供养。特恐无以善其后,乞垂开示。诸耆硕应之曰:此上人义举也,田税归寺,徒子徒孙不得卖,富氏大户不得买。倘有违此议者,缁流逆论以公斥;里豪以强占,例告官,追还原田。勒石山门,永垂不朽,庶罔敢擅自贸易矣。余时在座,闻其言而韪之,并翼后之主是刹者,学惺公之行,体惺公之心。绝摧坏义,辟欢喜园。斯福田日广,寺田日增。《弥陀经》曰八功德水充满其中,即吾儒所谓资富能训,惟以永年也,是为记。

时乾隆四十六年(1781)。陈钧撰。

按：净信讲寺在宝山月浦镇西，建于宋宝庆年间。僧道嵩开山，移钱塘旧寺敕额为名，赵汝燧有记。元僧普现建潮音堂。明永乐十三年(1415)僧道立修。清顺治四年(1647)僧清宁与其师慧初重修，孝廉王翃有疏。清乾隆二十八年(1823)僧惺如同性复修大殿，乾隆四十六年(1781)惺如置田二十亩归东房，孝廉陈钧撰碑记。清道光间寺僧子明募修。清咸丰十年(1860)遭兵燹，后修。清光绪二十年(1894)僧慧心置田八亩，光绪二十三年(1897)慧心翻建西厢房，光绪二十七年(1901)慧心及其徒孙德成重建。该碑立于清乾隆四十六年(1781)。碑文录自清光绪《月浦志·卷七·碑志》。民国二十三年(1934)，陈应康纂的《月浦里志》中有该寺的记载。该寺曾有里人张人镜撰、当湖罗肇昌书的《重修净信寺碑记》，但两部月浦志中未载此碑记文。

永怀寺记碑

(徐葵撰 清乾隆四十六年·1781年)

此绍隆庵也。明初昆山县治西南之永怀寺废,永乐中,僧文琇携永怀寺额置此,遂改今称,而绍隆之名逸。寺距吾家六里而近,向以无因,示尝一至。乾隆庚子(1780)冬,亡叫蒙恩谕葬,卜地虬江之北,云寺一牛鸣地。偕友往游,菜畦深处,有雄氏殿五间,殿后小楼五间,乡邨焚修之所,颇为幽寂。顾外无山门,向偏巽巳,四远望之,未甚严整。因念亡幽宅近依法宇,仰赖佛力护持,为日方长,拟添建山门一进,旧有殿阁改向正南。祷叩莲台,卜云其吉。爰于辛丑(1781)二月经始,至八月而蒇事,顼凡费土木金石之材与工为缗钱一千有奇。勿侈高华,勿矜琱饰,旧可仍,后可继也。工竣为记其缘起如此。

乾隆辛丑(1781)八月,七十九老人忠庵徐葵记。

按:碑文录自《安亭志》。据《苏州府志》、新旧《昆山志》载,永怀寺旧在县治西南,明洪武间废。永乐(1403—1424)中,绍隆庵僧文琇移故寺额于庵,重建殿堂、廊庑于此。

毓德庵记碑

(张传丰撰　清乾隆四十六年·1781年)

　　我里毓德庵,肇造于明万历,式廓于清康熙。雍正十年(1732)秋七月十六日,东海君扬波作祟,偕风伯而弥狂,白帝子行戮司权,挟雨师而益厉。嗟彼梵王之宫,竟作鲛人之室。年华冉冉,蔓草萋萋,大士显无相之灵,动有知之敬,众姓捐赀,鸠工重建。奈缘庙无基业,僧人难以驻足。愿将五团田五亩四分捐助,永为住持衣钵之资,爰勒石以志。

　　按:毓德庵也称张家庙,在南汇县祝桥老护塘港北,建于明万历年间。清乾隆四十六年(1781),张传丰捐田五亩四分,并撰碑记。碑文录自民国《南汇县续志》(卷八)。

(崇明天后宫)募铸宝鼎碑记

(吴元祥撰　清乾隆四十七年·1782年)

　　环崇皆海也,商贾往来,悉凭舟楫,仰叨天后圣母之神功默佑者不浅。祥经历崇沙,目击庙貌巍峨,惟少殿前宝鼎一座,约费数百金。遂与崇之耆老樊又侯、顾天寿等虔诚发愿,各出囊资,襄成厥举,以壮观瞻。所有乐输者,始得成功。芳名及捐输银数,谨勒诸石,以志不朽云。宝鼎一座约重六千馀觔,苏郡冶匠梅春元揽铸,计料工银三百十五两正。宝鼎石座,均系善信陈汉廷自苏经理,徐长兴渡船运回安置也,茂苑吴国珍全男元祥。瀛州樊又侯全男文林,顾天寿全男镐虔诚募铸。

　　乾隆肆拾柒年(1782)伍月吴门近文局刻。

　　按：碑文录自原碑,碑在崇明天后宫庙内墙上,青石质高61厘米,宽164厘米。天后宫在崇明城桥镇施翘河村,相传始建于南宋淳祐年间。1997年登记为佛教场所,现改名为净律庵。

重建百步桥记碑

（范廷杰撰　清乾隆四十八年·1783年）

　　明张云程易石,迄今二百余年,屡修屡坏。李宗袁捐资捞石,周国桢发心创建,旋病卒,妻罗氏出遗赀三千两,乔钟沂等依吴郡万年桥式,筑石梭墩二,两岸甃石,木横其中,砖辅于面,旁施栏槛。邑绅士捐银项,余亦分俸。董其事者,程丕杰、司慕琦、杨克昌等。始于庚子春,成于癸卯冬。桥长二十四丈,广二丈有奇,如龙如虹,翼然于浦面,为邑之巨观焉。

　　按：百步桥旧址在上海龙华寺附近,此碑由清范廷杰撰文,立于乾隆四十八年(1873),碑文录自清《(上海)二十六保志》。

槎溪泰定万安寺碑记

(沈元禄撰 清乾隆十三年·1784年)

乾隆十三年(1784),泰定万安寺重修讫工,住持湘眉师偕予友程子文誉,持元奎章阁学士虞公所为记示余,请一言以志始末。

余反覆其文,而知寺之建始于大德,万寿法师具公之徒义荣及其孙普现、普基,后先攒成,而并乞公文以记之者也。然则寺之落成,虽在泰定之初(1324),公之创始与普公之善继实在前,此仁宗皇庆、延祐间也。

案仁宗即位之初,谓翰林国史院是非系天下公论,比御史台尤重,特升其秩从一品。又不挠于群议,专任世祖所简拔旧臣,以典其事。又以温公及周、程、张、朱诸大儒从祀孔子庙。至延祐元年(1314),宦者不得复授文阶,而用齐履谦继吴澄为国子祭酒。其议论举错皆深达治本,与前此成宗大德在位十三年,同为有元守成令主。宜其时民物安阜,而农有馀粟,贾有馀资,工有馀功,吏士有馀闲,而荣公与其师具公,始得富庶之时,以立胜妙之因。而万寿与万安两寺,遂相继而成于大德丁酉(1297)、泰定丁卯(1327),而与萧梁白鹤鼎峙一方,以壮吴曒千载之美观。而虞公亦即一方象教之隆,以侈两朝休养之盛,而其文之雄伟,遂与《洛阳名园记》并为关世运之文,而可传之於无穷也。

自是以后,又历七甲子,至国朝乾隆九年(1744),中更元、明易代之变,虽荣公所谓"前案三槎,后环土山之形胜"仿佛尚存其故,所植松杉万株亦荡然于灰劫之余,而殿阁亦随之以烬者,非一日矣。

今住持湘公,锐志恢复,募金若干,鸠工匠,聚材瓦,昼夜督率,始得稍复规模。而前殿、大殿、後阁、斋堂尚有茂荆之叹,湘公乘时力图,尽复前贤胜迹。大殿后准提阁、里中姚氏感湘公之诚,独捐复整,而前殿、大殿并得众擎落成。湘公亦无愧法门知识哉!

慨自大德以至泰定(1297—1328),五帝递禅,不迨我圣祖皇帝享国六十余年之久。而我皇上即位之初,尽蠲本年至康熙五十年(1716)逋赋,而自元年丙辰(1736)至今十三年,又再捐直省两年田租,以跻斯民于仁寿之域。而又天纵多能,万几之暇,亲洒宸翰,以增佛日之光者,且遍于遐州僻壤,而与列圣之龙章凤藻,后先辉映。此岂有元诸帝仅奏小康之效者所可拟其万一者哉?然则因九重之崇奉以倡,善信之乐输,其上作下应之机,譬犹弱草偃风,夜中就火。又得程子与湘公诚心复古,未数年而百堵云兴,万□林立。琳宫梵宇之壮,实过于荣公祖孙缔构全盛之时,为将来祝圣迎祥之地。而予幸得目睹其胜,为之详述其前此未有之盛,而并叙其生乎太平八十年间,不识不知,故腹含哺之乐,以傲虞公于四百年之上也。

按:槎溪泰定万安寺碑记,沈元禄撰于清乾隆十三年(1784),碑已佚,碑文录自清张承先、程攸熙编《南翔镇志》。槎溪,嘉定县南翔镇的别称。以境内有上槎、中槎、下槎三条河流而得名。

松风禅院记碑

(朱椿撰 清乾隆四十九年·1784年)

萧王庙一名松风禅院,旧在鲁天公墓之西南隅,于神道有妨,因迁于十四图,有山门,有殿,有堂,有轩,有庖、湢、井、灶,水木环绕,地僻而径幽。盖我海曙公读书之所,游钓之地也。兵燹以来,遂为什方香火。余髫□时,先大父凤翔公归里必游焉。先大父生于胜朝崇祯之庚辰,时与僧大贤道其遗事,余故志之不忘。六十年来,自大贤至却寰、心持,僧腊数易,庙宇圮毁,佛像剥蚀。岁庚辛,延僧天成居之,发愿建修,诸善姓咸乐捐输,太叔垂壁邮书,嘱余为倡,而并志其碑记。乾隆四十九年(1784)甲辰孟春月。

按:松风禅院在南汇县沈庄镇西,清乾隆四十九年(1784),里人重修,朱椿撰碑记。碑文录自民国《南汇县续志》(卷二十一)。

厂头惜字社记碑

(严骏云撰 清乾隆五十五年以后·1790年以后)

厂头素无惜字社。自乾隆庚戌间,同人各捐赀建字并于庙之左。而所塑文昌神像,因工力不继,未有宁居也。今年冬,同人等复给工食,属清和庵僧明如惜字,而又募赀若干,修葺庙宇二间,奉安神位。由是香花芬馥,每当春秋二仲,率多裙屐衣冠之侣,盖气象自是一新矣。窃惟厂头气习,土瘠俗浇。今亦崇尚斯文,一洗其诟谇嚣陵之习,是虽我国家文治光华涵濡至此,而未始非里中二三慕义君子倡率以成之也。然余亦不能无感焉者。厂头当韩蕲王用武之际,户口凋零,荆榛满目,不数传而生齿殷繁,且能读书设道,骎骎乎有儒雅之风。则以今视昔,而今之异乎昔者在是,安知以后视今,而后之异乎今者,不转在是耶?夫事莫难于创始,而亦不易于善继,兹社之设,谓之有开必先,可也;谓为永终勿替,则又何可必哉?所以幸夫吾里之慕义君子者犹浅,而望夫将来之踵事增华者倍深,于是乎书。

按:记文录自清《厂头镇志》。

重修圆津禅院清华阁记碑

（王昶撰　清乾隆五十六年·1791年）

吾乡圆津禅院创自元至正间,盖梵刹之小者。明季,僧语石始以善画工篆刻闻于时,即其居拓而大之。筑亦峰居、曹溪草堂、墨花禅堂、息躬之室、清华阁诸胜,而阁尤为名流赏永。盖禅院能收湖荡村墟之景,而登临游眺,阁又为景之最焉。阁之初建在康熙年,时里中陆孝廉庆臻著为十二景。陆给事祖修、王侍御原咸有诗文以述之。年久而毁,阅百馀年,僧振华偕其徒慧照修之,凡用钱二百馀缗,始复其旧。登斯阁也,西自淀山湖,东至三分荡,皆微茫隐现于云树之外,而村落之疏密,渔舟商舶之往来,得一览而尽之。侍御、给事之所称,岂诬也哉。余尝怪吾郡世家名族子孙习呰窳、怠佔毕,不及数十年,所传法书彝器荡然无能守者,屋宇亦易诸他姓。其于肯堂肯构者谓何。及入圆津禅院,花药翳然,钟鱼如故。明季以来,东南士大夫之书画盈箱压案,藏弆无一遗者。自语公以翰墨擅长迄于觉铭,凡六传,皆工画佐以篆刻,而于前人屋宇又能兴复如此,可不谓贤欤？世家名族之子孙失其世守,宁不过此而增愧欤？振华重建,盖在壬寅、癸卯间。先嘱钱詹事大昕以八分书其额,邵明经玘赋之,又索余为记,以继陆王之后。余远宦秦中,诺之而未果。今慧照重开三千馀里至京师,请践宿诺益勤,因书是以贻之,归示乡人子弟,其将有感而自好也。阁之形势与四时景物,已详于侍御给谏之诗文,故不复记云。乾隆五十六年(1791)岁次辛亥三月望日。王昶撰。

按：圆津禅院在青浦朱家角镇泰安桥西。元至正间建，明万历中重修。清顺治十五年(1650)僧通证、通初构墨华禅堂、亦峰居、曹溪草堂。康熙二十年(1681)别筑息躬室、清华阁。乾隆四十七年(1782)僧本曜重建清华阁。嘉庆七年(1802)僧觉铭重修前殿。寺为名人游眺之所，董其昌、赵宧光、王时敏、范允临、吴伟业、叶方蔼、诸嗣郢、徐釚、徐乾学、王掞皆有题额。清华阁擅一寺之胜，有殿角鸣鱼、漕溪落雁、帆收远浦、纲集澄潭、淀峰西霭、秧渚北浮、木末清波、泖阴画舫、春市长虹、慈门杰阁、人烟绕翠、竹木云连十二景。清乾隆四十七年僧木曜重建清华阁后，王昶于五十六年(1791)撰写了碑记。碑文录自清嘉庆《珠里小志·寺庙》。

慈门寺新修钟楼记碑

(王昶撰 清乾隆五十九年·1794年)

慈门寺在吾乡东北隅,殿左有楼巍然,巨钟悬其上。楼之高以尺计者凡六十二,钟之重以斤计者凡二千五百。撞之闻二十余里,盖用以警觉群生,兴善止恶。然楼为明崇祯初建,岁久欹侧不可登,钟亦置而弗叩。费钜工繁,数十年来莫克举其役。今同乡善士,谓名刹不可不修,慧命不可不续,争出檀施,构巨材鸠良工,斥其朽蠹黯黮。用银二千数百两,奔走劳勋,阅三月乃溃于成。惟古乐钟以立号,是为金声,径围有定制,掌于凫氏者独详,其悬以簨筍崇牙,则大不出钧,重不过石。三代以降,乃有千钧万石之称。而释氏遂取以为用,其于鼓钲舞铣亦多不谐经义,然立号动众,与古无殊。盖释氏以此方教体清净在声闻,故将择圆通第一,先敕睒罗击钟,使验声尘闻。性之有无,无上方便,以一音摄,效见于法。藏经感应记诸书,是以楗椎之用,惟钟力为最大。今斯楼之修,崇闳坚固具濡木,复令僧主之,以其时而考击焉。吾乡人户不下数万,且寺濒溪,船往来日以千计,风晨月夕,大声隆隆隐隐,震于空虚,则凡鸡鸣而起,夜气犹存,畴不肃然而醒,皇然以思止恶而兴于善。于吾儒警世之教,深有裨焉。故于倾颓之久,修建之勤,详举而记之,以示后来。若夫董事者姓名暨善士檀施各数,别勒于石,不复详载云。王昶撰。

按:慈门寺在青浦朱家角放生桥南,无时建。明崇祯元年(1628)建钟楼,请乾隆五十九年(1794)钟楼重修。王昶为此撰记文。该碑文录自《清嘉庆二十年·珠里小志·卷六·寺庙》。

修慈门寺记碑

（王昶撰　清乾隆五十九年·1794年）

　　天地之生人生物，人之所以为人，皆本于仁，人皆有不忍人之心。惟君子也，扩而大焉，老吾老以及人之老，幼吾幼以及人之幼。又推其余，及于鸟兽，由是尽人之性，尽物之性，功足与天地参。尧舜之仁暨昆虫草木，上下咸若，其被于乐者，百兽率舞，凤凰来仪，以应之，职是故也。盖人物与己生本一气尔，以天地视之，皆吾同胞也。域于血气形质，于是己见以生，因己有欲，因欲有私，而无我之本亡矣。渐至忮求争夺、残刻戕杀之害并作，而不可制也。圣人忧之，不能遽返之于仁，而先助之以慈。慈者父子之所以有亲，虽凶狠惨虐，未有不爱其子。知我与人同为天地之子，天之爱斯人也至矣，其忍为伐贼欤？我爱我子，人亦爱人之子，又忍伐贼以自快其私欤？慈之说行，君上严不嗜杀人之戒，卿大夫守保赤诚求之训。然后不独亲其亲，不独子其子之风俗以成，大道之行也，与三代之治，鲜不肇于此。昔之言仁者，曰宽，曰善，曰惠，未有言慈者，言之始见于《礼记》。其后《道德经》云：我有三言而宝之，以慈为先。而桑门教人为慈，尤详切广博，下至蜎飞蠕动，无所不到，颇恨其说时乖戾于圣人。然耳目口体诸欲于我无与焉。溥溥以爱人利物为本，盖深合于克己为仁之旨。是以虽有凶狠惨虐者，往往藉此以稍戢。其于我儒仁慈之说，盖不为无助。里北有慈门寺，岁久而圮，僧敛赀以新之，且告曰寺旧无记，愿志其所以名。余与桑门之教未有得也，乃以闻于吾儒者告其徒，且使之□于碑云。王昶撰。

按：慈门寺在青浦朱家角放生桥南，旧为明远庵，元时建，明嘉靖中毁于倭寇兵火，万历二十七年（1599）僧湛印偕性潮请于上舍诸从礼、秉礼得地十亩，席许翁万四商捐资兴建，三十九年（1611）敕赐护国明远慈门寺，并赐乌斯藏大士一尊、经十二部，构杰阁于殿后藏之，南京刑部侍郎陆彦颜曰普慈。崇祯元年（1628）建钟楼。清乾隆三十八年（1773）僧重礼募修。里人结放生社于寺中。五十九年（1794）重修钟楼。慈门寺有五印堂、香雪山房、三元殿、大悲阁等建筑。该碑记由王昶撰。碑文录自清嘉庆《珠里小志·寺庙》。

重修敕赐云翔寺大雄殿记碑

（钱大昕撰　清嘉庆三年·1798年）

南翔镇有云翔寺，创自梁天监(502—519)中。大雄宝殿前，尊姓陀罗尼双石幢，则唐乾符(875—879)中建也。我嘉设县，始于南宋，一邑古迹，莫先于此。旧名"白鹤南翔寺"，以梁僧德齐、唐僧行齐俱感白鹤之异，而镇亦以寺名焉。迨国朝圣祖皇帝敕赐墨宝，遂改今名。创寺以来，缮修不以，最著者，唐则莫少卿氏，前明正统间则周文襄公忱。神宗时，僧自重募，任良佑氏独力举之，王司寇弇州为记。迄今二百年于兹矣。上雨旁风，日就圮坏。殿中柱石朽蠹，将有覆压之虞。寺僧宗唯偕其徒皋云、肫然募修，得李君桐园首捐重资，诸善姓踊跃乐施，于嘉庆二年(1797)夏经始，阅一载落成，核计凡二千四百馀金。盖工料所费，较任氏时又不同云。宗唯谒予于紫阳书院，求文以记。余观释氏贝叶之文，多至五千四十八卷，而广譬曲喻，约之止于一善。今诸善姓此举，功德圆成，倘彼所云善缘非耶，而不尽此也。今夫维桑与梓，必恭敬止。士大夫宦成遂初，悬车故里，往往徜徉流连于其间，所谓某树，我先人所种；某水某丘，吾童子时所钓游也。矧此数百年古迹，为一邑最者耶！抑堪舆家有言，寺居镇之中，镇以寺始，一寺兴废，系一镇盛衰，诸善信萃处于此，推睦媦任恤之谊，敦扶持友助之风，有不愿康乐和亲安平为一书者耶？二梵之福，君子弗道，其为一身一家计者，私而陋；为一镇一邑计者，公而溥。吾知诸善信乐施之意，在此不在彼矣。若宗唯习于佛者，修三摩地，乃本分事。能以诚心感动檀越，举二百年将圮之业，焕复旧观,虽未必比肩二齐,亦庶几与自重相媲美耳。是役也,以大雄殿为主,而殿前石幢向为飓风所倒,亦更建之。圣祖墨宝,则桐园敬谨重加装潢,俾供奉,以永镇山门,俱宜记也,因牵连而书之。

按:重修敕赐云翔寺大雄殿记,清钱大昕撰于清嘉三年(1798)。录自2009年《云翔寺志》和嘉庆《南翔镇志》。

南翔万寿寺心月楼铭碑

（张承先撰　清乾隆年间·1736—1795年）

　　就公禅师住持大德寺，观音殿西偏，焚修清苦，竭钵之羡，于所居建楼五楹，次第翼楼、廊庑、先后告竣。余尝抠衣登览，佛光朗照，心地空明，恍见珠宫贝阙生天之处。因取前人"心月有光都暎彻"之句，以名其楼。而为之铭曰：

　　博望旧迹青海滨，三槎如带相回萦。市井星聚万灶屯，岿然三寺鼎足分。

　　在东隅者大德名，有元王孙参上乘。创寺诸圣享万龄，王孙往矣五百春。

　　瓣香递嬗及大清，重辉佛日宝气腾。普度圣像灵异徵，炷香顶礼莲座盈。

　　厥有导师疏遗经，精严戒行守口瓶。朝斋暮盐半苦营，聚沙成塔禅宗兴。

　　手建高阁焕三层，紫竹成林障如屏。九莲七佛同峥嵘，香云捧日光荧荧。

　　大士欢喜妙相形，导师小果今圆成。良公道法如亲承，昆庐楼阁永不崩。

　　诸天拱护长明灯，我今作铭附梵音。大书刻石镇山门，亿万斯年视此铭。

　　按：心月楼铭碑已佚，碑文录自清《南翔镇志》，嘉定县南翔镇人张承先撰于清乾隆年间(1736—1795)。南翔万寿寺住持就公，曾主持建造心月楼等。

积善桥碑记

（陆鼎撰　清乾隆年间·1736—1795）

南桥，地以桥传，志不著其始，考据者未尝不慨然念之。自南桥北百步许，折而东，过明行讲寺三十步，为积善桥。载元至正中建，明洪武中，僧子秀重建。嗣后再建于万历年。里人邹应可续修于国朝康熙辛未年(1691)。陈任卿而志阙不书，幸藉桥址片石，可按阅。乾隆辛未(1751)甲周，而桥复圮，实未圮也。虑敧颓纽裂，石之断者阙者，皆为废材而无以适于用，费将不资。陈上舍乐山有志捐助，而踌躇于倡募监督之难其人。适慕义者黄维善，蹶然而起，偕其侣四出劝率，朝夕尽瘁，阅三月而竣。余惟《周礼地官》无桥人之设，其滥觞可援者，《史记》楚昭王十五年(前501)，初作河桥是也，但遂人掌邦野司市，以次叙分地，夏官令方氏掌达天下道路，通其神利，同其好善，顺民之欲以为政，即子舆氏所引杠成梁成，想亦督率倡导，岂必职方是询，泉府是求，务令准诸公帑也。慕义而起，世不乏其人。被踵乐山而捐，踵惟善而募，大率《易》所称积善之家，且感于邹治之化而不自啬其财力。岂其有望报冀幸心乎！今为明著姓氏、数千石，未必里之人积善韬晦意，然不书，无以为纂志订核地。且今之后之视今，亦犹今之视昔，谓如应可任卿之慕义好善，何世无之也。余于是桥之观成，既不能自献其财力，而又不敢重违诸君子逶迤，不揣执间胥之役，以随匠氏后。于是乎书。

按：积善桥旧址在现奉贤贤区南桥镇，碑记由陆鼎撰文，清乾隆年间重修。碑文录自碑文载光绪《重修奉贤县志》，标点按1987年奉贤《南桥镇志》。

旃檀禅院禅师塔

（年代失考）

清开法临济第三十二世铁舟济禅师之塔。

传临济正宗第三十三世友慈安禅师之塔。

按：二塔现位于奉贤区金汇镇旃檀禅院内。旃檀禅院始建于宋淳熙年间(1174—1189)，清乾隆六年(1741)重修。1995年，旃檀禅院在进行修建工程时，挖出清代僧人石墓塔两座。两塔均为青石质，一为方形，高1.1米，塔身刻有云纹浮雕，塔顶为四角攒尖顶；另一塔身为八面柱状，高1米，塔顶为八棱攒尖顶碑文录自2008年奉贤《金汇续志》。

铁舟济禅师之塔

友慈安禅师之塔

修建万安禅寺殿阁记碑

(叶昱撰 清乾隆后期·1767—1795年)

嘉定为吴之下邑,邑之南二十馀里曰南翔镇,川原平衍,民物殷庶,甲于嘉邑。然地滨海,近吴淞,受乐西南三面潮汐之汇,无高山大麓障蔽其间,形家以镇之佛寺鼎立三方,谓能襟带群流,控压巨浸,为萃秀钟灵之所,非只属浮屠氏精蓝栖息处也。原三寺白鹤创于梁,大德、万安两寺递建于元,其规制宏远壮严华丽,实成一镇巨观。顾时代迁远,白鹤,大德历经修整,犹未甚失当时之旧,独万安自元明以来数百年日渐颓废。考元虞学七集记,弥陀观音之殿、说法之堂、同廊崇门,俱鞠为茂草;而佛阁、经楼、云堂、方丈,则尽属丘墟,未尝有过而问者。寺僧湘公幼持律戒,志行端严,每于颓垣坏壁中蒿目伤心,思欲继述前修,兴复旧迹。历几十载饥寒之苦,积瓶钵所馀,先修大雄殿,次及观音殿,琳宫宝像焕然一新。其后土山硗确,旧所植松杉万馀无一存者。公徘徊咨叹,拟建楼障之,而苦于力不能逮,时以为憾。新安姚君恬庵,积善笃行君子也;感公之志,而恤其艰,出巨赀千馀金,为建准提阁及两厢经楼、忏堂、厨库。房屋皆次第兴举,峥嵘巍焕,耀目干云,十方瞻仰叹,赞谓非恬庵之力,无以成公之志;非公之矢愿诚确,无以动恬庵之踊跃捐输也。而公犹以旧时山门未复,弥陀殿仅存瓦砾,无以壮观瞻,而功行实缺,至积忧成疾,疽发于背,已濒于危。梦神告以食瓜可疗,嚼数片病良已,疮渐平复,乃更谋诸里中好善之士,方设法劝募兴建。又积十馀稔,里之善男信女乃各欢喜持诚,随力赞助;公更竭其馀积,鸠工庀材。

经始于乾隆三十年(1765)十月,讫工于三十二年(1767)之十月。山门弥陀殿落成,公已腊近八旬,志虽偿而心力大瘁,耳聋目眩,颓然一老衲矣。然犹不忘旧典,虔奉大悲经咒,晨钟夕鼓,课诵之声不减于昔也。余素与公交,知公最深,服公之志定行坚,于修建殿阁之始末苦心殚力若此,以复古刹之巨观,以全一镇之形胜,不可不备记之,以勒诸石,俾示后人知所观感焉。公赵姓,昆山世家子,名先伊,字忘所,别字湘湄,年十五披剃于寺,受拂于常熟破山之格庵和尚。格庵招公住破山,公不可,验锡万安者周甲子矣。

按:万安寺在嘉定南翔,元泰定中(1324—1327)始建。该碑记由里人叶昱撰于清乾隆年间(1736—1795)。碑文录自清《南翔镇志·寺观》。《南翔镇志·碑刻》中有此碑的著录。

修大圣寺后楼记碑

(周金然撰　清乾隆间·1736—1796年)

余乡居时,尝游沔东之大圣寺,寺建于元至正间(1341—1368),寺僧曰志德,为元孤峰提点,一旦忽弃去,避迹海滨而建斯寺。设前殿两庑以供佛像,东西房居僧,其后楼则己之所憩也,殁而塑遗像于上焉。子孙之依于旁者千馀指,富者或比于素封,今四百余年,未尝发一科第,岂海滨痹弱,自古而然耶?抑将以有待也。后余列官于朝,又数奉使于三晋、荆襄,不复至其处。昔岁假节归里,侄达可来,道契阔外,话故乡风景,首言大圣寺。叩其故,则曰:女夫永言顾氏也,去寺不里许,其族人公鼎,方将构祠于寺侧,奉其祖之木主,为岁时宴乐之所,而敦讲族谊,且为义塾焉。梁木石物具矣,未及成而卒。余固已深惜之,叹其盛心也。今冬,达可又邮札于余,谓公鼎之子星肃、永言之子葭士,体先人之志,率族人新寺之后楼,以为纠睦之倡,叔幸为记之。予不禁慨然曰:天下之圣庙贤祠,日久倾颓,其当新而不及新者何限,与夫凡有功德于民,当祠而不及祠者,又何限?余皆不及表彰之,而特记一寺楼,岂真崇信竺氏以幸福祥也哉!亦以顾氏先人之意,子孙之心,与其祖宗之所灵爽式凭也。况今吴下风俗,惟宫室园囿,是崇是侈,至于家祠,百无一二。不知古者自庶士至于公卿皆得有庙,王制也。礼云:将营宫室,宗庙为先。顾氏之心亦犹是欤!且吾闻风俗恒百年而一变,文运亦百年而一兴,今顾氏自冠星昆弟,蜚声黉序,积有名,以光显其祖,而读书者彬彬乎盛矣,自公鼎父子之不忘其先,而族人亦骎骎乎厚矣。将见自兹以往,体斯心也,推斯志也。其发于功名事业者,皆余所谓有待而然者也。不然而不忘者,深显扬之心,显扬者大不忘之志,其不相谋而相济者,岂偶然哉!至其族人如君奇振声辈,或鸠工庀材,或董事趋功,皆有事于楼者也,例应得书,若守是而朝夕焚修者,僧净修也,亦宜书,乃为之记,以勒诸石。盖以斯楼之系于寺者小而系于顾氏子孙之心者大也。

按:大圣教寺,位于浦东新区孙桥镇长元村顾家宅,相传建于宋绍兴年间(1131—1162),宋隆兴二年(1164)请领以"大圣教寺"匾额。而其确切的历史,是元末顾邦宪所建。顾邦宪原为元朝官吏,后弃官回归故里,捐资建普净禅院并出家为僧。后改名大圣教寺。周金然撰碑记,据碑文意,约撰于乾隆年间(1736—1796),碑文录自光绪《川沙厅志·杂志》。

重建小九华记碑

(刘璜撰 清嘉庆三年·1798年)

□妙毗尼诞圣檀持修真□□生于毗耶舍卫间,而后五明□空,四禅三乘之正眼法藏,遂化被于震旦乾坤矣。后先诸佛祖间世□□□□福地,现身说法,证果传灯,大□三乘界之善男子善女人,悉于显应之地,奉香火以展诚敬之心也。吾邑地处海滨,人多向善,邑中之□□□□以百计,而遥瞻诸佛之化城,欲皈依净土,顶礼金容,则出川之辽远,舟楫之风波,不免有间阻,而不能身至其境也。爰乃布只园之金□□□□初地之今名,而系之以"小"焉。别之如"小普陀"、"小武当"、"小九华"是也。盖以为稽首宝莲座下,即不啻身至灵山而仰瞻法祖也。普陀武当近□□□,小九华居邑城之巽位,为前明万历年间开山僧东川所建,迄今二百余载,失于营修,以致栋宇倾圮,墙垣零落,佛像亦为风雨所剥蚀。凡性□□业心是菩提者,宁忍睹其亵渎,故各解囊,谋为鼎新之举。始于嘉庆元年(1796)六月,鸠工庀材,司理其事,至嘉庆三年(1798)五月经营告竣。诸佛法相,亦皆□为塑整,而得七宝庄严,放大光明,祥辉四照矣。自由门至殿,为宇三进,大殿供奉地藏王菩萨,以九华为地藏道场故也。职掌幽冥,故十殿阎君之像,森其位于两庑。具诸变相,以彰轮回之说焉。前殿供东岳圣帝,以握化育生灭□衡,凡属于案下,分司彰瘅之职者,亦为之列祀左右焉。前之一进,则为山门。于是缭以周垣,辉以金碧,而美轮美奂,极翚飞鸟革之观已。就过去未来现在而言之,小九华之建也,于前明则略具规模,经现在之重修巍焕,安知将来之继起者,不更有恢扩禅关,大启法宇者耶？惟愿法轮常转,□世界于阎浮,慧日增辉,证净因于东土。爰志重建之由,暨肇工蒇事之庆□,以传诸不朽,所有乐输银数,及度支款项,均列于后焉。

乐输银数：□□□捐足钱壹佰玖拾陆千文

□□□捐存元银作钱贰佰□千伍佰叁拾文叶门陆氏捐足钱肆佰柒拾柒千文

各捐足钱壹佰叁拾陆千文

田德□捐足钱壹佰陆拾千文

张俊英捐足钱壹佰肆拾千文

钱门龚氏捐足钱捌拾壹千陆佰文

□□章捐□□陆拾捌千文

廷萱捐□□陆拾捌千文

张顺应捐足钱陆拾捌千文

周良士捐□□陆拾捌千文

□□□ □□□陆拾捌千文

□□□捐足钱柒佰叁拾壹千贰佰陆拾柒文

共捐足钱贰千肆佰捌拾贰千叁佰玖拾柒文

度支款项：重建大殿一进五间、共后围墙料工,作头孙南来办,足钱捌佰千文。

又□匠台料足钱拾玖千壹佰贰拾陆文。

石万年台二座,石作陈聚珍办,足钱伍拾叁千柒佰贰拾文。

梁柱枋椽□楠周围抹油□钱,□壳上梁分送兴发等项,足钱肆拾贰千文。

地藏菩萨装金,并重造须弥座莲花火焰工料,足钱壹佰贰拾伍千陆佰文。

重建二殿一进五间,山门五间,大殿两庑六间,僧舍厨房三间,□转围墙,一切料工,孙南来办,足钱壹千叁佰千陆佰拾文。

又喜封等项,足钱贰千玖佰捌拾捌文。挑土填基,赎余地等项,足钱肆拾□千□佰文。

左右殿□□照墙□□工料,足钱伍千捌佰肆拾捌文。

□□殿山门、左右殿、后间等项,及□柱枋椽窗槅抹油料工,足钱叁拾捌千伍佰伍拾柒文。

前后通道、两廊山门内外各天井铺砖街镶石工料,足钱伍拾贰千伍佰肆拾捌文。□□□□□足钱贰千肆佰捌拾贰千叁佰玖拾柒文。

装塑佛像信士:

主佛毗卢帽王秀林敬塑、目莲尊者一尊龚懋源敬塑、道明长者一尊杨承裕敬塑、秦广大王沈学之装金、楚江大王唐振寰装金、宋帝大王张秀生装金、伍官大王张俊英秀生装金、阎罗天子张俊英装金、变成大王瞿陈士装金、泰山大王周良士装金、平等大王王叙□装金、都市大王徐在三装金、转轮大王张兴官、刘德装金、普门大士一尊范英南装金、韦驮菩萨一尊马荆山装金、东岳圣帝一尊、判官两尊张俊英敬塑、三官大帝三尊金裕良、徐在三装金,

张俊英敬助供台一只、香盘二个、熏桥一个、拜墩二个、玻璃灯二架,大□凳□条,周良士敬助观音殿暖阁平顶全、丁廷宣同男维宁敬助经桌两只、方桌两只、大殿鼓一面、天然机一只、椅子念把、中凳念条。

董事:张□庭、姚克章、周良士、丁廷宣、张俊英、徐在三立,

庠生刘璜敬撰,信人倪亮祖敬书,住持僧耕山叩募。

大清嘉庆三年(1798)岁次戊午孟秋上澣谷旦。

按:小九华为九华禅院之俗称位于上海老城厢现南市境内。明万历三十二年(1604)僧东川始建,由董其昌题额。今废。该碑记由刘璜撰于清嘉庆三年(1798)寺僧耕山募修之时,碑文录自1980年6月《上海史资料丛刊》。

重修一六庵志碑

（徐杨天撰　清嘉庆四年·1799年）

一六庵者，明季靖庵赵公所建也。靖庵性耆真如，性深宝筏，创□□□□□久远，渐至坍毁，风雨飘摇，几难托足。乾隆五十三年岁次戊申，□□□□助，饬材计费，蠲日兴工，赵胜秦为之监修。而外貌稍见整齐，□□□□□乾等，亦乐劝义举完此胜。因庙貌如新，壮严斯赫，里之人往游其间者，皆喜其事之有成功是克无，而诸公乐□□□□□。于是咸令秉乾等核其前后兴废之由，工费捐资之数，嘱予一□□□□，泐诸石，使后之视今，又有相继而□□□□，可永垂于无穷矣。予乐闻其说，不辞芜陋而为之志。大清嘉庆四年(1799)岁次己未桂月谷旦，邑人徐杨天谨志，杨象乾敬书。董事：金振南、杨秉乾、赵胜秦。经劝：赵岳生、赵文英、郑得孚、赵集三。

住持僧咸今叩募。捐献者姓名和钱数（略），共收二百四十三两一钱。

按：一六庵位于浦东北蔡镇一六村。该庵建于明代。清乾隆五十三年(1788)修，清同治二年(1871)再修。该碑记由徐杨天撰于清嘉庆四年(1799)。碑文录自1993年12月《北蔡镇志》。

西昌庵石堤记碑

（赵球撰　清嘉庆五年·1800年）

三林塘,言林氏警昂之地,系别东西。其后林氏寡问,而西塘婚代生贤哲。土地衣被万方,是以合成小事,名重京都。其西布之末,有三官堂一进。其后续以武圣丰城隍庙三进,中间神、佛都有,人第称为西三官堂者,仍者初也。堂南徐林塘,东通新泾港,堂之东南隅为三汊彤。当考而塘东市,有西林忏院,又东为积善教寺,皆宋末碑口。有绍兴、成泽、津口等号,约五六里,东流入于周浦,又达秦中江。塘水涨退雨分,以致水缓泥汗。而此新泾,纳江湖勇流汊口,为力猛,往来冲击,岸城毁圮,定属神灵所不愣。其东已坍近极圣,其南为细流所创,宽窄不均。南德金子,僧问事王、蔡诸人,发愿劝券,议筑石堤。从正东起工,南出塘水,又折而西,至塘之西南隅止。发堂而略方,而堂基础用。所需工料,都出诸善信之好福,而劝善诸人均董其事,要其成焉。第本堂二进,堂西三进,则南缺,动东北一隅。增得善士李廷玉善愿,兼募众信施拾,起建观音大殿,中供白衣观音大士像,庙貌亦颇壮丽。而殿之东岸,又增筑石堤。金子盖谓人知奉佛敬神,必能为善去恶,作善降祥,天之道也。而说捐资以妥神灵,为神与佛所庇佑者乎？赖诸善信共兴厥美,安敢不悉志其名,以垂久远,以为为善者劝。至于神佑所数,广被众庶,富教毒康,则又今日诸公之造福无良者矣。余久淹京邸,金子邮寄其详如此,因书以复金子曰,是即可以为记。惟堂在市西,宜新其名,曰西昌庵。

已荐举人、四库馆议敘、邑人赵球撰文、金宗璞书丹,同里孙如于篆额。

大清嘉庆五年(1800)八月吉日,劝善里人金尚德、蔡元亮、王国徽、赵在田、沈秉国、王雄万、王凤鸣、火天成建立。

按:该碑记由邑人赵球撰于清嘉庆五年(1800)金宗璞书丹,孙如玉篆额。记文录自民国《三林乡志残稿》第六卷《寺观》。西昌庵初名西三官堂,在浦东三林塘西镇,始建年月无考。嘉庆五年改名为西昌庵。

重修龙华寺百步桥碑记

(何琪撰　清嘉庆九年·1804年)

尝谓经营艰巨之事，往往出于共襄者易集，出于独任者难成；或共襄矣，功未半而怠心秉之，则亦不能成；或成矣，欲其百世长新，一劳永逸，斯亦未可恃也。上海县西南，距城十七里而近有寺曰龙华，浮图高出林际，前有木桥，隐然如彩虹之亘天，东跨百步塘，因以名焉。按邑志，一建于前明万历间，里人张云程易木以石，阅二百馀年。再建于乾隆四十五年(1780)，里人周国桢暨邑绅乔钟沂、李宗袁诸君子共成之。未几复圮。盖是地当黄浦咽喉，洪涛巨浪，昼夜冲激，是以屡筑屡废。今上龙飞嘉庆四年(1799)，里有善士徐思德倡募重建，鸠工庀材，不辞劳瘁。经始于是年五月某日，落成于九月某日。桥长二十四丈，广二丈有奇，桥身以木，桥址以石，翼以扶栏，甃以砖甓。荡荡平平，行者络绎。盖其规制加侈于前，经久于后，所募资费共二千七百馀金。桥既成，不特无病涉之民，登而望之，闉阓帆樯，烟云沙鸟，一一奔赴焉下，斯亦海邑之一巨观已。然则是役谓为共襄也可，谓为独任也可。自工竣迄今，历有四载，思德化为异物，未有勒石之文。昨岁余客慈土，朱中翰绶因以思德是举不可没，以余之言为可信，属之为记。余维泉州万安桥成，工费不赀，以之相较，不啻指之于股矣。然其规模宏丽，与夫潮水震荡，其要害约略相似，特无君谟之笔，足传于后，为可愧耳。

嘉庆九年(1804)岁次甲子孟春，钱塘何琪撰并书。

按：该碑记由清何琪撰并书，清嘉庆九年（1804）立石。碑通高178厘米（其中碑额高33厘米），宽73厘米，共15行，行40字。碑原立于百步桥旁施相公庙内，1944年，日军护建龙华机场，拆去此庙，碑失。上海博物馆藏有此碑的拓本。记文录自《龙华镇志》。

水月庵记碑

(钱大昕撰 清嘉庆十二年·1807年)

嘉定县治东南二十四里曰广福镇,镇南张泾,有卢氏之家庵在焉。其庵前明万历间处士卢君应历造,正殿三楹,庄严大士像。其地僻陋,规制□略,土人称为草庵。其弟应铭颜其额曰水月庵。国朝乾隆十九年(1754),应历四世孙公美暨犹子双璧、双玉,承先志扩前殿门庑、寮房厨舍,四旁馀地,则植竹木果蔬,望之蓊然深邃。复□池以环其外,制小桥通出入,截木为之,可朝架而夕去。招浮屠氏主之,捐田二十亩,以资薪水。盖溯庵之始,二百年于兹矣。去冬,卢子讷齐、砚田昆仲请记于余,余用是窃有感焉。昔吾邑少司马张公希尹,与大宗伯徐公叔明,尝读书西隐寺东偏之主静堂,既而各登甲榜,历显宦。张殁于官。徐晚年予告归,见主静堂废,因就其址建竺林院,供张公及己小像,寄两家香火于小头陀。因谓人曰:"昔白傅在江州,有庐山精舍,苏端明团练黄池,有雪堂,有定慧院,皆非有所为而为之。公之十方而无所私,吾之为此,亦若是而已。"其言载之邑乘。今讷齐为张之自出,砚田为徐之馆甥,不忘所自,效法古人,亦以其所谓水月庵者私而公之,如竺林之寄迹,古今人同不同,未可知也。二子咸以为然,因为(下缺)。

时嘉庆十二年(1807)三月二十四日。

按:水月庵旧址在现嘉定区广福镇,该碑文由钱大昕撰于嘉庆十二年(1807),碑文录自清《石冈广福合志》。

青浦县为禁止棍徒滋扰圆津禅院告示碑

(嘉庆十三年·1808年)

署江苏松江府青浦县正堂加十级纪录十次张、为陈求示禁事：据住持僧慧照禀称："切有圆津禅院，创自元朝，载于邑志，坐落珠街角□五十保一区二十五图地方，系一方士大夫游览之所。僧等焚修之地，至有寺院基□已选。本朝圣恩蠲免粮赋。迨因殿宇、围墙、石驳年远倾圮，僧经自行修理，现俱重新，以供瞻仰。近有地方无赖时至寺内寺外，擅取木石等物。僧系方外，世守清规，未便言□，求赐示给"等情，据此，查圆津禅院，系本邑古刹，载入邑乘。今因殿宇年久失修，该僧慧照自行购料修理。据呈前情，舍行示禁，为此示仰该地保甲居民及住持僧人知悉：自示之后，如有前项不法棍徒到寺骚扰、酗酒滋事，以及擅取料物者，许即指名禀县，以凭拿究。该地方及住持等亦不得藉端滋事，致干察咎。各宜禀遵毋违！特示。

嘉庆拾叁年(1808)叁月日示。

按：该碑高116厘米，宽80厘米，青石质。碑文11行，满行33字。现该碑在青浦朱家角圆津禅院山门内院墙上。

青浦放生桥永禁碑

（清嘉庆十七年·1812年）

特授江南苏州府昆山县正堂加五级、纪录五次王
为桥工将竣，吁求立案示禁，以垂久远，事准青浦县移开。据绅耆金珩、席恒世、黄堂、邹登标、王肇和、陆元琦等禀称：珠街阁镇放生桥分跨昆、青两界，于嘉庆十六年(1811)四月间坍毁，珩等及众姓捐资重建，业经呈请示禁在案。兹于十七年九月二十二日合龙，恐桥成之后，土丐流民停宿煨饭，及贩牛牧牛之人拴系桥上，镶缝灰沙最忌牛尿，积久必致渗漏；并有附近居民在桥堍搭棚，继则用木立柱，后则用瓦盖屋，一堍如是，则两堍效尤，竟成侵占。况桥名放生，在桥左右理宜永禁淘沙、捕鱼一切。珩等因念成功不易，经久尤难，为此吁求立案，勒碑示禁，并移昆廉，一体永禁，以垂久远等情。据此除给示勒石永禁外，合行移明一体，出示永禁等因到县，准此合行给示谕禁。为此示仰附近居民、地保人等知悉，查桥现已合龙，第桥成之后，恐有土丐流民停宿煨饭，及贩牛牧牛之人拴系桥上；两堍左右始则搭棚，继则占盖瓦屋，或贪小利淘沙捕鱼，肆行作践，致桥梁易毁，不得不预为禁止。自示之后，如有无知棍徒仍蹈前辙，许尔该绅耆及附近居民人等立即指名禀究，倘该保故纵徇庇，定于严处，毋违！特示。

按：碑现立于青浦县朱家角镇放生桥南堍东侧，整体基本完好，碑的上部为篆额，高48.5厘米，宽85厘米；下为碑体，高154厘米，宽83厘米，正文楷书。碑文录自青浦博物馆编《青浦碑刻》及《朱家角镇志》。

重建西林禅寺山门记碑

(陈廷庆撰 清嘉庆十七年·1812年)

寺创自宋咸淳间,郡志纂详,圮而勿修者已久。乾隆癸丑(1793),主僧巨川重建毗罗阁,并修崇恩塔,未蒇事而示寂,工几辍。会钱塘寄亭上人嗣席,因宪司绅董力绪成之。添建湖亭、法喜堂、詹葡林,予为文以记。而寄亭锡他驻,山门尚未立也。嘉庆壬申(1812),延寄亭本师慧良主院,邀寄亭来共事,于是诹吉兴工,山门峻整,古刹继乎,长衢列眉。是举也,非前巨川后寄亭,则虽介居阛阓中,任其圮且毁焉。于乎,未易复旧观也,因志颠末而其详记于别石,不书。

嘉庆十七年(1812)八月日。

按:西林禅寺在松江镇,建于宋咸淳间。历代有重修。清嘉庆三年(1798),僧巨川募修,至十一年主僧寄亭续之而成,十七年重建山门。此记碑即记此事,碑文由郡人陈廷庆撰于清嘉庆十七年八月(1812)。碑文录自清嘉庆《松江府志·名迹志·寺观》。

漕河庙重并庙界记碑

(陆纶撰 清嘉庆十八年·1813年)

盖闻敬神如在,惟德是依。谊笃桑梓,睦邻为重。若为重人,不如□□,而仅以三牲五鼎,欲邀福于神灵,则媚祷徒烦神吐之,断不享其供奉。况因一时好胜,遽欲丝争,频□□□,另起炉灶,纵使庙貌□美轮美□,窃意聪明正直之神,岂乐人之多事,即能降福乳多从尔民之冒昧耶?如上邑之龙华,有漕河庙,虽无从考其建始之时,然于前明嘉靖、隆庆年间劝修落成后,于万历元年立碑,志事详述,显然现在,不致残缺□□队征,想亦□□之有功德于民者也,故宜附入祀典。迄于今已越二百四十年,□为不久,既无栋折榱摧之患,又无墙倾瓦脱之虞,而且金碧□□,威灵显赫,可见人心所聚,神必相依,血食此土,定能福庇此方也。向系十并十三图、十四图、十五图及二十二图之半,俱属漕河庙界,由来尚矣。嗣缘生齿日繁,群情不一,图中之好事争华者,欲另立章程,于疆划界,因事不免丝争,虽意为敬神而设,但迹少嫌疑,似乎不经,不独未能蒙福,且恐别致祸端,非所以妥我神明,奠安斯土也。近日赖十五图绅士耆民唐超群等,鉴前车之覆,杜后来之危,佥议仍循向例,率由旧章,从兹每遇清明、中元节,暨十月朔庙神出巡,赈祭孤魂,除邪祟,凡吾四图,无分疆域,各尽其诚,议定庙期,神驾至十五图,该图各善信设供迎送,共致虔恭,各司各职,克勤厥事,神鉴非遥,必邀默佑,御灾捍患,福庇群黎。凡属庙界各图,定叨神贶。今诸君子恐世远年堙,欲更前议,不以予迈笔荒芜,咸请叙其事,勒之于石,立于庙庑,永远遵循,以垂奕□。

予嘉诸君笃于桑梓事,遂乐为之记。郡城退耕老人晓山陆纶撰。

嘉庆十八年(1813)小春月之吉。十五图里人唐超群、张德培、施万明、孙咸瑞等公立。

按:漕河庙在漕河泾。该庙界记由清陆纶撰,清嘉庆十八年(1813)勒石。碑高158厘米,宽74厘米。原在漕河庙内,今移于龙华中学,被砌在食堂外水斗下。记文录自《龙华镇志》。

旃檀庵记碑

(萧鱼会撰　清嘉庆十九年·1814年)

　　旃檀庵在广福镇东北,道隆禅师所建也。师姓徐氏,名祥昌,号简素,薙度于南翔大德寺大成和尚,受法于青浦青龙寺大光和尚。为人恬澹宁静,潜心参定,与世俗僧行事迥别。嘉庆甲子(1804),挂锡于广福之水月庵,数楹兰若,地僻境幽,迥绝尘嚣。庵中一切规模,井井有条。叠开宏戒,剃度嗣法弟子,从者日众。辛未(1811)夏,离庵北里许,置地数弓,结构精庐,名曰旃檀。夫旃檀之为义大矣,昔释迦牟尼佛成道,升忉利天为母氏说法,优填国王久别音容,欲刻象事之,目犍连尊者运大神力,遣三十二匠登天,将旃檀成象,朝夕供养。向在佛国一千二百八十馀年,自是而迎至龟兹、凉州、长安、汴梁、辗转移驻。至金太宗,始迎入燕京,今犹在京师之宏仁寺。康熙五年,御制碑文,备详颠末。溯自造像以来,□二千六百馀年,金容如昨,真佛力广大,不可思议矣。今日珠宫琳宇,逼及乡□,法王之象,不啻恒河沙数,而旃檀象止有一尊。然不得旃檀象而奉之,即此小筑数楹,莲花座上,妙相庄严,亦可作旃檀象观也。则以旃檀名其庵,亦无不可。况□日又扩而增之,更置饭僧田数十亩,以为后人焚修之助,其有功于佛氏也不浅矣。是为记。

　　嘉庆十有九年中秋日,犀亭萧鱼会撰。

　　按:该碑文由萧鱼会撰写于清嘉庆十九年(1814),碑文录自清《石冈广福合志》。

明心寺观音阁记碑

（冯以昌撰　清嘉庆二十年·1815年）

佛既东来，浮屠专眩人耳目。我独善夫彼所称观世间者，曰"大慈大悲"。推其愿，去古圣人饥溺之旨不违，故薄海内外，所在多有。或云白衣，或云紫竹、千手变相、南海鱼篮，名不一名，而佛则一佛，通谓之"大悲"。松郡上海县属北桥明心寺，创自唐代，内有大悲阁，为石函大士寿宫，宋淳祐丙午（1246）"春"，僧了胜与其徒忠玉同建。自后兴废（典）［无］常。至清朝顺治己亥（1659）倾圮，康熙己巳（1689）僧远照与徒崙来、徒孙月山重葺。乾隆癸丑（1793）五月毁于火。住持信峰叹古迹湮没，欲还旧观，叩募十方，不惮寒暑。邑中耆宿，乐事劝功。又得大令王公、大同少府王公永灼割俸捐助。而大悲阁遂焕然新。嗟夫，举斯世之人，其可恻然悲者何限，惟泯于无所见闻则已。试游目而观，其迷途陷溺而不能一援者，如恒河沙数。此菩萨之所以大悲名也。而况古圣人之心哉！信峰与予为方外交，精戒律，敦根本，通儒者，善尽不专于墨者也。悯通祖龛塔为居民所蚀，谆恳檀越复归净土，鸠工修葺，与阁并峙。又构山门，中塑吕祖颜，曰仙佛境，逶迤而入。筑慈云亭于荷池之右。祖塔屹于南，水廊敞于北，花石清幽，淳鳞□□，遂成胜境。客有道经此者，必游览焉。信峰亦可谓出家之雄者矣。昔王荆公作《龙兴讲舍记》，美浮屠慧礼之能。今信峰能崇奉其教，以艰巨自任，与了胜、远照诸上人后先辉映，何多让焉。犹忆曩者，牺榜来游，偕二三同志登阁，徘徊留连不忍去。既而夕阳在衣，风铃铮然。翔鸟上下，为之心旷神怡，未尝不叹兴废之相寻,复羡贤者之必有其助也。虽然二氏本非圣人所与,顾形胜所在,登高望远,感时诗赋,亦君子之所不废。若信峰者,或亦圣人之徒之所进乎?因其所述阁之颠末,遂为文以记重建之岁月云。

嘉庆二十年(1815),岁在乙亥,清和谷旦

癸卯科副榜、侯选直隶州州判改补教职、现署苏州府学教授、郡人冯以昌撰。

按:该碑记由冯以昌撰于清嘉庆二十年(1815),记文录自清《龙华志》。

重修集福庵碑记

（李士荣撰　清嘉庆二十年·1815年）

　　去南翔十里而近，曰斗门桥，地当中槎浦，浦之上有庵，曰集福。面南三楹，中供大士，左栖城隍之神，右祠里社，其神则西汉纪将军也。居民岁时伏腊以报赛焉。

　　庵之创始无可考，惟屋梁题顺治丁酉(1657)重修，则庵之始于前明可知矣。乾隆癸丑(1793)，先朝议桐园府君，议重建而未果，因增葺之。余墓田居近庵，每春秋祭扫，辄侍先朝议公愒息庵内。今年夏，卜葬先朝议公于祖茔，往来斯地，村老率庵僧来言曰："庵自修葺后，又二十载，旁风上雨，岁益不支，欲重加一整理，而经费浩大，用敢以为请。"

　　余惟祭祀之常，有举莫废，而捍灾御患，尤为一方之所赖。且先朝议公所有志而未逮者，余何敢辞？爰捐金钱若干缗，庀材鸠工，克期从事。经始于嘉庆二十年(1815)八月，阅两月而朽者易之，缺者补之。既固既安，以妥神灵。其后后精庐为僧众安禅之所，并葺而新之。

　　夫中槎旧为旷土，相传赵宋南渡，韩蕲王驻军于此。今则禾麻阡陌，庐舍相望，盖由国家重熙累洽，休养涵濡，而盈宁之庆，抑亦赖神明之祐也。

　　既落成，爰撮其文，略而志岁月焉。

　　按：重修集福庵碑记，碑已佚，碑文录自清钱以陶著《厂头镇志·碑记》。嘉定南翔人李士荣撰于清嘉庆二十年(1815)，嘉定沈宇书丹。集福庵，原址在嘉定县厂头镇中槎浦（现属嘉定区南翔镇）的斗门桥附近。

重建万善庵记碑

（王作谋撰　清嘉庆二十年·1815年）

　　盖闻华严富贵,梵刹固重首基。象教光明,原力尤资继起。何则?创之者开其始,修之者总其成也。况乎昔时梁榱铁两全非,今日旃檀金钱谁布?苟拓双林而重建,即美一姓而非私,何必申浦南来,尚说名蓝之旧;肖塘东去,向推众姓之功也哉?益村坝向结茅庵,载之邑乘。相传宋元间建,中供地藏、左庙城隍、右宫武圣,旧额本是圆通,今庵统称万善。一修顺治某年,半系济阳之力,碑勒犹存;再修乾隆某年,厥惟上蔡之功,资捐独任。蔡君培风,笃桑梓之行,结香火之缘。顾此僻左庙址未宏,于是就其东偏,先施创造新殿。楹以轩敞,喜寝成而孔安。先是君曾独建景福、绥禄、介寿三桥。庙在介寿一桥之址,碑亭附焉。君姊适文学曹衡山,守节合例。君谊隆,煮粥费,脱缗钱,力任千金,请旌创建,是用乌头绰楔。兰若相望,丝雨纶霞,女荧永慰,飘月中之清梵,亭枕寒流;耸云外之高标,坊通觉路,法轮常转,福地改观。昔庵何如今庵,万善统归一善。可谓发无尽心,可谓续最胜果。圆成一切,普济十方。即非洛阳之伽蓝,真等平原之家庙。用镌贞石,以谂方来。嘉庆二十年岁次乙亥三月奉邑外史王作谋撰,钱塘九十三叟梁同书书。

　　按:万善庵旧址在奉贤县益村坝。相传建于宋元间。清顺治年间(1644—1661)重修,当时曾有碑记。清嘉庆年间里人蔡丕勋重建。该碑记文由王作谋撰于清嘉庆二十年(1815)。碑文录自光绪《重修奉贤县志》(卷二十)。

重修祝圣禅院真武殿记碑

（袁文炤撰　清嘉庆二十三年·1818年）

　　吾邑北城隅之有真武，自万历己亥年(1599)，杭城净慈寺少峰和尚飞锡驻此，购地创建祝圣禅院，即今之小殿。因其时邑中多火患，御史朱公讳□弼，嘉定县公讳浚，发仓粟建庙于壬癸之地，即今之大殿。

　　迨后，住持僧悟真和尚募建殿前山门、两楼。乾隆庚寅岁，□(邑)遭大风雨，大殿及门楼俱圮。时僧学文及达三于□(壬)辰年发志，叩募重建大殿，颇竭诚欸。自壬辰年，□将近五十载。而小殿则万历至今已□(二)百年。梁断莫可小修。达三之徒鹤松和尚慨然引为已□，□□其力，刻苦十馀年，积资千金。丙子春，举大□□□新之，焕然改观，厥功大矣。夫邑之有庙，为地□御灾捍患，随时修葺，我民之责也。今鹤公出一己之力，积千金之资，悉公之于庙。自殿堂及客堂、卧室，厨房一切匾额书画，靡不布置精雅，井井有条。以视俗僧之不肯自修庙宇者，相悬奚啻倍蓰囗，又置买官田十二亩，永为住持者收租应用。则修庙宇置家业，鹤公兼而有之。鹤公性恬雅，喜与文士交，得禅门宗旨。受济正第三十九世法传衣钵，高僧之见，果为不谬。今观其经营庙宇，置办田产，志量才干，更有以过人者，是不可不为之志焉。

　　嘉庆岁次戊寅(1818)清和月。
　　庚午(1810)科副贡生、法弟朗济袁文炤拜草。
　　按：重修真武殿碑记一方，现存嘉定区嘉怡花园内。碑立于清嘉庆十五年(1810)，由袁文焘撰文书丹。真武殿，原址在嘉定县城北，始建于明万历年间(1573—1620)，由杭州净慈寺到嘉定的僧人少锋募建。此碑由袁文焘撰于清嘉庆二十三年(1818)，碑文录自嘉定博物馆提供重修真武殿碑拓片。碑青石质，正楷竖书，22行，满行20字，共415字。

重建资福寺大悲殿记碑

(吴文鼎撰 清嘉庆二十四年·1819年)

  距奉贤城北十二里为小梁溪,溪之东北若干步,有古银杏一株,黛色参天,如华盖状者为资福寺。寺载邑郡志,元至元初建。昔高氏有名伯美者,曾倡修之。金碧辉煌,庄严东浦,一时称名刹焉。历年既久,雨剥风摧,倾圮日甚。一片道场,鞠为茂草,维摩禅室,久入空虚,严静法堂,早经寂灭。存者惟西偏城隍庙及南北两房而已。旧有大悲殿,供奉大士,香火特盛,今则败垣破瓦,基址仅存,慨与大雄宝殿同归劫土。主持僧定成思有以复之。会岁大稔,厥功易举。于是荷板持钵,呼号博额,涕泪悲泣,以乞诸大檀越。我世父倡之,乡里善士又踊跃以继之。昔自有而之无,今自无而之有,美哉轮奂,堂宇聿新,凡六阅月而告成。夫菩萨以大悲悲人,定公又以大悲化人。菩萨以一身取千万亿佛之悲,以成千万亿众生之悲,定公又以一身合诸佛菩萨之悲,以化千万亿众生之悲,斯其悲也大矣。不然,何其功之速而效之捷哉?抑闻佛氏说大因缘,举世间事,或兴或废,无非前定。定公此举,殆有前定者与?兹寺自元至今五百余年,故老无存,残碑莫考。今不可不铸诸石,余乃为之记,系以岁月,并望后人有复于古昔盛时。同事诸公姓氏,例得并书,即列于后,庶几与佛氏共永云。嘉庆二十四年(1819)岁次乙卯春三月朔。

  里人吴文鼎撰,邑人林国宾书。

  按:资福寺在奉贤县梁典,元至元年间(1271—1294)建。清嘉庆二十三年(1818)里人吴祖泰重修。碑文由吴文鼎于清嘉庆二十四年(1819)三月撰,林国宾书。碑文录自光绪《重修奉贤县志》(卷二十)。

清胜庵捐田记碑

(金以塾撰　清嘉庆年间·1796—1813年)

　　敕授承德郎、兵部司务兼武选司主事、加四级、随带军功加一级、邑人金以塾撰文，太学生、邑人庄皾书丹，诏举孝廉方正、例授承德郎、恩赐六品顶戴、国子监生、邑人钱大昭篆额。

　　嘉定合浦门外虬桥南，有清胜庵。邑志未载，不知创自何时。中有钱元煅所书匾额。元煅，明万历时为刑部郎官。志称虬桥，洪武十三年(1380)建，万历四十年(1612)易以石。稽庵之创，当在洪武后、万历前，寻又毁于倭。国朝康熙甲子、戊辰(1684—1688)间，陆君美、陆光祚等有修，及铸钟年月、题名，可以元煅书"无量寿佛"额推之。初建时知为真武阁。迨后，广数楹于前，兼作土地祠，俗称毛司徒庙。毛司徒莫详其名。是庵香火外，一无所入，住持僧不久辄去。

　　今善姓金士成，室蔡氏，与庵相距数步，年迈无嗣，奉佛受五戒，常以纺织资布诸十方。去年秋，告诸檀越，出所积真饭僧田九亩一分八厘，姚诵芬、金王成等助成之。

　　同里嘉其志，立石以垂久远，俾僧人不得变卖，俗人不得侵占，永为是庵产，庶不负前人重建之功、后人乐输之意。

　　是为记。

　　按：清胜庵捐田记碑，清时碑在西门外虬桥南堍，毛司徒庙右危墙下，今已佚。碑文录自民国纂修《嘉定县续志》附《前志补遗》。金以塾撰于清嘉庆年间(1796—1813)，清胜庵的前身为真武阁，旧址在嘉定县城合浦门,即西门。

庄敞:清乾隆、嘉庆间嘉定县人,太学生。据《民国嘉定县续志》载:碑文后列田亩细号,绅士姓名,嘉庆三年戊午(一七九八)三月立等字,系钱东垣书。东垣,字既勤,号亦轩,清嘉庆、道光间嘉定县人。钱大昭之子。嘉庆三年(一七九八)举人,任浙江松阳、上虞知县。嘉庆十八年、道光二年(一八二二),两次分校乡试。潜研经史、金石,著述甚富。有《小尔雅校证》、《补经义考》、《列代建元表》、《勤有堂文集》。

錢大昭(一七四四～一八一三):字晦之,一字竹庐,清乾隆、嘉庆间嘉定县人。嘉庆元年(一七九六),举孝廉方正,赐六品頂戴。與兄大昕皆治古学,時有"兩蘇"之比。精通经史,曾代友人校录《四库全书》。著作頗丰,有《广雅义疏》、《说文统释》、《两汉书辨疑》、《后汉书补表》等。

漕河庙事略碑

（潘宜鉴撰　清道光二年·1822年）

　　(前缺55字)其创始殆不可考。万历年间，张道用遗碣□□葺修岁月，盖三百年于兹(矣)。乾隆四十八年(1783)，龙华寺归云山房。释广洲命其徒圣安为之住持。圣安戒行精严，智通圆妙，谓此廊庑渊隘，非所以妥神灵(而)壮观瞻，慨然有志于振兴；见庙之□偏有隙地数弓，足以构精舍，于是叩好善诸公领袖集捐，经之营之，至丙午(1286)冬而告成厅事，奉城隍神于中。乡先达陆耳山先生记之详矣。嘉庆元年(1796)，建大门及两庑，乃家少府香溪公倡捐，偕同志董其事。六年秋，建寝宫，塑五路于大门之东，彩(下缺24字)尊。十年冬，圣安率其徒信禅募建酌雅堂于东岳庙侧，为宾客游息之地；庆有余赀，重造庙前石梁，名曰"余庆"。十九年，圣安又募万人缘，修饰殿宇。二十二年(1817)，建楼于大门之上，为演剧奏乐所。三十馀年间，僧徒劝募，善信乐输，得以大起宏观，金碧交焕，苟不著其始末，昭其芳名，曷以永垂观瞻。圣安乞比部张耕梅先生撰《重修庙记》，寿诸贞珉；因叙事略于碑阴，示我维桑，后之同志者嗣而葺之、庶斯庙之不朽也。

　　道光二年(1822)岁在壬午仲春之吉。

　　玉台老人潘宜鉴述。同邑陆旦华书。

　　按：漕河庙在漕河泾。斯碑为一石两记，此事略刻于碑阴，由潘宜鉴述，陆旦华书。清道光二年(1822)勒石，碑阳刻有《重修漕河庙城隍行祠碑》。碑高100厘米，宽66厘米，碑已残，原立于漕河庙东岳殿前，今移于龙华中学操场内。碑文录自《龙华镇志》。

重修芦隐庵记碑

(许衢撰 道光十四年·1824年)

县治谷阳门外护龙桥北,有芦隐庵者,志载创自明崇祯年间,久废。康熙丙午(1666)春,始构屋三楹,僧人无心住持焉。先祖秉忠偕同宗恒堂、南山,先后发心经理。厥后乾隆甲寅秋,广能和尚卓锡于此。先伯蕙圃捐资重修,廓其基址,倡建观音殿一进、三元宫一进、靠西河亭禅房厨灶一落,并添塑金尊,庄严佛像,约费工料千馀金,规模粗就。惜南面空地,榛莽荒芜。溯嘉庆肇造,刻今又越三十馀年,墙屋渐次倾圮,衢不忍以前人未逮之工程,置诸膜外,谨择道光十三年(1833)八月,购料兴工,起建本庵山门全座,南面围墙十六丈,石砌水沟,翻叠坦渡、驳岸,涂墍梵宇;复于十四年五月,续建天井内三圈门,开间进深,墙及围墙一带、西面河亭禅房厨灶,一体缮修。衢心存继述,苟合苟完,爰录始末,以志不忘。道光十四年(1834)八月。

按:芦隐庵旧址在松江县白龙潭护龙桥北,释妙空始建于明崇祯十三年(1599),许衢撰文,道光十四年(1834)立石。碑文录自1994年版《华娄续志残稿》。

重建青龙禅院记碑

(张惇训撰　清道光七年·1827年)

　　赐进士出身刑部安徽清吏司主事邑人张惇训撰文
　　赐进士出身内阁中书军机处行走邑人赵　荣篆额
　　邑之巽方，有古刹临于浦滨者，青龙禅院也。院之创始，邑乘不备载，载自前明崇祯间重建。国朝乾隆三十八年(1773)，僧印一募修；至四十八年(1783)，瞿宪章捐茸山门，兼筑石甃，志未及书。今道光二年(1822)，住僧仁存、仁性，慨斯院之就废也，募化改建大殿，中立供大士宝座。说者谓斯院之建置，邑之文风系焉，因上塑文帝圣像，辅以夹室，翼以两厢。夹室之左，为井灶之所在。越明年，徒孙果因，誓愿闭关，顶礼三载，邑之善男信女，更相布施。由是庀材鸠工，复建山门，统列五间。门出北向，其东周以墙垣，不半载工筑以竣。余以道光辛巳，奉讳旋里。丁亥(1827)之夏，束装北上，行有日矣；住持以斯院之适成，请余为之记。并言茸建时，剔视旧栋，书"元至大元年(1308)重修明万历四十七年(1619)董事姚舜祚倡建。"则自元迄明，由来久矣。夫丛林梵宇，何地无之，莫为之后，每叹破瓦颓垣，残碑莫考。今仁存、仁性承数百载之前绩，殿定宇更新，庄严佛像，复得徒孙果因，以善其继檀那之力，亦募劝之诚也。余正乐观其成，为书岁月，以志其颠末，俾后之览者得所考焉。道光七年(1827)岁次丁亥孟冬之月谷旦。
　　邑庠生王寿康书丹金滨南。张介维镌。
　　按：青龙禅院，亦称青龙庵，位于上海老城厢原南市境内。明崇祯年间(1628—1644)创建(一说重建)。清乾隆三十八年(1773)僧印一重修。道光二年(1822)建大殿、山门。该碑记由张惇训撰于清道光七年(1827),碑文录自1980年6月《上海史资料丛刊》。

奉宪刊立真一禅院碑记

（清道光八年·1828年）

监督江南海关兼管铜务加按察使衔分巡苏太兵备道，随带加二级记录十次潘为出示谕禁事

据水仙宫住持僧定修禀称：窃查水仙宫旧名真阳道院，供奉吕祖，创自宋代，历今九百馀年，兴废不一。考邑志，县南有水仙宫，设供水仙五圣，以城市多燹被灾，故奉此厌胜。土人率呼为水仙宫云。康熙初，殿仅存废址，而水仙宫之名相传不弃。乾隆二十六年（1761），邑绅士慨古刹之载，便延僧息安卓锡于此，署名真一禅院。遂结茅为释氏道场，苦志焚修，十方动容。草创后殿数楹，上供如来大士，下奉三清，左设吕祖，右设文、武二帝。（乾隆）五十六年（1791），息安圆寂，遗命定修毋轻去就，且谓将来得邀护法捐资营造一切像设，慎勿更改。定修统承师志。复恐是院基地钱漕，向日官为捐免。因毗连民地致被侵剥，宜先清理。于是鸣报立碑，叩募于道。恭逢各宪莅俯念定修奉行有志，乐捐廉俸以助其功。先蒙前署宪蒋，捐廉建造前殿，移供吕祖；既蒙前宪钱捐廉，启建山门；后蒙前宪钟暨县□□，建殿于西偏，移供文、武二帝，永为关帝香火，在大殿月给制钱五千文，库书月给制钱二千文，以资香火。至三清殿本系草创，日久倾颓，又承诸绅士乐输重建。院内钟鼓法器及万年宝鼎，年来续荷绅士协力，助成以上工程，均系定修始终其事。现又募建围墙，蒙恩施冰俸俾□□功，庙貌庄严，莫非宪泽，伏念是院工程，仰荷各大宪及绅士捐赀建造功非浅，鲜庙之成也。积数十年之力。将

来设有滋扰,恐仍以侵削致□弃前功。为敢禀叩,乞将是院产业兴废,以及各大宪捐廉助建各缘由,恩赐立示,刊碑于院,俾后之人知是院之重兴,其来有自,不致滋扰为虞。并禀俯题真一禅院额字,募勒敬镌,以副署名各初志,则感荷鸿慈,均无就燃焚顶。上呈。"等情,据此,除呈批示,并移行营、县外,合行出示谕禁。为此示谕住持僧及该地保甲人等知悉,嗣后凡有外来僧道,毋许觊觎盘踞。附近居民毋许滋扰侵剥。倘地方棍徒敢有入院污秽作践,以及借名借宿,肆横不法,许赴辕持禀以凭到县,严拏究惩,不稍宽恕。各宜凛遵毋违。特示。遵。

道光八年(1828)十二月初二 日示。

按:该碑碑文于2007年10月录自上海档案馆寺院档案中碑记照片,碑额为楷体。真一禅院原址位于原南市区巡道街,1960年后已无。

奉宪刊立真一禅院碑记

重修白沙庙记碑

(阮逢道撰　清道光十一年·1831年)

奉贤白沙乡者,东南一胜区也。乡有镇海侯庙,亦号白沙庙,以乡称。盖是庙创始以来,已极久远,于纪载征信无从。唯我国朝,明修礼乐,幽敬鬼神,士庶响风,捐资乐助。一修于雍正年间,再修于乾隆年间。至嘉庆十六年,比丘护成师自九华来,将朝礼普陀,路由东海,而乡之士庶以住持请,遂卓锡焉,庙中香火,亦从兹益盛。然师之甫至也,庙貌尘积,雨晦风凄,爰自出钵资,经始西厅,继营前殿,亦既美哉奂矣。第独力难支,未竣其事,叠逢歉岁,鸠集维艰,师设法多方广劝善信,大堂正殿,以次落成,更置田存案,厥功之伟,为何如哉!夫方外而能自出其资难,自出其资,而又久历辛勤,劝募葳事,则难之尤难。惟其难也,乡人士佥曰:不为勒诸贞珉,以垂永久,不几掩没其苦心乎?予题其言,遂不辞芜拙而为之记。道光辛卯(1831),时年七十有六。

按:白沙庙旧址在奉贤县益村坝东北。始建年代不详。清道光十一年(1831),僧护成与里人阮逢道劝募重修,阮逢道撰碑记。碑文录自光绪《重修奉贤县志》(卷六)。

敕赐吉云禅寺重建大殿碑铭

（祖定撰　清道光十二年·1832年）

染香学人祖定撰文
吴县石韫玉篆额
长洲陈其进书丹

稽夫日光警梦，汉帝咨廷。愔景西求，腾兰东莅。象教聿启，道场遂兴。高切星云，辉凝金碧。威神福德，相好光明。起恭敬心，生归依想。种人天果，作度脱因。

是以高僧列科，营造有传。法苑分部，兴建成區。南北之朝，义学斯盛。唐宋之代，禅宗大兴。

于时殿宇庄严，刹竿相望。洎乎末法，善信渐稀。古寺荒芜，金容剥落。或改廛肆，或赁民居。颓废既多，恢复匪易。匡庐莲祖，东林肇开。海印憨公，曹溪重整。

既光辉乎僧史，亦照耀乎禅林矣。道隆昌师，郡望东海。泽衍南洲，世系鹿城。簪缨前代，阀阅旧族。科第名门，早岁观空。盛年入道，南翔脱白。尧峰受具，大成仁者。讷安律师，因依出家。严净比尼者也。既而得法青龙，遍参知识。青龙一枝，远承曹洞。近接百愚，云水百城。归根一路，风光本地。整顿故山，大德殿宇。先修后建，朱甍碧瓦。辉映南翔，圣像镕金。舆梁跨水，自甲子岁。泊壬午年，次第经营。先后藏事，又住水月。别名草庵，宏我开堂。受法者众，澄升以下。一十七人，皆高足也。辛未之岁，庵建旃檀。殿修药师，宝山广福。亭子之地，东市之偏。钟梵相闻，皆师力焉。道光丙戌,移锡青龙。青龙吉云,旧名隆福。仁庙南巡,亲洒宸翰,易赐今名。颁赉之荣,载诸邑乘。古刹重光,青邑首推。迨于戊午,大殿烬焉。住持光公。掩关募资,庀材数千。法缘未集,师受公法。思继厥志,出衣钵资。先缮护法,尊天殿宇。遂用公材,建大悲阁。复修下院,西水之庵。亥子丑寅,四载事也。辛卯之岁,大雄宝殿,始克告成。营建之勤,经画之瘁,福缘之集,法乳之酬,于斯萃焉。或筹修复,或议鼎新。振兴之多,师功钜焉。法嗣澄参,克绍师志。金塑紫磨,堂建报本。客堂禅堂,次第营缮。观瞻以肃,支派以明。以来远人,以宏本分。传薪续灯,此为大要。急之务之,安云水焉。绵化度焉,师之教也,师之愿也。青溪徐君,世种善果。在昔先人,布金于寺。乃建澄怀,乃营文觉。君承先志,尊重弗替。壬辰仲夏,书来求记。既胪其实,滕之以铭。象教之隆,试经得度。儒通三藏,能为外护。行解相应,乃曰沙门。道德醇备,世法所尊。寺宇相望,金辉玉粲。不募而集,檀资千万。迨丁未法,僧昧文辞。俗瞢教义,礼敬不知。塔庙倾颓,过者不顾。不信滋多,谁为法护?师肩重任,到处缮修。法缘既富,继有诒谋。心即是佛,人何不识。早发信心,视此铭勤。

道光十二年(1832)岁次壬辰仲夏之月。监院澄参立石。

按:吉云禅寺,亦名隆福寺,俗称青龙寺,位于青浦青龙镇。此碑由祖定撰文于清道光十二年(1832)。此碑现坐落于青龙寺大雄宝殿前西侧。碑额高80厘米,宽115厘米,刻有双龙戏珠图案;碑身高190厘米,宽115厘米;碑座高35厘米,宽115厘米;碑厚30厘米;碑系青石质。碑文23行,行3至47字不等。2000年7月1日,于青龙寺录得该碑文。

澄照禅院图记碑

(清道光十四年·1834年)

（左边）福田寺在泖中，唐乾符间(874—879)赐额为"澄照禅院"。宋徽宗赐"云山堂"匾。景定中(1260—1264)赐今额。初，乾符间，僧如海筑基泖中，作井亭，施汤茗，建塔五层，标灯为往来之望。明嘉靖间，僧智明建大雄殿，其徒自正于隆庆六年(1572)筑石提以为外护，建宝藏阁以奉大藏经。陆树声与弟树德置常住田，太仓王世贞为之记。至万历十八年，又构潮音阁。隆庆三年(1569)，丈田均粮，佥事郑元韶、知府袁贞吉以泖塔在湖中，湮没不常，遂得免科。万历元年复建青浦县，泖以西俱属焉。寺中有朱子题"江山一览楼"匾、赵孟𫖯书"方丈"二字，又名长水塔院。李待问"浸月藏烟"匾、董其昌"小金山"匾、陈凤梧《澄照塔院施田给帖》碑、徐常吉《长水塔院记》、沈霁、陈仁锡撰《澄照塔院记》、屠隆有《塔院记略》，俱载府县志，固历历可考焉。按：泖湖护基泥滩于乾隆五十年后(1785)波浪冲激，俱经坍没，寺僧募化无缘，修理乏钞，即将常住田亩于乾隆五十六年(1791)尽已变易，驳基修葺，始得庙貌复新。嘉庆二十年(1815)后，泥滩渐涨，幸得芦苇以资出息。于道光十一年(1831)间奉宪查核，芦苇荡田亦应征赋，第念此寺苦无恒产，惟赖此区区荡息以藉支撑，况此荡已连年被淹，靡费工本，拮据已极，若再认租完课，将何以为修葺香火之资？故于道光十三年(1833)冬，住持僧长林具呈禀县，求即上详藩府两宪。嗣奉宪批，暂准该寺僧管业，以资经费。仰即转饬遵照在案。道光十四年(1834)二月，董事张为寿、为崧等公议此项：荡亩业经批准寺僧管业,恐日后或有不肖僧人私相售卖,邻佃占侵等弊相因,具呈请立界石,俾垂久远。后蒙准给示谕,立清界址碑勒寺前。庶几遵循有自,侵占无由,而庙院有巩固常新之象,寺僧无沿门托钵之求焉。略志渊源,以冀永存勿替云尔。(诸德畲书)

(右边)寺基坐落在四十三保三区二十五图张字圩一百七十二号,公占免科六亩四分八厘四毫。计开四面原丈荡田：塔前六十五亩八厘六毫八丝,塔东二十四亩七厘七毫二丝,塔后八十四亩九分六厘一毫,塔西二十一亩四分二厘五毫,共计田荡一百九十五亩五分五厘。寺基前后两沿河各澜五丈九尺七寸。计开：大山门、大雄宝殿、潮音阁、僧房、斋堂、观音殿、钟楼、长水宝塔、武圣殿、山门(以上旧存);江山一览楼、藏经阁、方丈、转藏殿、文昌阁、鼓楼(以上已废);碑亭、营房(以上新建)。

按：澄照禅院即福田寺,又名泖鉴寺。该碑长89厘米,宽32厘米。左边为文字、行书;右边为阴刻澄照禅院图。该碑石立于清道光十四年(1834)。碑文录自《青浦县志》及《章练续志》。

重修水月禅院碑

（张庆瑗撰　清道光十四年·1834年）

　　叶榭水月禅院，《府志》所载，建于元至正间。明景泰中，坏于水。洎成化间，有僧福胜、广珵重修。董文敏公未第时，尝读书其中，故其题咏最夥，墨迹亦间有存者。嘉庆甲戌(1814)遭祝融厄，毁其楼，馀亦日形倾圮。余昔以助灾憩此，深虑废而复兴之难其人。阅岁癸巳(1833)，余又因赈事重过，见佛容梵宇俱集焕然，方惊异之，适杨茂才篆堂来谒，扣其巅末，系其叔祖卓人之力居多。卓人名士倬，年八旬，乐善不倦，尤有志于是院之振兴，里党重其人，咸乐玉成之，集费计二千馀金，鸠工越三十馀月，今门楼殿庑，旷如奥如，则更新非缘一人，即归功于一人也可。篆堂名兰佩，请余作记，传其事。道光甲午(1834)仲冬。

　　按：此碑由华亭知县成山张庆瑗撰文于道光十四年(1834)。水月禅院始建于元至正年间(1341—1368)，旧址在叶榭镇，道光十一年，杨士倬重修。碑文录自1944年版《华娄续志残稿》。

重建东林禅寺观音殿碑记

（葛其仁撰　清道光十六年·1836年）

余以今年春,奉檄权学篆金山邑治。朱泾镇东西距三里有奇,间以暇日访求古迹,得旧刹二:一为法忍教寺,建于唐咸通十年,宋治平中易今额。其地为船子和尚覆舟处,遗像今存。自法忍而东一里许,为东林禅寺,殿宇高敞,法像庄严,规创与法忍埒。邑之人士相率告余曰:"寺之观音殿,道光乙酉(1825)夏年,不戒于火。住持念杯上人名仁渡者,瞿然奋起,谓:'名刹不可不修,慧命不可不续。'广为募劝,鸠集善缘,志在必成。不辞劳据,一时善信懽喜,檀越麇集,竣工庀材。经始于九年之秋,告蒇于十一年之冬,盖阅三载而克溃于成,规模一如旧,而壮丽过之。"呜呼!可不谓之胜缘欤!余惟大雄氏立教于世间,一切无可恋著,观其身之生灭,俱非实相。写经造像,为人天小果不漏之因。然象教东来,实藉于琳宫法宇,巍峨藻焕,瞻礼膜拜,发人敬信之念坚。人持受之诚,合智愚以同归。超四空而独耀,而又得善知识,为之力加保护。颓者以举,废者以兴,讵概薄为小果而弃弗道哉!考寺自元至大年,僧妙因创建,皇庆初,元智开山其后,以诣都进铜佛像。奉敕祈雨立应,赐号佛日普照大德禅师归寺。盖世以梵行精严,著声遐迩,念杯其将以其继起乎?爰书其事,镌诸石,以谂来者,其董事出钱姓名,别籍于册,不复赘云。

道光十有六年(1836)岁次丙申五月,署金山学训导、前景山官学教习、嘉定葛其仁撰。里人□□晋书。

按:此碑现存金山博物馆院内,碑青石质,高60厘米,宽98厘米,厚10厘米。碑名和全碑楷体竖书,26行,满行20字。葛其仁撰于道光十六年(1836)。碑文缺字较多。东林禅寺于元皇庆元年(1312),现名东林寺,位于金山区朱泾镇东林街。2002年,经批准恢复修建开放。

重建东林禅寺观音殿碑记

西林禅寺圆应塔塔刹宝瓶中藏木板铭文

(吴光缙撰 清道光十九年·1839年)

维□□□□□□圆应宝塔移奠,西林庄严□□□□其□□固不可思议。年垂永□□□□□□复□□。自嘉庆四年(1799),护法姚炳□□□□□□□观澜兴修以来,□□□□□□□□匪易。适有信女捌人,年□□□□□□□心发愿,不计工程之浩费,祗□□力以圆□,于道光巳亥年七月初七日开工,俟工竣之日,应费若干,七股均派。兹于九月十四日先升金顶。合将乐助信女姓氏年甲,开列于为记。

吴光缙书,王元镌。

韩门张太安人,年八十四岁;叶门姚太安人,年八十三岁;陈门郭太宜人,年八十岁;张门王太夫人,年七十八岁;朱门李术安人。年七十七岁;唐门洪太安人,年七十岁;唐太安人,年六十八岁;张门程太安人,年五十七岁。

按:西林圆应塔木板铭文刻于木板上,铭文板长14.2厘米,宽0.9厘米,中有残缺。竖书10行,满行17字。道光十九年(1839)吴光缙书,王元镌。铭文录自2002年《上海博物馆》集刊中谭玉峰、于存海、罗时惠《上海松江圆应塔珍藏文物及碑文考释》一文。上海文物保管委员会对松江西林禅寺的圆应塔进行维修,于1993年11月29日在圆应塔的塔刹宝瓶中,发现此铭文木板。

西林禅寺圆应塔塔刹宝瓶藏银板铭

(先传撰 清道光十九年·1839年)

西林圆应塔,自前明正统间移建大殿后,迄今垂四百岁。行为表现者修葺不一,瓦石铁木之工各有更新,惟圆光宝顶仍其旧。己亥秋七夕,娄邑七善□奉其太夫人之重修,尽撤相轮砖木下相轮之缺者,遂移驻宝顶于殿上,大众瞻见。铜质为风雨摩涐,日久朽坏。召工更铸,阅月告成。爰取旧所贮银镌佛像及纪工牌,仍纳其中,风募铜一丸,仍安于顶。复造鎏金魁星一尊,像文明也;白衣大士一尊,毓贤也;莲台藏佛一尊,仗佛力垂永久也。俱纳于匣位置中心。将以九月十四日,第一层工竣鸣钟鼓而合兴焉。纳惟庄严法界□浮图,为大浮图之巍焕,尤以宝珠为第一义。今诸太夫人以大愿力,发佛毫光,大地三乘,畴不顶礼。是不可无纪。爰造银纸涐而藏之,以谂来者,衲之职也。考旧顶作于正统十三年,及道光己亥,计三百九十二年。今是顶圆成,较前工质既纯且重,其历算更卜绵远云。

大清道光十九年九月　日,西林禅寺住持僧先传记。

按:西林圆应塔铭由清代西林禅寺住持僧先传撰,清道光十九年(1839)铭文刻于银板上,银板长30厘米,宽20.2厘米。铭文录自2002年《上海博物馆》集刊中谭玉峰、于存海、罗时惠《上海松江圆应塔珍藏文物及碑文考释》一文。上海文物保管委员会对圆应塔进行维修时,于1993年11月29日在圆应塔塔刹宝瓶中,发现此银铭文记事薄板。

拈花林碑记

（顾瑜撰　清道光二十二年·1842年）

沙溪拈花林禅院系雍正十二年(1734)间,乡贤轮彩吴公独力创建。既成,塑世尊大士像于其中,为众姓瞻礼,即为附近文人会课之所,诚善举也。年久失修,日就倾圮,三世贤裔岁贡生,讳□云,号立居,见而心恻,谓地方善举,莫敢轻废,况斯院溯所自始,后之人尤有不忍听其隳败者。乾隆六十年(1795)春,爰出资斧整理重新,并捐田亩斋僧。比时众共嘉之。奈经非人,以致庙貌渐颓,金身剥落,其田亩亦被私售,几及成讼。太孺人翁氏因以重修为其任,鸠工里约至,经宗族聚议,赎出原田,归以住持收掌,而旧观得以重振。及十数年来又为风雨漂摇,柱裂墙倾,蓬棘丛生,几成废址。太孺人唐氏亦斯院重建之责,匪类人任,遂乃慷慨捐金,以成其事。积善之家,后先辉映,岂不懿欤！第院邻故多践扰,业经钱铭等且呈请禁在县。更恐后有不肖族人,稔知斯院及田俱系吴氏捐造,不由外助,非惟无志续修,且将肆意擅卖。因命顾瑜等具呈存案外,略缀数言,勒之珉石,俾知斯院创修捐赎之始末,谕以嗣前徽而杜后弊,庶得得垂永远焉。

华邑沙□□为字圩丈田叁佰拾陆号贰亩柒分,叁佰三十捌号肆亩五分肆厘,叁佰四拾陆号伍亩共计丈田壹拾□亩零贰分四厘正。□□顾□□正租□□□斗,蒋炎松正租叁拾拾贰斗,倪秀学正租壹□四斗。

奉县宪□□如有□□□□分行,□□□系□拈花林户,壹两叁钱捌分正。住持僧人三荣。

道光二十二年(1842)岁次壬寅桂月之吉旦,阙里子婿顾瑜顿首百拜谨撰并书。

按：此碑青石质,立于道光二十二年(1842),顾瑜撰并书,碑额篆体5字,分三行,竖2,1,2,碑文楷体竖书,14行,行38字。拈花林,又名拈花禅院,旧址天漕泾沙八图(今金山区漕泾镇沙碛村),尚有庙屋残存,碑在壁间。碑文录自原碑,并据上海古籍出版社1995年《漕泾志》、2004年《上海佛教碑刻文献集》互校。

漕泾镇茶庵拈花林碑记　金山博物馆拍摄

重修李塔延寿寺记碑

(仇炳台撰 清咸丰年间·1851—1861年)

吾娄李塔延寿寺,在县境西南之二十七图,创自宋嘉定间,迄今重五六百年。殿宇之庄严,塔座之岧峣,虽不与丛林名刹争胜。而自横泖达浦南折,而东浙水亦西汇于此。凡夫舟楫帆樯,过客往来,咸视浮图;为彼岸荒江寂寞渐成镇市,不可谓非佛力也。历代以来,屡有兴废。乾隆五年(1740),黄中允之隽记,盖详言之矣。至咸丰初,倾圮如故。向供佛像日炙雨淋,金碧黯澹;寺僧皆餐风宿露,而颓垣榛莽几不复可收拾。于是善男子俞业、经光谦、胡来议、张汝铨、黄大受、大义等,延请普信和尚卓锡于兹。和尚智慧警敏,法力宏深,慨然以修废举坠为己任。礼佛诵经,苦行圆满。十方信士皆大欢喜,舍赀相助,应钵而来。爰自山门、大殿、宝塔、方太以及寮房之属,榱桷瓦壁,次第咸备,聿观厥咸,乃施绀碧崇饰伟观。昔之视为江浙通津者,复集于此。寺前长三里河设立慈航,以渡行旅僧徒,既众爰析其居,乃立斋名曰真静、曰澄漪、曰广济、曰妙悟,置田若干亩以赡香火。洵乎天人交赞,功德无量矣。夫以佛道崇虚,非有修废举坠之责,乃或高爵厚禄,坐镇优游,而于利弊所在,辄惮其劳,莫之一顾。独如此僧者,坚持道力,毅然不回,孰谓彼教中真清净无为耶?风日清暇,每与二三同志放舟浦滨,至僧寮话茗,或登塔巅挹泖峰之胜,念普信之功德弗衰,因濡笔而为之记。是役也,构材役工若干,置产若干,勒诸碑阴,俾后人有所考证云。

按：延寿院，初名澄庵后改名圆通庵，在松江李塔汇镇，始建于宋嘉定六年(1213)。该记为清咸丰时(1851—1861)庶吉士仇炳台撰写，录自光绪《娄县续志·祠祀》。

上海知县为太平教寺寺产告示碑

(清光绪四年·1878年)

给示晓谕事：据职贡生王焕生、举人王增禧、职员辛仁修、耆民高允迪禀称，□治东北引翔镇南杨地方，有太平教寺，详载《上海邑志·寺观》。该寺系宋太平兴国八年(983)建造，寺基共拾柒亩有零，□廻以界。嗣因年久失修，寺殿倾废。国朝乾隆四十八年(1783)，火毁所有。寺外馀地，被寺邻垦种。至嘉庆六年(1801)重建，止剩寺基五亩零，免科。今住持僧空觉茹素诵经，兼通医术，积有余赀。乃于光绪三年(1877)秋，请示大殿，复备价赎还馀地，悉照旧址，共有拾壹亩三分五厘，合价规银壹佰叁拾陆两贰钱。当立归并纸田单拾贰纸，遗失单纸，其单俱是二十三保十二图五百八十五号内。职守嘉其志之诚，又虑不继，因将契单呈案，又将本图五百八十八号田单贰纸，卖契壹纸，一并粘入附呈，叩求恩准立案，给示勒石，以重永久等情。具禀前来，除批示并将呈到印契，田单验发该寺僧收执外，合行给示晓此，示仰该寺僧众及地保人等知悉。尔等须知：太平教寺现据空觉僧募捐修葺，并偿价赎回馀地，悉归该寺。

业自示之后，倘有不法之僧，无知之辈，串合盗卖，许该职等具名禀县，以凭提案究治，徇隐察出并究。各宜凛遵，毋违特示！

光绪肆年(1878)玖月二十四日

按：此碑由上海县莫知县于清光绪四年(1878)，为太平教寺的田产而发出的告示。太平教寺旧址在现杨浦区兰州路，始建于宋太平兴国八年(983)，20世纪40年代已废。经批准于2009年进行重建奠基，改名为太平报恩寺。

规复太平教寺基记碑

（王焕京撰　清光绪四年·1878年）

　　溯夫佛法之入中国也，始自汉明帝梦金人长丈余，顶有光□西至。问诸傅毅：西域有名曰佛。乃遣使天竺写取佛经，及沙门摩腾、竺法兰以还，□白马寺而精蓝名刹□□□寺初兴，必有佛灵祐，或神光烛室，或花雨弥天，震旦乾坤□□□瞻礼。而□□千百年，寺厥初。近日沙门称，檀施为护法，实法护也。如吾里太平教寺焉。寺建自宋太平兴国八年(983)，相传有僧及操舟云游，泊范家浜，闻芦苇间有钟鼓，□□□白光烛□，僧异之，铁佛遂□□曰太平，仍国号也。时上海属华亭乡，华亭□有□□禅院，故□□此为□大。寺基南瞰□，东濒杨木浦，西北一水兜□沿□遍植榆柳，共□□余亩，中建钟，居前禅堂处，复至□□。国朝乾隆四十八年(1783)，火毁钟楼之钟，遗迹□□□□为寺邻侵种，仅存六亩零，免科而已。大殿自嘉庆僧庆□间僧□□□修□还。爱莲居士有额记，而余地未恢。光绪丁丑(1877)秋，僧空觉□平□□□余赘修葺寺，□用僧赎地，悉仍故址。僧固精医乃肯以药赀代募捐，尤为难得。予嘉其志，即偕□□鸿□□子、安玉山联名禀请邑侯莫立案给示勒石。俾僧进守焉回□□前粤□□优□□寺□劫灰，而寺独完善。地方亦赖以全。非佛佑耶？且他寺被毁，□□寺□□即□□得铁佛犹存耶？案：上海县二十六保龙华寺，系吴越懿王夜泊浦□□□□

烛□出寺,足与比隆。凡在里中,当思胜迹流传,务以今之规复旧基为是。□之□则佛檀施,寺中香火日盛,重建山门、钟鼓楼等处,无负空觉 及子 等禀案之(下缺)。

光绪四年(1878)岁次戊寅小春月,里人王焕京。

按：太平教寺碑,始建于宋太宗太平兴国八年(983),20世纪40年代时,以寺僧管理不善,变卖典租,寺庙颓废。旧址现在杨浦区兰州路373号,2009年5月起,经批准奠基重建,更名为太平报恩寺。碑在老大殿内西墙。

重建静安寺记碑

(李朝觐撰 清光绪九年·1883年)

沪渎迤西行四五里,蔚然环村落闲者,曰芦浦。有古丛林居僧焉,则静安寺也。考诸志与孙吴时碑所年月,寺始大帝赤乌(247)中,实从沪滨迁此,于唐为永泰禅院。静安者,宋祥符元年(1008)所易名也。更元历明,逮国朝乾隆初,歙人孙思望出酾钱重修寺。百馀年至今,几再废矣。而故西晋时,浮江来石佛者犹在。钱氏王吴越,建瑜伽道场,所谓毗卢遮那像者,即佛也。以祷晴雨,有应弗忒,神诚有裨于民。寺之固宜,亦以答民之所以思其功。光绪丁丑(1877),寺僧募工材,谋将新寺出门与佛所殿。而晋、豫以大寝告,东南荐绅长者,乃相率出钱谷,助赈纷纭,倾解橐以救饥,鲜复助寺僧者。余乃商之里人,暨甬东同客沪者,与其邑人士诸君子,谓唐景星、朱青田、王克明、戚增三、郑陶斋、邵春棣、曹青章、姚少湖、王介眉、贾云阶、郁正卿、张正卿、梅再春、姚右孙、姚悦三、曹润甫也。则相与发愿,济晋、豫诚急,顾寺之再兴也,即亦非异人责也。于是论者或讽余,则应之曰:"鄙人固竭蹶以从赈事者也,谓寺之工之急于赈事者也,谓寺之工之急于赈不可也。而旱涝之不时,则固天与人所无如何,而人所时有求于神之事也。静安寺之佛,古之人以晴雨祷之而验矣,以赈诿而露佛,以颓其居,则胡以有事而祷为?"议遂定。于是合力劝分,各率以财,不日而寺事咸集。肇工自庚辰(1880)三月,明年辛巳落成,时四月八日也。住持僧乃用彼法浴佛,沪居之人,四远云聚,其乡曲老穉、士女车马之众,海外之音尘,皆往观佛以游于寺。时晋、豫既赖赈以全活矣。凡游者摩挲赤乌时碑，及陈所植桧，以登讲台；访涌泉，探绿云之洞，濯缨于虾潭，求故沪渎遗垒，沿而观芦子渡所经流处，咸快然坐领其胜，无复向时西望愁苦之意，其心益欢。脱长此游宴，结太平山水之缘，无晋豫之事，以祷祠烦于佛，则遂谓徒以供游赏临览，而用力于无用之地，亦虑始者所不欲自辨，而私幸于心也。

光绪九年(1883)冬十月，香山李朝觐记。

胡雪岩银伍百两，

邵春棣长梗木梁两根、银壹百两，

世蔚堂姚悦三、右孙、兰洲叁百两，

戚华德洋肆百元，

王克明洋叁百元、银伍拾两，

北众钱业银贰百两，

姚少湖银壹百伍拾柒两，

李秋坪同子沪生银壹百伍拾两，

青藜书屋银壹百两，

汇业公所、洋药总局、木业公所、余少山、郑世德堂、朱盛西、朱词翰、朱善，以上各捐银壹百两，

邵仁恭、仁良银壹百另伍两，

曹青章洋壹百元，

叶树德堂洋壹百元，

义昌利洋捌拾伍元，

韦文圃银伍拾两，

青虚子汇丰银行银伍拾两，

席正甫、谢、孔、俞氏洋壹百陆拾元，

贾雨皋、张楚记、胡余庆堂，以上各捐洋伍拾元，

祥生懋号洋肆拾元、陈善昌荣号洋肆拾号

赵和相洋叁拾伍元，

李沧桥、唐杨氏、王炳坤、林振隆，以上各捐洋叁拾元，

钱、陆氏、彭、沈氏洋壹百念元，

大丰号、唐茂枝、怡昌号,以上各捐银贰拾两,

王姜氏装金洋贰拾元,

张明照、通聚公号、恒利号、周茂顺号、东新泰号、王公记、袁九龄、陈端甫、存养山房、万丰顺、桂林书屋、何颖生、温敦厚堂、陆志怀、潘爵臣、李炳华,以上各捐洋拾陆元,

义昌利、谭干臣、卓子和、赵锦华、朱瑞孚,以上各捐洋拾伍元

存德庄、李联棣堂、穗安号、周元坚、康简泉,以上各捐银拾两,

朱青田偕葆基、福业、福寿、福智、业贤、英荣同捐银壹百另伍两、洋拾五元,

刘鸣成、天贺洋拾贰元,

黄文琮、义和顺号、洪盛号、郑务仁、杨泰记、隆盛德号、刘正泰号、同庆昌号、公兴绍号、王树松堂、永吉栈、泰记号、恒兴号、文成号、启昌号、江咏庚、严焕之、林湘泉、汪维桥、林文升、陈星槎、李玉书、郑芸初、陈可良、朱锦轩、黄葆熙、福克、吴经善堂、左振林、陈赞元、雪鸿居张、吴余德堂,以上各捐洋拾元

洪盛号、张元兴、杨蓉珊、汤祝封、王世泽堂、黄耀宗、王瑞芝、瑞成号、三号、朱敬善、刘及东、阜昌号、正义隆号、韦茂生、朱少谷、张显照、徐家斡、韦汝骥、徐福祥、黄芹轩、汤国良、李福元堂、广隆泰、梁而康堂、陈崇德堂、大昌慎、仁和利号、陈嵩屏、曹子俊、广兴昌、陈金辉、同生福、丁沛涛,以上各捐银伍两

成昌号洋陆元,

元芳帐房、悦生栈、黄懋靖、周献勋、周陈氏、江启东、吴锡三、沈苏氏、柴缪云、刘制山、沈庆堂、姚光禄堂、松隐居士、峨嵋山人、俞怀远堂、郑阿世、张娥氏、卓朱氏、程傅氏、徐袁氏,以上各捐洋伍元,

周甫堂、高荷天、罗洪氏,以上各捐洋肆元,

无名氏洋叁元、无名氏洋叁元、无名氏、邹家鉴、查文熙、汤甫卿、黎善堂,以上各捐洋贰元,

毛瑞亭、成溪居士、倪鹤亭、吴少卿、雨铭堂、姚宅、钱宅、陈宅、李宅、方宅、傅宅、廖宅、鲍汪氏,以上各捐洋壹元,

钱氏、周除氏、鲍许氏、徐张氏、王吴氏、汪姚氏、徐袁氏,以上各

捐洋半元,

以上统结共收捐项规银贰千玖百玖拾贰两五钱洋贰千五佰柒拾肆元,

又收和尚自募规银陆百陆拾贰两玖钱五分,

架造各款项下,共付规银肆千玖百捌拾两、英洋贰千玖拾玖元,

前拆卸时,和尚自备长梢南木壹百根,计规银伍百柒拾贰两叁钱壹分玖厘。

前后殿拆卸工料、喜封酒筵等件,共洋壹千壹百捌拾玖元、钱叁百拾五千捌百玖拾肆文,所备拆卸长梢南木壹百根,用入起造料内,

工部划付规银陆百陆拾贰两玖钱伍分,东首客厅造价洋捌百元,此四项费用系靖(静)安寺住持僧鹤峰同徒曾孙正初、正生僧自造。

按:该碑记由李朝觐撰于清光绪九年(1883),住持僧鹤峰等勒碑记其事。该碑高187厘米,宽76厘米。碑文28行,行58字不等,现碑在静安寺大雄宝殿面南东墙上。碑文录自1980年6月《上海史资料丛刊》。

龙华寺千僧锅铭

（清光绪十二年·1886年）

龙华讲寺住持寄东监制。上海同椿裕冶坊处造。

按：锅直径137厘米，高72厘米。千僧锅铸于清光绪十二年（1886）。铭文录自《龙华镇志》。

重建圆津禅院大殿记碑

(沈光莹撰 清光绪十八年·1892年)

　　吾乡圆津院,亦珠溪一胜□□□元至正间(1341—1368)。而国初僧语石又筑亦峰居漕、溪草堂、墨花禅息躬室、清华阁,而□□□士得以时游息其中焉。厥后年久而圮,□振华又偕其徒慧照修之。咸丰末,院□□燹,惟清华阁仅存,而余尽为颓垣败□□。同治初,僧诚仁重寻故迹,既修清华阁,又复墨花禅,惟此院中大殿为费较钜,□功未成,盖有志焉,而勿能逮也。迨光绪十一年(1885),住持乏人,而钱君安之、王君筱庵、□君石耕、马君逢之为延慈门寺僧能证作院中住持。其明年,即重建山门以及围墙馀屋,而昔之所毁者,皆以次起而复之。越六年,院僧能证又以院旁生息积成钜款,遂于光绪十八年(1892)春,重建大殿,并复漕溪草堂。经营缔造,庙貌一新,而此外亦峰居、息躬室诸胜亦可拭目而观厥成尔。光绪十八年岁次壬辰季春之月。里人沈光莹撰书。

　　按：该碑沈光莹撰于光绪十八年(1888),碑高26厘米,宽56厘米,青石质。碑文20行,满行16字。现碑在青浦朱家角圆津禅院山门内院墙上。该碑记2000年11月22日从碑上录下,碑右下角已缺损。

重修上海百步桥记碑

（王承基撰　清光绪十八年·1892年）

　　（前缺）古邑重建龙华港百步桥落成,于是兵备使者合肥龚公,邑今霍邱□□率□□偕邑士(缺)与□既而龙华寺僧文果,具桥工本来请余为文记之,将刊石示来者。余惟龙华一港,北会(缺),达黄浦,□岸阔,桥跨其上,左襟长川,右峙浮图,诚昔贤所谓津梁丽瞩者也。权舆何代,盖□在前明万历间。入□乘。嘉庆戊寅、己卯间,同仁堂葺□,糜五千缗,此则邑□□□□□□今七十馀年矣。(缺)缗,嗣见石墩浮动,乃议改建,估需□缗,比工峻,乃至糜番银万三千元有奇。桥长十九丈八尺,广丈二尺,□墩甃石,悉仍旧址,桥面易砖以石,栏杆易木以铁。桥西南隅构属东向,不施门闼,中奉神龛,两旁庋石为床,使行人歇息。经始于丙戌(1826)七月,两年而成。其□终董役综理弗懈者,则浙东定海韩君之鹏及僧文(缺),遍谒流寓绅富,得韩君愿以番银千□为倡,由黄君燮、□君仁学、□君寿乔、叶君成忠、举(缺)育、普育、诸善堂董相与左右之,事乃定。比议改建,经费较增,颇形支绌。文果出言于兵备(缺)俸佐之,计先后募集,凡番银万七百有奇,所不足者,复出韩君橐中,舍□之,□几近三(缺)如彼而不惜其财又如此。昔是桥□易木而石也,决□综理者曰张云程,实任大半之□劝施,乡贤张布政所望为文记之。康熙间募建者曰僧上机,乾隆时舍巨资者曰周国桢,□拟布政,而韩君之为人所难,则不让□周至,以文果视□□上机,殆又过之。规划况瘁,成□。考龙华港一名百婆塘,或谓百步,即百婆之讹。说颇近似,余姑仍其旧云。□一品封典赏戴花翎钦加布政使司衔、前陕西按察使司按察使、□陕西布政使司布政使(缺)级上海王承基撰,(缺)检讨武英殿纂修安化黄自元书。(缺)孟冬之月谷旦,常郡史杏溪□字。

按：该记碑由清王承基撰、黄自元书,清光绪十八年(1892)勒石。碑今存于龙华寺内,已断,碑高104厘米,宽70厘米,厚20厘米。碑文录自《龙华镇志》。

折芦庵赡田碑记记略

(顾雍撰　清光绪十八年·1892年)

其先名白雀寺,建自元代,然字迹模糊,兴废难辨。道光中叶庵圮,爰集里中同志朱倬人、杨起凤诸君筹募捐款,凑以历年屯田租息,得重建云。时光绪十八年(1892)。

按:折芦庵,俗称祖师庙,相传为白雀寺旧址。在原南汇县十六保巨漕口东,旧有香积田数十亩,顾雍著《赡田碑记》。今碑已失,此庵也久已废。碑文录自《南汇县志》。

崇明金鳌山镇海塔石刻题字

(清光绪十九年·1893年)

(竖书)
光绪十九年癸巳孟秋月　宝藏兴焉　邑人冯泰松劝捐刻立
(横书,三面各一字,隶书)安　静　定
(上、下款竖书)光绪十九年癸巳夏六月
(横书篆体)镇海
记名提督总兵官□州朱淮森题、赐进士出身知县长沙黄传祁书

按：镇海塔位于崇明县城桥镇金鳌山巅峰,清光绪十九年(1893),由乡绅冯申云等捐资建塔,取名"镇海"。塔高10.5米,面北,砖木结构,6面5层。塔内有壁龛若干,旧藏佛经若干卷。1986年,落架重修,塔基加高2米,铺青石,周边筑石栏。

崇明镇海塔"镇海"题刻

崇明镇海塔"宝藏兴焉"题刻

重修普照讲寺碑

(袁昶撰 光绪二十年·1894年)

华亭普照寺,方志云故晋陆氏园亭也。唐乾元中,于其地建招提,牓曰"大明寺"。宋祥符三年(1010),始更今名,规模渐扩。元明以来,时有兴构,栋宇巍焕,延衺郡城,信谷水之名蓝,昆阳之福地。百年来,祷水旱,讲乡约,置义塾,郡有殷事,咸在其中。而寺古失修,旁风上雨。德清童大令宝善权华亭之明年,偕娄明府张侯绍文请朸提戎谭公碧理、郡守恩兴公暨参戎张公、郁林游戎曾工恒德,同出俸金为倡。文武僚属、闾闬士庶,踊跃输资。鸠工庀材,次第营缮,赤华之殿,青豆之房,庵萝之园,毗耶之室,祖灯双照,珠网七重,莫不丹刻翚飞,奂离轮立。拓宏规而大起,饰金像以重光。寺右旧有陆将军祠,屋毁基湮,岁久莫考。僧谓寺本陆宅,古迹宜存。云间人文彬蔚,实始机、云,更宜报以馨香,无替明祀。乃增建二陆祠于寺隅。昔晋氏平吴,利得二俊;今海氛不靖,士思敌忾。觥觥昆山之秀,岳岳茸城之英,秋菊春兰,英华靡绝,传芭荐醑,以醻酒灵,此亦惬于人人之公心者也。是役经始于光绪二十年(1891)夏五月,四阅月而落成,糜金钱三千五百缗有奇。董其役者,郡人姚比部肇瀛、耿农部道冲、顾太守璜、宋教谕承昭、龚训导源达、沈明经祥凤、胡茂才公权、王上舍祖昌、徐少尉昌第也。工既竣,童侯属为文,刊石嵌寺壁中。光绪二十年(1894)冬十月。

按:重修普照讲寺碑(记略),袁昶撰文于光绪二十年(1894)。

普照讲寺旧址在县城西门内大街,光绪二十年,僧馥山扣募华亭令县令童宝善、娄县县令张绍文,重修大殿,并重建二陆祠。碑文录自清《华娄续志残稿》。

重建真如寺碑记

（洪復章撰　清光绪二十一·1895年）

粤考《宝山县志》，真如寺旧在官场。宋嘉定间，僧永安建院。元延祐间，僧妙心移建桃桂浦，请额改寺。明弘治间，僧法雷重建。至国朝咸丰九年(1859)，遭兵燹，仅存者颓败，不蔽风雨。

至光绪二十年(1894)，本镇米商杨耀文与其友曚城甘士霖，慨念此寺势将就倾，士霖与沪上圣寿庵僧念岸、念伦为方外交，爰恳渠设法兴复规，并商诸厂董陆毓岐、秦本干、张渊、朱彬、张锡文、李本霖、张祖辰、张祖荫、王庆余、杨培榛等，诸君亦乐为赞成。禀请邑尊马给示重建，并令住持僧明镛向本厂募願，仅得钱一千余串。而念岸、念伦出沪地佈施金万贯，乃能庀材鸠工，改建正殿並西偏地藏殿。念岸之徒起证，念伦之徒曒，亦不惜出平日诵经钱二千馀串，装塑法像，並修葺东岳庙。师徒继述之善，若人家父子之肯构肯堂者。是役也，共用钱一万五千馀缗，告竣后，由厂董及众施议决，念伦之徒永守此寺，明镛之徒析居城隍庙。

嗟乎！念岸、念伦暨其二徒特入于缁流耳，假使眷顾中原，幡然作国民思想，其必牺牲身命，愿保种族，置利禄于不顾者。近世士民每喜储财以贻子孙，不屑毁家纾国难，其视念岸辈何如也？

時在光绪二十一年(1895)岁次乙未正月立，里人洪復章撰，张师廉书，孙同燧镌。

按：重建真如寺碑记碑已佚，碑文录自民国王德乾辑《真如里志》,由本县人洪復章撰于光绪二十一年(1895)。真如寺,在原嘉定县真如镇(现属普陀区),始建于南宋嘉定年间,原名真如院、万寿寺,俗称大寺。元延祐七年(1320),向朝廷请额改为"真如寺"。1995年,经批准,恢复为佛教寺院。

龙华寺舍利记碑

（清光绪二十二年·1896年）

　　时闻康僧会道德高重，路过龙华荡，神龙让宅，结茅修行。王诏僧见，劝奉佛法。王曰："佛生西国，入灭久远取信。"僧乃进曰："有佛骨舍利，神耀无方，求之可得。"王曰："舍利可得，当为之塔。"僧即请期封室，以瓶加几，洗心哀求，器出血泪，经三七日，见瓶中出五色光，王大欢喜，白手执瓶，泻出其一，当即化二，凡得十三颗，于光明中现大莲花，照耀宫殿。王建塔十三，龙华其一也。合利铁塔不坏，每放光明而常存，年远莫记。近于咸丰五年，尚放光明，经一日，人共见之。经云：大地浊毒，皆归于水，非龙吸之，人饮病生。盖因佛慈广大，唯此舍利宝塔，能聚无量神龙，变化隐形，绕塔而为乐，共饮此方浊毒而为食，故五方人民，来到此地，皆能服其水土，百病不生，利物利人，诚为一方之宝塔。

　　今此龙华寺舍利，始于汉代吴王孙权，因塔建寺。佛法非僧不扬，香火日盛。忽经火灾，烧坏下层，蒙竹禅和尚，捐书画资，补修完全。创开马路以通衢，引四众而皈依，新造水闸而利增，得一方之敬仰。今以开路造闸，并浚水围。

　　光绪二十二年（1896）十二月，本寺原住持月溪、文果暨众僧同立。

　　按：此碑文引自《上海研究资料》和《龙华今日》，转录自《龙华镇志》，撰碑人不详。光绪二十二年（1896），由龙华寺僧、原住持月溪、文果立碑。

巽龙禅院敬塑大佛记碑

(姚有林撰 清光绪二十二年·1896年)

昔人言：立德、立功、立言，三者备矣，是谓不朽。此功德之说所由□也。吾镇东南隅，向有巽龙禅院，建立有年，香火称盛，为一方保障，素著灵应。咸、同间，经兵燹，是庙岿然独存，何莫非神灵之呵护乎！现今修葺，焕然一新，而佛祖圣像未之及也。光绪丙申(1896)，住持僧洪熙邀集董事沈维城、杨国治、王树屏、王永熙、胡丙照及林等，拟恭塑如来佛祖金身，以答神庥，而所费不赀，爰为托钵沿门之举，适有同里金石者沈家祥敬绘佛图，并许捐刊，又佛门弟子有觉梁虔心劝助，于是善男信女，各解囊金，共襄资助，期年而告成。谨择丁酉(1897)四月初八，为开光吉日，行见百福云蒸，千祥雨集，其为无量功德，放大光明者，意在斯欤。今同人议将收支各款刻石，以垂永久，嘱林撰记，以弁其首，从此功德圆满，而所谓立德、立功、立言以为不朽者，事虽不同，其意岂有异耶！因不揣因陋，谨述缘起，以为之记。光绪二十二年丁酉(1897)三月日，里人姚有林谨撰，沈家祥镌，子世善书。

今将各善信捐数开列于左：胡三省捐洋二十元，仁和典、杨晋昌、怡盛云，以上各捐洋十二元，

信义昌、同顺昌、义茂林、恒林公、姚聚和、万丰源木行，以上各捐洋八元，

森和木行、万新酱园、协和祥、仁发典，以上各捐洋六元，

顾恒恭、顾同茂，以上各捐洋五元，

姚合义、朱善庆堂、蒋绳祖堂、潘成记绸庄、贾恒福衣庄、松盛衣庄、昌来衣庄、协泰行、万源协记糟坊、汤聚昌水作坊，以上各捐洋四元，

良利堂捐洋三元五角，

镇海卫正堂玉、汪同丰竹行、南合泰、陆三余堂、陈协泰、张永泰、虞万丰、姚南北德兴、张万兴、纺织新局、日章敬记、荣泰衣庄、万隆衣庄，以上各捐洋三元。浦万兴北行、赵裕兴、曹贻燕堂、张西记、谢立隆、蓝顺昌、鼎盛仁、许同泰、三阳泰、葛亦政堂、沈宝生、朱议记瓦宵墩、祥茂、包永昌行、李德泰、乔木斋、姚吉庵、东新园、恒来泰、升和盛、万昌行，以上各捐洋二元，

同顺正、傅宝泰、同和泰煤炭号、义隆煤炭号、朱森顺、程恒源、源泰、天茂仁、朱祥泰，以上各捐洋一元五角。姚松记、养怡堂、汤顺隆、唐省甫、奚留余堂、王永德堂、骆世华、正阳楼、薛维良、包永盛、陈彩卿、徐才宝、华阳楼、丁其顺堂、徐关宝、许余庆堂、锦芳园、乔佳珍、永记、姚源兴、长泰丰、张桂堂、周长泰、全裕昌、顾泰和、张胜男，以上各捐洋一元。

以上洪熙同诸董周镇敬劝三百零七元。

敦五堂王捐洋七元，

礼耕堂邵二房、普修、觉梁、坚修、夏觉净、觉怀、胡氏、彬生、静修居龚，以上各捐洋二元，

净心庵、夏允庆、萧德庆、龚裕昌、顾善修、冷妙宗、严趾、沈桂山、张云卿、许庆麟同朱氏、赵沈氏、沈妙行、张门周、觉礼、觉行、觉根、沈妙贞、徐缪氏，以上各捐洋一元。

按：该碑在浦东周浦镇巽龙禅院大雄宝殿西外墙壁间，碑宽88厘米，高33厘米，青石质。碑文共68行；正文22行，每行18字。该碑由里人姚有林撰于清光绪二十二年(1896)。

憨渡庵碑记

(夏祖庚撰　清光绪二十四年·1898年)

　　此庵前进被发匪燬,同治三年(1864)余倡募修。嗣后进圮,光绪十一年余(1885)又捐募葺之。查庵碑,系前朝乡先生侍御夏公建。古渡津头,行人驻足,不知建自何年,夏公亦未详其名。时光绪二十四年(1898)春月。

　　按:此碑原在南汇县十一保十一图闸港镇憨渡庵,明代始建,同治三年、光绪十一年夏祖庚两次倡修。碑文录自民国《南汇县续志》。

重修玉皇宫碑记

(清光绪二十五年·1899年)

今于光绪五年(1879)重建玉皇山门、朝房、后两厢房,十二年(1890)重修真武殿,二十五年(1899)创建祖堂、塔院。僧今涌率徒念芳叩募功缘完成。

按:玉皇宫旧址在今宝山区罗店镇金星村,创始于明正德六年(1511),原为道观,清末改佛寺,1988年,被批准恢复为佛教寺院,改名梵王宫,2003年改名为宝山寺。此碑立于光绪二十五年(1899),碑高130厘米,宽59厘米,厚11厘米,底座长90厘米,宽34厘米。碑石上方横刻"接引弥陀",中部刻有本文三圣浮雕:左为大势至菩萨像、为阿弥陀佛、右为观世音菩萨像。碑石的右上方竖刻"大清光绪二十五年岁在己亥秋镌修",左上竖刻"上四重恩,下拔三途苦,若有见闻者,悉发菩提心"。碑文录自2005年上海大学出版社版《罗店镇志》。

上海县为(静安寺)南翔塔院事告示碑

(清光绪三十二年・1906年)

……窃僧自幼在上海县西境二十七保静安教寺披剃出家。伏查该寺敕建于孙吴赤乌初年，迨宋祥符年间，有僧名虾子者，参禅悟道，奉敕重修。寺前有泛水眼，为天下第六泉，香火素著灵异。前因(缺)庙貌倾颓，僧于光绪七、八两年，随同故师祖僧鹤峰，募建重新，得复香烟之盛。旋遭祖师物故，僧住持该寺，蒙地方绅董保举，充补上海县僧会司，迄今二十馀年，矢慎奉公，兼备春秋经疏，酬应门眷，并邀奖劝。迩因华洋杂处，中外偕来，地方冲要，起筑马路，逼近租界，甚将历代祖师坟墓室碍道途，押令迁移，势不获已。遂于前年择吉治下鸟号三十七图海宁圩相地卜葬，并于坟旁建造僧房一所，田地几亩，供奉先灵，以便看守。但僧远离沪渎，兼之办公忙促，自难兼顾，诚恐牛马践踏，愚顽搅扰。且年将花甲，又恐日后弱徒不自检摄，未能诚心照管，致遭荒废，败坏变置。为亟沥情，伏乞俯赐金批立案，并请给示，准将坟旁田房核数，勒石晓谕，俾资遵守，而垂久远。

光绪三十二年(1906)九月十五日示。

按：静安寺在上海市南京西路，相传始建于三国时吴赤乌十年(247)，初名沪渎重玄寺，唐代一度改名为永泰禅院，北宋大中祥符元年(1008)始名静安寺。清光绪三十年(1904)，静安寺住持正生在嘉定南翔镇建立历代祖师灵骨塔院。又立祖师祠，供历代祖师牌位。建僧房购田地、派人长住管理和看守。光绪三十二年(1906)，正生禀请嘉定县给示勒石谕禁。该碑文录自《静安古寺》(高振农著，华东师范大学出版社1990年4月版)。

钦旌马孝女祠记碑

（唐锡瑞撰　清光绪三十三年·1907年）

　　国朝定鼎以来二百六十余年,治化翔洽,帝逮无疆。闾里孝顺之女,幽潜必发,旌表无遗,封章朝入,恩命夕敛,绰楔之荣,盛于海内,所以崇奖坤德,振兴世教,典至钜也。光绪三十三年(1907),江苏大吏以宝山县孝女马翠姑割股疗亲见奏于朝,天子旌子,崇祀孝女祠,赐帑建坊。闻者咸惊叹,谓天克相孝女焉。余世居漕河泾,闻孝女之名已耳熟矣。伊妹焉巧姑,励志清修,慧根夙植。光绪二十二年(1896),里中女士邀渠住持镇东之梵寿庵,时余未识面。历多年,深知其晨钟暮鼓,道德日隆,则今四方之善性无不钦而敬之。一日询厥所由,渠谓家本宝山之江湾,父应良封翁,母张氏命妇。有姊氏翠姑者,割股疗亲,终身不字。喜讽经,未入寺观之门。年十二岁,即得佛家心印。二十岁,同治癸亥(1863)二月观音诞日,女在室中瞻拜毕,常坐蒲团,不食烟火,口念佛号,终日喃喃,自云七世童贞。里人供以水果,有特噉之而舍利子能云游四方(疑有缺误),知人休咎,乡人踵门间卜求治,辄有应。里人呼活观音,□人称马仙姑。如是者一百六十馀天,而其家门庭如市也。既而整肃衣冠,形神圆寂,时在是年八月初四日酉时也。卒后,里老建祠塑像於墓,置□问卜颇灵感,至今香烟鼎盛焉。其妹巧姑即慧贞也,苦行勤劳,精修圣志。光绪癸卯,巧姑来余家,述建祠意诚,余怜其志,今其梵寿庵后三清楼燬址,创建七楹,为孝女之祠。用过制钱二千串文,其歇巧姑梵咒之力居多,而四方善姓亦有乐输者。至於相助经营,余盖不辞其瘁焉。余其时因土匪蜂起,奉檄督办民团,数月之间方克。肃靖接办掩埋,又将各图倾圮桥梁十六条重新之。惟路之或突或洼或狭者,皆清洁治而平之。二三年间,佛门善举、兵事□於一时,亦意想所不到也。特竭鄙忱,永贞金石,俾全不朽,爰乐而为之记。其事迹履历谨志江湾墓祠,故不赘入。

经事里人唐锡瑞撰,青浦县唐赓飏书,华亭县封文权额。

按:该碑记由唐锡瑞撰于清光绪三十三年(1907),记文录自清《二十六保志》。

叙梵寿庵缘由记寔碑

(唐锡瑞撰 清光绪三十三年·1907年)

漕河泾镇之梵寿庵，由来旧矣。检县卷及乡老传闻，咸谓创于宋代，而创始之人其名姓已不可考。古称"奕修庵"，俗谓"观音堂"，在上海二十六保十四图仙人浜之西。结茅数椽，规模未敞也。至明崇祯七年，僧佛乳大兴土木，改迁十五图今址之地，易名"梵寿庵"，详郡县志，而离旧垣数百步耳。首弥陀殿，次观音堂，次三清楼。弥陀殿东偏为雷祖殿，西偏为施王庙。庙西傍有三进供邑神像，为吾乡瞻礼之所焉。国朝康熙时，乡先达张泰、唐仁豪、杨之炎创修之。乾隆间，杨大木、唐超群再修之。嘉庆辛未(1811)，沈良浩辈迎邑神于新庙，而斯宇遂虚焉。道光辛巳(1821)元旦，三清楼及二堂俱毁于火。甲申，杨存忠辈塑文武像，遂改邑神庙为文武殿焉。咸丰辛亥(1851)，唐锡荣设义塾以训贫寒子弟。丁巳(1857)，唐坤载手植银杏一株，至今畅茂。戊午(1858)，唐锡荣、沈霖、吴融、杨忠三修之，并建邑侯刘中丞生祠。庚申，陈垣粥辈设团练局，训练里民，以御粤匪。同治癸亥，庵桥废坏，我先父心柏公重新之。壬申，唐树滋、史昶与锡瑞四修之。光绪乙亥(1875)，唐心田、杨忠、唐锡荣、吴融辈设复仁堂于庵，举办施医、施棺、牛痘诸善举，以继昔年龙华继仁堂之志。乙卯，锡瑞与何福筊塑刘中丞像，改生祠为专祠。庚寅，杨孝绥等建惜字藏。己亥，张翔龙五修之。乙巳，锡瑞改造庵桥，以通车马。复念此庵历世皆有僧为住持，至光绪丁亥(1887)僧徒遂绝。里绅饬人照管，尘灰堆积，绝不顾问。丙申，里中女士咨商绅者,遂邀禅门戒女马慧贞,偕其徒来住持焉。晨钟暮鼓,一意清修。四方善男善女闻风而至,不绝于道。癸卯,将三清楼及二堂煅址创建七楹,为钦旌宝山县孝女马翠姑祠。丁未(1907),又造斋堂四楹,为致斋憩息之所。维念慧贞来庵十有三年,两兴土木,费工料银三千有奇缗。其梵咒之力居其多数,而四乡善男善女亦间有乐输者,至于相助经营。锡瑞亦不辞其瘁焉。庵之兴衰,在乎人材,又仗佛力。其始末因创之迹大略如此。惟期后人概想创造。修复之不易,维持保护,不使金碧辉煌之殿宇,曾未转瞬,而即抱荆棘铜驼之恨,斯则鄙人所馨香祷祀而求之者也。是为记。

按:该记文由唐锡瑞撰于清光绪三十三年(1907),记文录自清《二十六保志》。

新建潮梵禅院集贤堂记碑

(许绠修撰　清宣统元年·1908年)

考潮梵禅院,为许氏家庵,乾隆初舍作僧居,香火特盛,俗呼为小普陀。光绪纪元,大殿毁于火,殃及旁舍,几无完宇。迨癸卯岁,莲根住院时,则僧徒星散,佛面尘封,百物荡然。莲根思欲重新之,苦无凭藉。于是晨扣斋鱼,暮击梵谷,清修苦募,寒暑无间。乙巳(1905)岁,先修前殿,葺山门,添两廊,改斋舍,规模粗具。续又重建大殿,至□□告成。逾岁,又建楼五楹,苏善士廷福与张君润明、刘君金福,首发宏愿,诸护法又赞成之。既蒇事,颜其中曰"集贤堂",供在事诸君长生位。斯楼成而全院之工毕,亦莲根之愿了矣。综前后四十余楹,或新其宇,或扩其基,间有存其旧者,亦无不移步换形,共费银六千有奇,而增设庄严法物,尚不在内。且以馀力添置薄产,庶使后来者居有所,食有资,凡此皆护法之功也。所虑将来或为势豪侵占,或为僧侣破坏,惟赖地方士绅随时保护,俾百年古刹,历久常新,此又莲根顶礼而颂祷者也。爰述颠末,勒石以垂永久。宣统元年(1909)夏四月。

按:新建潮梵禅院集贤堂记碑,许绠修撰文,惠大受书,正书11引,引48字,有额,正书"潮梵禅院"4字,后面刻众信士信女捐田数等。宣统元年(1909)莲根立石。潮梵禅院,俗称小普陀。旧址在松江县城。在云间第一桥南,清乾隆初建。光绪二十九年,僧莲根住持是院,募修并建"集贤堂"。碑文录自1944年版《华娄续志残稿》。

奉宪严禁恃强为害碑

（年代不详）

　　知江南松江府正堂事，□□□军分府周为

　　江南民害未除，豪强吞食已尽，公吁宪天，严饬勒碑永禁，以□地方。以□民困□。奉总督□□□□，本府详奉本部院批发，华亭县亭林镇士民吴士鹏等呈请严禁阻□、□□、□□、□□、□□等□缘由，奉□□详勒石水第。仍不得□以滋扰，察出未便等因。又奉江苏布政□正堂□□□□□，□□□遵督部院批示勒石永禁，仍取碑□□□

　　按：原碑清朝建，在上海县七宝镇七宝寺中，碑文录自2010年《七宝镇志》。

金山重建妙常寺观音大士佛宇碑记
（年代不详）

我镇之妙常禅寺,乃唐文宗时船子和尚讲法处也。千百年中恒住古德,而前明寂照阚禅师最其表著者。寺正中为大士佛……

按：此碑在金山区朱泾镇金山博物馆后院,是博物馆从民间收集到的寺院残碑,青石质,残碑高45厘米,宽43.5厘米,厚15厘米。仅从碑文看,为清代石碑,残碑仅是其中的四分之一至三分之一,碑额"重修妙常寺碑记"隶书竖书,外有一方框。另有碑额为"重建妙常寺观音大士佛宇碑记",正文楷书竖书,8行,行8字,每4行空一行。

重建妙常寺碑记（残）

积善堂三僧合塔幢刻石

(年代不详)

　　清圆寂中兴积善堂上第二代曹洞正宗第三十二世上明下宗通老和尚塔
　　积善堂上第三代传曹洞正宗第三十三世大根本禅师塔
　　积善堂上第四代传曹洞正宗第三十四世省机悟禅师塔
　　按：录自2001年《松江文物志》，青石质，高85.6厘米。六面幢柱，每面宽13.8厘米，其中有相邻三面分别刻字，均楷书，竖行直书。2001年4月从华阳桥镇征集，现藏松江区博物馆。

中华民国

上海县知事为翠竹庵保存庵产事告示碑
(中华民国二年·1913年)

上海县知事公署布告第一百九十二号。

为给予布告勒石永远保存公共庵产事,案据法华乡乡董李鸿翯、乡佐胡人凤呈称,窃法华东镇翠竹庵即三官堂创自前明,扩于清初,邑志所载,班班可考。迨前清兵燹后,住持僧断续不定,致庵基及余地之执业单据散失无存。曾于光绪二十三年呈报遗失在案,后经鸿翯查获,设法收回,三纸尚有二纸迄未出现。乃本年春季,本乡议会提议,拟将该庵所有庵产归乡公所收管。有公民代表陈孟祥、李鉴堂等不允,呈请保存给示勒石。奉批准其保存所请,给示勒石。应候各处公产规划就绪核办,并由议会移知董佐,查明该庵田亩圩号,呈明备案,永远保存。田单亦应存案以免争执等因。遵将现存田单三纸失未查获二纸,开明图保细号亩分备文呈送。五月十三日,奉批,准其备单亦在案。兹公民代表陈孟祥等,以中华民国业已正式成立,一切规划就绪,自应重伸前请合亟仰恳,俯念该公民等要求给示勒石,保存公共庵产出于至诚,可否俯准,以顺舆情而垂久远。呈请鉴核施行等情,并抄单到县,据此,除批示外合行准给布告勒石。为此布告该处诸色人等,一体知悉。须知翠竹庵即三官堂,载在志乘。所有该处公共庵产,亟应永远保存,自示之后,如有后开已失田单在外抵押或盗买盗卖情事,一经发觉,立予查究不贷。其已经存案田单,更不得呈请发还,致生转移之渐,务各遵照并准勒石，以垂久远。恐未周知，特此布告。中华民国二年(1913)十二月廿七日。计呈田单三纸，二十八保五图形字圩三百五十号翠竹庵户则田二分五厘。又三百五十一号翠竹庵户则田三亩二分一厘三毫。又二百三十四号李永和户则田一亩八分二厘。失未查获作废田单二纸二十八保北十二图福字圩九百七十三号远元僧户则田一亩九分六厘七毫，二十八保五图形字圩唐安成户则田二分。

　　按：翠竹庵建于明万历二十一年(1593)，旧址位于上海县法华乡二十八保五图。清康熙、乾隆、同治年间均有修建。该碑石立于中华民国二年(1913)。碑文录自民国《法华乡志·卷七》。

重修寿安寺后殿记碑

(曹炳麟撰 中华民国六年·1917年)

邑有巨刹四,寺其一焉。寺建于宋淳祐间,屡圮于海。明万历时,迁治城东五里,即今址也。清康熙初,总兵张大治于寺后筑金鳌山、玉莲池,建佛阁塔院。乾隆中,知县范国泰增饰之,有亭台堂树诸胜。迄今百余年,尽颓废矣。寺后殿塑巨佛,丈六金身与梁齐,气象甚庄严,而橡朽栋倾,破壁穴风,兀然动摇,尘线蛛丝,络佛面纵横,殿且将圮矣。邑人士慨然感兴废,议集资葺之。陆君幼樵方卧疾,闻之勃然起,愿出五百金,独任斯役。得自殿后接簷而为之榭,以临于池,仰山俯水,回廊曲槛,自殿侧绕步而行,周还可通,即今称水香榭者是也。甫鸠工而幼樵竟不起,然其母夫人孙、其夫人严,皆能慷慨成幼樵□志。工既落,合公捐款糜金千二百馀。邑人士倚槛临风,复慨然于兹殿之易废而兴也。其提倡者谁欤?乃翠斯革斯歌斯陶然,而幼樵不及见也!呜呼!

丁巳(1917)季秋,曹炳麟记,郁钟秀书。张和泰锡镌镌。

按:此碑在现在崇明县陈桥镇涛声路寿安寺后殿墙上,青石质,高29厘米,宽66厘米,正楷竖书,24行,满行13字。碑文录自寿安寺石碑,民国六年,曹炳麟撰。

重修寿安寺后殿记碑

重建万佛阁记碑

(王渭撰　中华民国八年·1919年)

邑城北有万佛阁焉,向为比丘尼栖修之所。乾隆朝李大源碑记所称,为环垣据堞、面山枕流者也。是□也,□□□□尘年已久,以谓所闻见者言之,清代道咸以降,尼师潜修,主是庵凡数十年。年□□行,其徒福缘得衣钵焉。福缘故援剃□□□石□,里之北山寺潜修,携之往来。光绪壬午(1882),师圆寂。福缘□为是阁住持,旋受卷于□□德辉大师,赐法号,脉系俾传临济正宗□□□□六世嗣。自此静悟真修,足以感动四方,檀越相率布施,以时修葺。其墙垣楼宇,环顾一城斗大,凡向之僧□道说□就□□□。而是阁福缘独存,盖住持尼提倡宗风之力,于是为多焉。顾福缘犹以殿宇湫隘,夫足杜观瞻,欲新而大之,匪伊□久矣。遂于民国六(1917)年丁巳夏,击其所积香火资,鸠工庀材,从事兴作。凡建大殿三楹,比接东西庑,□□二楹,其右侧为西方殿,中奉□引准提□□□三圣,旁列十八罗汉,皆以旧时所供,重焕金装,而与左厢之香积厨无衡相对。卫以重□,通回廊焉。殿之前□□各百□,乃去□前□,择其材之可用者,移葺于后。缘城墙为广狭不足,则更之以新,左右之楼折而□□□,殿衔接殿,前则建新屋三楹,中间供弥勒韦驮像如旧,前镇山门。当城门左偏其右别建地藏殿一所,旁塑十王,备列天堂地狱诸变相,以寓□□大□□□□□□□□□左右两楹,为文殊普贤诸尊者像,莲花狮象,金碧辉煌,凡各大禅林供奉之□应有尽有,光彩炫目,精□□□□□□□□四月工将竣,福缘乞文于余,纪其经始，以示未来。余惟万佛门广大，普结众缘，信仰力深，则华严弹□□现□□流□仗之□特托钵不得，善男信女之崇仰往往不能如其所愿，福缘非有点金□，而□营二载，共费万余金，以□□□□□其四十□□积□之苦行，广□之善缘，不啻精卫之衔木石，女娲之炼五色焉。呜呼，亦可□矣。抑闻之庵本无恒产□□□□□□□有奇俾永。其后者足以自给，又于城南，护海塘外小普陀旧址重建□□别□□，徒某为住持，授田若干□□□□□□□亦十馀年矣。今□□严，是阁宗此□大心愿□□，晨钟暮鼓，清梵远□□四方之□□，礼于斯者咸叹□□。呜呼□□□□□□□流，地势高仰，土质沃饶，顾凡百设施，均未足称形势。是庵高踞雉堞，独与名胜之□□□，为精蓝巨刹者元，□□□新□也，亦□□□人之□感者乎。余故徇福缘之清，而叙末如此，以告邑人。时在民国八年(1919)□□夏五月，里人王渭谨撰。

按：万佛阁在奉贤区奉城镇北门，明代始建。该碑记由里人王渭撰于民国八年(1919)。该碑宽106厘米，高172厘米。碑文18行，每行50字。万佛阁曾作为民居，碑处灶口边，碑底部风化严重，一百馀字已佚。2000年6月11日，据碑录此碑文。现碑在万佛阁山门西墙中。

署理金山县知事为大觉寺置田事告示碑

(中华民国九年·1920年)

署理江苏金山县知事书给示勒石以垂永久事：

据公民姚汝贤、叶心岩、徐正、姚其廉呈称：窃本邑东一乡七保十一二图地方有大觉寺，俗称培蒲庙，历来已久，溯本乡姚绅文采，曾于前清同治七年八月，将七保十一二图光字圩第一百八十六号则田贰亩肆厘玖毫，正租叁石陆斗，捐置该寺，为惜字善举费用在案，迄今已有五十余载。后来有普陀僧开定为该寺主持，其徒了学亦能耐苦勒修，师徒两人慈心和气，不愧法门弟子，结成香火因缘，继而该僧积有余金，并募集捐款，重行改造该寺房屋前后二进，并置买本图奈圩第七十五号田叁亩肆分捌厘柒毫正，正租叁石伍斗伍升。以上两项田产亟应谋一永久保存方法，公民等熟思之再，似非呈请立案给示勒石，则不可，为此检呈方单请求准于立案给示勒石等情到县。据此查该项寺田由故绅姚文采捐弃暨该寺僧开定购置，收租纳赋历有多年，暨据呈请勒石保存，以垂永久，事属可行，除批示立案外，合行出示晓喻，为此示仰该乡居民地保人等知悉：须知该寺田产为惜字善举费用，自行保存。自示之后，如有不肖之徒，藉端侵扰，一经觉察或被指告，定即拘究不贷，各宜凛遵，毋违特示。中华民国九年(1920)十二月十六日给示。

金山县印　告呈人

沈士元书丹，松江朱炳生刻。

按：大觉寺在金山新农慧农村。建造年月莫考，从寺后两根有600余年树龄的银杏树推算，建寺应在元代。1965年1月，全部神佛像烧毁。现尚存一埭房屋，置田碑即在其房屋墙壁间。碑石立于民国九年(1920)。碑文录自《新农志·文物古迹》。

重建吴兴禅寺记碑

（桑镛撰　中华民国十六年·1927年）

吴兴禅寺创建于梁天监十年(511)，为江苏嘉定县城西一大禁林也。地处外冈，乡制号北七图鳞圩，原址拾亩有奇。清乾隆三十四年(1769)间，住持僧宏吉力募重修。时有姚氏尚志堂叶太安人慨然捐助，不一月而殿宇焕然。迨二十六年，殿中佛像又修葺，赀金计共费银五百余两，均有碑石可稽。寺之正殿有三，前为金刚殿，上韦陀阁，中即大雄宝殿，后系大悲阁。左右前后禅房、经阁不下千百间，悉毁于咸丰庚申(1860)兵燹。幸里中大善士吴氏圣明公发愿重兴，乐助良田廿亩零八分以为起点，由是于大悲阁旧址，略除瓦砾，勉营茆屋三椽，籍为后之僧侣募化修斋之所。迁延四十有年，工程奠展。至光绪二十九年(1903)癸卯，寺之裔孙念方和尚，由罗店玉皇宫积□而来，商同护法。钱公砚香助银千数百金，经营擘画，筑成大悲阁，共费四千余金。惟一时住持未能得人，旋推谛参住寺，始晨钟暮鼓，气象肃然。谛参有恢复旧观之志，四出鸣鱼，数年奔走，善男信女遐尔输诚，大雄宝殿竟于民国拾年(1921)十月庆祝落成，左右禅房亦依次补葺。从此一念诚心，进行不懈。则前朝巨制何难再见，于崇朝功德之宏何堪限量。而谛参则功不自居，谓非吴氏良田之助则时迁代远，往迹潜销，高阁凌云，一无起点，更有何凭籍，而能成此巍巍之殿宇耶？功成镌石。

为将田图圩亩□详列如左，庶千百载后住持僧侣饮水思源有所稽考焉。

重建吴兴禅寺记碑　嘉定博物馆提供拓片

里人卫文田篆额，桑镛谨撰吴睿书。

中华民国十六年（1927）春正月元宵节立

计开：李号八图人□□□二亩五分、一区□亩七分三厘、一区二亩四分、一区四亩七分、一区三亩二分四厘、一区□亩四分、一区二亩。

按：吴兴禅寺位于嘉定区外冈镇北首，始建于南北朝梁天监十年（511）。历代多予修葺。1958年后被拆除移作宅用，现已修复开放。该记碑碑身高177厘米，宽85厘米，厚18厘米，青石质。碑文共18行，行39字不等，碑文正楷、字3厘米见方。现碑在寺办公楼后墙角，碑已一断为两，失8字，碑额及碑座未见。2000年10月4日，据碑石录下碑文。

玉佛寺记碑

(叶尔恺撰 中华民国十七年·1928年)

上海玉佛寺,肇轫于光绪中叶。有普陀山慧根上人,单丁行脚,历五台、峨眉,入西藏,出缅甸,请得玉佛大小五尊。归途经沪渎,见此土众生业种炽盛,毒根深固,急当以像教力振拔之。乃奉三尊,回普陀而留坐、卧佛各一尊,发愿募建刹院。苦心劬体,乞食诸方,得江湾地十余亩,经六年而缔构甫成,师亦顺化。嗣法弟子本照,能继先志,躬诸藏经,适辛亥政变,寺被占而佛像亦抛掷公园,等诸玩具。本上人呼号力竭亦示寂。时宏法上人由天目昭明退院来沪,诸山长老推举继席。宏上人乃与常州天宁冶开大师及香林济南长老,多设方便,翊护法幢,高门悬薄,檀施翕应。遂将玉佛移至麦根路赁屋,粥鱼斋鼓,焚诵不辍。而冶大师道行超卓,尤为法门泰斗,乃于此地结七,立念佛道场,海内名流,闻风景附,檀那善信,罔不感动。既而冶老暨宏上人先后圆寂,嗣席即今玉佛寺方丈可成,佥以为赁屋非久计。复募得槟榔路十一亩余,募财庀工,绘图鸠役,凡单椽片瓦,罔不心筹目遴。自戊午(1918)岁经始,迄于戊辰(1928),凡堂殿楼庑,斋厨湢浴,以次落成。丹腹觚棱,崇闳庄丽,蔚为巨刹,甲于海上。此十年中,事势之拂违,境缘之迁变,中外交涉之波起云委,一皆以忍力慈心应之,卒能使财力辐凑,功行圆满。不独赖诸仁者之赞助,而中外官吏倾心宏护,得援欧西教会成例,免除地警等捐,尤为末劫希有之盛事也。斯固由诸老常寂光中愿力所持,而可成之披沥肝脑,缔造艰难,精诚所结,感召佛力加被,其功勋亦诚有大过人者。工既竣，来乞余为记。余惟道场有二：曰理道场，曰事道场。理道场周遍尘刹，事道场则必严饰净地。盖即事明理，必假色相，亦犹从俗入真，须凭建立也。沪上为万国五方杂居之地，邪胃魔民，所在皆是。兹寺独巍立其间，经其地者，闻经声梵呗，如火宅之乍得清凉，瞻玉质金容，知法身之罔非实相。由是随喜赞叹，发起善根，其利益良非浅鲜。虽然，菩萨以方便故，不住无为；以究竟故，亦不住有为。所以昔之学道者，每刳心专志，岩栖谷饮，冀明己躬下事，其视华堂大厦蔑如也。兹院既成，凡居于此之诸比丘，坐卧经行，靡所不适。其果能佩剑倚天，潜鞭密炼，捩转面皮，□断命根，则殊胜光明，随缘具足，纵以珠璧为堂，黄金铸瓦，亦何不可堪任。而不然者，心尘识浪，驰骋不停。不独四大幻躯，结缚生死，即山河大地，亦不能逃成住坏空的劫数。夜壑潜移，兴废靡常，绀碧楼台，全同逆旅，经所言劫尽，大火烧时。此土安稳，天人常满者，毕竟在何处。愿诸比丘，趁此受用现成之时，勇猛精进，打破铁围。凡一切见闻觉知，语默动静，罔不本此安隐佛土中流出，然后以华钟清梵，散为无量无边庄严佛事，则自利利他，其于佛祖开示人天拥护，檀越欤助，善信景从，一皆无所孤负。而兹院之灯传火续，衍而弥长，亦可于此际卜之矣。

仁和叶尔恺记并书。佛应化二千九百五十五年戊辰(1928)四月佛诞日勒石。

按：玉佛禅寺在普陀区安远路、江宁路口。僧慧根从缅甸请回玉佛，在江湾筹建寺院供玉佛。1918年，经盛宣怀家族资助，在现址建玉佛寺，十年方时。该碑由叶尔恺撰并书，现在寺内。2003年2月18日从碑上抄录全文。

玉佛寺记碑

崇明寒山寺皈仁庄记碑

（王清穆撰　中华民国十八年·1929年）

人无论男女,有志尚已。宇宙之大,林林总总,境遇不同,苦乐互异,惟有志者能不为境所困。非然而意志薄弱,一不如其所愿,辄罔罔焉手足无措,不得正其性命,倏然以怨愤亡身者,比比皆是,而女子者尤多。余观于吾邑寒山寺之建置而重有感焉。寺创于明天启四年甲子,杨军门夫人朱氏皈仁,于归后,琴瑟不谐,遂自斥资金,购地建屋于东郊负郭,削发为比丘尼。供佛像,诵经卷,自号法名颠修,寺名寒山寺,招同志为后继。相传以至今日,历二十有一世。虽其间兴亡治乱,世变沧桑,而斯寺屹然不动,盖三百有六年于兹矣。彼杨军门者,名字里居不可考。想当时专阃威严,声容煊赫。而为之夫人者,以伉俪不相得,等富贵于浮云,不惜出家以避之。以视世之贵妇人,骄悍恣睢,一旦反目,祸生不测。或姬妾满前,貌为宽厚,而藏污纳垢,卒贻门阀羞者,其志趣之高下,与品性之美恶,岂可同年而语哉！《诗》云:"不忮不求,何用不臧。"夫人有焉。吾崇人无有知杨军门者,夫人隐于尼,乃得善因证果,三百余年而享祀不绝。须眉丈夫,对之有愧色矣,孰谓女子可不以志自励哉！余有姨表妹李文英,适张,黄鹄早歌,柏舟矢志。今年逾花甲,善病而习于修养。时往来寺中,乐与比丘尼为伍,其亦能不为境困者欤。日者以更易寺名见商,并请为文以记之。曰:"姑苏城外寒山寺,唐人诗句也。寒山为唐之高僧,寺以僧得名,宜也。吾崇所居者为比丘尼,而袭其名。昔有黠僧,谋夺寺产而占居之,为官府驳斥而罢。推究其事,岂不因寺名而动人觊觎。君盍谋所以易之。"余："善哉。朱氏皈仁之生也,祀佛于斯。及其殁也,藏骨于斯,继之者亦各营窀穸细目学于斯。是今之所居,直墓庐也。旁有隙地若干亩,杂莳、菜、菽、瓜、茄之属,籍供蔬食。饮水思源,不忘所自。即名之曰皈仁庄,以纪其实而成其志,可乎。爰叙始末勒诸石,以诏为者。"又从而为之词曰：纪甲子兮,瞬经五周。缅维朱氏兮,遗迹长留。凭佛法兮,护兹松楸。馨香永续兮,万岁千秋。屠维大荒皋月,农隐老人王清穆撰,邑后学施保昌敬书。

按：寒山寺,位于崇明县城桥镇东门路,始建于明天启四年(1624),1995年经批准,修复为佛教寺院。碑在寺内大殿西侧墙边,青石质,无额无座,高110厘米,宽70厘米,19行,满行37字,楷体竖书,王清穆撰于民国十八年(1929),施保昌书。碑文录自崇明博物馆编周惠斌主编《崇明历代碑文译注》。

寒山寺皈仁庄记碑

重建高蒋泾桥记碑

(高燮撰 中华民国十八年·1929年)

吾邑泽国也,自黄浦迤南而入者,为张泾。张泾之水,汊港纷岐,弥望皆是,咫尺彼岸,非有桥梁以相接,则徒步莫能达也,而汊港之巨者,其桥工尤不易集。当张泾南注约二十里有市焉,曰松隐,于松隐北里许,有浮屠翼然而起者,曰华严宝塔,塔之下为松隐禅寺,吾友观体居士退官证佛之所。环华严塔有流一支,东接松金两县之乡界泾者为高蒋泾,跨高蒋泾之南北,实松金两县之通衢也,旧有木桥名高蒋泾桥,地当旷野,水阔而汛急,每遇淫雨泥滑寒风水冻之际,逾是桥者,往往匍匐而行,惊嗟失色,稍一不慎,则淹溺随之。居士之兄,倦翁老人,夙具善根,济人无算者,见此而悯焉,因发愿易石,已非一日,今年九月为老人六秩初度,凡亲戚故旧,及远慕老人之善行者,争集赀以献为老人寿,老人乃顾而喜曰:"于是乎可以行我志矣:我将移是赀以建是桥,诸君子祝我则奚敢,我敢举是功德为诸君子祝福利也。"徐叟步蟾长老人一岁,闻老人之说而趑之,愿亦以赀加入,老人乃益喜曰:"此所谓人之欲善,谁不如我也!"爰亟伐石鸠工,经营三月而桥成。人之过是桥者,咸欣欣然以手加额曰:"此皆老人一念之仁有以致此,愿老人之寿与桥俱永矣!"老人复逊谢,故并书捐助之名于左。

中华民国十八年己巳冬高燮

按:此碑由高燮撰文于1929年,高蒋泾桥旧址在金山区亭林镇。碑文录自1994年金山《张堰乡志》。

法藏讲寺偈子及石刻楹联、题词碑

一、石刻题词

人天护香。

龙象拥锡。

释二千九百六十年(1934)季春月,学人慧脱书。

按:大雄宝殿北墙,左右一块,大理石质,4字。外高132厘米,宽208厘米;内石高2厘米,宽167厘米。

二、大雄宝殿东西墙民国元老、名人所撰或所录的偈子碑

(一)

若人散乱心,入于塔庙中。一称南无佛,皆共成佛道。

——民国第一丙子(1936)潮阳范家驹书

(二)

弥陀日日称,白毫念念想。持此不退心,决定生安养。

——永明禅师语　叶恭绰敬录

(三)

假使百十劫,所作业不亡。因缘会遇时,果报还自受。

——民国廿六年(1937)元月腾冲李根源书

(四)

日月催人老,如水渐减少。命在呼吸间,八苦常逼恼。

——佛历二九六三年(1937)丙子初冬　兴慈

（五）

少说一句话，多念一声佛。打得念头死，许汝法身活。

——丙子(1936)仲冬吴兴王震

（六）

为善者生天，行恶入地狱。行道修梵行，漏尽得泥洹。

——丙子(1936)冬月朱庆澜敬书

按：在大雄宝殿墙各三块，均为手书，大理石质，高98厘米，宽80厘米。

三、石刻楹联

大雄宝殿

正面

法藏讲寺大殿落成

五眼六通，彻悟人生，有为莫非泡影；

三身四智，明观宇宙，无限各具同缘。

——民国二十一年(1932)初冬于佑任书于上海（下钤方形篆体阴文印"阆中于氏"）。

法藏讲寺大殿落成，兴慈法师将于讲道，正英印圆桌告终，东亚风云正起也。

平等愿终偿，圆棹漫谭天竺事；

大悲观自在，众生咸领海潮音。

——民国二十年(1931)武宁李烈钧（下钤两方印"李烈钧印""协和"）

大殿东墙

（一）

兴慈法师弘扬教典，尤以净土为归，契机开悟者不胜计。创建法藏寺，艰难缔造，始获落成，谨本法师觉世之旨，撰联补壁，尚乞慧正：

法藏比丘以四十八愿度众生，篇赅五教，普被三根，我辈博地凡夫，果能具深信心，仗佛威力，想佛形象，持佛宏名，不待惑证真决

定,万修万人去;

　　释迦牟尼于四十九年说大法,圆音畅演,异类等解,今虽生当末劫,但得亲善知识,闻经一卷,了经一义,诵经一偈,自然慧生障灭终,三藐三菩提。

——民国二十一年(1932)南昌陶家瑶

(二)

辛未中秋录清凉国师偈

观其所由,降伏铁象大魔,征得梦中佛界;

止于至善,修习空花寂光,安生水月道场。(篆体)

——湖北曹亚伯敬书

大雄宝殿西殿

(一)

妙道无方,但能息念为念,皆能大觉;

修行在己,若见诸相非相,即见如来。　　——(近代)焦易堂书

(二)

闻喜哉佛言,具一切善法,有若善男善女子;

满三千世界,得无诤三昧,是名三藐三菩提。

——吴兴王震敬书

大雄宝殿北门

(一)

中华民国二十年十月十九日,集修多罗语。

昼夜六时恒吉羊(祥),随所住处常安乐;

人天大众皆欢喜,尽虚空界悉光明。　　——吴兴戴传贤敬书

(二)

题法藏寺

何事庄严,秽土寂光,谁非佛地;

但离名字,虫书鸟踪,同入妙门。　　　　——章炳麟

(三)

妙道无方,但能息念为念,皆能大觉;

修行在己,若见诸相非相,即见如来。　　　——焦易堂书

(四)

闻喜哉佛言,具一切善法,有若善男善女子;
满三千世界,得无诤三昧,是名三藐三菩提。

——吴兴王震敬书

注:以上各副楹联,均是各民国元老于1931、1936年为法藏讲寺兴建或落成时,所撰并亲书,以他们的手迹刻在通楹大理石上。

大雄顶层藏经楼

(一)

兴慈法师以弘经力,在沪上涌出大道场,今于藏经阁楹联,略谓所弘大义,以为庆赞。

五时经教,非异非同为施,权开权显实,犹如海深孕百川川赴海;

三乘谛理,即多即一由性,现相摄相归,性宛若空含万象象依空。

民国二十八年(1939)己卯中秋日,古莘七十九岁常惭愧僧释印光撰并书。(下钤两方阳文印,分别为"灵岩智积道场常惭僧"、"印光")。

(二)

法藏寺藏经楼落成志喜

七宝焕楼阁,四众云臻,无异鹿苑王舍;
三藏度灵文,诸根雨被,犹如金口圆音。

——师奘沙门密林并书(下钤两方阳文印)"密林金刚"、"持松"

按:法藏讲寺位于卢湾区吉安路,1924年兴慈发起兴建,寺内所保留下来的民国名人手书珍贵墨迹楹联、题词和佛偈,大部分撰作于1931至1936年,法藏讲寺兴建至落成阶段,将这些手迹全部摹刻在白色大理石上,

法藏讲寺兴慈偈句石刻

"龙象护锡"碑

巽龙禅院重建大雄宝殿记碑

(朱惟公撰 中华民国二十四年·1935年)

　　周浦南市之中,有径折而东数武,度石梁,巽龙禅寺在焉。隐静深秀,风景殊佳,虽接比阛阓贾区,而往来于□老未之觉也。杨堤海眼为镇八景之一,亦即在院右咸塘中,乡申芯口涠住之。民国戊辰(1928),有泥城比丘尼修性,法名华群者,自沈庄关帝庙来主持,今已八载矣。俗姓火,百曲村人,母八产,只剩一身。火氏奕叶耕读,儒士辈出,华群濡染诗礼,禀性狷介;壮岁,父母殁,矢志不嫁,披剃于泥城净心庵,皈依莲文师为佛弟子。来院后,戒行清苦,酷节俭比,儆叔世险巇,斥其私囊,聿新大殿并东厢楼两楹,敦厥凤尚,留此胜因。经始七月八日,竣工于九月间,约赀千九百金。案姚其均《周浦纪略后编》曰,仓署在镇,宰迎春东郊,则憩于是。邑志自清雍正年后,大殿兴废悉皆失考。予不信二氏,且疾缁俗之恒扰人,失本旨。嘉其独持真觉,回异庸常。感于文社地而莫征於文,爱乐为记,以泐之,籍垂永久。民国二十四年乙亥七月谷旦里人朱惟公谨撰,唐刚敬书。

　　按:该碑在浦东周浦镇巽龙禅院大雄宝殿东外墙壁间,碑文由朱惟公撰于1935年,碑宽104厘米,高35厘米,青石质。碑文共29行,每行最多为12字。巽龙禅院建于清雍正年间,1989年重修后开放。1998年5月21日据石碑抄录此记文。

重修潮音庵记碑

(万翰撰　中华民国二十四年·1935年)

川沙县九团乡潮音庵,建于清乾隆八年,中供观世音菩萨,凡所祈求,无不灵应,一方资保障焉。神所凭依,斯成胜境。年久失修,倾圮殆尽,乡人士思所以重新庙貌,复其旧观,商于翰者再。翰生于斯,长于斯,窃以灵迹不可湮没,香火不可中断,发愿募金,以举其事。请于杜月笙先生,先生慨然斥资二千金,不足之数由翰任之。遂鸠工庀材,营造之式,悉如旧制,历四月而工竣,工料共需一万二千金。翰幸与其役,乐观厥成,不可不有以志之。书云:敬神如神在。乡之人,必能世世奉祀弗替焉,是为记。中华民国二十四年元旦墨林万翰敬题。

按:该碑在浦东新区顾路镇潮音庵山门墙间。碑身高154厘米,宽71厘米;碑座高32厘米,宽88厘米,刻有连枝花草图案;碑额为半圆形,刻有丹凤朝阳图案;碑为青石质。该碑碑文由万翰撰于1935年,行文13行,每行18字。1998年2月3日据碑石录下此碑文。

普济寺十方碑记

(圆瑛撰 中华民国三十年·1941年)

夫如来之教,修因克果;菩萨之道,舍己利他。一切众生能依如来教,力行菩萨道,勤修六度,疾趣一乘。舍己利他,修因克果,自是意中事耳。上海普济寺德松老和尚偕其徒寿冶和尚,俱内秘菩萨行,而外现比丘身,为法为人,运悲运智,岂凡情所能测哉。按德松老和尚,法号永通,应迹浙江宁波,俗姓张,年二十三岁,礼江苏如皋县圆通庵瑶峰老和尚为师。光绪二十二年(1896)于杭州昭庆律寺受具足戒,参学镇江金山江天寺六年,后往山西朝礼五台山。

文殊大士到山挂单,心生感慨,惜无十方丛林为南北僧俗朝台方便,食宿处所,遂于北台顶无垢文殊大士前至诚发愿之,在南方得开道场时,勿论大小,自愿拥护五台十方常住。又发愿大士慈悲,先令五台有人发心开创十方丛林,接待南北朝台僧众,则弟子方可满愿。

圣意冥加,不久于宣统元年(1909),即有乘参、恒修二大德朝礼五台,觉山中寒苦,由是发菩提心,于北台顶创建广济茅蓬,接待十方僧俗。继有果定老和尚由广济而兴碧山十方普济禅寺,继任广慧老和尚,得南北各省护法赞助,完成碧山真正十方道场。德松老和尚亦承大士加被之力,于民国四年(1915)接住上海普济庵房屋,只有五间,逐渐设法改建为寺,并仗诸护法之力,逐年余剩接济五台,不忘本愿也。民国二十三年(1934)后,将所积钵资三千元,亲交广慧老和尚,碧山置庄田一处,地名羊圈,年收小米二十四担,以充十方僧众道粮。其徒寿冶和尚,江苏无锡袁氏子,年二十一岁,依本寺德松老和尚出家,得戒于宝华山德宽大和尚,受心印于碧山普济寺广慧老和尚。自二十二年住持上海普济寺以来,继承师志,每岁盈余之款,均助碧山,可谓师徒志同道合。于二十八年七月,承绍碧山普济寺法席,即德松老和尚德荫所致。此次师徒共议,欲将上海普济寺化私为公,邀诸山道友、护法、居士为作证明,将本寺全部产业立据移交,永远献于五台山碧山十方普济禅寺为下院。两寺勒石,以垂永久。诚所谓难师难徒,善行菩萨之道,利人利己,庄严佛土之因也。

鼓山涌泉禅寺圆瑛记并书　中华民国三十年(1941)十一月二十四日
　　　　　　五台山碧山寺、上海平济利路普济禅寺两序大众敬立

　　按：上海普济寺原位于平济利路(即现黄浦区济南路257号)。始建于1925年,创始人德松,占地1.26亩。1941年,德松和继任住持寿冶将普济寺以子孙庙改作十方庙,自愿作为山西省五台山碧山寺的下院,特勒碑于上海普济寺和五台山碧山寺两处,并请当时上海和山西佛教界著名法师和居士们署名作证。此碑详述创寺和改为碧山寺下院的经过,另一方碑记《上海普济寺为五台山碧山寺下院碑记》中,规定普济寺成为碧山寺下院后的各项约定。此两碑记在上海已失,此处均摘录自山西省五台山佛教协会主编《五台山研究》1996年第二期。

上海普济寺为五台山碧山寺下院碑记

(中华民国三十年·1941年)

　　立永远献字。上海平济利路273号普济寺前住持德松,现住持寿冶共议,乃将本寺化私为公,永远献于五台山碧山十方普济禅寺为下院。本寺系德松手建,并无法派及其它剃度各种葛藤,今同度徒寿冶发心献出,永远为五台山碧山十方普济禅寺下院,所有规约详列于后:

　　本寺自献于碧山十方普济禅寺为下院之后,永远化私为公,不得再为剃度地方。

　　本寺既为碧山十方普济禅寺下院,所有寺基房产契据,当交上院住持、监院永远管业。

　　上院不得将本寺让与其他寺院为下院,亦不得将本寺变卖,将卖价购置其他项产业,自当永远以为下院。

　　本寺住持以上院住持兼理,监院亦然,不另举住持,另安监院。俾事权统一,不致分歧。副本知客各职,可由住持、监院同意安排。

　　本寺同住诸师均宜遵守上院真正十方宗旨,不得在寺私收徒眷。

　　下院账目公开,按照十方规制,每半年算账一次,所有盈余概归上院,以充僧众道粮之用。

　　德松年老,生前得由常住特别优待,俾得安心养道,求生净土。

　　下院僧职如供职多年,有功常住得至上院,由常住酬劳房间以居,自修养老。

本献字自签字之后,发生效力。上下院双方勒名永遵。

中华民国三十年(1941)十一月二十四日

立永远献字普济寺德松　寿冶　押

诸山护法居士证明人　圆瑛　押

兴慈	应慈	证莲	震华	常玉	霜亭
持松	志宽	让之	妙真	来果	慧开
远尘	白圣	德森	范成	道根	密迦
宽道	止方	性如	德悟	法度监院	本焕监院
姚默	忻耕青	江一真	摄云台	关炯之	胡瑞林
赵朴初	黄涵之	吴蕴斋	高鉴清	荣柏云	陶莆卿
王锡生	乔雨亭	贺云生	胡远腾	王锡坤	袁树珊
胡松年	杨欣莲	张澄塘	瞿德铭	陈东生	杨福熙
顾龙生	陈少庭	徐嘉年	周瑞华	谢驾平	米子干
庄肇一	袁胜泉				

按：上海普济寺原位于平济利路(即现黄浦区济而路257号)。始建于1925年，创始人德松，占地1.26亩。1941年，德松和继任住持寿冶将普济寺以子孙庙改作十方庙，自愿作为山西省五台山碧山寺的下院，特勒碑于上海普济寺和五台山碧山寺两处，并请当时上海和山西佛教界著名法师和居士们署名作证。此碑记中，规定普济寺成为碧山寺下院后的各项约定，并作为《清凉芬芳普济寺十方碑记》的补充。此两碑记在上海已失，此处均摘录自山西省五台山佛教协会主编《五台山研究》1996年第二期。

龙华寺重修碑

(中华民国三十三年·1944年)

民国甲申年秋九月穀旦
中山隽邨徐礼辅重修
(小字)工程由森泰营造厂承包
按：此碑在龙华寺大雄宝殿南墙东下角。

龙华寺重修碑

重修上海龙华古寺大雄宝殿记碑

(徐礼辅撰　中华民国三十三年·1944年)

《鲁论》云:"孟懿子问孝,子曰:'无违'。"孟武伯、子游问孝,夫子答之各以其所宜,是则孝固不可一言尽也。《孝经》曰:"夫孝,天之经也,地之义也,民之行也。"《法华经·妙庄王本事品》:"母告子言:'汝当忆念汝父,若得见者,必清静,或听我等往至佛所。'"是以《无量寿经》成满四十八愿,第十五愿:"国中天人寿命无能限量,除其本愿,修短自在。"凡此载在儒、释诸经者,灿然具备,可稽考焉。礼辅籍居粤之香山,世业货殖,兼司估卢,于梵册经典,略有研究。历代奉佛,心愿诚笃。父守谦公,早岁弃养,赖吾母许太夫人抚育长成。幼年无状,违训失学,郁郁无所展布,弃儒就商,在华北创办实业,图塞漏卮。丙寅,客旧都,始发愿研究中国文学。惟是双亲见背,思念逾挚,感人间天上之因缘,颂多罗报恩之佛偈,一心皈佛,永报高堂,敢云勉孝,聊尽寸忱。丁丑在津,曾自捐资金,建筑都城隍庙,且经募巨款,资助普善社,盖亦聊报亲恩,藉泯夙愆之意。戊寅回申,经营商务,栗碌倥偬,不遑居处。窃以沪江为通商大埠,滨临渐海,控制淞扬。江南烟雨,楼台供选佛之场;吴会风云,兰若启精蓝之瑞。沪西龙华镇之龙华古刹,尤为南方佛教发祥之地。考该寺创始于汉末东吴赤乌五年(242),乃吴大帝孙权为报母恩,供养西来高僧康僧会而创建者,距今已历一千七百馀年。带河十里,僧寮千楹。历朝以来,宏宗讲教,龙象代兴,洵宏扬佛法之胜境也。讵因年代久远,历劫甚深,昔之梵宇琳宫,尽化为荒烟蔓草。余于甲申之春，游履其地，目观此寺因劫火之摧残，龙象之芜秽，而念切双亲，人天永隔。瞻屺岵而心伤，景春晖而陨涕。佛慈肇我，感念兴怀。爰解囊金，发愿修葺大雄宝殿，鸠工庀材，亲自督理，不分晨夕，日必躬往查勘。经始于民国甲申年秋七月朔，至九月朔日而落成。从此香灯永继，殿宇重新，敬申奉佛之素衷，藉报亲恩于无既。修葺工竣，用叙其颠末，书此以留纪念。区区微忱，或为诸大护法所共鉴乎。中华民国三十三年(1944)岁次甲申九月之吉，广东香山隽邨徐礼辅谨撰，江苏无锡伯群蔡倜拜书。

按：该碑记由徐礼辅撰，蔡倜书，1944年10月勒石。碑高61厘米，宽133厘米。碑嵌于龙华寺大雄宝殿东侧墙上。记文录自《龙华镇志》。

重修上海龙华寺大雄宝殿记碑

重建龙华寺舍利塔记碑

(中华民国三十五年·1946年)

中华民国三十四年农历十二月佛成道日,大护法黄金荣、张方赓等全体同人经修,森泰营造厂于衡承修。都监兼住持世宾,永禅敬立。

按:该碑高138厘米,宽69厘米。1946年1月勒石。该碑今存于龙华寺内。碑文录自龙华寺。

重建龙华寺舍利塔记

中华人民共和国

兴慈法师墓塔铭

(1950年)

弘阐天台教观重兴华顶讲寺兴慈大师灵塔
(墓碑正面)
重兴华顶讲寺创建法藏讲寺兴慈法师之塔
(墓碑第一面)
兴慈大师自传

我家浙江新昌西坑陈氏,世为农。吾祖父、父母、二叔、三叔、小叔、及姐与吾,共八人俱出家。初,二、三两叔尝遇天台僧说□□□缘,初识无常苦,空我无之言,辄兴出世想,遂潜入天台山,并□先父寻迹至山,得之于彩云庵,庵主常映老人,贵州籍在山□十载,出入诸禅刹,多所弘护,后重建彩云。苦行精卓。日诵《金刚经》。庵众俱出门下,徒属蕃衍,多有成就。先祖、先父既见老人口重内,发及蒙师开示出家,清净安乐,无为世间之法恩,如约依。于是两老人不但决舍两叔为僧,已亦顿萌出世之心矣。时三叔投宝莲庵惟峰师披薙,法名静融,峰会二公在俗为兄弟,同入映师之门,两叔乃为师之徒孙矣。我祖返家后,立戒荤酒,俗缘既脱,偕小叔同入山,投映老为师,蒙赐名悟真,时年已六十矣。小叔别投太白堂世耀师披薙,名守雨。先父发心口口犹口为家累中,怅怏怏旋复入山,于国清伽蓝像前,至诚□□□□。梦坐一所,有如两三岁婴儿爬上膝头,喜而抱之□□□□。未几母即生余,及三岁,吾姊七岁,父母问以所愿,姊答愿为尼。于(以下墓碑第二面)是每□□抱子入山削发,法名□光,皈依世落发,名能悟。父亦于下方广寺□入门□□赐法名了空,字将□复访上方广□□和尚座下受具足戒,时光绪二十年(1894)也。在寺闻大海法师讲《楞严》真听□诚颇获法□□复重闻,苦乏机缘。未几,被推为下方广监院,理事务。十五年(1889)冬,中方广迁□禄。父目击心□以此寺为石梁瀑布胜境,所记五百罗汉栖身之处,天下第一奇观。岂忍其毁灭,由是苦心募建垂十载,竟获完成,兼修下寺。□刹新焉后,得徒兴明,劳苦不辞,师助多劳,卒继父为住持。晋六岁,父送吾于彩云、宝莲二庵,开蒙请书。未久,父携我居下方广数年,复于新昌叔祖家在返寄托三年。十三岁冬上山,十四岁于二月十九观音圣诞日,依父薙发,法名悟云,字兴慈。十五岁,从师清镜和尚受具,时光绪二十一年(1895)也。后奉父命嗣法映□人门下。二十一岁,父请□还老法师兴中寺讲《楞严经》□□□□之□我遵父命,拜法师为受教师。翌年,随师太平庵闻□平。经冬,又随师苏州隆庆寺听《弥陀疏钞》。次岁,师圆寂□。慈□闻觉是,复亲近端方、成莲诸师,各处闻经,计四、五期。三十四年□十七岁,会高旻寺济定大和尚及灵□法师兴高旻,春成□邀(以下墓碑第三面)我□□□继。二十九岁,从老人命药师□《地藏经》。民二年,十三岁寺□州北寺请法□□次年,常熟及甬育王遵讲经□□钞。至今三十余载,沪杭宁绍苏常无锡南京南昌等处□及名刹各大莲社,年皆数期,相续□讲不□。民四年(1915),中方广往还大灾,念圣境之所在,祖德之难忘,不得不募资重建。时经十年□皆完成,又重造下方广大殿,亦成。十三年(1924)甲子,创法藏讲寺于上海,迨三十一年,改该寺为净土专一道场,每岁两期讲经□教宗天台,以扬化导,行归净土,而实果证吾之愿也。天台□顶光兮,十八年(1929)冬,毁于火。二十年,合山长老邑中绅耆劝请□五事不获已。于是夏上山接任住持历数载,功德才半,忽值时□力所难及,祇得半途而废。诃属可惜惟□后来有福德者,圆满功德焉。余历年赴讲处所虽多,无非数他珍宝,其请兴建是□福少祸多,自报内德有亏,惟外缘是竞,智钝而□讷,障重以身驰,静定绝功有何益哉□追忆先辈七老,德皆谆厚,道业俱□□效皆善。余碌碌一生,毫无建树,勉请后来者因是述缘而志之。

徒慧庆、徒孙道和重建,定庵敬书。

按:兴慈法师(1881—1950),现代天台宗著名法师,全家8人出家为僧尼。1924年,创建上海法藏讲寺,并任住持。墓塔在浙江天台山拜经台墓院,时间不详。墓塔为花岗石质四方金刚座式。正面为碑名,后三面为碑铭,刻《兴慈法师自传》,全文隶书竖书,除碑名共48行,行24字。碑文据天台山国清寺提供的照片抄录。

圆瑛老法师像赞碑

（倓虚撰 1953年）

猗欤圆公,示迹人间。禅净双修,福慧二严。声教广被,遍及南天。随缘说法,度生万千。著述等身,说理圆湛成。精辟独到,别具智眼。主持舍务,兴办慈善。自利利他,四众式瞻。机薪缘灭,应火辉潜。撒手西归,一无留恋。音容虽邈,法道仍传。慧业常垂,永作模范。

湛山倓虚敬题

按：圆瑛法师（1878—1953）,中国近代高僧,建国以后的首任中国佛教协会会长,自1928年起曾任九届中国佛教会理事长（或会长）,及福州涌泉寺、宁波天童寺及菲律宾、马来西亚等寺院住持,后创建上海圆明讲堂。圆寂后入塔宁波天童寺圆瑛塔院。此像赞铭由青岛湛山寺住持倓虚撰并书,碑青石质,楷书8行,满行16字。文后有阴文"倓虚"印。

圆瑛法师像赞碑

圆瑛悟法师墓塔

(1957年)

(正面)天童圆瑛悟禅师之塔

(背面)传临济正宗第四十世

按：圆瑛法师（1878—1953），中国近代高僧，建国以后的首任中国佛教协会会长，自1928年起曾任九届中国佛教会理事长（或会长），及福州涌泉寺、宁波天童寺及菲律宾、马来西亚等寺院住持，后创建上海圆明讲堂。墓塔花岗石质，圆形塔身一级，塔刹圆形。塔名正楷书写。

天童圆瑛悟禅师之塔

圆瑛大师纪念塔铭

(明旸撰 1957年)

(第二级正面是嵌圆瑛法师德相彩色瓷照(已残)
(其他七面均佛偈,可辨认者依次如下)
左一起,
应慈题偈:自幼同参最上乘,学禅学佛□□□;论诗一吼千江月,道重三求六度门;席主诸方绍佛种,经宣寰海记师恩;而今纪念留尘刹,处处圆明妙道存。
左二题偈,作者和偈句大半残缺:
水咽涌泉桂不香,霜寒塔影夜钟□;禅天此日怀尊宿,觉海当年泛□□□;□□□□□,□□□□□;□□□□ □,□□□□□□。
(左三、后面,以及右三部分,皆残破难辨)右二能海题偈,(只可辨最后15个字)□□□□了尘缘。知公为践莲邦约,来去真如总不还。
右一为虚云:
谁识大师真受用?涅槃如梦见玄风。金刚眼烁三千界,般若花开一念中。岂倦津梁誉□冷,非关功力证心空。藏身原自没踪迹。塔影落□□年红。
(第三级正面)圆瑛大师纪念塔
(其他七面自左而右的塔铭)
圆公师尊略传

师讳弘悟,字圆瑛,号韬光,福建古田籍。俗姓吴,父元云公,母阙氏。祷观音大士而师生。稍长业儒,过目成诵,乡里有神童之称。年十八,从莆田梅峰寺增西和尚出家。翌年,依福州涌泉寺妙莲和尚受戒。廿一岁,从冶开、寄禅二尊宿习禅。一日,定境圆明,心身廓然,遂占偈曰:"狂心歇处幻身融,内外根尘色即空;洞澈灵明无挂碍,千差万别一时通。"自是宗说兼通,行解相应;台贤俱演,禅净双修;辨才无碍,真俗圆融。法化遍弘中外,著作永耀□□。足迹所至,四众倾心,皈依者如水趋壑,□□□□□□。塔寺慈运和尚及鼓山□□□□□□。至若历主名刹,兴修□□□□□□峰涌泉、圆明讲堂等十大□□□□□丕振宗风。抗战前,曾七届选任中国佛教会主席,挺身卫教,扶持正法。解放后,忝蒙选任中国佛教协会会长,□诚爱国,致力和平。至于重修泉州开元寺东西塔等诸大宝塔,创□宁波佛教□□院开光,儿童教养院、楞严专□学院、□□明法施会大悲会、念佛会、佛教医院、□□□收容所、筹赈会、义学农场等慈善事业。利益众生,绍隆佛种;孜孜弗懈,老而弥笃。呜呼!机薪既尽,应火潜辉,预知时至。于癸巳年八月十二日子时示寂宁波天童寺。临终,定慧圆明,含笑往生净土,相好庄严,瑞应昭彰。最后遗言以求福、求慧、求生净土,诲诸弟子,为师末后,撒手便行,放大光明,得大自在。法幢摧折,海众同悲,曾建肉身塔于天童,今□指发塔于海上。师生于戊寅年五月十二日子时,世寿七六,戒腊五八。缅维师德,赞莫能穷,略叙微言,藉申纪念。

乙未年(1957)八月十二日弟子明旸敬述

按:圆瑛大师(1878—1953),福建古田人。我国佛教界的著名领袖,连续八任中国佛教会理事长(或会长),曾任福州涌泉寺、宁波天童寺、马来西亚极乐寺、上海圆明讲堂等处名山古刹的住持,中华人民共和国建国后,当选中国佛教协会首任会长。1953年圆寂,其肉身安葬于宁波天童寺。同年,由赵朴初等人提议,中国佛教协会在当时的大场佛教公墓内修建了圆瑛大师的纪念塔。以后,公墓改建工厂,2008年在原址上重被发现时,纪念塔已经残破,即由嘉定区曹王禅寺果智请入寺内,供人们凭吊与瞻仰。

纪念塔原为一座八面形的圆形法师的指、发塔,系用水泥浇铸而成。后长年嵌于水泥墙内,现已残破,塔现高约 2.5 米,四方须弥座上,分三级,第一级塔刹(已残),第二、三两级,均八面,第二级八面,正面为瓷像外(已残),其他七面全部由当时任中国佛教协会名誉会长、副会长的七位高僧赋题的偈语。第三级八个平面中,正面刻有正楷阴刻塔名"圆瑛大师纪念塔",其余从左到右七个平面,亲教法子明旸撰"圆公师尊略传"。

圆瑛大师纪念塔

月霞法师墓碑铭

(应慈撰　1957年)

(正面)

终南道者、华严座上、南岳下第四十六世天宁分脉兴福中兴上月下霞珠公老和尚觉灵塔

(碑阴)

先法兄讳显珠,字月霞,湖北黄冈人,俗姓胡,世业耕读。清咸丰八年(1858)戊午四月十八日诞生。年十二应童子试,未售,蓄意出家,二亲未许也。十七结缡,旋得一子一女,乃不告而行。至金陵大钟寺受薙度焉。翌年,受具足戒于九华山。自是往来金山、天宁、高旻参究,己躬下事,寻以所在均以执事相强,乃辞不堪任,径去长安终南山结茅而居。时长安镇守苏军门时来请法,月供斋米。师分送山中众茅蓬,未尝独享,并劝苏以山中军田二百亩,布施众僧,开垦种植稻米,实行百丈农禅遗风。六年之间,尽成熟田,使七十二茅蓬道粮充足。庚寅(1890)重返天宁,道经河南太白山,听了尘禅师讲《维摩经》,于入不二法门句下,深有契悟,当蒙印可,并指示华严纲要,自是遂以华严为宗。师既返天宁,依先师治公同住,亦时往金陵赤山亲近法忍老人,留充茶头,旋代老人于湖北归元寺讲《楞伽经》,弘宗演教,一时称盛。甲午(1894)与兴普照和尚印魁法师结伴,在九华山翠峰茅蓬安禅三载,并轮讲八十《华严》。戊戌己亥(1898—1899)间,弘化各地,演讲大小乘经论。庚子(1900)主持安徽省佛教会于迎江寺,并办僧学三年。癸卯(1903)出国考察佛学,

历时三载,足迹遍日本、南洋、印度、西欧诸地。丙午(1906)师与余及明镜、惟宽等四人同受记莂于天宁寺先师冶公门下。戊申(1908)杨仁山等居士公选师为江苏僧教育会副会长兼任江苏僧立师范学堂监督。辛亥(1911)在湖北洪山讲《楞严》、《楞伽》、《圆觉》诸经。值武昌革命军兴,黎督元洪命领僧兵,师以有违素志,遂至上海。遇狄楚青、康南海请师创办华严大学于哈同花园。僧徒六十人,先以预科三年,习大小经论,继以正科三年,专研华严。不料预科甫告卒业,因与园主人意趣难谐,皆迁全校师生于杭州海潮寺,续办正科三年。丁巳(1917)师世寿六十,先在汉口讲《楞严经》毕,至磬山讲《法华经》及《华严一乘教义章》。是夏,常熟虞山钱山主经先师之介,请师住持兴福寺,余随之行。升座伊始,即于本山筹设华严讲堂。是岁冬月,遂静居西湖玉泉寺。示寂时,余居兴福,比疾亟,电余赴杭。及至,师已闭目寂然,侍者报余到,目乃复启,执余手嘱二事:即力弘华严与莫作方丈。余垂涕应诺。而师始溘然长逝。师乘愿再来,宗教融通,毕生惟利他是务,而自行则以坐禅讲教为常课,其于培育僧侣人才,尤为殷勤,策诲数十年如一日。师遗稿有《维摩经讲义》,未及杀青者有《二楞讲义》。师以丁巳(1917)年冬月晦日,示寂于杭州玉泉寺。依佛制荼毗,奉葬于虞山兴福寺旁之师子口。

丁酉(1957)四月十八日同门受教弟显亲应慈勒石敬识,常熟钱之骥谨书。

按:月霞法师(1858—1917)1912年后曾在上海创办佛教华严大学。墓在常熟虞山兴福寺后山塔院,墓高100厘米,墓径250厘米,碑高155厘米,宽77厘米,厚12厘米,碑文宋体竖书,碑名宋体,碑阴碑文,楷书竖书,无标点,20行,行43字。碑文录于常熟兴福寺《常熟兴福寺志》,个别字据碑文改。

月霞法师墓碑铭

重修张堰板桥记碑

(1984年)

张堰原名张泾堰,乃南宋乾道七年(1171)设濒海十八堰之一。相传汉张良从赤松子游,曾居此,故名张溪,又名赤松里等。

张堰板桥,曾称通济桥。据志记,明永乐初(1403)有僧永寿、曹泰二人募建。正德万历相继修葺,清乾隆四十二年(1777)重建单孔石拱桥,咸丰、光绪先后整石冠级。北伐战争时期(1927)桥栏被炮毁,经本镇商会筹资修复。

1949年新中国成立后,在中国共产党的领导下,为发展工农业生产兴修水利,于1952年、1958年两度疏浚张泾,拓宽河面,采用多孔木结构桥取代单孔石拱桥,扩大流量。1968年改建为4×26米钢筋混凝土桥梁。

今应上海石油化工总厂之需,为改善水陆交通,促进城乡经济发展,由我镇主持设计筹建7.6×48米汽15挂80钢筋混凝土架拱桥,委托张堰农桥队施工。于1984年5月竣工。

因思物力维艰,切宜爱护。谨志。

张堰镇人民政府1984年5月

按:张堰板桥在金山区张堰板镇,最早名通济桥,由僧永寿、曹泰等倡建于明永乐初(约1403),1984年,镇政府在修建钢筋混凝土架拱桥时立碑。碑文录自1995年《张堰镇志》。

松江方塔碑

（赵朴初撰 1984年）

松江方塔建于北宋熙宗元祐年间，原名兴圣教寺塔，寺毁于元末，惟塔存。解放后，列为市级文物保护单位。一九七七年，上海市文物保管委员会重修。

一九八四年五月

赵朴初

按：此碑文录自松江区城内方塔园内护墙上，由赵朴初撰并书。碑高0.65米，宽6.06米，"松江方塔"四字由左至右横写，其他竖写，由左至右排列（原文无标点）。松江方塔，又名兴圣教寺塔。

松江方塔碑

重修龙华寺碑记

（赵朴初撰　1984年）

龙华寺为江南古刹，位于黄浦之西，有塔，曰龙华塔。相传建于吴赤乌十年(247)，遗迹久荒，今实可考者，实自吴越忠懿王钱俶始。史乘所载，忠懿王尝夜泊浦上，见草莽间祥光烛天，询诸故老，知为古龙华寺旧基。因命僚属张仁奉重建寺、塔。宋治平三年(1066)重修，赐空相寺额。嘉定间台宗尊宿鉴堂思义、性庵静岳于此寺讲法华，遂成台宗道场。自元迄清，屡经兴废，及咸丰十年又毁于兵燹。光绪元年(1875)，僧静再、文果等募化重建。后迹端、谛闲等相继住持、弘开天台讲席，一时称盛。其后军阀混战，数遭破坏。建国以后，政府屡拨巨款修葺寺、塔，嗣经"文革"动乱，僧徒星散，殿宇摧颓，梵音绝响，前后将二十年，仅为时人游观凭吊之所。"四凶"既殄，拨乱反正，在政府宗教政策光辉照耀下，兹寺亦得于前年复归佛教徒管理，并由明旸上人入主法席。古刹重光，庙貌一新，西方三圣，千手观音，玉佛毗卢，经楼妙像，宝相庄严，殿阁崔巍，钟鼓梵呗，香花鼎盛，尘镜衣珠，复耀光彩，四众额手，庆际明时。明上人属记于余，余低徊今昔，抚兴废之无常，感政府之关注，政策之落实，爰书数语，以志赞叹，并示来慈。佛历二千五百二十八年(1984)岁次甲子四月八日赵朴初敬撰并书。

按：该碑记由中国佛教协会会长赵朴初于1984年撰并书，1991年勒石，赵嘉福刻。碑总高309厘米，厚23厘米；碑座高42

厘米,宽125厘米;碑身高211厘米,宽106厘米;碑额高56厘米,宽125厘米。1984年碑文原稿中无"西方三圣、千手观音、玉佛毗卢、经楼妙像"16字,系1991年勒石时增入。记文录自龙华寺原碑。

龙华寺重塑三圣宝像功德碑记

(明旸撰　1986年)

经云:"是故若有净信之心,造佛形像,一切业障莫不除灭,所获功德无量无边,乃至当成阿耨多罗三藐三菩提,永拨众生一切苦恼。"兹者清信男唐煜源,清信女项亚男发菩提心,敬献净财,重塑西方三圣宝像壹堂及庄严、法物等。比丘定因、信女邵淑英、陈萍、周惠英暨四众弟子等欢喜赞叹,各施净财,共襄功德。颂曰:"所谓布施者,必获其利益。若为乐布施,后必得安乐。"丙寅四月,住持明旸敬立。

按:该碑记由龙华寺住持明旸撰并书,1986年勒石。碑高57厘米,宽72厘米。碑嵌于龙华寺三圣殿内右侧墙上。记文录自《龙华镇志》。

震华法师墓塔铭

(1987年)

(正面)

传临济正宗第四十六世竹林、玉佛堂上第四代上震下华宝公禅师塔

(背3面)

先师讳全心,后更名乘实,字震华,俗姓唐,江苏兴化人。年十一,依兴化城南圆通庵怀莲上人披剃。年二十一入宝华山受具足戒。未几,任竹林寺佛学院教授,旋又任主讲。年二十四,受竹林寺霭亭、厚宽二位法师记□。年三十,主持竹林寺法席。年三十四,住持上海玉佛寺。师任玉佛寺住持期间,创办上海佛学院,出版《妙法轮》月刊等。数年之内,设施灿然。三十七岁退隐。三十八岁,任中国佛学会上海分会理事长。三十九岁示寂。先师性好撰述,佛门掌故,尤所谙悉。所著有《僧伽护国史》、《兴化佛教通志》、《兴化方外诗征》、《续比丘尼传》、《夹山奕叶集》、《碧岩吟稿》等,积稿未成者,有《清代佛教年鉴》、《清代佛教纲要》、《比丘尼创作集》、《比丘尼表彰集》、《比丘尼轶事丛考》、《泰县佛教通志》、《夹山志》、《回龙山志》、《圆通庵志》、《镇江佛教隅志》、《佛教联语》等。《中国佛教人名辞典》尤为辉煌巨著。著述之富,近世所罕有也。先师生于1909年农历四月初一日,寂于1947年农历二月二十八日,世寿三十有九,僧腊二十,传临济正宗第四十六世,为玉佛堂上第四代祖。灵骨初塔于镇江竹林寺,"文革"中被毁,今择地于常熟虞山兴福寺之侧,建

衣钵塔，以志永怀。

　　铭曰：我佛之文，渊才雅思，我祖之文，不著一字。文以传心，心寂何传？文以显迹，迹在遗篇。卑哉我师，以文而章，佛纪僧传，巨著煌煌。不有司马，谁识千秋？不有董狐，谁示微猷？岩岩白石，郁郁青松，建此制多，衣钵其中。比迹梁唐，遑论前后，虞山尚湖，同兹不朽。公元1987年9月嗣法门人玉佛寺真禅敬撰。

　　按：按：震华法师(1908？—1947)玉佛寺第七任住持。该塔铭录自常熟兴福寺后山塔院。墓塔六面三级，总高277厘米，塔刹高78厘米，基座高116厘米，花岗石质，碑身高83厘米，六面各宽33厘米，汉白玉质。正面楷书塔名，后3面为塔铭，楷书竖写有标点，44行，每行33字。铭文录自常熟兴福寺后山塔院。

圆瑛塔院圆瑛法师塔铭碑

(赵朴初撰 1988年)

乘大愿舟,来此忍土。广宣妙法,力拔众苦。抗日救国,威武不屈。志兴中华,化被异域。亚太和会,欣预其成。佛协创立,首秉其均。应化将终,安返天童。塔留千劫,垂范无穷。

佛历二千五百三十二年夏,赵朴初撰并书。

按:圆瑛法师墓塔在浙江宁天童寺圆瑛塔院,塔铭由中国佛教协会会长赵朴初撰并书于1988年,重修圆瑛塔院时,立于塔院的塔室内壁。青石质楷书6行,满行16字,文后有"朴初"阳文印。因圆瑛法师及赵朴初居士与上海渊源均甚深,此塔虽不在上海,仍敬录此铭以表永怀。

圆瑛法师塔铭

惠宗和尚墓塔铭

(明旸撰 1988年)

(正面)

兴福、龙华堂上惠宗老和尚之灵塔

(背面)

惠宗和尚俗姓李,湖北省随县人。一八九二年农历十二月初一日生,一九七三年农历十月二十四日圆寂,世寿八十一岁,戒腊六十三岁。幼随福缘寺普公老法师出家,继参学于浙江省天目山、镇江金山寺、上海华严大学。一九一七年受月霞及应慈法师嗣法,传临济正宗第四十三世,历住常熟兴福寺、杭州昭庆寺、上海圣仙寺、龙华寺住持。惠宗和尚,心地清静,待人慈霭,教阐华严,行修禅净,住持各寺均有建寺。缁素共赞,简叙为传。

公元一九八八年六月北京广济寺、上海龙华寺、宁波天童寺住持明旸谨撰

按:惠宗法师(1892—1973)曾任上海市佛教协会副会长,1957年任上海龙华寺住持。墓塔在江苏常熟兴福寺后山塔院,1988年立,墓塔方形三级,总高351厘米。墓塔刹高125厘米,座高140厘米,花岗石质,碑身高106厘米,碑宽60厘米,厚42厘米,花岗石质,正面塔名隶体竖书,背面隶书竖书10行,行30字。碑文录自兴福寺塔院。

可成法师墓塔铭

（真禅撰　1988年）

（正面）

传临济正宗第四十五世玉佛堂上第三世上可下成杲公老和尚衣钵塔

（其他5面）

夫创业维艰，守成不易。二事相较，则创业尤为难也。真禅不才，谬以虚誉，为诸方所推，承乏玉佛寺住持。夙兴夜寐，毋敢怠荒，时虞陨越，以负缁素寄托之重。幸值时平国泰，人和岁丰，三门清净，回绝非虞。缅怀先人创业之艰，则感慨系之矣。玉佛寺肇始于慧根上人，创建于可成和尚。至今殿宇庄严，香火鼎盛，为沪首刹，名播寰宇。则前贤开创之功，不可忘也。清代光绪中叶，普陀山慧根上人，只身行脚，越重溟，历诸岛，经二十余国，间关万里，乃达缅甸。见其国产美玉，爰募得白金二万有奇，聘请良工，雕成玉佛五尊。白毫舒光，绀目垂青，容颜殊妙，如净满月。复饰以珠宝，严以众具，令见闻者咸生恭敬。造像既成，奉迎回国，道经沪上，巨佛两尊即息驾于此，而自返普陀。沪江缁素，先结茅于江湾，以奉香火。后由盛宣怀居士为择地建寺，颜曰"玉佛寺"。辛亥革命，寺屋被毁，玉佛移置于公园中。复由盛氏迎还，暂奉于原麦根路别墅。而今江宁路玉佛寺，则皆由可成和尚筚路蓝缕，辛勤缔构而成者也。和尚讳大杲，字可成，江苏镇江王氏子。弱龄敏慧，已怀出世之志。年十二，潜投邑之鹤林寺求披剃，为家人所阻，而志不可夺。遂受度于邑之灵鹫寺。年十六受具足大戒于金陵宝华山。禅诵精进,笃守毗尼,习气销熔,智光朗彻。年二十三,至金山江天寺,迭受钳锤,日有进益。在山五载,历任各首领要职。年二十七,至南京香林寺,该寺济南、弥修二大师知为法器,遂受记莂。翌年,承天宁寺冶开大师及香林寺济南大师之命,继宏法大师后为玉佛寺住持。时玉佛尚权驻麦根路,可公乃募得今江宁路地基十余亩。灰场草垄,未经垦辟。可公乃开荒榛,平莘确,躬自畚筑,劳心悴力,经营缔构,十载而后成。然后金容焕烂,绀殿崇宏,禅堂广博,丈室幽深,僧房客舍,无不毕备,可公之业绩,可谓伟矣!民国肇建,法流尚壅。当时各省有毁寺之举,其后复有收庙产兴学之议。可公与上海暨诸方长老并诸居士,创立中国佛教会及上海市佛教会,擘划筹备,不遗余力。至诚所感,事渐宁息。又以其间兼主南京之香林,杭州之护国,靡不弘宣法化,翊护正印。嗣可心力交瘁,遂示微疾。自知时至,将玉佛寺所有事务,付托嗣法弟子乘真,处分详尽,怛化之时,合掌诵佛名,神志湛然,时民国二十一年(1932)壬夏历六月初四日也。世寿四十三,僧腊二十七。为临济正宗第四十五世,玉佛堂上第三代。可公生平舍身为法,不惜脑髓,孜孜矻矻,砥柱狂澜,其功勋卓著,人天共鉴。人称之为佛门龙象,比丘中善知识,惊非虚誉。而其最后一著,超然于生死之间,解脱无累。方之古代高贤硕德,何多让焉!可谓人杰也已!初塔于杭州护国寺。沧桑改易,旧址荒芜,今复于虞山之麓,建衣钵塔。以答湛恩,以垂永久。铭曰:我佛御世,列祖传心。安众行道,唯藉丛林。丛林之制,百丈首创;前立佛殿,后树法堂。美哉轮奂,展矣崇宏;金碧交辉,牟尼之宫。是清凉境,是众香国;以奉大雄,以安众德。十载辛勤,建此丰功;谁其主之,曰唯吾公。云何自勖,仰答共庥;当勤精进,莫怠清修。尚湖之滨,虞山之麓;护以烟云,树之松竹。通解脱道,开涅槃门;巍然一塔,永示后昆。1988年戊辰4月玉佛寺住持真禅敬撰。

按:可成法师(1889?—1932)玉佛寺第三任住持,十年修建成现玉佛寺,并定名为"玉佛禅寺"。该塔铭录自常熟兴福寺后山塔院。墓塔六面三级1988年立,总高342厘米,塔刹高96厘米,基座高156厘米,花岗石质,碑身高90厘米,六面各宽35.5厘米,汉白玉质。正面楷书塔名,其他5面为塔铭,楷书竖写,44行,每行33字。

玉佛寺摹刻南通狼山旧刻观音像碑记

(真禅撰　1988年)

　　南通狼山旧刻观音三十二应身像,系清季殿撰张謇季集内宫所藏历代名画家精品刻石,出黄怀觉先生之手。四十余年后,旧石不存,兹再恳黄老暨子良起摹刻,其中三像已漫漶。另选精品龛供养,以别旧石,嵌寺壁中。俾善男信女同资瞻仰。

　　戊辰年(1988),玉佛禅寺真禅谨识。"真禅"(印)。无锡黄怀觉镌石。

　　玉佛禅寺复刻南通狼山旧刻唐宋元明清画观音像

　　观世音菩萨圣像之一　　唐阎立本画

　　观世音菩萨圣像之二　　唐吴道子画

　　观世音菩萨圣像之三　　唐吴道子画

　　观世音菩萨圣像之四　　唐吴道子画　　有赞

　　观世音菩萨圣像之五　　宋贾师古画

　　观世音菩萨圣像之六　　宋牧豁画

　　观世音菩萨圣像之七　　宋阙名画

　　观世音菩萨圣像之八　　元钱选画

　　观世音菩萨圣像之九　　元赵孟頫画

　　《般若波罗密多心经》伍文　　(略)

　　　　　　　　嘉靖三十四年(1555)六月既望,文徵明敬书。

　　观世音菩萨圣像之十　　元赵雍画

　　观世音菩萨圣像之十一　　颜辉画

观世音菩萨圣像之十二　明仇英画
观世音菩萨圣像之十三　明徐渭画
观世音菩萨圣像之十四　明夏泉画
观世音菩萨圣像之十五　清陈洪绶画

(赞)古观音佛,游目大千。当头一杖,师子不前。问法举手,我法不然。噜苏噜苏,此心如莲。

弟子远沙弥拜书画　"陈氏□□"、"陈洪绶印"

观世音菩萨圣像之九　元赵孟𫖯画
观世音菩萨圣像之十五　清陈洪绶画

按：此碑在玉佛禅寺东廊,1988年真禅撰立,黄怀觉刻。碑文录自寺碑。

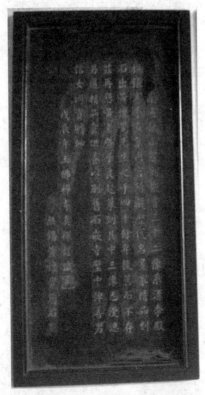

玉佛寺摹刻南通狼山旧刻观音像碑记

龙华寺诸殿阁赞诗碑

(明旸撰 1989年)

升法座

龙华曾几历沧桑,多载尘埋古道场。宝塔新姿凌碧汉,宗风嗣响振遐方。

明进百废俱兴举,净土诸天尽赞扬。法座初登先祝愿,神州十亿迓千祥。

大雄殿

大雄宝殿坐毗卢,相好庄严照万衢。白象愿行无有尽,青狮妙智永相扶。

华严三圣空中色,般若微言有若元。罗汉神通明法住,诸天围绕尽欢呼。

三圣殿

顶礼弥陀大愿王,光明无量寿无量。澄澄绀目观三世,赫赫金身耀十方。

垂手恒沙同接引,随心珠网遍施张。愿祈慈力殷勤护,百劫千年此道场。

弥勒殿

布袋空携会也么,经朝开口笑呵呵。一生补处摩诃萨,三会龙华阿逸多。

大肚能容天下事,悲心普救世间疴。华林园里千花放,愿向申江散曼陀。

玉佛殿

能智能仁大觉尊,随机施教妙难寻。紫金白玉非一异,象法牛车无古今。

百福庄严瞻瑞相,万人皈敬发悲心。兜罗绵手祈施我,销我胸中亿劫生。

观世音

善得圆通观世音,普门示现万千身。寻声救苦施无畏,照色明空度有情。

火宅杨枝甘露洒,宝池莲座宿缘深。愿祈慈力垂加被,全国全教庆太平。

韦陀殿

劫十童真愿力深,三洲感应显威神。当年亲受灵山嘱,今日群瞻大将身。

降伏魔军扶圣教,护持佛法抚黎民。顶天立地擎金杵,愿为龙华助转轮。

千佛阁

毗卢楼阁净无尘,千佛毫端转法轮。福慧双修成正觉,慈悲平等是能仁。

如来顶上闲行脚,梵网光中普现身。龙藏橱开传圣教,名山古刹庆长春。

大势至

稽首摩诃势至尊,修行方便德无伦。六根都摄销尘垢,净念想随现妙明。

四众但依三昧力,满堂俱是梁香人。龙华净土无分别,三圣金台到处迎。

佛历二千五百三十三年四月八日,龙华寺方丈释明旸于华林丈室。

按:该诗碑由龙华寺方丈明旸于1989年撰并书,1991年勒石,赵嘉福刻。碑总高309厘米,厚23厘米;碑座高42厘米,125厘米,碑身高211厘米,碑身高211厘米,宽106厘米,碑额高56厘米,宽12厘米。

苇舫法师墓塔铭

（真禅撰 1989年）

（正面）传临济正宗第四十六世玉佛堂上第四代上苇下舫愿公老和尚之塔

（背面碑铭）

师讳苇舫，法号乘愿，籍隶江苏东台，俗姓朱氏。家世奉佛。1921年，年十三，从邑之福慧寺吉堂等三公出家。三公为时耆德，故师所受教养独深。师受具足戒于宝华，负笈高邮放生寺、常熟兴福寺佛学院肄业，转学北平柏林寺佛学院，后往武昌佛学院深造，编《净土宗月刊》。虚大师升座谭经，师辄为记录。旋赴汉藏教理院任教导。七·七事变后，主持武院，编《海潮音》月刊。武汉不守，赴渝，以两刊揭露日寇暴行，号召僧徒参加救亡运动。1940年，随虚大师访问印度、锡兰、缅甸等国，宣传抗战政策，师掌书记，发表访问日记。胜利后，衔命恢复武院及世院佛教图书馆，僧青年报名者，如饥如渴，户屦为满。法门秋晚，亟思贤哲耆柱其间，以期重振宗风。受记莂于金山及玉佛常住，兼佛学院院长。1948年，时局推移，苇一方丈急流求退，师临难不作苟免，毅然出任艰巨。时游勇以寺为传舍，一夕数惊。师大智大勇，虚与委蛇，得以少安。建国后，政府资助修理寺宇，延请应云长老，举行和平法会，玉佛依然为海上胜刹。出任上海抗美援朝佛教支会主任委员，于国际义务，克尽厥职。1954年，参加喜饶大师访问团出访缅甸。历年国际友人来访，无不雍容应接，道范可钦。先后被选为中国佛教协会常务理事、上海市佛教协会副会长兼秘书长,上海市第一届至第五届人民代表,上海市三、四届政协委员。参加《辞海》佛教条目编写。1966年秋,环境险恶,非人世所堪。忧能伤人,师亦颓然病矣。住院时,从容告别,且以寺务相嘱,真亦恻怆不忍问后事。1969年岁杪,竟不起。时寺况萧条,中夜彷徨,深虑有负付托。否终则泰,浩劫告终;前此所加师之谤词,幸蒙昭雪,深得是非之公。而今吾人所从事之僧教育,业已循序渐进。师之慧业,将有传人。兹以灵骨归葬虞山,因述行业梗概,用以昭告来者。

1989年,上海玉佛寺后学真禅和南谨撰

按:韦舫法师(1908—1969),玉佛寺第九任住持。墓塔六面三级,1989年立,总高292厘米,塔刹高90厘米,基座高120厘米,花岗石质,碑身高82厘米,六面各宽33厘米,汉白玉质。正面宋体字书塔名,后3面为塔铭,宋体竖书无标点,28行,每行24字。铭文录自常熟兴福寺后山塔院。

远尘法师墓塔铭

(真禅撰 1989年)

(正面)

传临济正宗第四十六世香林、玉佛堂上第四代上远下尘真公老和尚之塔

(背面)

师讳远尘,法号乘真,祖籍江苏泰县。幼孤弱,慈母送往近庵剃染。年十八,受具足戒于京口超岸寺。已而亲炙于守公老人座前,共历数载。守公命往金山大彻堂,参究已躬下事,颇多省发。常住察其纯谨,先后任职衣寮及客堂,众论翕然。时可公老和尚以法缘在沪,乃将南京香林法席畀师,俾移锡沪上,复兴玉佛道场。因感应道交,四众皈仰,以十年时力,而使今之庄严胜刹,屹立于春申江上。一九三二年自知化缘已毕,乃召师付以大事,寻即奄化;继而师亦卓锡十年,其守成之功,有足多者。时当"八·一三事变"之后,群情危疑,于是礼请华严座主应公老人,宣讲六十《华严》,明修菩萨道难行能行之谛理,由是寺众赖之以安。师蒿目时艰,思吾教非培植僧材,无以振衰起敝,弘宣正法,爰于寺内创立佛学院,敦聘震华法师主持院务。震师素以名山事业自期,是时编写《佛教人名大辞典》、《兴化佛教通志》,日无余晷,唯念事系法门隆替,故勉力以应,师亦出任院导,辅弼教学。数年之间,门人泰半有成,受业弟子如隆根法师等,至今仍弘化海外。师以久任繁剧,心力俱瘁,因倦勤去职。建国以后,为果后行因,出任梵呗导师,希以音声作佛事。是时真忝居监院

之职,谬蒙我师期许,启迪奖挹之谊,至今未忘。既尔掩关三载,书写《华严》;禅诵之余,弟子关前请益者踵相接。师蚤入缁门,慈母无依,至此迎奉来沪,晨昏定省;自以衣钵之资,以供甘旨,纤芥不侵扰常住,其廉谨如此。师示寂于一九七三年,时值艰难之会,未克津送。真于今承乏住持,幸蒙佛日重光,常住亦日复前制,禅众安和,斋讲不辍,比皆师平生之旨,当可含笑于常寂光中矣。谨于常熟虞山兴福日照亭畔,为师立衣钵之塔,建行业之碑,用以崇德报功,且使我玉佛学人知所矜式云尔。公元一九八九年上海玉佛寺后学真禅和南谨撰。

  按:远尘法师(？—1973),玉佛寺第五任住持。墓塔六面三级,1989年立,总高264厘米,塔刹高68厘米,基座高113厘米,花岗石质,碑身高82.5厘米,六面各宽32.5厘米,汉白玉质。正面楷书塔名,后3面为塔铭,隶书竖写无标点,24行,每行27字。铭文录自常熟兴福寺后山塔院。

崇明寿安寺重建天王殿碑记

(真禅撰 1990年)

　　寿安寺者，崇明之古刹也。县建制于唐武德间。唯地处江中洲之上，因沙土流徙不常治，城至于五迁始得平土而居，缅怀先民。日出而作，日入而息之。淳朴美德，不禁令人肃然生敬，且于兹土，犹有高僧德士结茅其间，古佛青灯，晨钟夕梵，高树法幢，慧灯永照。

　　寺始建于宋代淳祐其后，桑田沧海，兴废屡更。近年以国家宗教政策之感召。住持正守和尚、监院广愿法师矢志恢复。常住二师发菩提心胼手胝足，参与兴建工程，其辛苦劳动瘁有足多者，现已募建佛殿，僧寮以作焚修安居之地。三宝弟子施舍净资以作佛像装金功德，因缘殊胜洵为希有。

　　今者常住天王殿已将落成，从此渐具丛林规制，将为十方衲子闻道受业。道场仰祈护法，龙天翰屏僧伦辅翼圣教，毋任馨香恳祷之至。

　　上海佛教协会会长真禅谨撰并书。

　　住持正守监院广愿敬立。

　　公元一九九〇年十一月三十日农历十月十四日

　　按：此碑由真禅谨撰并书于1990年，碑文录自寿安寺。碑为青石质。碑文楷体竖书，14行，行30字。寿安寺伴于崇明县城桥镇金鳌山下，始建于宋淳祐十年(1242)1982年，经批准，重新修复开放为寺院。

崇明寿安寺重建天王殿碑记

崇明寿安寺者崇明之古刹也建制于唐武德间僻地震江中洲上因沙土流徙不常治城至于五迁始得平土而居缅怀先民日出而作日入而息之淳美德不禁令人肃然生敬且于益土墙有高僧德士结茅其间古佛青灯晨钟夕梵高树法憧憬燈永熙寺始建其后宗代淳祐其后桑田沧海屡更近年以国家宗教政策感召住持正守和尚监院广尔法师矢志收复常住二师发菩提心殚手胝足参与修建工程其辛劳勤瘁有足多者现已募建佛殿僧寮以作梵修安居之地三宝弟子踊跃喜舍因缘珠胜洵为希有今者常住天王殿已将落成从此丛林规制将为十方衲子问道受业道场仰祈护法龙天翰屏佛伦辅翼圣教母任其荷蓝撰斗书

上海佛教会会长禅莲广颀敬立

公元一九九〇年十一月三十日农历十月十四日住持正守

重建静安古寺碑记

(真禅撰 1990年)

溯自大教东流，六百年余祀，腾会振辉于吴洛，忏什钟美于秦凉，不堕玄风，咸匡胜业。腾会振辉于吴洛者，即汉明帝金人入梦，遣使迎摩腾、竺法兰二师，得佛像及梵经，以白马载归洛阳。帝为之建伽蓝居之，名曰白马寺。康居国沙门康僧会，于吴大帝孙权赤乌十年游化至建业，营立茅茨，设像行道，由此江左大法郁兴。故谚有之曰："经来白马寺，僧到赤乌年。"即谓此也。申江为吴之属邑，法源流化，静安乃赤乌古刹，衡之史实信不诬矣。寺初名沪读重元寺，唐代改为永泰禅院，宋大中祥符元年始易今名。寺有赤乌碑、陈朝桧等八景，世事沧桑，而今俱为陈迹，至今考沪滨掌故者犹引以美谈云。据《大清一统志》，又称寺为静安教寺。文献无徵，故弘化事迹今亦不可稽矣。

一九四七年，常住改为选贤十方丛林，推选持松法师为首任方丈。法师博通显密，著作等身，且于盛年负笈东瀛，礼高野山阿阇黎金山穆韶，学古义真言宗，后得五十一世阿阇黎位。当公应静安常住之请也，首揭治寺方针四事，远见卓识，实有古德遗风。建国后，得蒙政府及佛教缁素资助，建立真言宗坛场，公书"信仰自由成政策，爱国传统是优良"，一联以见志。公已舍化有年，而教泽在人，四众瞻依之忱，久而弥笃。十年浩劫，法运不振。一九七二年，大雄宝殿又不戒于火。一九七六年，云开雾散，政通人和，万象更新，成立修复委员会。寒暑数易，殿堂僧寮至今依次修葺完整，唯一时事力未充,大殿修复工程尚付缺如。真自承乏法席以来,因思职责所在,殊以重修大殿为念,寝食未安。幸蒙十方善信施舍净资,即于大雄宝殿遗基之上,积一年时力,重建大殿工程即告完竣。今有新加坡三宝弟子刘庚宇居士暨合家眷属,宿值善因,志求佛道,发愿予缅甸国玉雕释迦牟尼像一躯,法身高三点八七公尺,以期供奉静安常住,同伸瞻礼。一九八九年秋,余同贾劲松居士躬往新加坡奉迎佛像,而傅长春控股(私人)有限公司共襄善举,资助功德。复有沪上张华浜集装箱装卸公司迎请入寺,颇费心劳。斯时,又有香港善信李国庆居士,鉴于静安为沪上古刹,近年因国家宗教政策感召,志在修复,惠临瞻礼,乃发心采凿山东汉白玉石雕观音菩萨像,期与佛教缁素共结善缘。雕刻精艺,法相庄严,于一九八九年岁暮迎请至寺,以伸供养。玉佛尊像抵寺之日,都监德悟法师率缁素虔备香花幢幡迎于路左,衢路行人皆欢喜赞叹,以为常住复兴之兆。本寺法运从此其将昌盛者乎!兹者大雄宝殿落成,佛像开光法仪举行在迩。谨将大殿重修及迎佛因缘功德芳名勒之贞石,以垂久远。其有芳名不及备载者,均登佛像开光证盟功德文疏,仰祈佛天常住,三宝共鉴,悃忱慈悲摄受。是为记 庚午年春静安古寺住持真禅谨撰,海上毛节民沐手敬书。

按:该碑记文由真禅撰,毛节民书,立于1990年。碑高185厘米,宽80厘米。碑为花冈岩石质。碑文22行,行45字不等。现碑在静安寺大雄宝殿面南西墙上。2000年10月26日据碑录下记文。

玉佛寺石刻画廊碑序碑

(真禅撰 1991年)

佛影传世无多,而名家所绘尤为难得。余住持玉佛禅寺有年,渴求经与佛像摹刻寺内,以壮观瞻。近年,已重刻明董其昌书《四十二章经》、《释迦如来成道》记及唐宋元明清名家所绘观音大士像三十二幅,嵌置寺壁矣。顷又访得旧拓明唐寅书画观音像及文徵明隶书《心经》二种,墨刻甚精,惜未知石存何处。按唐、文皆吴门书名画名家,笔迹为世所珍,堪称双壁。惟原拓尺幅较小,余放置大幅,摹刻以供顶礼,深幸名迹流传,得备众览,聊申一瓣心香耳!

岁次辛未(1991)中秋,玉佛禅寺住持真禅谨题。

按:此碑在玉佛寺东廊,真禅题撰,连同各石刻字、画数十方。黑色大理石质,楷体竖书19行,行10字,本碑高142厘米,宽68厘米,碑文录自玉佛寺。

玉佛寺复刻贯休画十六罗汉应真像石刻序碑

(真禅撰 1991年)

贯休画十六罗汉应真像石刻序(一)

贯休不仅是唐代的高僧,而(且)是中古杰出的画家。他生平最著名的作品是画罗汉十六帧,其造型具有庞眉、大目、朵颐、隆鼻的特征,富有生动艺术的意趣。所画用笔遒劲,线条紧密自如。余深爱此杰作,访求甚久,近得钱塘圣因寺石碑墨拓本,即据以重募上石,嵌置本寺大雄宝殿东西墙壁两侧,以壮庙容,俾善男信女共同瞻仰,永得护持神笔焉。

辛未(1991)初秋,玉佛禅寺住持谨识"真禅(印)"。

无锡黄良起勒石。

贯休画十六罗汉应真像石刻序(二)

贯休上人,为唐末知名高僧,浙江婺州人,俗姓姜,名德隐。生有夙悟,七岁即入本县和安寺圆真法师童侍。年十二受具足戒,能登坛宣讲《法华经》和《大乘起信论》。曾历游名山大川,卓锡杭州。尝献诗钱镠,不合意,艴然别去。西行经江西历游而鄂,达荆州,忤荆南节度使成汭旨,拂袖去。遂跋山涉水,步行千里,登岷、峨,辗转入蜀,得蜀主王建所重礼待,膝之前席。特修禅寺,主持其中,赐号曰:禅月大师。蜀永平二年(912)圆寂,得年八十一。于次年安窆于成都北门外白莲之塔。著有《禅月集》,其毕生诗文为当世所重,尤擅丹青。历经千年,画品已无真本流传。惟所作十六罗汉应真像,最为著称。自宋以来,摹本频繁,但所传无一真迹。余访石刻墨本,仅见钱塘圣因寺有石刻十六罗汉像尚存寺中,当是清乾隆时摹刻,虽非庐山真面,而笔致奇特怪异,还保留贯休画笔之特点。乾隆末年,李宜民又在粤四隐山华盖庵重圣因寺本上石,今藏桂林文管会。盖已一摹再摹矣。兹据圣因寺墨本摹勒上石,藏于玉佛禅寺,俾高僧名笔留兹鳞爪于永久,以偿向往之夙愿耳。谨略缀其行事,籍当弁言,以备观采焉。

辛未秋,玉佛禅寺住持真禅谨识。"真禅"(印)

按:此二碑均楷书竖书,前碑7行,满行22字;后碑12行,满行35字;此两碑与贯休十六罗汉应真像石刻碑都在玉佛禅寺大雄宝殿东西两侧外墙。立于1991年。共18块,高124厘米,宽58厘米。

贯休画十六罗汉应真像石刻序碑之一

贯休画十六罗汉石刻序碑拓片

白圣法师墓塔铭及碑铭

(真禅撰 1992年)

(正面)
□□华严白圣长老舍利塔
(塔后碑铭)
白圣法师舍利塔志
　　师讳东富,字白圣,号洁人,俗姓胡名心康,原籍湖北应城。年十八于九华山甘露寺,从陕西大香山观音道场龙严和尚落发,旋于祇园寺从妙参律师受具足戒,先后遍参智妙、来果、莲生、玉柱、净因、度厄诸尊宿,学习禅讲。一九三一年,掩关武昌洪山宝通寺。三年将满,闻圆瑛禅师莅汉阳归元寺讲经,乃出关,诣诸座下,为圆公执侍。一九三七年夏,於宁波接待寺受圆公衣钵,继七塔、鼓山两寺法脉,嗣为临济四十一世。抗战军兴,上海沦陷,师时任上海佛教分会干事,衔师命开办难民收容所、佛教施粥厂等赈济难民。一九三九年秋,圆公突遭日军拘捕,械送南京,师闻讯奔至,从事营救,并至拘所探视,遽送衣物,直至事解。时沪上圣仙寺苦敌伪歹从之侵扰,师应聘为监院,竭力护持,寺得稍安,九华、祇园、心安诸寺,因日军封锁骚扰,僧众道粮中断,师为募净施,山中僧侣赖以解困,旋应请住持杭州西湖凤林寺,一新殿宇,重整清规,道风为之转盛。抗战胜利后,师任上海楞严专宗院教务主任兼上海市佛教分会理事长,主持诸山整建,安置云水清众。时上海市政府倡言没收寺产。师闻知即偕福善、捂明诸师,率道俗代表,赴市府请愿,几经往返,其事方息。又地方豪劣勾结官吏，阴谋侵夺静安寺财产，寺僧求援，师不畏艰险前往救助，任监院职后又兼任静安寺佛学院副院长，其间虽障难纷来，均能应付排解，略无差误。一九四八年，师赴台湾弘法，初任台北十普寺住持，旋于一九五三年元月在台南大仙寺传戒。戒期中力拒干扰，屏除积弊，一依祖规行事，其后每年率新戒僧尼赴海会寺、宝明寺、白莲寺、碧云寺等道场结夏安居，讲解律义，研习经教，曾在台创立"中国佛教三藏学院"、"中国佛教研究院"、"中国律学院"，任院长，又任马来西亚槟城极乐寺住持，大力整顿殿塔，象气为之一新。晚年任临济寺董事长兼任美国圣能寺、泰国曼谷佛光学苑、马来西亚槟城极乐寺导师。曾历游泰国、缅甸、印度、斯里兰卡、尼泊尔、新加坡、菲律宾、马来西亚、日本、韩国、越南等国，巡礼佛迹，访问耆宿，生平热心社会公益事业，常将所得，诸方供养，净施捐赠学校、医院及救济福利事业。师终生为弘法利生，辛劳忘倦，从不以自身康健为意。一九八九年，原拟来上海龙华寺弘法筹划，甫毕乃因积劳成疾，於是年春四月三日晨，吉祥迁化于台北市临济护国寺，世寿八十六岁，戒腊六十九，法龄五十三。师谢世后，明乘等於一九九一年择地於常熟虞山兴福寺之侧，建舍利塔，并树碑，略述其生平功行，以志永怀。

　　佛历二五三六年春真禅敬撰

　　弟子明乘暨四众人等敬立

　　海上毛节民沐手敬书

　　按：白圣法师（1904—1989），曾任静安寺监院，1948年去台湾，曾任台北十普寺住持等职。墓塔在虞山兴福寺后山，花岗石质，平面成圆形，总高4米多，塔刹高约125厘米，基座5层高220厘米，花岗石质，碑身椭圆开径110厘米。正面楷体字书塔名，塔后有碑"白圣法师舍利塔志"，碑高181厘米，宽110厘米，厚14厘米，楷书竖书无标点，16行，每行40字。铭文录自常熟兴福寺后山塔院。

龙华古寺敬塑千手观音宝像功德碑记

(明旸撰 1992年)

经云:"是故若有净信之心,造佛形象,一切业障莫不除灭,所获功德无量无边,乃至当成阿耨多罗三藐三菩提,永拨众生一切苦恼。"慈有善信唐熊源、荣茂仪、于邵淑英、唐淞源等发菩提心;奉献净财,敬塑千手观音宝像壹堂及庄严、法器等。比丘定因、拂尘及信士陈海根,信女梁丽华、何镁镁、金秀娟暨四众弟子等欢喜赞叹,各施净财,共襄功德。颂曰:"所谓布施者,必获其利益。若为乐布施,后必得安乐。"一九九二年农历九月十九日,住持明旸敬立。

按:该碑记由明旸撰并书,1992年农历9月19日勒石。碑高64厘米,宽77厘米。碑立于龙华古寺千手观音殿内。记文录自《龙华寺碑镇志》。

崇明广福寺兴建大雄宝殿碑记

（王永元、宋智人撰　1994年）

广福寺者，崇明之祇园也。民国十年创建，迄今七十余年矣。开山了道法师，弱冠出家。就读于上海华严大学，继而遍参知识，终归印光大师，专宏净土。首创典型莲社，为崇、启二邑导邪返正，功德巍巍。广福寺前身为武圣殿，原在汲浜镇北，创于清咸丰年间，了公驻此更名广福讲寺。越十余年，由弟子叶承法师继承住持。一九四六年，南迁中兴镇现址。叶师乃台宗大德静修法师入室弟子。学宗天台兼宏净土法音广播，名重一时，又复备尝艰辛，扩充梵宇，方拟建殿，迭遭世变，大愿未酬，身先罹难。常定法师继承师志，审时度势，结茅潜光凡三十载，未尝怠荒。至一九五八年，不辞艰苦，中兴广福。佛诞佳期，万人朝礼。一九九〇年，上海佛学院于此设立分院。常师兼负培养僧才之责，复于百废待举之际，倡大殿兴建之议。仰三宝加被赖十方襄赞。于一九九二年正式奠基。一九九三年开始动工，承香港吴剑清、山西岳兆礼等慨施巨款集资百万，终于一九九四年秋克成其功。佛像所住宝殿即诸佛真身所住妙胜之殿。修建大殿广度有缘其功德利益，岂有涯涘可测哉。常定法师梵行高洁，悲愿宏深续如来之慧，命经三变而弥坚。秉祖师之余续，历三代而益彰，愿此昭昭芳范共斯。巍巍宝殿永供人间瞻仰，恒为济世舟航，是为记。

一九九三年五月，茗山应邀来此讲经，目睹大殿栋梁已竖，加紧施工，不胜随喜赞叹，赞曰：法身不动，应化十方。随缘示现，梵刹重光。崇明建寺,正法永昌。寺名广福,福庇瀛乡。了公开创,净土道场。叶师继席,圣教宏扬。常定法师,曾隐草房。中兴寺宇,夙愿已偿。巍巍宝殿,雄峙浦江。出资出力,功德无量。

公元一九九四(佛历二五三八)年秋

广福寺住持常定募建

沙门茗山书

居士宋智入、王永元撰记　无锡黄稚圭刻

按:碑文录自崇明县广福寺,黑色大理石质,行楷书写,连碑名15行,行50字。宋智入、王永元撰于1994年,铭山书。广福寺在崇明县中兴镇中兴村,创建于清咸丰年间,1846年迁至现址。经批准于1985年重新修复开放。

重修沉香阁碑记

(赵朴初撰　1994年)

沉香阁,亦名慈云禅院,经供沉香观世音像著称。像持如意,示慈悲愿之意,亦名如意观音。相传明万历年间,有信士潘允端督漕淮上,此像浮沉淮口,遂敬谨奉归沪渎,建阁供奉。自是厥后,灵感昭著,香火鼎盛,历明清以至近代,叠经修葺及扩建。解放前后,华严座主应慈长老卓锡斯院,开讲法界观门,大弘华严,沉香阁遂为华严宗之重要道场。海内缁素云集礼敬,影响益为深远。

"文革"浩劫,工厂进驻,殿宇摧颓,经像毁弃。及至八十年代,政府落实宗教信仰自由政策,并列为全国重点寺庙,迁徙工厂。以明旸、真禅法师为主,方丈观性法师为辅,成立修复委员会,主持修复事谊。在政府的大力支持下,一九九零年七月开始修建,历时三载,迄今工程全部圆成。寺院而已以恢复明代建筑规格为原则,一依明制,观世音大士像亦海外信士发信捐献水沉香木精雕。殿阁巍峨,庙貌一新,慈容俨然,垂荫众生,中外具瞻,皆大喜欢。余有感于内外因缘之和合,政策光辉之照耀心,兴废起坠,成此功德。丙子(1996)仲冬,国务院定为全国文物保护单位。爰书数语,志其始末。乃为颂曰:

欣逢盛世,绀宇重兴。瑞像庄严,戒香普熏。愿斯慈眼,等视群生。常调玉烛,妙转金轮。

佛历二千五百三十八年(1994),岁次甲戌佛吉祥日,三宝弟子赵朴初撰并书。

按：此碑在黄浦区老城厢沉香阁路29号，沉香阁内大雄宝殿前东庑壁间。中国佛教协会原会长赵朴初撰并书于1994年。碑高180厘米，宽80厘米，楷书竖书，共21行，满行61字，碑文周边刻有松鹤云山图案，碑的上方正中刻"沉香阁佛法僧三宝印"篆字阳文印。碑文录自沉香阁石碑。

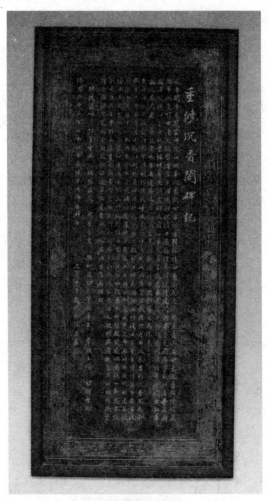

重修沉香阁碑记

真禅法师墓塔铭

(1996 年)

(正面)

传临济正宗第四十七世玉佛堂上第七代上真下禅悟公老和尚之塔

(碑铭)

真禅法师,字妙悟,号昌悟,俗姓王,江苏东台人也。生于一九一六年,七岁出家于东台净土庵,十六岁于南京宝华山隆昌律寺受具足戒,旋入三昧寺、启慧寺佛学院求学,十八岁任大圣寺执事,其后次第就读于焦山定慧寺佛学院、竹林寺佛学院、南京华严师范学院等。追随应慈、圆瑛、常惺、震华等诸法师,年二十余,曾先后任镇江竹林寺、苏州狮子林住持,并主办竹林寺佛学院。五十年代初来玉佛寺,先后担任纲领执事。"文革"中,法师与寺僧数人坚守寺中,是时全上海所有寺庙悉被占住,佛像悉被摧残,经书悉被焚弃,唯玉佛寺巍然独存,佛像藏经悉皆完好,此则真禅法师与留守诸师护持所致,其功德不可没也。一九七九年,法师被选为上海市佛教协会会长,同年任玉佛寺住持,一九八八年兼任上海静安寺住持,一九九二年复被推举为河南开封大相国寺住持,一九九三年当选为中国佛教协会副会长,复先后任全国政协委员、上海市政协常务委员、上海市慈善基金会副会长、上海儿童福利院名誉院长等职。法师于近十余年来,曾先后访问二十多个国家及台港澳地区,广交朋友,宣扬国家宗教政策,介绍我国佛教现状,促进佛教文化交流,加强佛教徒之间之友谊与团结。真禅法师恒以弘法为己任,先后在玉佛寺及各地名刹讲演大乘诸经,令闻者饱餐法味,深入佛海,所著书有《玉佛丈室集》《真禅禅藻集》《上海玉佛寺丛书》《阿弥陀经浅译》等廿余种。

法师于一九九五年十二月一日圆寂于玉佛寺丈室,世寿八十,爰为铭曰:

至人出世　幻迹难思　或顺或逆　或高或卑
佛图噀酒　罗什吞针　苟非圣哲　孰识其因
虞山之麓　狮子之口　震威一喝　皆失其守
天魔惶怖　狐兔潜踪　我思古人　随缘得宗
松间石下　灵骨所藏　普愿见闻　顿息颠狂
万年一念　一念万年　唯此妙宗　历劫弥坚
上海玉佛禅寺　敬立　一九九六年岁次丙子正月

按:真禅法师(1916—1985),中国佛教协会副会长、上海市佛教协会会长、上海玉佛寺第十代住持,兼任静安寺和开封大相国寺住持。墓塔六角三级,总高285厘米,塔刹高78厘米,基座124厘米,碑高83厘米,宽33.5厘米。塔名竖立书,碑铭楷书竖书无标点,26行,行31字。碑铭录自常熟虞山兴福寺后山云栖塔院。

净心庵碑记

(1998年)

净心庵,位于南汇县泥城镇横港村。

净船老师太(1895—1932)是净心庵的创始人。□□出家并受具足戒。为弘传佛法,普度众生,离开佛教名山,告别德高望重的——清□法师,独自一人先建造观音殿等三间草屋,一八八〇年(光绪六年)建大雄宝殿,后逐渐扩大到五十六间庙房,占地十余亩。二十世纪初期,为鼎盛时期,全庵比丘尼多达七八十位。

净心庵的师徒法系是按清□法师的一首诗排列的:"清净莲花从心载,全凭功行方速开。若能□□□□,定超上品见如来。"一百多年来,仅传到"□"字,估计二十八字全排完,已超过佛历三千年了。净心庵的根在普陀山,净心庵是普陀山的一个枝杈。追溯到最后,净心庵各位师太的禅师就是观世音菩萨。

1932年,净船老师太圆寂后,由其徒弟莲胜师太任住持。1940年以后,由华圆师太任第三任住持。解放前夕,因出身成人关系独自离庵抵沪。从此,庵内群龙无首,暂缺住持。比丘尼从四十人减少到"三化"时的十六人。

解放前后,每年农历六月十九日为净心庵庙会。除庵内烧香、还愿外,庵外的集市贸易布满了整修南横港(当初分南、中、北三个横港)农民在此购买吃、用、家具等物品。最多时时连续达三天之久。吸引方圆数十里的香客和游人。

1945年夏季在焚烧净船、莲胜、莲松三位老师太的骨殖时,化出四颗手指状大小的舍利子,三颗透明如水晶,一颗略带银灰色。由于当时混烧在一起,分不清那是谁的。但至少可以肯定,世界各地无量的净船老必有无疑。必行为表现生西方净土——"超上品见如来"去了。俗话说:"山不在高,有仙则名。"到寺庙也是如此:寺庙不在大,能出菩萨则灵。"文革"前,净心庵让出一半庙房成立"横港农业中学",后改"泥城横港中学",为祖国培养出一大批工业、农业有用人才作出了贡献,体现了佛弟子爱国爱教的高尚品质。

"文革"中,净心庵受到了极大冲击。1966年农历八月二十四日,佛像被焚烧毁坏,出身不好的比丘尼被赶出庵堂,供奉无价之宝——舍利子的佛塔也全推倒在河里,舍利子不知去向……宗教活动被迫停止。

从彬师太(一九一八—   )是重建净心庵的带头人,她于一九三七年到净心庵,在南京宝花(华)山龙(隆)昌寺受。后仍回到净心庵修持。一九五七年至六一年在周浦巽龙庵。六五年至今均在净心庵。"文革"后,坚持与其他五位比丘尼住在仅存的六间庙房内,过着"自食其力"的艰苦生活,是同修的中流砥柱,同时,也期盼着东方黎明的到来。

一九八一年十一届三中全会以后,党的宗教政策逐渐落实。上海居士王鉴君、□□夫妇俩在"文革"中冒着生命危险密藏于家中的西方三圣像及其他圣像先后赠送到净心庵原址。从此自己又开始供起佛菩萨。为了弘扬佛法,普渡众生,从彬师太主动挑起重建净心庵的重任。是当之无愧的第四任住持。她东奔西走,不辞千辛万苦,多次申请,联系村、乡、县各级有关部门。终于功夫不负有心人,于一九九〇年,经县政府批准,县宗教办帮助恢复为佛教活动场所。可见重建净心庵也来之不易!望后人造成不要再干出伤天害理、毁庵逐尼的事来。宁做流芳百世的佛弟子,不做遗臭万年的魔子魔孙!

经过多年的募捐筹集资金,社会各界的支持,在从彬师太精心策划和直接领导下,于一九九二年农历六月十九日东迁新址重建大雄宝殿及东厢房,九四年建造连在一起的山门间、天王殿,九五年建西厢房及宝鼎落座。这样,净心庵已初具规模。在纪念"重建净心庵"的一首诗中这样写道:"十年浩劫寺庙艾,众生不知莲花台。宿债未酬迷造业,三毒五欲泛成灾。功德无量踊施财,乐助建殿佛门开,信为道流善根深,缘聚修静极乐来。"

九六年建造祖堂间,九七年在大殿两侧又增添了十八尊罗汉,九八年佛菩萨塑像全部装金。全庵上下装修一新。

一九九八年农历九月初六日,在各级地方政府的大力支持和市、县佛教协会的具体指导下,举行了佛像开光仪式。

佛历二五四二年、公元一九九八年深秋立
皈依佛弟子释妙清写

按:此碑文录自浦东新区(原南汇)泥城镇横港村净心庵大殿的西墙上。1998年立释妙清书。碑高约150厘米,宽80厘米。净心庵建于清光绪六年(1880),1990年恢复重建为佛教活动场所。

净心庵碑记

东林禅寺大殿修缮记碑

(1999年)

　　东林禅寺始建于元至大元年(1308)，本名观音堂，延祐年间改今名，六百余年来历经兵燹、火灾和自然损毁，于明洪武、清乾隆和道光年间三次重建。此后寺内建筑陆续坍毁，后殿年久失修，于1953年拆除。今惟道光九年(1829)重建的大殿幸存。东林禅寺大殿为江南典型的清代重檐歇山式建筑，面阔五间带轩廊。高大宽敞，肃穆宏伟，建筑面积三百十八平方米，是上海地区现存佛教殿堂中单体量最大的古建筑。1987年列为上海市文物护单位，1998年上海市文物管理委员会和金山区人民政府先后出资，并在社会各界赞助下(李茂盛先生捐资人民币一百五十万元)，对殿内外进行全面整修。由于大殿地基自然沉降，故将大殿整体顶升六十厘米。按照历史原貌，重现昔日风姿工始于1998年5月19日，同年12月17日竣工。东林寺大殿的修复，为古建筑和佛学史的研究提供了实物，亦为金山增添一旅游景观。如此此盛事，勒铭以记之．

　　金山区人民政府1999年10月

　　按：此碑1999年由金山区人民政府立于金山区东林寺明代老大殿前，黑色大理石质，高150厘米，宽60厘米，楷书竖书，正文行，满行42字。碑文录自石碑。

东林禅寺修缮记碑

(1999年)

  东林禅寺,本名观音堂,又名观音殿。元至大元年即1308年由僧妙因创建。皇庆元年(1311)改名东林禅寺,至正年间,约1341至1368遭兵燹。明初重建。后因年久失修,全部坍毁,清乾隆二十七年即1762年里人集资重建。嘉庆十年即1805年重修,寺有三殿。道光年间五年、十八年即1825年、1838年两次火灾,烧去前、后大殿,现大殿为原观音堂,其建筑结构为江浙一带典型的清代歇山顶宫式,通面宽二十点一米,进深十七点五米,建筑面积三百五十一点七五平方米,为上海地区佛教殿堂中单体面积最大的古建筑。1987年东林禅寺被上海市人民政府列为市级文物保护单位。1998年5月由上海市文物管理委员会和金山区人民政府拨款修缮东林寺大殿,对殿内外作全面整修,并整体提升六十公分,于1999年10月竣工。东林禅寺的修缮得到社会各界的支持,台商李茂盛先生偕夫人洪千里女士捐助人民币一百五十万元,特勒碑铭记。

    金山区人民政府   一九九九年十月

  按:东林寺在金山区镇朱泾镇东林街,始建于元至大元年(1308),2002年,经批准重新修复为佛教寺院。此碑立于老大雄宝殿前。大理石质,高150厘米,宽60厘米,楷书竖书,碑文录自石碑。

法藏讲寺初建与圆成大殿碑记

(王新撰　1999年)

秦汉之际，正法东渐，在中国悠久文化历史大地上，生根、发芽、成长。历汉魏两晋迄南北朝陈隋之际，智者大师出，如日之升，如月之恒，著作三大五小，判释五时八教，确定五玄四释，立足教观总持，树起一家宗风，创立天台学说，发展成颇具中华民族特色之中国佛学。自此而下，一传章安尊者，再传至第四十一代兴慈大师，行解相应，台净并弘，道光德香，春风时雨。于1918年，应上海爱俪园哈同夫妇恭请，莅园讲教，继至小南门超尘精舍讲经。听众越来越多，精舍难容，因获王一亭居士等发起募资。在1924年，购得吉安路土地五亩余，由大师高足慧开和尚筹建"法藏讲寺"。法藏者，弥陀因地为比丘之法号也。寺取此号，加"讲"，寓以教讲天台，行归净土之意。历时五载，已具丛林规模。计成：大殿、底下二层、弥勒阁、讲经堂、藏经楼、禅堂、学社、斋堂、僧寮、客厅等，唯缺大殿上二层，未有结局殿堂。各奉相应之佛、菩萨、尊者、三十一应、念四诸天等庄严法象。经楼藏有明《南藏》等藏经五种。住众数百，讲经弘法，与全般经忏。并行经忏，难免产生弊病。大师对此忧心忡忡，认为其与弘法办道之旨相违。因于1942年，决心改制。树立法藏讲寺净土道场，创建因缘碑，将寺改成净土道场。易禅堂为净业堂，海众昼持弥陀圣号，夜放蒙山施食，为斋主回向，其余经忏法事一概谢绝。规定：住持选贤，必须德学兼优，行解，并进领众修净，弘扬台教。学社研习台学为主，傍及他宗。从此，积习廓清，心净土净，被誉为沪上灵岩。由创建迄改制,历月泉、慧莲、慧开、性如诸大德,先后住持。时有台宗泰斗谛公之殿军学子如三法师,在寺亲近大师,讲经多年,粗衣粝食,夜不倒单,德厚流光,深孚众望。改制时,被推上住持,至建国后,1963年圆寂,住持阙如。

1966年,"动乱"伊始,寺众四散,经像被毁,佛徒失依,寺属佛学社、法云印经会、慈光义务补习中学、施诊所、化身窑等,先后一律结束。另有寺办兴慈中学、同乐小学,早已交出归公,寺房全被工厂改用。直至中共十一届三中全会后,中央人民政府切实贯彻落实宗教政策。1994年,上海市佛教协会在市区党政领导关怀下,以明旸法师为名誉主任,真禅法师为主任,组成法藏讲寺修复委员会。次年十二月,召开成立大会。除主任委员范会致词外,还有中国佛教协会副会长周绍良居士、市宗教局何全刚局长、吴孟庆副局长、市佛协王永平、邵钟、郭大栋、吴企尧副会长、荫远秘书长、区祝幼一副区长、统战部徐澄宇部长、宗教局丁兴生局长等,各界三百余人出席。由修复委员会办公室觉慧主任负责,陈慧娟副主任协助,主持收回寺房,整顿修复,招纳缁白,开放活动。寺房已破旧不堪,面目全非,整理非易,筚路蓝缕,披荆斩棘,拆除障碍,备尝艰难,寺容终现。虽仍破旧,然可重理原业,数载筹划,善信乐助,于1998年秋,动工整修大殿、底层地下室、客厅、二层大殿,供奉释尊、阿难、迦叶尊者。东西两壁假山,十八罗汉。背面海岛,观音、善财、龙女、三十二应等像德相庄严。修建三层陈列室,陈列文物。四层藏经楼,供奉藏经。今年落成,以大殿为主体,四层最上之双檐、斗拱翘角、黄琉璃瓦、歇山屋顶,巍峨雄伟,秀丽壮观,圆满前人多年未竟之心愿。目前,弥勒阁已供上弥勒、韦驮、伽蓝诸像。今后,拟要依次修建弥勒阁、观音殿、地藏殿、妙法堂、祖堂、兴慈大师纪念堂、净业堂、上客堂、法物流通处、素斋部、东西厢房、二楼三楼僧寮宿舍等,让寺貌全面重光,圆满功德。

佛历二五四三年、公历一九九九年十一月吉日。

法藏讲寺修复委员会办公室觉慧谨立,

中国佛教协会驻会常理王新拜撰并书。
无锡黄雅圭刻

　　按：碑为黑色大理石质，碑文18行，碑名隶书，正文15行，满行80字，楷书竖书。法藏讲寺位于卢湾区吉安路271号，始建于1924年，由当代天台宗大师兴慈法师发起，建成明四层暗五层塔楼室新式寺院建筑，是上海唯一一所天台宗道场。现仍完好保留了建寺初时民国元老、社会名人、高僧手书楹联、偈句和题词的全部大理石石刻。1994年，经批准，重新修复开放。

华严塔重修记碑

(1999年)

　　华严塔位居松隐镇,明洪武十三年(1380),高僧德然始募捐,历四年建成。塔为方形七级、砖木结构、飞檐翘角、楼阁式佛塔,通高三十二米,因藏血书《华严经》而名。

　　清乾隆四十年(1775)、道光二十七年(1847)曾两次重修。1961年,遭雷击,塔身倾斜,政府出资扶正塔心木,但终因年代久远,各层楼檐、平座、围檐等木结构已朽损殆尽。

　　为保护浦南现存唯一古塔,上海市文物管理委员会、上海市金山区人民政府联合出资二百余万元,予以重修。工程于今年元月启动,八月宝瓶开顶,十二月竣工。时处政通人和,实为一大德事。

上海市文物管理委员会

上海市金山区人民政府

　　　　公元一九九九年八月三十日

按:此碑立于金山区松隐镇松隐禅寺华严塔前,青石质。

秀道者塔碑

(2000年)

　　此塔建于北宋太平兴国年间,公元九七六至九八四年。当时有一道人,名秀,亲自参与筑塔。塔成后引火自焚,故名秀道者塔。

　　塔高二十余米,七层八面,造型秀美,修长俏拔。历千余年风雨仍不偏不倚。耸阶而尊严,为佘山最著名的古迹之一。

　　按:此碑立于松江西佘山秀道者塔前,高约80厘米,宽100厘米。

松江方塔院方塔碑

(2000年)

方塔,原为兴圣教寺寺塔。兴圣教寺建于五代后汉乾祐二年。(949)北宋熙宁、元祐年间寺僧募捐建立这座丰塔。以后寺庙毁于兵灾,仅剩此塔。

该塔承袭唐代佛塔四方外形,故俗称方塔。塔高四十二点五米,上下九层,砖木结构。它的特色是头出檐,瘦塔身,这正是盛唐时代的建筑特色。塔内宋代木构件保存较完好,是国内砖木结构方形塔的代表之一。因塔体结构合理,构件精巧,造型秀丽端庄而著称于江南乃至全国。

此塔于于1974年5月-1977年初进行复原大修,历时三年。修复中发现镇塔"地宫"鎏金释迦牟尼铜像等一批重要文物。方塔修缮工程被国家文物局专家列为全国古建筑修缮较为成功的二项实例之一。

按:此碑立于松江方塔院内兴圣教寺塔前,连底座高约80厘米,宽约100厘米,立碑时间不详,约在2000年左右。

松江方塔院古寺遗础

(2000年)

这里是兴圣教寺遗趾。寺建于五代后汉乾祐二年(949)。初名兴国长寿寺,改名觉元寺,再改兴圣教寺。后寺与钟楼毁于兵灾。只留下寺塔和这两块寺殿石柱础。石础发现于1976年,距此地以西十米处。每块重三吨,高妊厘米,柱圆直径八十二厘米。这样大的木柱,除了北京故宫太和殿金柱(直径一米)外,还很罕见。从立柱的规模推测古兴圣教寺的大殿,比现在杭州灵隐寺大殿要岸伟得多。

按:此碑立于松江方塔院内兴圣教寺遗址。连底座高约80厘米,宽约100厘米,立碑时间不详,约在2000年左右。

兴圣教寺古寺遗址碑

松江唐陀罗尼经幢说明碑

(2000年)

建于唐代大中十三年(859),是上海地区最古老的地面文物。由佛教信徒募捐立于华亭县城闹市口,幢身镌刻陀罗尼经文,以超度亡灵。又相传"立幢之地有涌泉,谓海眼,故在此立一石塔镇之"。1962年大修,经发掘,知唐代实际地工于现地平1.6米。石幢现21级,高9.3米。造型秀美端庄,雕刻圆浑生动,具盛唐艺术风范,为全国现存石幢之佼佼者。

按:此说明碑立于松江区松江小学内,铁栏栅外。

南翔寺熏炉铭

(慧禅撰 2001年)

　　进香贵乎诚心,故曰一瓣心香。熏炉为焚香之法器,丛林之珍物。众生因熏修而登觉路,获礼佛而种善根,利益不可思议。如来以大悲心,欲令众生于二六时中,以氤氲之烟香,触鼻所闻,悉令超脱。于是建置熏炉,时时焚香,夤缘觉悟。烟香一经入闻,即意明心;因心生愧,深感如来寓斯弘济;由是皈依三宝,渐出苦轮。

　　留云寺承继云翔寺之千年基业,复承留云寺之香火,万法归宗,合二为一。两寺全盛时期,皆金刹梵宇,峻极云表,道风蔚然,冠于四方。岁月惊过,流芳歇绝,不其惜乎?兹有陈谈大檀越,舍净资建铸青铜熏炉,藉留万年香烟,缭绕于斯,是为留云[耳]。

　　值此国运昌隆,政治清明之太平盛世,诚宜亟扶正教,以迓祥和云尔。

惭愧僧释慧禅铭识
岁次辛巳(2001)立夏吉旦

　　按:(南翔寺)熏炉铭,由僧慧禅撰铭,铸于2001年,现在嘉定区南翔镇云翔寺。录自2009年《云翔寺志》。

真如寺经幢石刻文字

(2001年)

东：南无释迦牟尼佛

开经偈

无上甚得微妙法，百千万劫难遭遇。

我今见闻得受持，愿解如来真实意。

尊胜陀罗尼经(略)，妙灵书。

西：佛历二千五百四十四(庚辰)年(2000)九月十九日，住持沙门妙灵沐手敬书。真如佛塔落成于已卯年(1999)腊月，继而为报国土恩，庄严净土，营造经幢两座，历时两年，落成于辛巳年(2001)腊月八日。将此功德回向师长众生，以总报佛恩是碑为跋。

尊胜陀罗尼经(略)，妙灵书。

按：以上经幢两座，青石质，高十余米，立于真如寺佛塔之前，文字录于经幢。楷书竖书。

潮音庵宝昂师太行业碑

(觉醒撰　2002年)

宝昂师太(1917—2002),浙江余姚人,出生于张姓贫寒人家。幼年失怙,母笃信佛教,为家乡龙泉寺信女。师太因邻居龙泉寺,又受慈母熏陶,耳濡目染,夙有慧根。年七岁,遇上海川沙真武台主持典香师祖驻足龙泉寺,嘘问之余,师祖顿生爱怜之女,遂征得其母同意,抱携来沪,嘱依师傅达鹤剃度出家。师太童稚入道,即傍青灯古佛,识字习经不辍。一九三五年,十八岁,往赴浙江天台山国清寺礼可兴老和尚受具足戒。一九三七年,二十二岁,应地方善信拥戴入主潮音庵,时有上海龙华寺住持性空大和尚亲主礼送师太进庵仪式。

潮音庵始建于明朝景泰七年(1456),为江南著名之尼众道场,历史上因祝融祸祟,几番罹灾重建。迄于现代,又遭侵华日军炮火摧坏。及至师太进庵,逐渐修葺,始有恢复。其时上海为万国五方杂居之地,人欲横流,所在皆是。而师太独能朝夕领众熏修不已,粥鱼斋鼓,庄严佛事,名扬当时,俨然净土。

至"文革"浩劫,庵院受事势之拂逆,境缘骤变,三宝涤空,师太亦流落于畎亩之间。十数载栉风沐雨,劳作为生,手胼足胝,倍受辛苦。1982年,因宗教政策落实,得地方政府襄助,庵院再度修复,师太自甘不坠其志,柱锡再住。继而心筹指画,募财鸠役,仅一年有余,弥勒殿、大雄宝殿、客堂、念佛堂即次第告成。1986年,满堂佛像落成开光,庵院并为师太升座共庆。同年,上海浦东新区佛教协会(筹)成立,师太德高望重,被选为佛协会长。一九八九年,师太发愿筹建藏经楼、报恩塔、圆通殿，其间空心劬体，艰难备尝，终因人天拥护，檀越资助，越十年而缔构甫成，心力耗尽，垂垂衰矣。二〇〇二年二月，染小恙，溘然圆寂。世寿八十五，僧腊七十八，戒腊六十七，建塔于慈庵矣。

　　师太七岁入空门，茹素颂佛，戒行严谨，与人相处，仁慈宽厚，待人惟恐礼之不周，温良谦恭，其善可铭。虽人生坎坷，几度摧折，却负重耕耘，凤愿誓成，平生建树煌煌，为佛门同道所感佩。师太亦注目人间，开怀群生，为社会教育文化、妇女儿童、环保福利、社区建设、赈济灾民等事业不吝布施，慷慨捐赠，各界为之赞叹，善信因而景从，曾历任浦东新区人大代表、政协委员兼联络员。

　　呜呼！金石可朽，师太懿德永存。
　　上海玉佛寺住持觉醒撰并书，弟子安南、安法敬立。
佛历2546年6月

铭曰：

　　宝昂师太，戒德严谨。爱教爱国，利乐有情。为人心愿，乐善好施。公益事业，有求必应。修桥铺路，无不随喜。弘法利他，不畏艰辛。举措施为，至上众生。无我空为，悲智双臻。宝昂安南，发誓愿心，兴建宝塔，用报四恩。筹集资金，购买材料，常常忙到，半夜凌晨。务实辨道，为法忘身。利益社会，不求回报。但愿众生，离苦得乐。无我利人，全是真心。报恩佛塔，屹立浦东。金光四射，雄伟高耸。护国利民，知恩报恩。和风吹拂，塔铃悦耳。消除烦恼，净化人心。呕心沥血，千苦万辛。宝昂安南，悲愿宏深。树大法幢，再造圆通。圆通宝殿，观音庄严。三十二应，金光熠熠。心诚则灵，感应无边。大慈大悲，救众生苦。众生何苦，苦于外求。为民造福，高山景行。潮音佛灯，永放光明。大中福份，刻碑纪念。

　　菩萨弟子福星谨撰。
　　公元二〇〇二年，佛历二五四六年金秋敬立。
　　按：潮音庵位于浦东顾路镇南首，始建于明景泰七年（1456），后多次重修。1982年，即行重新修复开放。住持宝昂师太重建，为当时上海郊区第一所尼寺。觉醒撰稿，宝昂的弟子安南、安法立石。该碑立于潮音庵圆通宝殿前碑亭内。碑文录自潮音庵石碑。

重修万佛宝阁碑记

（紫波撰　2002年）

　　奉邑万佛阁始建于前明,原系乡间小庵。明洪武,信国公汤和督筑青邨堡,即今奉城城墙,遂将万佛阁重建于北门月城弯内。迄今六百余载,而因缘蹉跎,庵内殿堂楼阁几度复兴,历经沧桑。忆及普缘,常住僧尼感叹唏嘘不已。当今住持新量法师虽出身贫寒。而宿具善根。幼年入道,常待师公了愚师父,又禅于左右,年满十八即受具于焦山定慧寺。自此严持毗尼,修学精进,乃承传临济宗法脉第五十代。以其耸壑凌霄之威仪,感化芸芸众生。然"文革"逆缘,共业难违,万佛阁庵院无奈挪作他用,尼众杂散,道场凋零。有赖社稷振兴,与云蒸蔚,佛光破雾,再现道场,紫煙又冉,教法回归民间。法师铭记祖师大德之圣训,深知寺院与社稷实为唇齿相依,国运昌盛乃道场振兴必具之缘。一九八九年六月,万佛阁承奉贤政府允诺,重启山门。因缘殊胜,万佛阁幸得免于徒存雪泥鸿迹之运。新量法师不畏年迈,以耄耆之年重振丛林。于短暂数年,即修复了大殿、山门、法堂、楼阁,重塑佛像。自此,万佛阁松茂竹苞,沪上大德明旸、真禅长老欣然为山门、大殿题名。一九九四年农历二月十八,万佛阁佛像开光暨新量法师荣膺住持庆典隆重举行,这实为奉贤佛教数百年来之幸事。一九九八年,万佛阁后法堂楼阁有倾压之虞,新量法师立愿修复。有赖政府支持,诸方檀越护法,并得贤徒性康法师沥血叩心,鼎力操持,因缘成熟。是年九月十二日,觉醒、照诚、荫远、观性等沪上佛教界大德亲临奠基。明旸、茗山长老分别题名书联，为其营造增上缘。工程历时三年，耗资五百余万。其间募缘逾伍拾万者，陶新康、沈国平，逾三十万，傅君芳、朱瑞雪，逾廿万，张大妹、黄德义，逾十万，李银芳、胡龙英、蔡贤、周小弟，逾五万，新量法师、何树滋、陈献懋、徐胜军、何晓韵。设计师高清华、张一丰，古建筑师陶万生，为之募缘设计。扩建后之万佛楼、钟楼、鼓楼，廻廊相接，蜿蜒典雅，气势恢宏，威严壮观。阁上供奉万尊佛像，万德庄严。时逢盛世，古刹生辉，丛林规范，道风重振，龙象辈出，实乃名符其实的沪上名刹之一。每逢弘法圣会，万众云集，新量、性康法师中兴之功弗能没矣。张星莲谨记。

佛历二五四六年岁次壬午(2002)仲夏万佛阁常住制立，紫波居士撰并书。

（碑阴）

重修万佛阁檀越芳名(略)

按：此碑立于万佛阁的万佛楼东侧。万佛阁在奉贤区奉城镇北街，始建于元末，明洪武十九年(1386)，建奉贤城，庙后即城墙，现庙身建在老城墙上。1989年，重新修复开放。碑文录自万佛阁石碑。石碑青石质，高194厘米，宽88厘米，底座高37厘米。石碑正面，为"重修万佛宝阁碑记"，碑文20行，行39字。背面为重修万佛阁檀越芳名，最上3排，每排18人，次三排，每排20人，再5排，25人，最下4排，每排35人。石碑西侧碑阴，刻"捐助碑刻芳名"共6排，每排3人。

重建无为寺碑记

(杨雨生撰 2002年)

　　无为禅寺瀛西古刹也,踞庙镇以西,濒庙港之东,屋宇坐西向东。佛殿雄伟,法相慈悲,南北两侧厢房并列,楼高两层,僧寮、客房、斋堂应有尽有。大小房屋三十余间,砖木结构。气象巍峨,雕梁画栋,金碧辉煌,四周阡陌交通,绿树成荫。无为寺,原名吃素庙,始建于清代同治年间,胜莲法师亲手落成。继而由自性、善慈、广仁、明藏等法师在此修行。胜莲法师圆寂后,由弟子自性承其衣钵,每逢佛期圣诞,本邑西部及异地善男信女,敬香礼佛。寺虽微而恩广,僧虽寡而德厚,年虽近而功显,地虽僻而道崇,堪称佛教之圣地也。流光易逝,物换星移。一场浩劫,佛教蒙难。百年古刹,毁于一旦。修行僧众,驱回原籍。寺基转为他用,实深遗憾。二十世纪八十年代,在党的光辉政策照耀下,善慈、明藏、宗莲等法师重返古刹旧址,于简陋房屋中修行。一九九三年,蒙政府恩准开放,从而,香火日趋兴旺。众僧发心菩提,立誓重建禅寺。并赖护法居士及大德僧尼同心协力,鼎力资助,精打细算。几经周折,千方百计,于一九九六年金秋,破土动工,历时百日,古刹新姿,再显丛林,山门飞檐翘角,清净肃穆,庭院奇葩异草,四季馥郁,宝殿恢宏,高耸如云。佛像庄严,威光无极,法器幢幡,一应俱全。东西两侧厢房对峙,斋堂客房窗明几净,经阁千余藏卷,僧寮独宿静修。佛期圣诞,香客逾万,车水马龙,热闹非凡,诚佛教圣地也。弘扬佛教事业,增进民族团结,庄严国土,利乐有情,是为记。

监院　明藏　上海居士李培德罗守炜全家助立

佛历二五四六年、公元二〇〇二年孟冬,邑人杨雨生撰文镌刻。

按:无为寺在崇明县庙镇米洪村,初建于清咸丰、同治年间。1995年经批准修复开放。碑文录自无为寺,碑在山门口东侧墙上,黑色大理石质,高约170厘米,宽60厘米。楷体竖书,15行,满行48字。

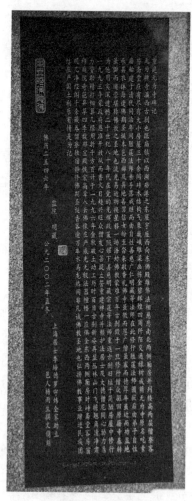

重建无为寺碑记

明公上人传略碑

（照诚撰　2003年）

师讳日新,字明旸,一九一六年岁次丙辰,正月十一生于福州。俗姓陈,父南星公,母蒋氏树英,书香世家,少颖悟,五岁即诵《孟子》。九岁父殁,哀痛逾常,遂萌出世志。翌年,皈依圆瑛法师座下。未几,圆公入主雪峰,师童真入道,年十一,从圆公剃度,习佛经教,闻思精进,兼涉诸学,触类旁通。年十五,在天童受具足戒,现大比丘相。年十九,任沪上圆明讲堂监院,法门龙象,初露峥嵘。"七·七事变",师随圆公组织僧侣救护队,任中国佛教会灾区救护国秘书兼总联络。"八·一三"沪战爆发,奔赴吴淞战场,舍生忘死,抢救伤员。稍后,随圆公取道香港,远渡南洋,倡"一元钱救国难",募得巨款,支持抗日。"念佛不忘救国,救国不忘念佛。"归国后,与圆公同遭日本宪兵逮捕,关押南京日本宪兵司令部,严刑逼供,师徒大义凛然,正气干云,据理辩驳,终得获释。传奇经历,一时佳话,光荣事迹,永载史册。而立之年,即协助圆公创楞严专宗学院、圆明佛学院,主持教务,鞠亲法施。至一九五二年,师为圆公随行秘书,出席保卫世界和平委员会亚洲及太平洋会议。一九七九年,又随赵朴初居士组成中国宗教代表团,首次出席第三届世界宗教者和平会议,堪称和平使者。圆公当选新中国第一任佛教协会会长,师襄助会务,劳绩甚著。师随侍圆公近卅载,奉献唯谨,师弟之谊,逾于常伦。圆公于师,实为法身父母也。师恪遵"三求三为"遗训,以师志为己志,毕生奉行,未尝稍懈。虽屡经劫难,而处惊不变,服务社会以修身,潜修默行而治心,其德望所归,四众同仰。膺任京、沪、浙、闽多所古刹方丈,中兴龙华、驻锡天童、重振圆明、住持广济、光大西禅、主席光孝。道风所被,化度无量,为续佛慧命,绍隆三宝,师大启戒坛于宁波天童、苏州戒幢、上海龙华、美国万佛城,传授三坛大戒。令毗尼久住,正法永昌,作育僧才,竭尽所能。年近七旬,复创建中国佛学院灵岩山分院,擘划经纬,培育英才。年届耄耋,又出任上海佛学院院长,骥骋千里,造就教中栋梁,春风桃李,花开无数。师主编《圆瑛法汇》暨《圆瑛法师年谱》,亲著《佛法概论》,汇集《明旸诗集》,出版累达数十万册,广施法雨,流通各界,文字般若,放光寰宇。师曾八次出访美国,七次东渡扶桑,多次前往印尼、菲律宾、新、马、泰、缅、韩、加、墨西哥、澳大利亚、欧美各国,及台港澳地区。或代表中国佛教协会法务弘化,或以当代法将,宏开法筵,作狮子吼,素有教界民间外交家之誉。两岸初通,师为大陆第一人赴台弘法,维护祖国统一。师爱国情殷,护教志坚,高僧形象,享誉当世。师历任全国政协常委、中国佛教协会副会长兼弘法基金会主任、全国宗教和平委员会副主席、全国政协宗教委员会副主任、上海市佛教协会会长、中国残疾人福利基金会理事、上海红十字会理事等职。维摩手段,悲智俱足,真俗圆融,慈云广荫。呜呼!方期住世度化,不意薪尽焰息,捨幻归真,二零零二年岁次壬午六月望旦前夕,师于龙华栖心静室庄严入化。慧星陨落,日月潜辉,智炬倾折,人天同悲。茶毗得各色舍利千有五百,璀璨灵透,间有一老僧跏趺入定状之舍利花,世所罕见。十方善信闻风瞻礼,虽一切有为法,如梦幻泡影,然千余舍利放光动地,实是师之不捨有情,行愿无尽,开权显实,摄化群生之昭示也。师一生戒行冰霜,操守磊落,护国护教,为法为人,实可谓佛门良相,僧中人杰,名垂千古矣哉!师世寿八十七,僧腊七十六载,戒腊七十二夏,法腊五十秋。为禅门临济正宗四十一世,曹洞正宗四十七世。塔在天童山青凤岗,松风幽然处。师有法嗣数十,皆青年才俊,分灯续焰,弘化一方。缅师功行,高山仰止,略叙师之行状,爰泐贞珉,永为后昆之式瞻尔。

佛历二五四七年(2003)岁次癸未四月初六,嗣法门人照诚稽首,三宝弟子茆帆熏沐敬书。

按:明旸法师(1916—2002),中国当代高僧,曾任中国人民政治会议全国委员会常务委员、上海市政协委员、全国政协宗教委员会副主任、中国佛教协会副会长、上海市佛教协会名誉会长、会长,上海龙华寺、圆明讲堂、宁波天童寺、福州西禅寺、北京广济寺、福州光孝寺住持等职。碑青石质,此碑铭由照诚撰于2002年,茆帆书。隶书竖书,原文无标点,24行,满行56字。

重修龙音寺碑记

（照诚撰　2003年）

龙音寺滥觞于闵行镇之观音阁，相传清乾隆年间，有观世音菩萨像自黄浦江漂来，时人见而迎归，旋于闵行镇横泾东岸，设观音阁供奉。嗣后有丈余白蛇从观音阁遊入横泾河而去，僧尼见之无不称奇，视为白龙现身，遂请巧匠木雕龙头一尊，供奉于观音阁。一九三七年，住持惠明法师重建观音阁，易名为龙音寺，取其观音来此，白龙现身之意。可叹其时国难当前，民不聊生，故虽有惠明法师携众发心，然所建寺院犹如茅蓬，占地仅一亩余。"文革"期间，龙音寺钟沉鼓寂，梵音绝响。三十余年后，欣逢盛世政通人和，龙音寺得以重光。一九九五年闵行老街规划改建，龙音寺迁至闵东路一号之民宅，占地与原寺相当。一九九六年二月，上海佛学院首届学僧信弘法师受市佛协暨信众之邀，驻锡龙音寺。为继释迦之意志，酬众生之恩惠，尽佛子之本份，法师作狮子吼，率领两序大众不懈筚路蓝缕，振啟山林，修葺刹院，重兴道场。寺内诸师道心纯厚，志如金刚，大众苦心劬体兢兢业业，化庄严龙音寺之弘愿为踏实奔波，转普度众生之悲心为实际行动，乃於二〇〇二年初冬，开始重修扩建龙音寺，既赖党和政府的大力支持，又得计方善信之鼎力襄助，两序大众同甘共苦，三宝加持龙天护佑，扩建工程得于二〇〇三年夏日告竣。今日龙音寺占地两亩有余，新建三层重檐殿堂，底层法堂，二楼为大雄宝殿，三楼为藏经阁，浑然有致，一气呵成，融古今中外之风格，集佛教庄严之特色，巍峨壮观，别具一格，是谓春华秋实，功不唐捐，千秋伟业皆为众生,他日龙音道场必是净化社会,普济众生之胜地矣,佛国花香,功德庄严,龙音月影,有以兴哉。

佛历二千五百四十七年岁次癸未冬,照诚于华林丈室。茆帆书。

按:此碑录自闵行区闵东路1号龙音寺内,碑黑色大理石质,楷书竖书,18行,42字,碑首仿刻篆体9字"龙音寺佛法三宝印"字,2003年立,照诚撰。龙音寺,相传始建于乾隆年间,1937年,尼惠明重建。1985年,经批准恢复活动,1995年迁建至现址。

玉佛禅寺觉群楼记碑

（觉醒撰　2004年）

　　玉佛禅寺始自清光绪年间，慧根上人首建原址在江湾，后经变故，赁屋为寺。三传至可成始，募得今址十余亩地，别立招提。苦心经营，十载方成。梵宇轮奂，佛像庄严，香火盛甲于沪上。可成和尚寂后，法嗣远尘继席，前后十稔，守成不易。然疏奥义于震华，赞微言于叶者，其唯震华法师乎。法师师承夹山法系，常究心于法海之中，撰文于方侣之外。主持伽蓝期间，士人宾客竟相映遇，从宗风丕振，巍然匠首。惜英年早逝，不克全功。后复有止方、苇一、苇舫等上人，次第接膺，于风云变幻之中，各施所长，万千辛苦，固不待言。"文革"之后，先师真公被推为第十任住持。百废俱兴，不甘人后，高建法幢，秉拂兴学。衲负笈上海佛学院，得以亲炙先师座前，躬聆法要，由是晓夕侍随，每有疑义，质诸几席，师必正其是非，辩其曲直，使了然而后已。十易寒暑，如沐春风。而今衲接席守成，不时不体先人之志，战战兢兢，如履薄冰，恐有负先师重托。年来国运昌隆，香客盈门，游人如织，原本狭小寺宇，更形局促。大众欲求别馆，以备身养性，势所不能。所幸佛力加被，善缘成就。壬午年（2002），顺利征得原利群医院用地，别筑新楼。蒙四方乐善士绅慷慨解囊，共襄盛举。爰癸未春，鸠工兴修，至甲申秋，籍竟厥功。但见画栋重檐，廊庑相连，芳草流水，曲折周致。幸栖止之有托，谅中兴之在望，而名斯楼曰"觉群"者，盖取觉悟群生之意。由此，不惟诸檀越以斯福田获诸善果，凡预是役者，亦俱植菩提之胜因矣。安得不勒石以记,故敬撰俚言,以存诸上善人不朽之功德云。

甲辰年岁在析木之津,觉醒沐手记于般若丈室,小晴敬书。黄维生敬刻。

按:此碑嵌于玉佛寺后,觉群楼南墙。碑文录于玉佛寺,黑色大理石质,竖书22行,行27字。2004年立,署觉醒撰,刘小晴书。

觉群楼记碑

洪福寺重修功德碑记

(圣怀撰　2005年)

大觉世尊，乘悲愿以示众生本人心而立教，俾迷头认影者，亲见本来面目。怀宝受窘者，顿获原有家珍。故得三乘速证本来菩提，六凡同登觉岸。此道传天上天下，教布三千大千由来也，良有佛法者，心法也。此之心法生佛同具，凡圣一如。在凡不灭，在圣不增。佛由究竟悟证。故得福慧两足，烦惑永亡，享真常之法乐，施随机之大教，佛教自汉，传于东土，历朝钦敬，举世尊崇。恰逢盛世，吾师上荫下远老和尚，不以衰老为虑，誓发大愿，费尽心力，重建洪福。兴药师之道场，普度群生，令古刹重辉矣。为使道场之清净庄严，又蒙护法居士杜元龙、郑鸿芳、杜建峰、吴佳琦、杜元海、徐德华、杜建国、朱雨、杜钰清合家善眷人等，慷慨解囊，捐资百万余元，方有道场焕然一新之感，今则仰药师如来之威光，感群生念、消除业障，尊崇福祉。家门清吉，身心安康，生人圣域，没往西方，先亡祖妣，历劫怨亲，但蒙佛慈，获本妙心。兵戈永息，礼让兴行，人民安乐，天下太平，四恩总报，三有齐资。法界众生，同证菩提。

　　药师如来琉璃光　　誓愿宏深世莫量　　显令生善集福德　　使密灭恶消祸殃

　　拔苦必期二死尽　　与乐直教万德彰　　法界圣凡同归命　　蒙恩速得证真常

　　岁次乙酉年秋月　　佛教历二五四九年(2005)　　　　洪福寺圣怀敬撰

按：碑文录自奉贤区奉城镇洪庙社区洪福禅寺大殿南墙上，除碑名外14行，行45字，宋体，刻在黑色大理石碑上。洪福禅寺建于清乾隆三十年(1765)以后。1995年，经批准移地重建。

洪福寺重修功德碑记

法藏讲寺六和钟铭

(2006年)

(钟面)

六和钟

风调雨顺,国泰民安。

佛日增辉,法轮常转。

佛历二五五〇年,农历丙戌年(2006)吉月。上海法藏讲寺监制。

香港善信:薛雯文、谢燕杰、盛品儒、黄炳均、杨轩嘉、盛承慧、蒋莉莉、黄懿行、谢燕铭、黄智行　敬献。

(钟腹)

《般若波罗密多心经》全文(略),赵朴初和南敬书,

按:钟在法藏讲寺平台西侧,青铜铸,高153厘米,钟径100厘米,钟壁厚5厘米。中国佛教协会原会长赵朴初手书《心经》为楷书,其余钟面文字为隶书。

法藏讲寺六和钟

性修法师墓塔铭

（悟端撰　2006年）

墓塔(正面)

西林堂上性修老和尚之灵塔

（墓碑碑文）

上性下修法师传略

师讳性修，上海市佛协咨议委员、区政协常委、佛协会长、西林禅寺法主、神州梵呗高僧。生于一九一九年农历十月廿日，逝于二零零六年九月二十日，享年八十又六，僧腊七十九年，戒腊六十三夏。师江苏泰县苏陈镇苏东村孙家垛人，姓孙，九岁入常州圆通庵，法号性修。前曾入私塾。至念古文观止，书习颜柳。年十八，于宜兴澄光寺受戒，十九入常州天宁佛学院习教理。翌年，转焦山定慧寺佛学院习梵呗。抗战军兴，同仇敌忾，师首当其冲，勇入沪玉佛寺僧伽救护队，唯圆瑛朴老义旗是瞻，随真禅共御外侮。二年后，任沪法藏寺副寺，转海会寺知客。抗战报捷，由毓生法师荐任苏州承天寺住持。建国初，返沪主海会寺。翌年，由慧开荐任无锡法界之永安殡场，主安化职，至八零年荣退。八三年，于天童寺重返法界，翌年底，由明旸大法师邀至龙华古寺任监院，授梵呗。八七年七月，受宣化老之邀，入京广济寺、沪龙华寺百僧团，赴美弘法，于加州万佛圣城举水陆空大法会，师主唱内坛梵呗，鹊雀海内外法界，首赴彼岸载誉荣归。一九九二年三月一日，由明旸送座，掌教西林禅寺重振宗风。二零零四年七月五日，荣膺法主和尚，禅让丈座于不佞。悟端念师十二年来为毗庐殿、大雄宝殿、钟鼓楼、僧寮、丈室之重建,诸佛之装金,久劳神思。又为佛协之建设,大方、东禅、九峰、延寿、福田诸寺之重光,安养院市内之首创,青年僧才之培养,荜路蓝缕,呕心沥血。师手泐一佛刊,沙门佛宇萃集,恰印证师一生巍功于佛,永成楷模大德,梵行人天共需。端稽首谨叙。

丙戌(2006)立塔　方丈悟端敬撰　□□□□敬书　松江区佛教协会敬立

按:性修法师(1919—2006),曾任上海龙华寺监院、松江西林禅寺住持。此墓塔除基座外,六面五级,2006年立于松江区中山东路邻近西林禅寺的塔院,悟端撰,墓塔高385厘米,四面方形,底每边130厘米,另有墓碑高200厘米,碑身高150厘米,宽75厘米。碑铭名横书,铭文楷体竖书,18行,行33字。

庄严寺恭塑千手千眼观世音菩萨圣像功德碑

(2007年)

现前观世音过去正法明如来,往昔因中曾在千光王静往世尊前发大誓愿,当来之世即以千手护持,千眼照见受苦众生永离恶道得生佛前,愿毕即时身生千手千眼大地为之振动,十方诸佛称扬赞叹。《法华经观世音普门品》云:"若有众生,应以长者、居士、宰官、婆罗门、妇女身得度者,即现妇女身而为说法。"菩萨于此土众生特别有缘,深受广大众生恭敬供养,尤以妇女为最。家家弥陀佛,户户观世音的普遍现象性促进了对观世音菩萨的信仰。

沪西南隅有梵宇庄严寺者,为欲众生敬仰菩萨集资构材修建圆通宝殿,以便供奉圣像。粤有檀越居士孙坚,年轻好佛,宿具福慧,发广大心,护法安僧。经王彩英居士指引,造像功德,福不唐捐,乃效给孤独长者施金布园,供佛及僧故事。须出净资善款数十万元购香樟木敬塑千手千眼十一面观世音菩萨圣像,送庄严寺永久供奉。以此功德祝世界和谐,祖国昌盛。并祝法界众生,同圆种智。

时维佛历二五五一年秋吉日心明法师立

按:此碑在青浦区练塘镇蒸淀东团村庄严寺内,碑身花岗石质,双龙冠碑首,山贔屃座,连碑额高350厘米,宽114厘米,厚22厘米。碑文录自庄严寺,连碑名15行,30字,正书竖排。

达缘法师墓碑铭

(2007年)

达缘法师墓塔
(墓碑)
佛历二五五一年农历十一月
上达下缘老和尚纪念塔
松隐禅寺监院法定敬立
(墓铭)

达缘长老生平

上达下缘法师,俗名庄国雄,一九一九年七月六日诞生于上海金山枫泾镇一户殷实的世代书香门第户。由于法师出生时,即露出灿烂的笑容,因此以外号"弥陀"而闻名乡里,法师由佛化的家庭熏导,自幼信奉佛教,为虔诚的佛教居士。一九三五年,达公上人在上海法藏讲寺,依止天台宗一代宗师兴慈法师正式归依三宝。嗣后,法师的修行日益精进增长,终于慧根具足,于一九四四年,法师于普陀山梵音洞住持,临济宗传人洽义上人座下剃度为僧,法号达缘,字惟良。

出家为僧之初,达公上人因家乡父老乡亲的请求,回到故乡枫泾主持了性觉寺的修复工程,为早已荒废的寺院,再续道场香火,作出了不懈的努力。这也为达公上人一生专注于各地寺院道场恢复,慧灯承续的事业之澜觞,诚可谓法师之宿命使然。后因性觉寺被土匪打劫,达公上人再度返回其师洽义法师住持的梵音洞,与其师相伴修学,直到新中国成立。

五十年代初,由于历史的原因,达公上人被迫离开普陀山梵音洞,回到故乡枫泾镇,住进了早已挪作他用的性觉寺偏房,与尚在寺院生活的几位出家僧一起,坚持修学,艰难地坚守着自己的信仰,一九六四年"四清"运动时,达公上人终因性觉寺所有的出家众被遣返,也再度被送回家,参加田间劳动。"文革"开始后,达公上人先后在麻将厂、化工厂做工人。尽管种种因缘对达公上人的出家生活带来干扰,但是,达公上人对自身的信仰和选择的人生道路初衷不改,坚持修行念佛,坚持茹素独身,成为当时特殊时代一个穿着俗装的"白衣僧伽"。同时,他在工作单位,保持着佛教徒应有的慈悲情怀,吃苦耐劳踏实工作,满怀古道热肠地悉心照顾两个五保户,还在化工厂被多次评为劳动模范,表现出佛教徒良好的社会公德素质和社会责任感。

党的十一届三中全会结束了,"文革"的错误,拨乱反正焕发了达公上人作为虔诚出家僧的信仰生命。一九八零年,达公上人再次重返普陀山,重新穿上袈裟,协助妙善长老修复普陀首刹普济寺。并在寺院任香灯师三年,后又返回自己出家的寺院梵音洞,将梵音洞从一个小茅篷恢复为壮观庄严的寺院,当梵音洞道场建设功德圆满时,嗣后,他又主动向妙善长老要求承担善财洞的修复任务。达公上人在普陀山上十年,将普陀山名刹梵音洞、善财洞从无到有,从茅篷到大丛林,修缮一新,为普陀山的寺院修复作出了重要的贡献,但是他还是那么的淡泊名利,一派洒脱的禅寺本色,一尊让所有信众为之亲切的慈悲弥陀笑容。

一九八九年,金山区宗教事务办公室的两位领导亲自赴普陀山,探望拜会达公上人,请求达公上人返回故乡,振兴家乡的佛教事业,恢复故里的佛教道场,自此,法师由普陀山回到家乡金山,为金山佛教道场的恢复,呕心沥血,奔波操劳,他虽已是耄耋之年,修复寺院,重振道场,承续法脉的壮志却毫无退却。在他的引领下,金山区的性觉寺、松隐禅寺、万寿寺、五龙寺、东林寺等五所重要的寺院,先后在上世纪九十年代至本世纪初,相继开放,金山地区佛教事业薪火相传，慧灯续命，道场振兴蔚为壮观，法脉流传佛光普被。

不仅如此，达公上人为续传法脉，尚不顾年迈奔走于浙江、江西、福建等地，为各地寺院的道场建设，为各地佛法的弘传流布，付出了辛勤的劳作，贡献了杰出的睿智。他的事业和英名，在佛教界可谓有口皆碑。

达公上人是上海佛教办的耆宿，是老一辈佛教僧众的代表。其虔敬的信仰，精进的修行，良好的道德风范，赢得了上海及各兄弟省市广大四众弟子和各级党政领道（错字，应为"导"字）部门的广泛尊重，特别是他在年过七旬的耄耋之年，殚精竭虑，呕心沥血，致力于佛教道场的恢复和振兴，全身心投入于弘法利生，佛教文化事业振兴，佛教慈善事业开展，佛教僧众队伍建设，绍隆佛种，续佛慧命的接班人，培养事业等，作出了不凡的业绩，得到了广大四众弟子的由衷赞叹，以及各级党政领导部门的高度赞许，达公上人是一位虔诚的佛教徒，他的一生是笃行梵行，依教奉行的一生，他拥护政府，爱国爱教，胸襟开阔，顾全大局，勤学五明，严持毗尼，严于律己，宽厚待人，工作勤恳，任劳任怨，是上海佛教界一位广受尊重的爱戴的法师，堪称人天师表。达公上人认真学习，积极拥护党的十一届三中全会以来各项方针政策，政治上坚持党的四项基本原则，他经常向大家宣传爱国爱教和祖国现代化建设成就，同时积极地宣传党的宗教信仰自由政策。达公上人作风正派，待人和气，团结僧俗大众，深得教徒好评。达公上人慈悲为怀，乐善好施，勤俭节约，生活简朴，见到困难僧俗大众，总是主动关心询问，慷慨解囊，体现了一个佛教徒不为自己求安乐，但求众生得离苦的思想境界。

达公上人生前为上海市佛教协会咨议委员会委员，金山区原政协常委，金山区佛教协会名誉会长，金山五座寺院方丈，并兼任福建、浙江、江西等省诸寺院方丈。由于法体达和，经医务人员多方精心治疗和抢救，达公上人终因尘缘已尽，于二〇〇七年十二月九日晚十九时四十五分，於东林寺西归示寂。享年八十九岁，僧腊六十三春，戒腊六十一夏。达公上人的辞世西归，使上海及兄弟省市佛教界失去了一位德高望重的长者。我们有信心秉承达公上人遗愿继续为上海及金山佛教事业开拓进取,作出更大努力。愿达缘长老早登莲界,乘愿再来,含笑常寂光天。

按:达缘法师(1919—2007),曾任上海市金山区松隐禅寺等住持。墓塔2007年立于松隐禅寺内,墓塔总高404厘米,正方形基座高100厘米,金刚须弥座式方形碑身高140厘米,上为200厘米高的圆形仿覆盆式塔刹。圆形塔刹前黑色大理石墓碑隶书书墓名,塔身四面黑色大理石楷体横书墓铭。铭文录自墓塔。

静安寺福慧宝鼎铭

（2007年）

（北面）静安寺
（南面）福慧宝鼎
（西面）
静安寺制建寺一七六零年纪念
古刹三国建，沪渎有重玄，石佛晋浮现，圣迹显重元。
唐时称永泰，宋敕名静安，智祖留佛阁，仲师移伽蓝。
元收八景偈，明铸钟声梵，清树化罗汉，选贤十方赞。
佛日普光明，福慧共修善，鼎运昌隆际，转正法轮缘。
岁次丁亥，住持慧明监制。
（东面）
历二五五一年（2007）四月初八日
我见牟尼尊，面貌常清净，百福相奇特，世间无伦匹，。
烦恼垢永尽，智慧悉成满，一向常归命，身心无疲倦。
故我以五体，欲得胜安乐，脱苦无所畏，敬礼释迦文。
法本法无法，无法法亦法，今付无法时，法法何曾法。
释迦牟尼佛佛诞日铸。

按：静安寺福慧宝鼎以白铜铸造，重15.5吨，鼎高10.23米，表示2007年10月23日静安寺建寺1760年之际铸成。

无为寺复刻梁漱溟先生发愿文碑

(2007年)

发愿文

我今在佛前顶礼,披沥一心作忏悔。无始以来贪嗔痴,身语意业罪垢重。

或有覆藏不覆藏,而今一切深惭愧。愿佛菩萨证知我,立志发愿更不造。

愿佛菩萨加被我,清净心开三业净。佛道无上誓愿成,法门无量誓愿学。

烦恼无尽誓愿断,众生无边誓愿渡。心佛众生本一如,念念唯期显自性。

八五叟梁漱溟于北京东郊寓庐。

按:此碑在崇明无为寺后园,发愿文为梁漱溟撰1979年,此碑复刻于2007年。总高230厘米,座高70厘米,碑身高160厘米,宽85厘米,厚15厘米。

无为寺复刻梁漱溟发愿文碑

无为寺觉林建园缘起碑

(玄洪撰 2007年)

觉林,顾名思义即觉悟奉献、圆满菩提之丛林,园分南北,寓证果修因之意。南园建莲花池,莲花清净庄严,具义无量,解脱自在、不可思议。池南蜀桧,挺拔端直,其形如塔,故称塔柏,表修学成就之菩提高广。蜀桧柏下,他日若有胜缘,当建七佛塔,显扬佛德。北园东西二分,由北而南,中有一道,塔柏相拥,通莲花池,名菩提道。此道两侧,各有六园。东为三学林,诠戒、定、慧,玉兰成群,表志存高洁;西为极乐园,明信、愿、行,金桂结伴,当德香普熏。总显因地修学,次第井然,六度万行,不离其中。如此胜妙园苑,不假胜因,何以成就。觉林筹备日久,近方启动。值此本寺启建华严胜会,海会云集,洪方倡议,远近檀那,闻此善举,皆大欢喜,乐施净资。治土植树,四众弟子,不以为苦,事皆亲为。时虽日短,功即克成。窃以为若非华严海会诸佛菩萨之加被,诸护法善信之随喜发心,觉林何以速得现前!

胜园不日大功告成,洪欢喜赞叹之馀,唯愿善信慨施,由少至多,藉此无上圣因,福慧增长,径登宝所。令正法久住此无为,报佛恩无尽于当来!

沙门玄洪记于瀛西古刹无为寺水月寮
岁值佛历二五五零年(2007)三月初三日

按:此碑在崇明无为寺后园,玄洪撰于2007年。总高230厘米,座高70厘米,碑身高160厘米,宽85厘米,厚15厘米。

上海金山朱泾镇东林寺复建碑记

（王志远撰　2007年）

　　金山者，上海之南郊区也。区以山名，山乃凭海即望之山，历沧桑而孤悬海上，逢兴隆而凸显世间。山以金名，金非据寸可度之金，贵其人文荟萃、历史悠久也矣。若夫背倚名城、面朝东海、西引杭湾、东接黄浦，黑陶古朴本先民之日用，彩画斑斓乃农夫之才艺，风采独特、意趣盎然，又岂一金字可尽括之。

　　朱泾者，金山之古镇也。港汊纵横、梁桥飞耸、垂柳婀娜、轻舟欸乃。自盛唐以降，船子和尚之诗名，隐现于浩淼烟波；东林寺之钟声，回响于峥嵘岁月虽历经蹉跎，几度兴衰，佛子之于朱泾，犹睛之于画龙。佛光普照东林之日，朱泾扬名天下之时也。谓予不信，留此碑记可验之！

　　曩者七百岁，皇元至大，有高僧杖锡，临水结庵于朱泾。奉观音而谒帝都，祈甘霖而降京畿，是则获赐灵雨之名，千载享誉。今逢盛世，政通人和，重建东林寺，再塑灵雨观音之于上海，犹灵山之于无锡，灵隐之于杭州，此长洲三角之地得此三灵鼎立，亦时运之相随，民心天意所致。万千民众之乐事，百代子孙之福荫，降灵雨一日得诵于众口，金山一日终成其宝地。谓予不信，留此碑记亦可验之！

　　东林寺复建，其可称奇者三也：以和田美玉精雕再现元代影青观音圣像，应七百年岁月之余韵，此其一奇也。以南国香樟细刻首尊唐代千手观音密像，创九百万神州之极品，此其二奇也。以水乡泽国而高筑佛丘，突兀而起，巍然而立，山即佛，佛即山，山佛一体，佛山一气。似与不似之间，真与不真之际，恍兮惚兮，唯一心所是的，此其三奇也。一奇可惊世百年，此三奇者，当效东林复兴大盛之运三百年。谓予不信，留此碑记复可验之！

　　人能弘道，非道弘人。人世之奇者，天设地造固可叹其运筹帷幄、巧夺天工者，岂非更可赞叹东林之复建。历三度春秋，经百次会议，动数十英才，期间之磨砺周折在所不言。更承十方善信慷慨倾囊，四众弟子殷勤献策。期间之切磋往复，亦在所不言。只一旦梵宫玉宇巍峨耸立，天花乱坠，万众欢腾，烦恼忧愁即是菩提妙悟，辛酸苦痛顿化激荡豪情，岂非人生之乐、人世之乐、盛世之乐、圣教之乐也。叹此诚天地之和谐、政教之和谐、人佛之和谐、世界之和谐、集于灵雨而示之也。

　　东林寺之复建异于当下者，犹有预设地宫之举，此亦传统之复兴。地宫有铭，今录于此碑。即为赞叹：

　　东林古刹，肇始大元。兴废沧桑，既七百年。欣逢盛世，飞龙在天。海上金山，梵宫重建。山即是佛，佛即是山。千手千眼，圣像庄严。自在无碍，灵雨无边。普渡众生，泽被大千。镇寺安基，地宫宝函。伏藏千载，历劫不断。法脉承续，三洲感念。供奉得福，铭之可传。

　　佛历二千五百五十一年，佛诞月岁次夏历丁亥岁四月十五吉旦日

　　西元 2007 年 5 月 31 日良辰。

　　东林寺常住敬祈佛光普照，梵宇生辉，道场绍隆。

　　王志远敬撰

　　按：此碑立于金山区朱泾镇东林街东林寺山门。王志远撰于 2007 年。碑文录自现场。碑总高 8.8 米，宽 21 米。东林寺始建于元至大元年（1308），元皇庆元年（1312）改额为东林禅寺 2002 年，经批准重建。

重建沪渎南汇会龙讲寺碑序

(汪欣撰 2007年)

明洪武十九年(1386),有僧人始置寺于海隅南汇之五灶港,初名陆家庵。此地三面环水,碧波映照。以为佛力现灵于东方,雷起于群蛰之间,则生群龙会聚之象,故又署名会龙寺,此其源也。迄于今已六百余岁矣。期间虽有荒芜废圮之时,然桐林枝干,终始荣枯不息;佛性常存,至今香火不断。公元二零零一年,有闽东净土宗僧人戒宝法师欣然来此,誓愿增广其叶林道场规模。重振法门之宏观,普度众生;弘布释门之大教,广结因缘。于是集江湖之美材,聚天下之能匠。竭耗神明,破费资财。构建佛殿讲堂,三年毕事。成大雄宝殿、千佛殿、圆通殿、地藏殿等。佛宫浮,严丽一方;高殿栋宇,百里独见。会龙讲寺之重建,得地方政府与十方善信之大力支持,今勒石以记其盛德与事由。戒宝法师,坚毅卓越。励精行道,聚沙成塔。四众弟子,群策群力。得其弘力,宝刹修成。于布道功可谓大矣广屠矣。护法使者,与佛有缘。录名于此,以纪其功德也。

朱怡雯	崔益喜	诸于美	徐彩彰	崔林妹	尤奉娟	济惠君
邹宝娣	胡金媛	龚仁德	陈曼英	倪美琴	董秀月	耿 瑶
姚志燕	陈兆勋	胡祖钦	邵菊娥	厉莲清	郑丽珍	陆翰梅
蒋佩英	施招仙	赵惠珍	张玉珍	周玉珍	李来娣	于翠香
孟宛其	吴寅根	阮杏春	沈惠英	施桂花	乔敏淑	潘妙珍
王红华	吴国谨	陈汉英	崔明姊	毛仁娣	孙赛春	余雅珍
严保宫	孟秀珍	陈 鸣	沈杏娣	朱士仙	项翠玉	张珍娣

李珍妹　黄顺娣　孙兰珍　陆金书　韩顺新　梁欢琴　徐彩珍
张秀英　陈玲仙　陈　伟　王杏媛　叶秀英　宋翠蓉　余金娣
陆霞玲　殷凤芝　施　伟

公元二零零七年十二月八日立

乡人汪欣　撰文

按：会龙讲寺浦东新区六灶镇会龙村，始建于明洪武十九年（1386），1998年后恢复重建。此碑青石质，总高380厘米，碑身高280厘米，宽90厘米，厚25厘米。除原名外14行，行48字。

重建会龙讲寺碑序

重修庄严寺记碑

（觉凡撰 2007年）

若人散乱心，入于塔庙中。一称南无佛，皆共成佛道。

沪西南边陲蒸淀镇者。东临松江，西接嘉善，太浦河以南，红旗塘之北。此地虽无崇山峻岭，茂林修竹。但清泉围绕，鸟语花香，民风纯朴，人杰地灵，亦足以修身养性，解脱烦恼之胜境也。境内现有古银杏树两株，远观如巨宝盖，郁郁葱葱，生机盎然，世谓有古树必有古寺，今庄严寺是也。元大德三年（1299）初建佛寺，原名濮阳王庙，传濮阳王墓即葬在原大殿之下，故得名濮阳王庙。庙内建有大雄宝殿，观音阁等楼台殿宇，供挂单接众，晨钟暮鼓，极一时之胜，后因兵劫战火，寺毁人散，香火渐息，惜哉。今时国家昌兴、万物复苏，佛教亦因以发扬光大，释心明法师者，童贞入道、精进修持，精研教理，受具足戒后，更发大菩提心，续佛慧命，受党和国家支持，众檀越护法，募化巨资，重修古寺，由上觉下凡老法师取庄严寺之名，并请赵朴初老居士题写寺名，即庄严国土，利乐有情之意。众多护法善信不乏须达长者之布金者，如王彩英、徐顺金、徐美宝、卓妙青、陆林英等诸上善人，鼎力支持，披荆斩棘，重修了大雄宝殿，新建天王殿，均仿宋式，歇山重檐，飞角流丹。主殿供养毘卢如来，文殊普贤，善财五十三参，护法诸天，金身晃耀，幢幡宝盖，花雨缤纷，来寺礼拜者，无不欢喜赞叹，更有观音地藏诸殿，至此，晨钟暮鼓，梵音嘹亮，何异祇园胜境。

诸多胜事,不胜列举,谨以数言,记其功德,以享来者,并同诸大善信,共发菩提心,祝愿:四生九有,同登华藏玄门。八难三途,共入毘卢性海。

时维佛历二五五一年冬上觉下凡老法师撰,心明法师敬立。

按:碑文录自青浦区庄严寺,碑文连碑名14行,32字,正书,竖排。碑身花岗石质双龙冠碑首,赑屃座,连碑额高350厘米宽114厘米,厚22厘米。

庄严寺觉凡法师墓塔铭

(2008年)

公元二千〇八年,农历四月初八,佛诞之日。觉凡法师只履西归,安然示寂。享年八十有三。僧腊七十六春,戒腊六十六夏。

觉凡法师,俗姓季氏,名学范。生于公元一九二五年三月二十六日,农历三月初三。江苏大丰县刘庄镇人也。师道性天然,童龄践法。以七岁稚童之身出家于刘庄清水庵,专心苦修,求学问道。年十三,访师参学于常熟山峰寺。

公元一九四三年,法师以担荷如来家业为己任,于镇江宝华山寺受具足戒,时年十八。自此,师身怀戒体,誓愿献身佛刹,立志续佛慧命。先后任教于静安寺、竹林寺佛学院、上海佛学院。公元一九九五年,法师任青浦区佛教协会会长。于报国寺、庄严寺潜心修行,弘法利生。

岁次丁亥年(2007)乙巳月戊午之日,师圆寂于青浦庄严寺,灵山丧宝,法宇摧梁。门徒崩号,痛结罗树。

觉凡法师两度出家,弘法而忘躯。艰辛之中可见悲愿,坚毅之内可见禅慧。法师终此一生,研习佛学,弘扬佛法。奉禁持律,犹护明珠,领众熏修,乃后学之楷模也。为青浦佛教事业之发展,僧才队伍之培养,护法道场之振兴,呕心沥血,矢志不移。

法师胸襟开阔,待人宽厚。勤学五明,严持毗尼。堪称人天师表。综师一生,乃爱国爱教之一生,笃行梵行之一生,依教奉行之一生,无愧为今世之法幢,僧团安住之津梁。今敬刊玄石,勒铭题徽。

祈愿凡公长老，此去庄严乐邦，将来遂愿度生。

辞曰：童龄出家修行苦，念佛得证成菩提。禅林幽静食禅悦，觉海慈航度群迷。俗名利无挂碍，举止定慧显威仪。悲心救苦平生愿，古德高风堪追思。

按：觉凡法师(1925—2008)曾任青浦区佛教协会会长、庄严寺住持。墓铭录自青浦区庄严寺。墓塔为汉白玉，高390厘米，墓塔宽120厘米，八角金刚须弥座上有莲花须弥座，上为圆四瓣瓜形塔身，最上是塔刹。

庄严寺觉凡法师墓塔

寿安寺功德柱缘起碑

（惟觉撰　2009年）

"如来量寿，海上万年安"，自宋嘉祐元年（1241），模、俦二法师插竹为祷，募化建寺。八百年间数番蒙尘，几度兴废。仰仗政府宗教信仰自由政策之光辉，自壬戌年（1982）恢复开放以来，十方善信之鼎力护持，历经二十余年之艰辛，丢掉古刹得以佛光普照，生机再现，全寺梵宇，环境清幽，实为爽境，栖心之所。

戊子（2008）年初，请奉全国唯一之香樟木雕福禄寿禧四方财神，爰因资金拮据，财神殿未能及时动工兴建。已丑（2009）年初，幸遇崇明名士陈伟峰先生仗义疏财，铭力捐资完建财神殿。瀛通地福慧，福及周边广场设施。实乃须达重来，希文再世，历来古德，宏宗皆崇净宇，如来说法端仗精庐。修庙造像，在佛门乃最极殊胜之功德。为说，功无虚弃，福不唐捐也！即之祈令善舍者同证菩提，乐疏者咸臻觉路。特立此碑，以彰其德，回向万代，福泽绵长。

寿安寺住持惟觉撰文，已丑腊月（2009），海上刘伯华敬书。

按：此碑青石质，高65厘米，宽110厘米。惟觉撰文，2009年立。行草竖书，19行，行18—20字不等。2012年9月4日录自寿安寺。

松江西林禅寺崇恩功德碑记

(2009 年)

上海市松江区西林禅寺,建于南宋咸淳年间,初名云间接待院,迄今已有七百余年历史。明代洪武二十年(1360)重造圆应塔供奉创始人圆应禅师舍利,原名崇恩塔,俗称西林塔,共七层八面,高46.5米,明英宗敕封"西林大明禅寺"并亲赐匾额,成为江南名刹。

一九八六年,本寺落政恢复开放,历经了续明法师、性修法师两任方丈,建有毘卢殿、大雄宝殿、牌楼、钟鼓楼、厢房,十多年来为松江佛教打下坚实的基础,为西林道场建设已初具规模。二〇〇三年以来,圆应塔环境整治工程已逐步成熟,为了道场庄严以规划建设,为了崇恩文化以创建品牌,为了身心安顿以禅净并举。二〇〇八年五月,西边新建普贤殿、三圣殿、弥陀殿、功德堂、斋堂等,在广大善男信女的护持下,今特立碑流芳。在一套班子、一个信念、一种品牌、一句口号、一套制度的倡导与管理下,逐步迈向健康、规范、有序的丛林道场,现为上海十大丛林之一。

为了提供十方四众的修学需求,愿将环境整治更为优美,愿将檀越功勋永为流芳,愿将碑廊文化更具品位。往后东边还将扩建文殊殿、药师殿、方丈室、崇恩陈列馆、上客堂等附属功能。我寺以"崇尚道德、恩泽众生,和谐社会、净化人心"的信念,愿一如既往地得到十方善信的护持。今特将本寺珍藏的部分高僧及名家的书法墨宝,结合功德榜立碑,以瞻后世。诚挚感恩,是为至祷!

上海市松江区西林禅寺住持　悟端　敬立
二〇〇九年九月九日

按:此碑在松江区西林禅寺大雄宝殿西墙外,高190厘米,宽90厘米,黑色大理石质,宋体竖刻。

西林禅寺西林修学信念碑

(2009年)

以音声广做佛事,
以律仪规范僧团,
以教理化导世人,
以文教提高品位,
以诚信服务社会。

己丑年(2009)秋月,释悟端敬立。

按:此碑立于西林禅寺大雄宝殿是外墙,黑色大理石质,隶书竖书7行,行7字。高190厘米,宽90厘米。

再修三圣殿缘起碑

(惟觉撰 2009年)

宋淳佑元年(1241)，俦、模二法师插草唱缘於瀛洲，建寿安寺。几度兴亡，数番蒙尘，三百年前，迁寺于此，与鳌山前后互映，成趣得彰。开堂接众，数逾千百，道风蔚盛，冠于一方，叹哉！崇明四大丛林唯一尚存于世者，唯寿安寺矣。

仗改革春风，古刹重辉。八九年，中佛协会长赵朴老先生视察崇明，感寿安寺道风纯正，法师持戒精严，与留墨宝"如来无量寿，净土万年安"，并题"大雄宝殿"匾额。今寿安寺最古之建筑，当为三圣殿矣。然年久失修。墙颓瓦碎，椽梁有覆倾之惧，佛像有伤及之虞。历来古德，宏宗皆崇净宇，如来说法端仗精庐。有鉴于斯，本寺拟对三圣殿作整体翻修，以确保其安全，美观庄严。消息不胫而走，有沪上善信陈雷、肖斌阖家，于数年前来崇开逸骁钢材预处理有限公司，以蓄资粮。檀越二人，自幼受父母薰陶，善根具足，福慧双修，广结善缘，常助受苦众生。今再申乐善好施之情，仗义疏财，捐助善款人民币二十万元，专于修缮古殿，并供奉殿堂庄严若干。今惟觉录此非为别也，唯希有缘之人游阅于此，亦能有感于斯文，功无虚弃，福不唐捐也！

己丑(2009)五月望同，惟觉写于瀛洲。

按：此碑立于崇明县寿安寺内三圣殿侧。惟觉撰，2009年立。碑青石质，高29厘米，宽81厘米，楷书竖书31行，满行14字。2012年9月日4日录于寿安寺内。

寿安寺功德柱缘起碑

(2009年)

"如来无量寿,海上万年安",自宋嘉祐元年(1241),模、俦二法师插竹为祷,募化建寺。八百年间数番蒙尘,几度兴废。仰仗政府宗教信仰自由政策之光辉,自壬戌年恢复开放以来,十方善信之鼎力护持,历经二十余年之艰辛,丢掉古刹得以佛光普照,生机再现,全寺梵宇,环境清幽,实为爽境,栖心之所。

戊子年初,请奉全国唯一之香樟木雕福禄寿禧四方财神,爰因资金拮据,财神殿未能及时动工兴建。已丑年初,幸遇崇明名士陈伟峰先生仗义疏财,铭力捐资完建财神殿。瀛通地福慧,福及周边广场设施。实乃须达重来,希文再世,历来古德,宏宗皆崇净宇,如来说法端仗精庐。修庙造像,在佛门乃最极殊胜之功德。为说,功无虚弃,福不唐捐也!即之祈令善舍者同证菩提,乐疏者咸臻觉路。特立此碑,以彰其德,回向万代,福泽绵长。

寿安寺住持惟觉撰文,已丑腊月(公历入2010年),海上刘伯华敬书。

按:此碑青石质,高65厘米,宽110厘米。惟觉撰文,2009年立。行草竖书,19行,行18—20字不等。2012年9月4日录自寿安寺。

嘉定万佛讲寺山门外刻石碑

(2009年)

（正面）
弗
（背面）
万佛寺寺徽以图章形式为载体，以"弗"字为主要元素，即"佛"字少"亻"，采取变形，并有机嵌入汉语拼音"W"和"F"，可谓相得益彰。其基本意义如下：

一、此寺虽曰"万佛寺"，但供佛9999尊，独缺一尊，暗含有人加入，转迷为悟，即可成佛之义。人间佛教，佛在人间，添人成佛，此人是谁？是你！是我！是广大善信，是芸芸众生。二、图形九块，暗喻九界众生，以佛为师，到此圣凡不二，人在迷网中，佛可指点迷津。三、涅槃是境界，解脱是途径。解脱之正途有二：一曰慧解脱，一曰心解脱。即图中两大直道，舍此皆迷途也。当然，解脱的道路也是曲曲折折的，图中"弓"字即为喻证。四、印章这一形式，暗含印信、凭证，恰巧契合"信、解、行、证"。同时，嵌入"W"和"F"这一现代元素，可谓传统与现代的结合，象征万佛寺是一座符合现代人信仰需求的新型寺院。五、图案简洁，看似平平，但含义隽永，千人千义，各自领悟，如人饮水，冷暖自知。

按："万佛讲寺"山门外巨石高200厘米，宽380厘米，厚70至140厘米，巨石南面为"弗"字，背面石碑高140厘米，宽240厘米。刻于2009年。碑文录自万佛讲寺。

嘉定万佛讲寺山门外刻石碑

寿安寺问心亭碑铭

（2010年）

释迦立佛，溯源北魏。上海善信，文伯夫妇。缘结寿安，万里觅佛。请奉寿安，佛像抵寺。祥瑞遍现，佛光注照。三刻有馀，数千信众。亲身见闻，古佛再现。盛世幸逢，释迦立佛。古往稀有，岁经千载。圆满如初，实属罕见。今借寿安，问心亭内。大众瞻仰，共沐佛恩。

按：此碑铭在寿安寺内问心亭前，铜牌铭。

玉佛寺觉群楼功德碑

(周慧珺撰 2011年)

佛历二五五○年八月周慧珺 敬书

夫长者布金,太子施树,高人舍宅,檀信输财,由来尚矣,尝观佛□《福田经》。佛告天帝有七法广施,名曰福田行者,得福当生梵天。七福田者:一者兴立佛图僧房堂阁,二者园果浴池树木清凉,乃至七者造化囷厕施便利处,如是七事得梵天福,或疑施少福多,佛以尼拘陀树喻之,尼拘陀树者,大树也。其荫遍覆五百乘车,而其种子仅大如芥子三分之一,因少报多亦如是也。

玉佛禅寺其历史岁不为悠久,而高人辈出,名宿继踵,不但为沪城首刹,亦復名驰寰宇。觉醒忝位住持以来,积极秉承文化建寺、教育兴寺之宗旨。復于寺后辟地七点八亩,建屋一万二千平方米,命名曰觉群楼,以为开展文化教育之需,其主要建筑有多功能厅,可容纳上千人活动,设有客房四十余间,以及上海佛学院教学区、五观堂等。于二○○三年三月破土,历时一年半竣工。施工期间十方檀信平输角财,故得速观其成。正如诗云:"经如始灵台,经之营之,庶民攻之,不日成之者也。"昔人谓与民同乐,故其效如彼,今则与众同愿,故其效如此也。

今谨将输财布金助成兹楼诸檀越芳名勒诸贞珉,以垂久远。语云:功无虚弃,福不唐捐,施财功德,岂但现前门臻百福、户纳千祥,且将历百千万劫,直至圆成无上菩提而无尽焉,岂不美哉!

上海玉佛禅寺住持觉醒谨立。

按：此碑文录自玉佛寺后园南墙建觉群楼功德碑，碑为黑色大理石质，碑文隶书竖写，27行，行19字，高118厘米，宽218厘米。

德悟法师墓塔铭

(慧明撰 2012年)

(正面)静安堂上上德下悟老和尚之塔
(北面)德悟和尚塔誌铭
　　和尚讳德悟,俗姓蒋,申城真如镇人。和尚幼丧母,失所怙恃,由志汶和尚领入静安寺中披剃出家。时年八岁也。
　　和尚得志师培养,先至焦山定慧寺佛学院就学,后入泰州光孝寺佛学院深造,亲近高僧大德,学有所得,回常住助志师襄理寺务。时值日军侵华,国难世乱,佛寺亦难避而得清净,又逢志师圆寂,道场失主,依旧习传统和尚即袭承而任住持。和尚于危难之时受命,立志振兴道场,聘任监院,整顿寺风,共度时艰。时年廿二岁也。
　　抗战后,经和尚苦心维持,寺院渐有起色,和尚乃于寺中修建山门、疏浚六泉、竖立梵幢,和尚曾言"外敌入侵,八年抗战,国家蒙灾,人民受难。竖此梵幢,祈愿国家能若阿育王时国家统一,佛教法化普利大众,国家太平,人民安乐。"
　　虽外患得靖,怎奈内战未停,沪上泼皮无赖之徒,觊觎欲夺静安寺产已久,和尚为教坚不使常住分毫得失,与之抗衡心中无畏。世道黑暗,小人复施奸诈诬蔑手段,使和尚深受其害,呼吁无门,被陷囹圄。和尚虑及常住乃子孙寺院,身蒙此冤,岂可令常住再遭灾难。乃修书沪上大德,愿易子孙寺院为十方丛林。此千古旧制,一时变易,非大丈夫者,不能为也! 和尚曾言"此乃我一生中,处在极端困难之境地,身陷囹圄,而作出之正确决择。若来日得拜见恩师,可以无愧于静安历代祖先矣。"和尚之举沪上十方咸皆称叹,舍小我成就大我之举,垂范教界,缁素景仰。时年廿九岁也。

世事无常,宿业当还,复遭不白之冤,农场劳役,悠悠廿余载。和尚曾言"反复思量,终是宿业未尽。于是,农场劳动期间,克尽本份,内心思绪,常以佛陀教化为警策,任劳任怨。更念佛陀崇高而伟大,善恶因果,累试不爽。"善恶因果,终自分明,冤情昭雪,和尚得重返沪上,挂单玉佛寺中。时年已逾花甲矣!

静安常住浩劫遭毁。甲子(1984)年得政策英明,静安寺修建恢复,和尚乃回常住。和尚曾言"回到阔别三十多年之老家,人世沧桑,面目全非,昔日同堂道友,半已凋零,半亦星散。抚今追昔,能不泫然?"虽言有穷而情不可终,和尚之所慨然也。

和尚回常住后,爱国爱教,殚精竭虑,勤勤恳恳,呕心沥血,使常住面貌得以恢复。丙子(1996)年,静安常住规划重建,辛后生主力,然和尚亦积极践行,多方考察,虽年逾古稀,不辞辛劳。和尚曾言"老衲今年九十又二,阅世多矣,人生既漫长又短暂,看到今日之静安寺盛况,心喜且安,足可告慰静安寺历代祖先。"古刹重建告竣,和尚知世缘已尽,乃示现众生疾病之患,自于病榻持念弥陀不辍。人往视者,无不规劝,以世苦为方便,作证道之契机。和尚辞世往生之时,示现世寿九十二春,僧腊八十五载,戒腊七十八夏。

回顾大德住世,方便教化,示世间之当出,教出世之法门。乃作偈曰:

沪西有真如,俗姓蒋家子,幼年丧慈母,感世无常时。
童真入伽蓝,青年主道场,中年常闭关,耄耋兴静安。
焦山研佛法,泰州学戒律,常熟接法脉,奉行佛子事。
子孙庙多弊,立字改门风,十方寺少患,喜闻易规约。
新建寺山门,创立佛学院,疏浚第六泉,竖立梵幢柱。
时现金刚怒,嫉恶胜似仇,常示菩萨眉,爱语摄报恩。
赤乌比丘者,静安古刹僧慈念携后学,悲心解人难。
克尽僧本份,谨守佛警策,导引常示现,舍利化世间。
住世九二春,僧腊八五载,戒腊七八夏,拾报世缘了。

不以世为患,常将视禅床,缁素共景仰,业海作舟航。

上海静安寺住持慧明敬撰。2011年8月8日。

按:德悟法师(—2011),曾任上海静安寺住持,1984年,静安寺重新恢复后,任上海市佛教协会咨询委员会副主任,静安寺都监。此墓塔花岗石质,2012年立,十面七级,塔高418厘米,塔名隶书竖书,墓塔上待刻碑铭,慧明撰。墓塔位于常熟虞山兴福寺后山云栖塔院。德悟自22岁起,承师父任静安寺住持,自称静安寺子孙剃度派"末代子孙"。1947年,德悟经当时上海佛教会和各寺长老会商,改静安寺子孙庙为十方丛林,退出住持位。静安寺子孙派传承:清光绪三年(1877)后,住持鹤峰一系:鹤峰-(品端、明乾)明乾-能安-(正初、正生)正生-(海宝、富宝、平宝、玉宝、琴芳)琴芳-(年福、常生、文泉、文奎、阿七)文泉-(雪根、茂根、潜根、然根、培根、六根、晋根)六根-(志清、志汶、志法)志汶-德悟。

观性法师墓塔铭

（2012年）

（正面）

沉香阁住持上观下性法师之塔。

（碑铭）

观性法师，俗姓赵名蟾君，一九一二年三月八日（农历正月二十日）出生于广东潮阳，一九二四年于潮阳白云庵出家，一九三六年随师迁居上海华山路白云庵，一九四一年剃度取法名观性，同年在沉香阁应慈法师座下求受三坛大戒。十年动乱期间进厂做工，党的十一届三中全会落实宗教政策，于一九八二年回寺，一九八五年任上海慈修庵住持，一九九二年兼任沉香阁住持，两座破旧寺院在她主持下修复一新，观性法师一生持戒修行，爱国爱教，她带领年轻法师及信教群众精进学佛多做善事，她尽力办好上海佛学院尼众班，培养接班人。观性法师在寺院管理上细心周到，任贤用能，不拘一格。她在落政后，历任区人民代表参政议政。她历任上海市佛教协会佛会长，上海市佛教协会咨议委员会主席，她以佛教的无缘大慈、同体大悲的精神时刻关心社会福利事业，历年来她多次慷慨解囊救助残疾孤儿、社会灾民、孤老及贫困山区的希望工程，是虔诚佛子的悲心宏愿。

按：观性法师（1912—2012），上海沉香阁住持。墓塔六面三级，2012年立，刹高174厘米，座高77厘米，花岗石质，碑身高106.5厘米，碑身六面各宽39厘米，正面塔名楷书竖书，背面楷书竖书无标点，11行，行37字。碑文录自虞山兴福寺后山云栖塔院。

部分未录存碑

1. "西林大明禅寺重建圆应宝塔志"碑，明正统十三年(1448)刻石藏于圆应塔天宫中。据2001年《松江文物志》记载，此宝塔志碑"青石质，高42厘米，宽38厘米，厚7.5厘米。楷书，17行，行15字。1993年12月，市文管会重修圆应塔时，在圆应塔发现明正统十三年(1448)十二月八日，重修宝塔时所置于天宫中的一方碑石，现藏松江博物馆。"至2012年12月5日，访松江博物馆时知，碑和其他文物当即就收藏于上海博物馆，12月6日，访上海博物馆，被告知，封存至今未曾录出碑文。

2. 圆应塔草书石刻 "年月无考。明代凤峰沈恺狂草书，每石三行，石凡四，各书诗一章，今存西林寺圆应塔"。按：4块石碑现存，基本完整，惜因编者无法辨认其狂草书体，未能录其文字。

3. "西林禅寺圆应塔记"，碑的碑阴另有一块碑记，该碑碑身高175厘米，宽95厘米，厚28厘米。底座高52厘米，宽109厘米，厚60厘米。碑为青石质。因该碑的碑面朝塔墙，碑身离塔墙距离不足20厘米，无法看到碑文内容，故未录。不知是否就是民国《华娄续志残稿》所载碑："重修西林禅寺碑文，乾隆三十二年(1767)夏月，里人范械士撰并书，张孝泉篆额，正书十二行，行四十五字，额无。今存本寺。"

4. "重修西林禅寺碑文 乾隆三十二年(1767)夏月，里人范械士撰并书，张孝泉篆额，正书十二行，行四十五字，额无。今存本寺。"

5. 玉佛禅寺四面青铜幢铸诗铭,1988年,朱复勘撰并书:"殿宇"七绝一首,行书;七绝"玉佛禅寺",草书一首;"宝龛"七绝一首,篆书。因字体无法辨认,未录。

《静安区志》"第一节 古寺沿革"中,宋代景筠《石幢记碑》:"间永泰禅院。本朝祥符元年,改今额。"

7. 2001年《松江文物志》,《金刚经》字塔碑高194厘米,宽53厘米,厚17.7厘米。

志书所存佛教碑目

康熙《松江府志》存目
赤乌碑　在上海静安寺,孙吴赤乌年(238—249)立。
施茶庵记碑　在府同城壕上,张庄懿宅后,唐贞观年(627—649)立。
行书千文石刻　在华亭县。旧碑已损,今重摩入石,有僧善启跋。
众福寺记碑　在青浦泰来桥。
铁佛寺钟铭　在上海鹤沙(现浦东下沙)报恩忏院。
灵感观音文　在超果寺,一名镜光碑,杨维桢撰并书。
细林陈氏捨田记碑　在细林山寺。

乾隆《松江县志》存目
元慧光庵记　在宝云寺
明重修兴圣塔院记　朱孔阳书
清康熙御书《心经》碑　康熙(1662—1722),同治六年(1867)移禅定寺

嘉庆《松江府志》存目
方广寺石幢残字　唐咸通六年(865)。
船子和尚拨櫂歌碑　宋大观四年(1110),吕益柔撰。
普光王寺铸造钟记碑　宋咸淳五年(1269)四月,汝勋撰。
黄泥寺碑　宋咸淳年(1265—1274)。
超果寺石刻
马嵴禅寺塔铭
积善寺钟铭　元上天竺释如兰撰。
东报德忏院记碑　元至大年(1308—1311),牟巘撰

延寿院记碑　元至大年(1308—1311),钱有信撰。
福善教寺元至元年(1335—1340),邓起吟撰。
兴圣寺钟铭　元至正十年(1350)十二月,沙门正印撰。
大北庵长明灯记碑　元至正十三年(1353)七月。
澄照禅院施田给帖碑　明嘉靖四年(1525)。
重修澄照禅院记碑　明嘉靖十年(1531),沈霁撰,李日章书。
罗汉井铭　明嘉靖十五年(1536)端阳,都纲一峰撰,明□书。
华亭法忍寺施修殿碑记　明嘉靖四十四年(1565)七月,林树声撰,董宜阳书。
明心寺钟铭　明陆树题。
泖湖澄照禅院常住田记碑　明万历十二年(1584),冯大受撰并书。
泖湖澄照禅院常住田记碑　明万历十二年(1584),王世贞撰。
华亭县给泖塔住持帖碑　明崇祯元年(1628)。
重修平等禅寺碑记　明崇祯十年仲冬(1637),胡开文撰。
本一禅院慧日堂记碑　明天启四年(1624),陈继儒撰。
澄照塔院记碑　明天启六年(1626),陈仁锡撰,周裕度书。

道光《川沙抚民厅志》存目

绿雯庵义学记碑　清南汇知县薛清来撰书。

光绪《松江府续志》存目

宝云寺碑　宋嘉熙元年(1237),释行谨立石。碑凡三层,上截"端平元年(1234)十月中书主门下牒",中截"参政知事钱公钧翰书",下截四明法智尊者真迹。今存。
超果寺重建观音殿记碑　明成化十四年(1482)钱溥撰,陈浩书。
西禅寺重建天王殿记碑　明成化十四年(1482)张弼撰并书。今存。
重修超果寺记碑　明成化十八年(1486)夏寅撰,张悦书。
重修崇福禅院记碑　明弘治九年(1496)吴忱撰,沈悦书。
龙潭寺无著和尚安禅说公案疏　明嘉靖四十一年(1562)陆树声题,万历年郁伯纯跋,今存。
龙潭寺经藏记碑　明隆庆元年(1567)方道成撰,董宜阳书。今存。
兴福寺法云堂四世塔铭　明万历三十三年(1605)陆应阳书,今存西禅寺。

影壁　明崇祯二年(1629)章台鼎跋。今存超果寺。案：影壁俗称泼水观音。

行书心经　明党以平书,陆树声跋。今存西禅寺。

金刚经　明乔一琦书。旧在上海二十八保五图观音禅寺。乾隆五十一年(1786),李炯重摹并跋。

妙法莲花经　明董其昌书。在上海二十八保五图观音禅寺。寇毁后,仅存二十二石。

董其昌临颜真卿多宝塔碑　今存董文敏祠。

超果寺藏经记碑　国朝康熙五年(1648)平湖施洪烈撰,曹思邈书。

光绪重修《华亭县志》存目

方广寺石幢残字　咸通六年(865)

法云寺断碑　凡十四字,

法云寺重修大殿记碑　嘉祐六年(1061),沙门灵鉴撰。

大唐禅寺古碑　宋绍兴(1131—1162)中,僧法宁凿地所得,旧在马峥。

中峰禅师书禅版　僧清珙跋,在宝云寺,今存。

重建崇福禅院记　弘治九年(1496)三月,吴忱撰,沈悦书,王一鹏篆,今存。

罗汉井铭　嘉靖十五(1536)年端阳,都纲一峰撰,明□书,今存。

六磊庙义田碑记　万历六年(1578),张凤翔撰,今存。

祝允庵义田碑记　崇祯十五年(1642),智光书,今存。

清《南汇县志》存目

永福禅院义田免役碑记　院在鲁家汇西,天圣元年(1323)建,碑为明袁福徵撰。

光绪四年《重修奉贤县志》存目

漳泉寺顶滃青村濠碑记,同治十二年(1870)重建,徐思谦为记。

光绪五年《娄县续志》存目

湛然庵碑记　庵旧址在娄县宋家桥西,清顺治初建,吴廷揆撰。

民国《宝山县续志》存目

(清净庵)黄公祠祭母祠募田碑记　乾隆二十八年(1763),知县李某将清净庵募捐田　四十六亩归于此祠,并勒石为志。

正武庙碑　在邑城北门内,后称真武殿,僧鹫峰撰立。

重建东林圆照寺碑记　秦大成撰,寺原址在罗店西南三里,宋绍定庚寅(1230)僧有谦始建。乾隆三十九年(1774)重修僧达方立石。

东山禅院碑记　金集撰,院旧址在罗店镇东。

陈忠庵碑记　康熙壬寅(1722)重修,易木为石勒名于石。程鹏撰,陈澍书。

重建罗店城隍行宫碑记　庙原在罗店镇,咸丰庚申毁,同治十三年(1874)九月重建毕并立石,杨臣谔撰。

重修净信寺碑记　邑人张人镜撰,罗肇昌书。

月浦土谷寺碑记　里人陈观圻撰并书。

重建褒忠寺碑记　潘履祥撰,沈世泽书,光绪二十六年(1900)勒石。

民国《华娄续志残稿》存目

圆通禅庵部颁公据碑　岁次己未开庆元年(1259)七月□日,住山僧如霦立石。碑分三段,上截刻宝祐五年(1258)五月礼部告示,中截刻嘉兴府宝祐六年(1260)三月十八日出给公据,下截刻开庆元年(1259)七月华亭县状。今存李塔汇本庵。

松江府礼(李)塔汇延寿院记碑　至大元年(1308)仲冬,前住山圆显立石。钱大信撰,张俌书,贾汝舟篆额,行书二十二行,行四十三字,额篆书,阴文五行,行二字今存李塔汇本寺。

延寿院常住田地记碑　时延祐丙辰(1316)立夏,前住山愚庵立,碑分五截,一截皇庆二年(1313)八月状告,计二十一行,下四截刻本寺乡保字图田地亩分。额篆书,阴文四行行二字。今存李塔汇本寺。

清夏二字石刻　延祐庚申(1320)年,幻住老人自书,字径八寸。是刻原在云峰寺清夏轩中,后移龙门寺,今存万年公墓万年堂西室。

古毫泉井栏石刻　年月无考,大篆书四字,曰"古太毫泉",为中峰禅师凿井时所题现存大北庵。

圆应塔题名砖刻　行书,计二百六十方,笔法疏散,颇有六朝遗意。

重建瑞应教院记残碑 成化五年(1469)岁次己丑春三月,住山沙门文豳立石。碑石下截已断,何人所撰亦泐。惟查《府志·名迹类》禅定寺条下,有成化中重修,钱溥记,记云,庵地为卞百十五学谕花园地,今碑中确有是文,则是刻为钱溥所撰无疑。正书,存十八行,行三十或三十一字不等。有额,篆书,阴文四行行二字。今存小北庵。

龙潭西禅兴福禅寺重建四大天王殿题名记碑 成化十四年,东海翁记,正书十九行,行六字,下列题名十三列,中段模糊如无字,额篆书,阴文记六行,行三字。今存本寺。

白莲寺铜钟 崇祯年间(1628—1644),铸有篆文,在枫泾区白莲寺。

重建小崑山观音殿记碑 弘治十八年(1505)岁次乙丑十月谷旦立。郡人曹时中扬言,韩肃书丹,龙山张弘至篆额,正书二十一行,行四十二字,额篆书,阴文四行,行下字。今存小崑山山顶本殿。

华亭龙潭寺无着和尚安禅说公案疏石刻 嘉靖四十一年(1562)壬戌之秋九月既望,无诒居士陆树声题,行书三十一行,行十五字,后有万历戊子(1588)夏五月既望,门人郁伯纯跋。今存龙潭本寺。

龙潭寺藏经阁记碑 隆庆元年(1567)丁卯,居士方道成撰,郡人董宜阳书,正书二十一行,行五十五字,额篆书,阴文四行行二字,末行一字,石已漫漶,辨识非易。今存本寺。

外三图义田碑 万历二十八年(1600)十月,正书十七行,行三十五字,横额正书,阴文六字。今存外观音庙。

董文敏临多宝塔碑石刻 万历辛丑(1601)三月,刻条石六,计一百七十八行,行十一字。今存董文敏祠。

观音大士像石刻 年月无,上截陆树声赞四行行八字,下截刻大士像,允执弘(按:即孙克弘)写。现存湛然禅院。

聚沙功德题额石刻 万历庚戌(1610)季春,董其昌题,字径八寸。今存兴圣塔院。

佛顶尊胜总持经咒石刻 万历庚戌(1610)仲夏,云间顾如志镌,金时通书,刻二石,正书连跋计一百六行,行十八字,咒末云:"此咒勒于兴圣塔院。"

重修礼(李)塔碑记 万历辛亥(1611)仲春,郡人钱龙锡撰,行书十九行,行五十二字,有额,篆书阴文三行,行二字。今存礼(李)塔汇本寺。

重修礼(李)塔碑记 万历辛亥(1611)仲夏,郡人钱大复撰,行书十九行,行四十四字,有额,篆书阴文三行,行二字。今存礼(李)塔汇本寺。

方明府重修郡西南李塔德政碑记 年月不详。募缘建塔僧普亮立石。碑分六截,行书,计一百三十五行,行九十字不等,郡人钱龙锡撰,李凌云篆额,杨汝成书丹,额无。以钱锡龙所撰时考之,当与上列重修礼(李)塔碑记同时所刻也。今存李塔汇本寺。

白衣大士像石刻 崇祯二年(1629)三月,沙门如霖摹,章台鼎题,下刻《白衣大悲五印心陀罗尼经》十四行。今存超果寺。

重修平等禅寺碑刻 崇祯二年(1629)岁次己巳仲冬,住持僧道铨等立石,胡开文撰并书,曹兰森篆额,行书二十行行四十三字,后刻本寺地号亩分,额篆书、阴文四行,行二字。今存漕泾镇西护塘本寺。

准提菩萨真言石刻 崇祯乙亥(1635)三月刻,首有准提像一尊,董其昌于九月初一行书二十七行,后有陈继儒、李明睿、秦镜等题记。今存泗泾镇。

超果寺重建一览楼记碑 崇祯十年(1637)夏六月,郡人章台鼎撰,周裕度书,刻条石四,行书四十六行,后刻咏一览楼诗六十三行。今存本寺。

茶庵碑记 崇祯十五年(1642)岁在壬午腊月朔日,郡人单恂撰,董羽宸篆额,李世祺书丹,行书一百行,行九字,下截刻布施姓氏,额无。今存上外茶亭。

重修本一禅院碑铭 崇祯十六年(1643)岁次癸未冬长至日,住持沙门大玄立石。同卿李凌云撰文,王元瑞篆额,冯明玠书丹,内翰宋徵璧倡缘。碑分四截,行书八十四行,行十三字,下截刻檀越助缘细数,额无。今存大北庵。

心经行草石刻　年月无考。颖东党以平书,后有陆树声跋六行。今存龙王庙。

集赵文敏书题东林古迹诗刻碑　岁在甲申(1644)正月十二日,钟继高集赵文敏(孟頫)宝云寺碑文、四绝竺四章。按:碑云甲申,无建元年号,疑即明代末年,故附明末。

龙潭西禅兴福禅寺重修佛殿题名记碑　此碑可见者,只碑额五行,行三字,题名记已成没字,惟第二行隐约可见,为"顺治十五"等字。按:《娄县志》释心一复修,则此碑当于是时所立也。行字数无考。今存大寺。

海慧寺常住田碑记　顺治十七年(1660)桂月立石。正书十八行,行二十一字,有额,正书阴文横列七字。今存枫泾镇本寺。

超果禅寺藏经记碑　康熙丙午岁(1666)浴佛日,施洪烈撰,曹思邈书,刻条石四,行书连跋及护法姓氏七十九行,行十三字,末截刻施洪烈撰,请经大众题名十二行。今存本寺。

重修会隆庵记碑　康熙十四年(1675)岁次乙卯仲秋立石。沈荃撰并书,碑分三截,行书,计四十行,行十四字。今存新桥镇。

示应庵祖堂铭(并序)碑　康熙丙辰(1676)初夏上浣,书城老人琅琊王瑞国题,藻里周执书,行书十一行,行二十八字,第八世孙寂闻立石,有额,篆书阴文六字。今存本庵。

三祇大师像石刻　康熙丙辰(1676)五月,第八代孙寂闻勒上方,陈继儒撰像赞,行书闵行,行八九字不等。今存示应庵。

梵香林碑记　康熙十五年(1676)九月,王无欲记,碑分四截,行书五十行,行七字,有额,行书阴文横列一字。今存枫泾镇。

弘润庵助田碑记　康熙十六年(1677)丁巳清和浴佛日,郡人张若羲撰,指一徐沅篆额,仪生陆启凤书丹,正书十七行,行六十字,后刊助田姓氏及田亩细数,有额横列,题"助茶汤田记碑"。今存南门外茶亭。

示应庵府县给帖勒石　康熙元年(1662)二月,松江府给帖七行,又丁巳(1677)十二月初二娄县给帖八行,行均六十字,后刻庵基细号亩分,并绘庵图,有额,题"奉给碑帖"四篆书。今存本庵。

重兴超果禅堂碑记　康熙二十三年(1684)岁次甲子四月浴佛日,临济三十三世孙自牧真心立石,松江府知府会稽鲁超撰,郡人王日藻篆额,冯守真书丹,行书二十行,行六十六字,额篆书阴文四行,行二字。今存本寺。

重修佛字桥碑　康熙二十六年(1687)二月立。碑无记文,只刻昭武将军杨及乐助姓氏捐数。按杨即江南提督杨捷。

助田碑记　康熙二十八年(1689)岁次己巳仲冬建。正书十二行,行四十二字,有额,正书阳文,四字。今存莘庄镇娘娘庙。

募建大悲阁文昌殿并置供僧田碑记　康熙四十五年(1706)仲冬,住持僧明徵月如氏撰,行书十二行,行五十八字,额无。后刻捐助姓氏,已模糊难辨。今存外馆驿三官堂石枋下。

超果禅堂斋僧田碑小引　康熙己丑年(1709)冬月。碑分人,辛巳夏,漳人李瑞和撰记。计十三行。丁未春张一鹗撰记,计二十九行,乙酉三月释圆信撰记,计十一行。己丑冬月寓天童容老题,计五行。又真心撰计十一行。又冯守真书碑及题记八行。碑末有弟子装塑事略,及僧田细号亩分额租,边际因拓者省纸,未能全拓。今存本寺。

位育禅院碑记　康熙五十二年(1713)岁次甲午六月立石。陈端撰,沈日赞书丹,五十四行,行十二字。后刊助捐塑像诸姓氏,及田亩号数,额无。今存漕泾镇市西本院。

重修兴圣寺钟楼方塔碑记　康熙五十九年(1720)岁次庚子九月公立。里人杨瑄撰并书,行书三十闵行,行二十八字,下截刻助修施主姓氏。今存本寺。

湛然禅院碑记　康熙六十一年(1722)岁次壬寅中秋立石。王顼龄撰,王舜龄书丹,吴廷桢篆额,正书十六行,行四十四至四十九字不等,额篆书,三行,行二字。今存本院。

小崑山白驹泉题额　年月及何人所题均不详。正书,字径六寸,今存小崑山泗泾塔院,在康熙四十四年(1705)圣祖"奎光烛渳"四字御碑亭之左。

重修佛字桥捐银勒石　雍正七年(1729)四月立,记文无,皆刻诸善士捐助细数，计十四行。石存何处不详。

奉宪立药师庵碑记　雍正八年(1730)六月发，住持僧慎旃刻立。正书二者地，行三十九字，有额，正书九行，行二字，首行一字。今存湛然禅院。

重修大悲阁副檐记碑　雍正九年(1731)六月，记文七行，行十七字，后刻乐输姓氏，及超果纳苍霖撰捨田偈二行，又田亩细数。今存超果寺。

奉府批饬药师庵免赋碑记　雍正九年(1731)十二月发，住持僧慎旃囗刻，正书十二行，行三十九字。今存湛然禅院。

天马上峰记碑　乾隆元年(1736)岁次丙辰五月望日立。乙卯清和佛诞日，方丈老囗成源泉识，行书十四行，行三十六字，成源泉左旁尚有富林囗青莲道人及嗣囗弟子囗囗等字二行，或即篆额书丹之人，缘碑已剥落，无可辨识。今存干山上。

吴万钟重装佛像石刻　乾隆三年(1738)岁次戊午荷月立石，正书八行，行廿二三字不等。今存礼（李）塔汇塔内。

重建李塔大雄宝殿碑记　乾隆六年(1741)岁次辛酉四月望日立。郡人黄之隽撰，正书十二行，行三十六字，有额，篆书阴文五行，行二字。今存李塔汇延寿院。

奉宪斜塘汛员兵丁于汛囗另建营房不得潜居庙宇勒石　乾隆七年(1742)五月十二日，正书十五行，每行字数，碑泐无考，有额，题篆书碑记二字。今存李塔汇延寿院。

重建竹乡李塔庙记碑　乾隆十三年(1748)岁戊辰孟春立，钱塘吴邦雪舟撰记，会和周世法芷泉书丹，行书行，行三十九字。今存本庙。

重修平等禅寺碑记　乾隆二十年(1755)岁次乙亥八月，吴宗濂撰并书，正书十八行，行三十五字，有额，隶书双钩四行，行二字。今存漕泾镇西护塘本寺。

重修西林禅寺碑文　乾隆三十二年(1767)夏月，里人范械士撰并书，张孝泉篆额，正书十二行，行四十五字，额无。今存本寺。

重建三官堂药师殿募资捐勒石　乾隆三十三年(1768)戊子，住持僧慧鉴立。刻条石二,记文十行,以下皆助输姓氏。今存景家堰三官堂。

观音庵记碑　乾隆四十三年(1778)四月立石。正书九行,行二十八字,后刻庵地细号亩数四行,有额,篆书阴文双钩四字。今存泗泾镇本庵。

重建长兴桥碑记　乾隆四十三年(1778)荷月,徐浜释知见立。青松赵万里撰,白苧戴光清书,正书八行,行三十二字,有额,正书双钩横列,题"永垂不朽"四字。后刻助捐姓氏银数。今存小崑山。

重建佛字桥记碑　乾隆五十二年(1787)岁次丁未桂月立。知华亭县事王梦文撰文书丹,行书十行,行三十二字,额无,后刻工料及助捐姓氏银两。石存何处未详。

超果寺碑记　嘉庆二年(1797)岁次丁巳孟陬之月,秀水汪大经撰并书,行书十行,行三十八字,有额,篆书阴文横列五字。今存本寺。

海慧禅堂捐田碑记　嘉庆四年(1799)二月,信士姚浚仝僧立石。姚醒书,正书十二行,行四十四字,后刻嘉兴、松江二府田地细号亩分。今存枫泾镇本寺。

娄县示禁云鹫庵田房竹树毋得变买(卖)勒石　嘉庆十一年(1806)五月,发云鹫庵住持勒石遵守。正书十四行,行四十二字,后刻田房亩分计五列,有额,篆书,题"永固佛场"。今存横云山本庵。

重修莲花庵放生池费用记碑　嘉庆十一年(1806)九月,盲文,均刻助捐姓氏及工料等款,计二十一行。今存放生池。

白衣大士像石刻　年月不详。石分四截,上截神咒持法十五行,中二截《白诊大悲五印心陀罗尼经》三十行,下截刻大士像。今存放生池。

娄县示禁云鹫庵田房竹树毋得变买(卖)勒石　嘉庆十一年(1806)五月,发云鹫庵住持勒石遵守。正书十四行,行四十二字,后刻田房亩分计五列,有额,篆书,题"永固佛场"。今存横云山本庵。

重修莲花庵放生池费用记碑　嘉庆十一年(1806)九月,盲文,均刻助捐姓氏及工料等款,计二十一行。今存放生池。

重修西林禅寺记碑　嘉庆十四年(1809)太岁己巳秋七月立。张兴锒撰,程师羲书,行书三十四行,行十字十一字不等。今存西林寺大殿东壁。

丁氏捐建龙门寺山门记碑 嘉庆十五年(1810)九月,住持祖耀立石。计七行。今存本寺。

重修宝云寺记碑 嘉庆二十三年(1818)岁次戊寅九月,住持释道见立石。知松江府事宋如林撰并书篆,行书十五行,行三十八字,额篆书阴文三行,行十字。今存浦南亭林镇本寺。

华亭县示禁静芳禅院地棍不得籍端滋扰勒石 道光十九年(1839)三月示,发静芳禅院立石。正书八行,行二十九字。今存河缺□本院。

大智慧光题额 道光丁未(1847)季秋,汤翼书,正书,字径八寸。今存方塔。

为众妙门题额 道光丁未(1847)季秋,汤翼书,正书,字径八寸。今存方塔。

文笔中峰题额 道光丁未(1847)孟冬,江南提督尤渤题,字径尺许。今存方塔。

题名胜境题额 道光丁未(1847)孟冬,知松江府事练廷璜□(书),行书双钩,字径八寸。今存兴圣寺方塔。

吉云宝塔题额 年月及何人所题未详,姑附诸题额后,正书,字径八寸。今存方塔。

种众善果题额 年月无。首行有陈眉公题四字,末行有庠生顾再清书一行,意必再清重书者,行书双钩,字径尺许。今存方塔。

重修兴圣寺吉云塔碑记 道光二十七年(1847)岁次丁未十月立,里人汪溥撰,汤翼书十三行,行四十六字,后刻司事经劝督工姓氏六行。今存本寺。

比丘尼愿成舍宅为静芳庵碑记 道光三十年(1850)岁次庚戌长夏,长洲韦光黻,当湖时兰书,当湖时元熙篆额,愿成立石。正书十三行,行三十二字,后刻护法姓氏三行,额无。今存河缺□本庙。

静芳庵各善信捐资勒石 咸丰元年(1851)岁次辛亥杏月望日付梓,正书,计二十七行,分二列。今存河缺□本庙。

重修李塔延寿院记碑 同治十一年(1872)秋七月,仇炳台撰,沈括书,行书十五行,行三十四字,有额,篆书阴文横列,计八字。今存李塔汇本院。

渡济桥记碑 光绪四年(1878)岁次戊寅秋七月壬子建。章耒撰文,仇炳台篆额,吴县陆润庠书丹,正书十八行,行二十四字,另条石刻收捐数九行,额无。今存枫泾镇东庙内。

历年修建西禅古寺碑记 光绪八年(1882)岁次壬午七月,住持燮悟立,正书十六行,行四十二字。今存大寺。

重建北禅寺记碑 光绪二十四年(1898)岁次戊戌仲春二月十九日,女弟子陇西周氏道尊皈依三宝,法名妙根拜序。正书,连年月十四行,行三十八字,后刻募捐姓氏及田产十三行,计四列,有额,篆书横列六字。今存本寺。

重修李塔明王庙碑 光绪三十二年(1906)岁次丙午保存,唐元斌撰并书,正书三十一行,行十四字。今存本庙。

民国《江苏金石志》存目

嘉定护国寺重建大佛殿记碑 "嘉定护国寺重建大佛殿记在殿廊下,文皆漫漶,年月及撰书人姓名已不可考。径八九分。篆碑四行,行三字,字径三寸许。寺创于宋天圣中,修于元泰定二三四年,碑当即是刻也。寺在西城外。"

清《二十六保志》存目

长寿寺碑记 万历八年(1580)孟春蔡懋昭撰艾可久书,在龙华寺,咸丰十年(1860)毁于兵燹。

承恩堂额 明神宗御书,附敕谕一道(万历二十九 1601),在龙华寺,咸丰十年(1860)毁于兵燹。

自庆庵常住助田碑记 顺治八年(1651),张良璧等助,张积祥撰。

十六条桥上碑、掩埋碑记 唐瑞锡撰,俱在十五图梵寿庵。

《法华乡志》存目

白衣大士小像并咒刻石 在观音寺。天启元年(1621),华亭范以瑞书。

白衣大士小像并心陀罗尼咒刻石 在观音寺。信官陈东曦刻,石不书年月。

安国寺助田碑　在寺内,康熙四年(1665)僧清修立。

法华寺基田碑　在寺内,乾隆十二年(1747)立。

报恩寺捐田碑　在寺内,乾隆四十三年(1778)盛保立。

满文碑　在寺内,乾隆四十三年(1778)盛保立。

天下第六泉石刻　在静安寺,详古迹。

翠竹庵基地碑　在庵内,详寺观。

《法华镇志》存目

慈报大界相王字　双钩无年月可考。相传宋淳熙年间(1174—1189)赐额,立石在观音寺山门外。

《金泽小志》存目

篆文大悲咒　元管道升书。

绣像大士并大悲咒刻石　明吴沈氏绣,与管夫人书大悲咒合刻,国朝潘未跋。存颐浩禅寺方丈。

画像大士像石刻　唐吴道子写,明陆与绳摹刻,在鸳鸯殿壁。

铸钟记碑　明范惟一撰,范廷启书,在观音殿壁。

严禁亵渎神明碑　明丁宾撰,在颐浩禅寺山门。

高岭千寻长湖万顷碑　明吴山居士隶书,在颐浩禅寺文昌祠壁。

修禅堂疏碑　国朝潘未撰,在颐浩禅寺。

夹山老人过颐浩禅寺诗碑　国朝僧行如跋,在颐浩禅寺香乳堂壁。

清《厂头镇志》存目

万善庵碑记　元(1279—1368)贝琼撰立。明正德间碑毁。

东槎井亭碑记　明邑人陈述撰,贺源书。万历壬申(原注:万历间无壬申年号遭飓风亭坏碑圮。编者注:疑为隆庆六年1572年,即万历元年的前一年)

泰定庵碑记　元邑人吴一鹤撰,顾祥麟书。顺治丁亥(1647)弥陀殿灾,碑毁。

清《黄渡镇志》存目

修崇善讲寺碑　至大二年(1309)。崇寿讲寺碑　至大十七年(编者注:至大无十七年)。二碑撰人姓氏莫考,仅见碑目于《松江府志》。

罗汉寺碑记　会稽杨维桢撰。

重修香花桥题名碑　洪武十七年(1384)四月立。

重修罗汉寺题名碑　嘉靖二十六年(1547)十月立,在寺前桥下。

张浦庵石幢文碑　万历元年(1573)五月立。

罗汉寺香鼎款识　万历三十三年(1605)九月立。

永济泉碑记　顺治九年(1652),在北镇城隍庙东廊。

葛冈庙常住田记碑　康熙二十七年(1688)六月立,撰书人不详。

积福庵钟铭文　康熙二十八年(1689)十一月。

重建罗汉寺东庑记碑　康熙三十五年(1696)十一月,邑人刘起撰并书。

问津庵僧田记碑　乾隆十年(1745),松江谢士琦撰。

清嘉定《厂头镇志》存目

斗门桥庙碑记　在镇斗门桥畔,庙以桥名,本名集福庵,□□□二十年重修有碑刻。今庙毁于兵燹,惟碑在焉。

澄鉴寺碑记　黄英复撰,宋淳祐十二年(1252)。

清《马陆镇志》存目

重修兴福庵记碑,邑志名包家桥庙,国初赵文甫建大殿及两庑,捐田十数亩。旧有碑在庙前,今失。

1998年《嘉定文化志》存目

重建福田庵碑记　嘉靖四十四年(1565)徐璠撰潘元瑞书并篆额上海知县,上海知县郑维侨立,今存江桥乡五四村五四小学原福田庵旧址。

重建福田寺记碑　万历三十二年(1604)王圻撰。

修行金沙塔题记　万历三十七年(1609)立石。光绪《嘉定县志》作已佚,今存金沙塔底层。

普济禅院碑记　康熙十五年(1676),吴康侯撰,马翼书,残碑存嘉定博物馆。

重修法华塔记碑　康熙三十九年(1680)立,王文焕撰,包容书。依存塔身底层大门左壁。碑文载光绪《嘉定县志》。

重修法华塔捐助督工记碑　康熙三十九年立,邑人马翼撰。

重修菩提寺记碑 乾隆三十三年(1768)钱大昕撰,蒋元益书,秦大成篆额。碑存安亭中学碑亭,额失。

重修兴福庵记碑,邑志名包家桥庙,国初赵文甫建大殿及两庑,捐田十数亩。旧有碑在庙前,今失。录自清《马陆镇志》。

2001年《上海宗教志》存目

重修善应庵记碑 陆真余撰于清道光元年(1821)。善应庵,旧址在现松江区明天顺年间建。

重建(禅定寺)圆通殿记碑 钱溥撰于正统六年(1441)。

修建(禅定寺)山门碑记 张宗熙撰于正统十一年(1446)。禅定寺,又名瑞应庵,旧址在现松江区,南宋淳祐四年(1244)建。

重建资福寺大悲殿碑记 吴文鼎撰于清嘉庆二十三年(1818)。资福寺,旧址在现奉贤区泰日镇,元至元元年(1264)建。

重修砥堰庵大雄殿增构圆通殿梵音堂记碑 陆彦章撰于万历四十七年(1619)。□砥堰庵,旧址在现松江区,元泰定年间(1324—1327)建。毁于清。

重建东济庵记碑 俞汝撰于东济庵,又名慈济庵,旧址在现青浦区崧泽镇,元至正二年(1341)建,明隆庆元年(1567)重建。

重建(青龙庵)大殿山门记碑,张淳训撰于道光二年(1822)。青龙庵,旧址在现闵行区,明崇祯时建,道光二年(1822)重建。

徐竹禅院结界记碑明勒石,清废。徐竹禅院,旧址在现奉贤区,始建于明。

重修孔福庵记碑 周宗瀍撰于清雍正九年(1731)。孔福庵,旧址在现金山区,始建于明。

建静山庵碑记 杨履基撰于清康熙元年(1662)。静山庵,在现金山区柘山,清康熙元年(1662)建。

2007年《曹路镇志》存目

慈云庵碑记 清陆锡熊书。

索　引

（本索引按首字汉语拼音音序排列）

A

安国寺绍宗舍利塔御祭文碑(明洪武三十年·1397年)……… 167
安亭菩提禅寺舍利塔铭(清康熙三十五年·1696年)………… 325

B

白鹤南翔寺蠲赋记碑(王愫撰　清顺治六年·1649年)……… 304
白鹤南翔寺新建禅堂记碑(唐时升撰　明万历四十七·
　1619年)……………………………………………………… 275
白圣法师墓塔铭及碑铭(真禅撰　1992年)…………………… 559
百步桥记碑(张所望撰　明万历四十五年·1617年)………… 271
保宁寺井栏题记(宋大中祥符七年·1014年)………………… 16
报恩忏院记碑(方回撰　元泰定二年·1325年)……………… 130
本一禅院碑记(杨维祯撰　元至正十一年·1351年)………… 148
本一禅院画三像石刻(明末·1644前)………………………… 300
布金禅寺经藏记碑(陈舜俞撰　宋嘉祐七年·1062年)……… 22

C

曹湖庙碑(张道用撰　明万历元年·1573年)………………… 222
曹氏捨超果寺田碑记(任文林撰　元至大三年·1310年)…… 114

漕河庙事略碑(潘宜鉴撰　清道光二年·1822年)…………… 439
漕河庙重并庙界记碑(陆纶撰　清嘉庆十八年·1813年) 427
草庵纪游诗碑(明沈周文徵明撰　清乾隆十七年·1752
　年刻) ………………………………………………………… 361
茶亭记碑(宋尔瑜撰　清顺治后期·1657—1661年) ……… 308
槎溪泰定万安寺碑记(沈元禄撰　清乾隆十三年·
　1784年) ……………………………………………………… 397
长洲寿福寺帖文碑(明崇祯四年·1631年) ………………… 286
厂头白塔记(冯焘山撰　年代无考) …………………………… 156
厂头惜字社记碑(严骏云撰　清乾隆五十五年以后·1790年
　以后) ………………………………………………………… 400
超果天台教院记碑(陈舜俞撰　宋熙宁五年·1072年) …… 31
潮音庵宝昂师太行业碑(觉醒撰　2002年) ………………… 583
澄照禅院图记碑(清道光十四年·1834年) ………………… 448
敕赐吉云禅寺重建大殿碑铭(祖定撰　清道光十二年·
　1832年) ……………………………………………………… 446
崇福寺记碑(周驼撰　元至大元年·1308年) ……………… 107
崇明广福寺兴建大雄宝殿碑记(王永元、宋智人撰
　1994年) ……………………………………………………… 562
崇明寒山寺皈仁庄记碑(王清穆撰　中华民国十八年·
　1929年) ……………………………………………………… 503
崇明金鳌山镇海塔石刻题字(清光绪十九年·1893年) …… 471
崇明寿安寺重建天王殿碑记(真禅撰　1990年) …………… 552
(崇明天后宫)募铸宝鼎碑记(吴元祥撰　清乾隆四十七年·
　1782年) ……………………………………………………… 395
崇显教院石经幢(残)(宋淳熙十四年·1187年) …………… 54
重修菩提寺记碑(钱大昕撰　清乾隆四十三年·1778年)…… 389
重建百步桥记碑(范廷杰撰　清乾隆四十八年·1783年) 396
重建百婴桥新葺惜字庵乐捐饭僧田合记碑(胡鸣玉撰　清
　乾隆二十六年·1761年) …………………………………… 367

重建宝云寺记碑(钱溥撰　明成化四年·1468年)……… 190
重建东林禅寺观音殿碑记(葛其仁撰　清道光十六年·
　1836年) ………………………………………………… 451
重建高蒋泾桥记碑(高燮撰　中华民国十八年·1929年)…… 505
重建拱星桥题记(天历三年·1330年) ………………………… 135
重建广寿宫吉祥桥题记(元至元二年·1336年) …………… 137
重建沪渎南汇会龙讲寺碑序(汪欣撰　2007年) …………… 611
重建黄渡森森庵记碑(王元臣撰　清康熙三十七年·
　1698年) ………………………………………………… 328
重建静安古寺碑记(真禅撰　1990年) ……………………… 554
重建静安寺记碑(李朝觐撰　清光绪九年·1883年) ……… 462
重建龙华教寺大殿记碑(潘恩撰　明嘉靖四十三年·
　1504年) ………………………………………………… 205
重建龙华寺舍利塔记碑(中华民国三十五年·1946年) …… 520
重建普照寺记碑(黄翰撰　明正统七年·1442年) ………… 177
重建青龙禅院记碑(张惇训撰　清道光七年·1827年) …… 441
重建天光寺记碑(陈仁锡撰　明天启四年·1624年) ……… 279
重建天光寺诗碑(沈嘉撰　明正德十一年·1516年) ……… 210
重建天台教寿安寺碑记三则(冯梦祯等撰　万历二十三年
　以前·1599年以前) ……………………………………… 246
重建万佛阁记碑(王渭撰　中华民国八年·1919年) ……… 495
重建万善庵记碑(王作谋撰　清嘉庆二十年·1815年) …… 433
重建文正公祠碑(江苏布政司颁　清乾隆四十二年·
　1777年) ………………………………………………… 387
重建闻思庵记碑(侯峒曾撰　明万历元年·1573年) ……… 223
重建闻思禅院记碑(侯峒曾撰　明崇祯三年至十七年间·
　1630~1644年) ………………………………………… 296
重建无为寺碑记(杨雨生撰　2002年) ……………………… 587
重建吴兴禅寺记碑(桑镛撰　中华民国十六年·1927年) … 499
重建西林禅寺山门记碑(陈廷庆撰　清嘉庆十七年·

651

1812年) ································ 426
重建西林大明禅寺圆应塔记碑(黄翰撰　明正统十三年·
　1448年) ································ 182
重建小九华记碑(刘璜撰　清嘉庆三年·1798年) ······ 415
重建宣妙寺碑记(钱溥撰　明成化七年·1471年) ······ 192
重建圆津禅院大殿记碑(沈光莹撰　清光绪十八年·
　1892年) ································ 467
重建云翔寺弥陀碑记(杨志达撰　清雍正六年·1728年) ··· 346
重建张翁庙记碑(张世雍撰　明崇祯五年·1632年) ····· 287
重建真如寺碑记(洪復章撰　清光绪二十一·1895年) ··· 475
重建资福寺大悲殿记碑(吴文鼎撰　清嘉庆二十四年·
　1819年) ································ 436
重迁聪道人塔志铭碑(灵鉴撰　宋庆历七年·1047年) ···· 20
重兴超果讲寺记碑(杨维桢撰　元至正二十四年·
　1364年) ································ 153
重兴青龙隆福寺碑记(诸嗣郚撰　清康熙六年·1667年) ··· 315
重兴延庆讲寺记碑(董楷撰　宋咸淳六年·1270年) ······ 95
重修白鹤南翔寺大雄殿记碑(冯梦祯撰　明万历八年·
　1580年) ································ 228
重修白沙庙记碑(阮逢道　清道光十一年·1831年) ····· 445
重修白塔记碑(卢耀先撰　清雍正八年·1730年) ······· 348
重修宝庆庵记碑(富文龙记　清乾隆三十四年·1769年) ·· 378
重修报亲庵祠堂记碑(何平撰　清治十八年·1661年) ··· 307
重修本一禅院记略碑(沈宗敬撰　清康熙三十五年·
　1696年) ································ 327
重修超果寺大殿记碑(黄之隽撰　清乾隆八年·1743年) ·· 355
重修潮音庵记碑(万翰撰　中华民国二十四年·1935年) ·· 512
重修沉香阁碑记(赵朴初撰　1994年) ··············· 564
重修敕赐云翔寺大雄殿记碑(钱大昕撰　清嘉庆三年·
　1798年) ································ 406

重修崇明兴教寺记碑(王衡撰　清乾隆十二年·1747年)……356
重修川沙长人乡庙记碑(张浤撰　清乾隆三十四年·
　1774年)……380
重修法华塔捐助督工碑(马翼撰　清康熙三十九年·
　1700年)……330
重修集福庵碑记(李士榮撰　清嘉庆二十年·1815年)……432
重修蒋庄庵记略碑(张悦撰　明弘治十三年·1500年)……202
重修昆山泗洲塔院记碑(陆树声撰　明历万二十一年·
　1593年)……243
重修李塔延寿寺记碑(仇炳台撰　清咸丰年间·1851—
　1861年)……457
重修莲台禅院记碑(陆承祖撰　清乾隆三十年·1675年)……373
重修龙华寺百步桥碑记(何琪撰　清嘉庆九年·1804年)……421
重修龙华寺碑记(赵朴初撰　1984年)……534
重修龙华寺大佛殿题名记碑(黄瑾撰　明成化十七年·
　1481年)……195
重修龙音寺碑记(照诚撰　2003年)……592
重修芦隐庵记碑(许衢撰　道光十四年·1824年)……440
重修泖桥澄鉴寺记(陈继儒撰　明崇祯元年·1628年)……283
重修南积善寺记碑(郁文博撰　明成化十八年·1482年)……197
重修南翔讲寺记碑(陆陇其撰　清康熙十五年·1676年)……321
重修南翔讲寺记碑(王世贞撰　明万历八年·1580年)……230
重修普慧寺记(唐时升撰　明天启四年·1624年)……281
重修普照讲寺碑(袁昶撰　光绪二十年·1894年)……473
重修普照寺记碑(王顼龄撰　清雍正三年·1725年)……345
重修普照寺记碑(张鎣撰　明弘治六年·1493年)……199
重修七宝教寺记碑(王会撰　明嘉隆之间)……214
重修七宝寺大雄宝殿记碑(王会撰　明万历十八年·
　1590年)……241
重修三王庙记碑(张元珣撰　明万历三十一年·1603年)……252

重修善应庵记碑(孔毓书撰　清康熙四十二年·1730年) …… 335
重修上海百步桥记碑(王承基撰　清光绪十八年·
　1892年) ………………………………………………… 468
重修上海龙华古寺大雄宝殿记碑(徐礼辅撰　中华民国
　三十三年·1944年) …………………………………… 518
重修圣果寺碑记(曹钦撰　清乾隆五十年·1785年) …… 358
重修寿安寺后殿记碑(曹炳麟撰　中华民国六年·
　1917年) ………………………………………………… 493
重修寿安寺记碑(范国泰撰　清乾隆四十年·1775年) … 383
重修水月禅院碑(张庆瑗撰　清道光十四年·1834年) … 450
重修松林庵记碑(金行模撰　清顺治十四年·1657年) … 306
重修万安桥亭子记碑(释行如撰　清康熙十六年·
　1677年) ………………………………………………… 322
重修万安亭桥碑记(明万历二十七年·1599年) ………… 249
重修万佛宝阁碑记(紫波撰　2002年) …………………… 585
重修小普陀记碑(王翘撰　明万历三十二年·1604年) … 257
重修兴圣教寺宝塔记碑(心泰撰　明永乐十三年·
　1415年) ………………………………………………… 172
重修一六庵志碑(徐杨天撰　清嘉庆四年·1799年) …… 418
重修颐浩寺天王殿选佛场合记碑(蔡英撰　清乾隆十四年·
　1749年) ………………………………………………… 357
重修永昌禅院记碑(陆陇其撰　清康熙十五年·1676年) … 320
重修玉皇宫碑记(清光绪二十五年·1899年) …………… 481
重修圆津禅院清华阁记碑(王昶撰　清乾隆五十六年·
　1791年) ………………………………………………… 401
重修圆应塔记碑(董孝初撰　明万历四十七年·1619年) … 273
重修张堰板桥记碑(1984年) ……………………………… 532
重修祝圣禅院真武殿记碑(袁文炤撰　清嘉庆二十三年·
　1818年) ………………………………………………… 434
重修庄严寺记碑(觉凡撰　2007年) ……………………… 613

创建永寿禅寺记碑(吕师说撰　元延祐五年·1318年)………111
慈济寺铜钟铭(施何牧撰　清康熙间·1662—1722年)………342
慈门寺新修钟楼记碑(王昶撰　清乾隆五十九年·
　1794年)……………………………………………………403
赐华亭县宝云寺寺额敕牒碑(宋治平二年·1064年)………26

D

达缘法师墓碑铭(2007年)……………………………………602
大报国圆通寺记碑(赵孟頫撰　元延祐六年·1319年)………120
大德万寿讲寺记碑(贯云石撰　元延祐年间·1314—
　1320年)……………………………………………………123
大唐苏州华亭县顾亭林市新创法云禅寺记碑(唐大中十四年·
　860年)………………………………………………………9
德悟法师墓塔铭(慧明撰　2012年)…………………………628
灯油记碑(徐泮撰　明万历二十五年·1597年)……………244
地藏殿记碑(顾伯麒撰　年代失考)…………………………302
淀山禅寺建塔记碑(莫俦撰　宋绍兴十八年·1148年)………43
淀山普光寺会灵庙记碑(居简撰　宋嘉定九年·1216年)……63
淀山普光王寺舍田碑(宋绍兴二十八年·1158年)……………46
东济庵记碑(俞汝为撰　明万历年间·1573—1620年)………277
东林禅寺大殿修缮记碑(1999年)……………………………571
东林禅寺修缮记碑(1999年)…………………………………572
东隐禅院置田碑(张有曜撰　清康熙四十一年·1702年)……332
董其昌临唐怀素自叙帖及题跋碑(明万历三十五年·
　1607年)……………………………………………………261
董其昌书《金刚经》字塔碑(明万历二十七年·1599年)……245

F

法藏讲寺初建与圆成大殿碑记(王新撰　1999年)…………573
法藏讲寺偈子及石刻楹联、题词碑……………………………506

法藏讲寺六和钟铭(2006年)……598
法华禅寺记碑(心泰撰　明永乐四年·1406年)……169
法忍寺施地记碑(陆树声撰　明嘉靖四十二年至四十四年·1563—1565年)……215
法忍寺推篷室记碑(明本撰　元大德六年·1302年)……105
法忍寺万峰秋轩记碑(年代无考)……157
法忍寺西亭兰若记碑(居简撰　南宋嘉熙年间·1237—1240年)……81
法忍寺西亭兰若记碑(林希逸撰　宋景定三年·1262年)……92
法忍院结界记碑(智圆撰　宋景定三年·1262年)……93
方广寺寺界相记碑(祖岑撰　宋绍兴二年·1132年)……41
奉宪刊立真一禅院碑记(清道光八年·1828年)……443
奉宪严禁恃强为害碑(年代不详)……488
奉宪严禁恃强为害碑(清康熙四十一年·1702年)……334
福泉寺铜钟铭(明隆庆五年·1571年)……216
福善寺铸钟记碑(吕锷撰　宋天圣三年·1025年)……17
福田寺长水塔院记碑(屠隆撰　明万历九年·1581年)……233

G

龚大雅义井记(宋庆元六年·1201年)……57
故僧录司右善世一原宗法师塔铭碑(王达撰　明永乐十五年·1417年)……175
顾泾市张□义井题记(宋端平二年·1235年)……78
顾亭林市法云寺感梦伽监神记碑(后晋开运二年·945)……15
观性法师墓塔铭(2012年)……631
观音禅寺记碑(尹如恢撰　明永乐二年·1404年)……168
管家桥题石(僧明了题　元至治元年·1321年)……125
广福讲寺记碑(徐汝翼撰　明万历十三年·1585年)……234
广化漏泽院记碑(许尚撰　宋淳熙六年·1179年)……51
规复太平教寺基记碑(王焕京撰　清光绪四年·1878年)……460

H

海慧院藏经记碑(陈舜俞撰　宋治平年间·1064—1067年)……29
何氏重修报亲庵记碑(唐时升撰　明万历三十一年·
　1603年)……………………………………………………255
洪福寺重建功德碑记(圣怀撰　2005年)……………………596
护国寺重修殿宇募建桥梁记碑(徐学谨撰　明万历十八年·
　1590年)……………………………………………………237
华藏忏院记碑(邓文原撰　元延祐二年·1315年)…………117
华严塔重修记碑(1999年)……………………………………576
惠宗和尚墓塔铭(明旸撰　1988年)…………………………540
慧日寺记碑(董其昌撰　明万历三年以后·1575年)………225

J

积福庵记碑(沈昊初撰　清康熙三十年·1691年)…………324
积善教寺记碑(高子凤撰　宋淳祐十年·1250年)…………86
积善桥碑记(陆鼎撰　清乾隆年间·1736—1795年)………409
积善堂三僧合塔幢刻石(年代不详)…………………………490
集庆讲寺记碑(陈典撰　清乾隆六年·1741年)……………352
纪王庙碑(钱大昕撰　清乾隆三十九年·1774年)…………381
嘉定安亭菩提寺宋礼部告示(宋宝祐年间·1253—1258年)……90
嘉定留光寺碑记(宋嘉定十年·1218年)……………………67
嘉定外冈镇三元桥建桥题记(元泰定元年·1324年)………128
嘉定万佛讲寺山门外刻石碑(2009年)………………………623
嘉兴府华亭县明行院记碑(居简撰　宋嘉熙元年·1237年)……79
建造青龙桥题记(悦可撰　元统二年·1334年)……………136
蒋庄庵记略(陆树声撰　明嘉靖四十二年·1563年)………213
金山法忍寺集右军书碑(唐会昌元年·841年)………………4
金山重建妙常寺观音大士佛宇碑记(年代不详)……………489
金泽颐浩寺复饭僧田记碑(潘来撰　明万历四十一年·

1613年)·················· 269
净土庵记碑(黄建中撰　清乾隆三年·1738年)·········· 350
净心庵碑记(1998年)······················ 568
净信寺置田记碑(陈钧撰　乾隆四十六年·1781年)······ 391
静安教寺记碑(周弼撰　南宋·1127—1279年)·········· 97
静安寺福慧宝鼎铭(2007年)··················· 606
静安寺洪武铜钟铭(王逢撰　明洪武二年·1369年)······ 160
静安寺云汉昭回之阁石碑(宋淳熙十年·1183年)········ 53
九龙庵记碑(胡开文撰　明万历四十年·1612年)······· 265

K

开元寺浮海像铭(梁简文帝撰　南朝梁大宝年间·550—
　551)····························· 1
可成法师墓塔铭(真禅撰　1988年)··············· 541
空相寺界石刻石(宋景定三年·1262年)············· 94

L

龙华古寺敬塑千手观音宝像功德碑记(明旸撰　1992年)······ 561
龙华寺北宋经幢(宋绍圣五年·1098年)············· 39
龙华寺藏五代铜钟铭(后晋开运二年·945年)·········· 14
龙华寺藏永乐钟铭(明永乐十四年·1416年)·········· 174
龙华寺洪武钟铭(明洪武三年·1370年)············· 161
龙华寺龙华塔塔尖宝瓶铭文三则(明弘治十五年·
　1502年)··························· 203
龙华寺民国重修题记碑(中华民国三十三年·1944年)······ 517
龙华寺明神宗护经敕谕碑(明万历二十九年·1601年)······ 251
龙华寺千僧锅铭(清光绪十二年·1886年)············ 466
龙华寺绍兴钟铭(宋绍兴二年·1132年)············· 42
龙华寺舍利记碑(清光绪二十二年·1896年)········· 477
龙华寺塔院装佛记碑(善继撰　明嘉靖二十年·1541年)··· 211

龙华寺韬明禅师塔铭(清康熙六年·1667年) …………… 314
龙华寺万历钟铭(明万历十四年·1586年) …………… 235
龙华寺新建弥陀殿记碑(戴大宜撰 明隆庆六年·
　1572年) ……………………………………………… 218
龙华寺重建钟楼记碑(黄瑾撰 明成化十三年·1477年) 193
龙华寺重塑三圣宝像功德碑记(明旸撰 1986年) …… 536
龙华寺诸殿阁赞诗碑(明旸撰 1989年) ……………… 546
龙门寺记碑(大昕撰 元至元二十年·1283年) ……… 99
龙树庵记碑(金惟翁撰 清乾隆三十六年·1771年) … 379
龙潭寺记碑(范开撰 宋嘉定十二年·1219年) ……… 68
隆福寺重修宝塔并复田记碑(杨维桢撰 元至正九年·
　1349年) ……………………………………………… 144
隆平寺宝塔铭碑(灵鉴撰 宋嘉祐七年·1062年) …… 23
隆平寺藏经记碑(陈林撰 宋元丰五年·1082年) …… 34
芦花庵记碑(吴骐撰 清康熙元年·1662年) ………… 309
绿雯庵民义学记碑(薛清来撰 清乾隆二十二年·
　1757年) ……………………………………………… 363
罗汉寺记碑(刘起撰 清康熙三十五年·1696年) …… 326

M

茆塔种福庵重建记碑(行裕撰 清康熙元年·1662年) … 312
妙明禅师建桥题记石(元延祐六年·1319年) ………… 122
愍渡庵碑记(夏祖庚撰 清光绪二十四年·1898年) …… 480
明公上人传略碑(照诚撰 2003年) …………………… 589
明心教寺石函观音殿记碑(高子凤撰 宋淳祐十年·
　1250年) ……………………………………………… 88
明心寺观音殿记碑(明嘉靖三十九年·1560年) ……… 212
明心寺观音阁记碑(冯以昌撰 清嘉庆二十年·1815年) 430
明心寺结界记碑(释元照撰 宋元祐二年·1087年) … 36
明心寺勒功碑记(杨祚撰 明万历四年·1576年) …… 226

明心寺月台记碑(明正德元年·1506年) ……………… 209
明行教寺白莲花诗碑(南宋·1127—1278年) ………… 96
明行院结界记碑(居简撰 宋嘉熙三年·1238年) …… 82

N

南禅寺南山胜地记碑(阎夏撰 元大德元年·1297年) … 103
南广福寺古井栏圈刻石题记(宋绍定五年·1232年) … 77
南净土讲寺记碑(钱溥撰 明正统年间·1436—1449年) 184
南翔寺长忏观堂记碑(居简撰 宋嘉定九年·1216年) … 65
南翔寺长忏观堂庄田记碑(元代·1279—1368年) …… 159
南翔寺大殿碑阴记(居简撰 宋嘉熙年间·1237—1240年) 83
南翔寺建山并桥记碑(康复古撰 宋景祐四年·1037年) 19
南翔寺免役记碑(赵洪范撰 明崇祯八年·1635年) …… 291
南翔寺七佛阁记碑(徐时勉撰 明崇祯间·1628—
　1644年) ……………………………………………… 298
南翔寺僧堂记碑(居简撰 宋嘉定九年·1216年) …… 66
南翔寺熏炉铭(慧禅撰 2001年) …………………… 581
南翔寺重兴记碑(弘济撰 元至元三年·1337年) …… 138
南翔万寿寺心月楼铭碑(张承先撰 清乾隆年间·1736—
　1795年) ……………………………………………… 408
拈花林碑记(顾瑜撰 清道光二十二年·1842年) …… 455

P

盘龙大寺石塔铭(唐大中年间·847—859年) ………… 5
平江南翔寺忏院记碑(居简撰 宋嘉定年间·1208—1224年) …… 71
普济寺十方碑记(圆瑛撰 中华民国三十年·1941年) … 513
菩提禅寺大雄宝殿柱础题记三则(宋治平四年·1067年,
　建炎二年·1128) …………………………………… 28
菩提禅寺重建大雄宝殿记(唐时升撰 明万历二十八年以后·
　1600年以后) ………………………………………… 250

菩提寺山门桥题记刻石(宋淳祐十年·1250年) …………… 89
菩提寺投钥泉记碑(孙岱撰 乾隆前期·1736—1740年) …… 374
普光教院记碑(黄由撰 宋开禧二年·1206年) …………… 59
普光王寺降圣夫人记碑(何松年撰 宋嘉定元年·1208年) …… 60
普宁寺重修记碑(何良俊撰 明嘉隆间) …………………… 220
普照讲寺藏殿记碑(张之翰撰 元至元三十一年·
　1294年) ……………………………………………… 101
普照讲寺重建千僧堂记碑(牟巘撰 元至大元年·
　1308年) ……………………………………………… 108
普照讲寺重建西方殿记碑(居简撰 宋嘉定十二年·
　1219年) ……………………………………………… 70
普照寺千佛水陆院记碑(牟巘撰 元至大二年·1309年) …… 112
普照寺千僧堂记碑(居简撰 宋嘉定年间·1208—1224年) …… 84
普照寺释迦殿记碑(牟巘撰 元至大元年·1308年) ………… 110

Q

七宝教寺铜钟铭(明永乐七年·1409年) …………………… 171
钱门塘石桥题记(元天历二年·1329年) …………………… 134
钦旌马孝女祠记碑(唐锡瑞撰 清光绪三十三年·
　1907年) ……………………………………………… 483
青浦放生桥永禁碑(清嘉庆十七年·1812年) ……………… 425
青浦盘龙镇圩石桥题刻(元至元三年·1337年) …………… 140
青浦县为禁止棍徒滋扰圆津禅院告示碑(嘉庆十三年·
　1808年) ……………………………………………… 424
清河桥题记(至元三年·1337年) …………………………… 141
清胜庵捐田记碑(金以塾撰 清嘉庆年间·1796—
　1813年) ……………………………………………… 437
庆宁寺僧堂记碑(居简撰 宋绍定四年·1231年) …………… 75

R

仁寿庵义田碑记（明崇祯七年·1634年）·················· 289

S

僧畅法华行业记碑（浩宏撰　宋嘉祐七年·1062年）··········· 24
上海金山朱泾镇东林寺复建碑记（王志远撰　2007年）········ 609
上海普济寺为五台山碧山寺下院碑记（中华民国三十年·
　1941年）·· 515
上海县为(静安寺)南翔塔院事告示碑（清光绪三十二年·
　1906年）·· 482
上海县知事为翠竹庵保存庵产事告示碑（中华民国二年·
　1913年）·· 491
上海知县为太平教寺寺产告示碑（清光绪四年·1878年）···· 459
胜果寺妙悟大师最公碑铭（吕益柔撰　宋元祐五年·
　1090年）·· 37
实际川禅师影堂逸事记（正印撰　元至正九年·1349年）···· 146
逝多林碑记略（超凡撰　清康熙三十九年·1700年）········ 329
释氏舍田上海县学记碑（黄恒惜撰　元延祐五年·
　1318年）·· 119
寿安讲寺栖云楼记碑（杨维桢撰　元代后期·1271—
　1368年）·· 158
寿安寺地基图碑（清康熙十年·1671年）················· 317
寿安寺功德柱缘起碑（2009年）························ 622
寿安寺功德柱缘起碑（惟觉撰　2009年）················ 617
寿安寺问心亭碑铭（2010年）·························· 625
(寿福寺)二南禅院助田记（徐文炯撰　清康熙五十五年·
　1716年）·· 339
署理金山县知事为大觉寺置田事告示碑（中华民国九年·
　1920年）·· 497

水月庵记碑(钱大昕撰　清嘉庆十二年·1807年)……… 423
松风禅院记碑(朱椿撰　清乾隆四十九年·1784年)……… 399
松江方塔碑(赵朴初撰　1984年)……… 533
松江方塔院方塔碑(2000年)……… 578
松江方塔院古寺遗础(2000年)……… 579
松江佛名幢(年代失考)……… 303
松江华亭西林禅院碑(宋琛撰　明正统十年·1445年)……… 180
松江九莲庵如来石幢(明崇祯四年·1631年)……… 285
松江水次仓新建关帝庙记碑(陆应阳撰　明天启二年·
　1622年)……… 278
松江唐陀罗尼经幢记(唐大中十三年·859年)……… 6
松江唐陀罗尼经幢说明碑(2000年)……… 580
松江西仓桥关帝庙卖田重修廊房记碑(王元瑞撰　明崇祯
　十七年·1644年)……… 294
松江西林禅寺崇恩功德碑记(2009年)……… 618
松隐庵记碑(元至正十四年·1354年)……… 149
松隐禅寺禅堂膳僧田记碑(焦文口撰　清康熙四十六年·
　1707年)……… 336
松隐禅院建华严塔记碑(明洪武二十二年·1389年)……… 162
素农庵记碑(黄之隽撰　清雍乾间)……… 349

T

唐青龙镇报德寺塔砖(唐长庆元年·821年)……… 3
唐兴殿记碑(宋乾道年间·1165—1173年)……… 48
亭林镇宝云寺石经幢(唐咸通二年·861年)……… 10
通济善福桥题记刻石(元至治元年·1321年)……… 126

W

万安寺记碑(虞集撰　元泰定中·1324—1327年)……… 132
万寿塔院记碑(汪德馨撰　清乾隆八年·1743年)……… 353

万寿塔院记碑(周隆谦撰　清乾隆八年·1743年)……………354
苇舫法师墓塔铭(真禅撰　1989年)……………………548
无为寺复刻梁漱溟先生发愿文碑(2007年)…………607
无为寺觉林建园缘起碑(玄洪撰　2007年)…………608
吴道子观音画像石刻(明万历十六年·1588年)………236
吴郡朱氏造幢记(裴南口撰　唐咸通六年·865年)…………11

X

西禅寺白龙潭记碑(黄平撰　明正统九年·1444年)…………178
西昌庵石堤记碑(赵球撰　清嘉庆五年·1800年)…419
西林禅寺西林修学信念碑(2009年)………………620
西林禅寺圆应塔塔刹宝瓶藏银板铭(先传撰　清道光十九年·
　1839年)…………………………………………454
西林禅寺圆应塔塔刹宝瓶中藏木板铭文(吴光缙撰　清道光
　十九年·1839年)………………………………453
西林禅院圆应塔记碑(弘道撰　明洪武二十五年·
　1392年)…………………………………………165
西林大明禅寺毗卢阁记碑(钱溥撰　明天顺七年·
　1462年)…………………………………………188
西林大明禅寺重建圆应宝塔志(僧法瑞撰　明正统十三年·
　1448年)…………………………………………181
西林寺重修塔记碑(陈继儒撰　明崇祯十年·1637年)…293
西林寺重修塔疏二碑记(陆应阳撰　明万历四十一年·
　1613年)…………………………………………267
西隐教寺竺林院记碑(徐学谟撰　明万历十八年·
　1590年)…………………………………………239
惜字会公田记碑(夏传诗撰　清乾隆二十九年·1764年)…371
新建潮梵禅院集贤堂记碑(许缏修撰　清宣统元年·
　1908年)…………………………………………487
兴慈法师墓塔铭(1950年)…………………………521

兴圣教寺大悲阁记碑(居简撰　宋绍定三年·1230年) ……… 73
兴圣教寺修塔院碑记(任叔实撰　元大德六年以后·
　1302—1368年) …………………………………………… 155
兴塔禅寺复莲社记略碑(黄英撰　宋淳祐十二年·1252年) …… 85
性修法师墓塔铭(悟端撰　2006年) ……………………… 599
修崇福寺记碑(于文傅撰　元至治元年·1321年) ……… 127
修崇寿讲寺记碑(元至正十七年·1357年) ……………… 151
修慈门寺记碑(王昶撰　清乾隆五十九年·1794年) …… 404
修大圣寺后楼记碑(周金然撰　清乾隆间·1736—
　1796年) …………………………………………………… 413
修复真际庵记碑(娄坚撰　明万历三十九年·1611年) …… 263
修建万安禅寺殿阁记碑(叶昱撰　清乾隆后期·1767—
　1795年) …………………………………………………… 411
修建万安禅寺殿阁记碑(叶昱撰　清乾隆三十二年·
　1767年) …………………………………………………… 376
修建万佛阁记碑(李大源撰　清乾隆四十一年·1776年) …… 385
修兴圣教寺塔记碑(任叔实撰　于元大德年间·1297—
　1307年) …………………………………………………… 106
秀道者塔碑(2000年) ……………………………………… 577
叙梵寿庵缘由记寔碑(唐锡瑞撰　清光绪三十三年·
　1907年) …………………………………………………… 485
巽龙禅院敬塑大佛记碑(姚有林撰　清光绪二十二年·
　1896年) …………………………………………………… 478
巽龙禅院重建大雄宝殿记碑(朱惟公撰　中华民国二十四年·
　1935年) …………………………………………………… 511

Y

延恩寺律师行业记碑(宋庆元三年·1197年) …………… 55
掩骼菴记碑(马元调撰　明弘治以后·1488年以后) …… 207
贻庆庵四大夫手书创庵疏碑跋语(卫泾撰　宋嘉定五年·

1212年)……62
颐浩禅寺饭僧田碑记(徐乾学撰　清康熙十一年·
　1672年)……318
颐浩禅寺记碑(牟𤩽撰　元至大三年·1310年)……115
颐浩讲寺有衮楼记碑(陆树声撰　万历七年·1579年)……227
义井、仁园合记碑(杨元诏撰　清雍正七年·1729年)……347
永定讲寺藏经记碑(行中撰　元至正十五年·1355年)……150
永定寺重建佛阁记碑(朱锦撰　清康熙间·1662—
　1721年)……341
永怀禅寺诸天阁记碑(范浩撰　宋靖康元年·1126年)……40
永怀寺记碑(徐葵撰　清乾隆四十六年·1781年)……393
永宁桥题记刻(元至正二年·1342年)……143
于塔庵记碑(李登瀛撰　清康熙间·1662—1722年)……343
玉佛禅寺觉群楼记碑(觉醒撰　2004年)……594
玉佛寺复刻贯休画十六罗汉应真像石刻序碑(真禅撰
　1991年)……557
玉佛寺记碑(叶尔恺撰　中华民国十七年·1928年)……501
玉佛寺觉群楼功德碑(周慧珺撰　2011年)……626
玉佛寺摹刻南通狼山旧刻观音像碑记(真禅撰　1988年)……544
玉佛寺石刻画廊碑序碑(真禅撰　1991年)……556
毓德庵记碑(张传丰撰　清乾隆四十六年·1781年)……394
圆津禅院振华长老塔铭碑(王昶撰　清乾隆五十二年·
　1787年)……360
圆通讲寺三教堂记碑揭(奚斯撰　元至正元年·1341年)……142
圆通寺建桥题记(元泰定元年·1324年)……129
圆应塔宝塔志(淳厚撰　明洪武二十二年·1389年)……164
圆瑛大师纪念塔铭(明旸撰　1957年)……526
圆瑛老法师像赞碑(倓虚撰　1953年)……524
圆瑛塔院圆瑛法师塔铭碑(赵朴初撰　1988年)……539
圆瑛悟法师墓塔(1957年)……525

圆智教寺护珠塔建塔记碑(周文达撰 宋绍兴二十七年·
　1157年) ……………………………………………………… 45
圆智教寺中阳塔记碑(宋元丰二年·1079年) …………… 33
远尘法师墓塔铭(真禅撰 1989年) …………………… 550
月霞法师墓碑铭(应慈撰 1957年) …………………… 529
云间三文敏公书《心经》石碑(清乾隆二十四年·1759年) … 365
云台殿碑记(吴桐撰 明万历三十一年·1603年) ……… 254

Z

再修三圣殿缘起碑(惟觉撰 2009年) ………………… 621
增建长寿寺记碑(蔡懋昭撰 明万历八年·1580年) …… 232
旃檀庵记碑(萧鱼会撰 清嘉庆十九年·1814年) ……… 429
旃檀禅院禅师塔(年代失考) …………………………… 410
昭庆禅寺钟楼记碑(钱溥撰 明景泰四年·1453年) …… 186
折芦庵赡田碑记记略(顾雍撰 清光绪十八年·1892年) … 470
真禅法师墓塔铭(1996年) ……………………………… 566
真如寺经幢石刻文字(2001年) ………………………… 582
震华法师墓塔铭(1987年) ……………………………… 537
众福院记碑(正印撰 元延祐四年·1317年) …………… 118
庄严寺恭塑千手千眼观世音菩萨圣像功德碑(2007年) … 601
庄严寺觉凡法师墓塔铭(2008年) ……………………… 615
资善寺记碑(须之彦撰 明万历三十三年·1605年) …… 259
尊胜陀罗尼经幢题刻二则(唐咸通八年至元元统二年·
　867—1334年) …………………………………………… 12

667

后　记

　　佛教和道教文化是中华民族传统文化的重要组成部分,对中华文化的繁荣和发展有着深远的影响,是中华民族传统文化典籍中的瑰宝。佛道教在上海地区的流传都有着十分广泛和久远的历史,信奉者众多,其历史文献也十分丰富,其中佛寺道观中的许多记文碑刻,有的被记入地方志书,有的仍屹立至今,有的已不复存在,或存目,或目亦不存。这些刻在石头上的文献,见证了佛道教在上海地区的发展历程,也从一个侧面反映了上海地区经济、政治、文化的发展过程。这些碑刻文献既是研究宗教史的重要资料,也是研究上海地区历史不可多得的资料。

　　2004年,我们曾在上海古籍出版社编辑出版了《上海佛教碑刻文献集》,各方面反响较好。随后即开始了对上海地区佛道教碑刻文献的全面收集与整理工作,并对原佛教碑刻资料进行补充。经过十年的努力,《上海佛教碑刻资料集》和《上海道教碑刻资料集》两种终于得以编辑出版。这些碑刻资料来源主要有三方面:一是上海地区历代地方志书,主要是上海地区的府志、县志(厅志),至乡镇志、村寺,以及寺院志、道观志;二是石碑实体,包括碑文拓片;三是档案、文集等其他资料。历来在史料整理中,碑刻文献资料的整理是较难的一项工作,其一难是碑文不完整,许多地方志书对碑文的记载只录其大略,头尾大多不录,使得在碑文的撰者、书者、篆额者和时间的考证上有难度;其二难是大部分石碑实体已不存在,碑体形制尺寸无法测得,碑文字体也无法知晓,虽查考了多种金石目录之类的书籍,但也只查录到少部分碑刻文献;其三难是碑文断句标点不易,特别是对残碑记文的断句标点尤难,即便是地方志书中所收录的碑文,其残缺现象也有所存在,另外不同版本的地方志书所录碑文或也有差异。针对这些难点,编者尽力克服。限于编者能力,本书在标点断句上肯定还有舛误之处,敬请方家予以指正。

上海地区的佛、道教碑刻文献,除寺院道观中有所保存外,在博物馆、档案馆、方志馆中也有部分收藏。在本书编辑过程中,得到松江、嘉定、崇明、金山、青浦博物馆等单位的大力支持,使编者有幸看到许多珍贵的碑文拓片。在此,对曾给予本书编辑工作帮助的单位和个人表示衷心的感谢。

本集所收录的佛道教碑刻时间下限为2012年,尽量少遗漏。编者怀着一种抢救历史文献的情结奔走于各处,查阅于史册图书,每有所获,莫不欣然。幽暗处扫苔抄碑,僻静地步行数里,以得碑录文而乐此不疲。今书粗成,然而有关上海地区宗教文化史料收集之事业当不断深入,亦望有志者共襄此举,为中华文化之传承尽一份力量。

特别感谢中国佛教协会会长传印法师、中国道教协会会长任法融道长,为二书题写书名。特别感谢中国佛教协会副会长学诚法师、中国道教协会副会长张继禹道长为二书撰写序言。感谢上海静安寺慧明法师的大力支持,愿从福慧基金会出资购书。感谢上海城隍庙吉宏忠道长,愿从城隍庙基金中出资购书。

复旦大学王启元先生对本书多有订正,谨致谢忱。感谢复旦大学出版社各位领导和人文编辑室陈军主任,在我们一无出版资金、二不能保证市场效益的情况下,愿意接受书稿的出版。感谢出版社其他同仁的辛勤劳动,才使这两本碑记资料集能有机会留给社会和后人参考。

潘明权　柴志光
2014年夏

图书在版编目(CIP)数据

上海佛教碑刻资料集/潘明权,柴志光编. —上海:复旦大学出版社,2014.10
ISBN 978-7-309-10228-4

Ⅰ.上… Ⅱ.①潘…②柴… Ⅲ.佛教-碑刻-汇编-上海市 Ⅳ.①K877.42②B94

中国版本图书馆 CIP 数据核字(2013)第 301076 号

上海佛教碑刻资料集
潘明权　柴志光　编
责任编辑/张旭辉

复旦大学出版社有限公司出版发行
上海市国权路 579 号　邮编:200433
网址:fupnet@fudanpress.com　http://www.fudanpress.com
门市零售:86-21-65642857　团体订购:86-21-65118853
外埠邮购:86-21-65109143
上海华教印务有限公司

开本 890×1240　1/32　印张 21.875　字数 558 千
2014 年 10 月第 1 版第 1 次印刷

ISBN 978-7-309-10228-4/K·461
定价:80.00 元

如有印装质量问题,请向复旦大学出版社有限公司发行部调换。
版权所有　　侵权必究